信毅教材大系·会计学系列

现代审计学

Modern Auditing

杨书怀 主编

复旦大学出版社

"信毅教材大系"编委会

主　　任　卢福财

副 主 任　邓　辉　王秋石　刘子馨

秘 书 长　廖国琼

副秘书长　宋朝阳

编　　委　刘满凤　杨　慧　袁红林　胡宇辰　李春根
　　　　　　章卫东　吴朝阳　张利国　汪　洋　罗世华
　　　　　　毛小兵　邹勇文　杨德敏　白耀辉　叶卫华
　　　　　　尹忠海　包礼祥　郑志强　陈始发

联络秘书　方毅超　刘素卿

总 序

世界高等教育的起源可以追溯到1088年意大利建立的博洛尼亚大学,它运用社会化组织成批量培养社会所需要的人才,改变了知识、技能主要在师徒间、个体间传授的教育方式,满足了大家获取知识的需要,史称"博洛尼亚传统"。

19世纪初期,德国的教育家洪堡提出"教学与研究相统一"和"学术自由"的原则,并指出大学的主要职能是追求真理,学术研究在大学应当具有第一位的重要性,即"洪堡理念",强调大学对学术研究人才的培养。

在洪堡理念广为传播和接受之际,德国都柏林天主教大学校长纽曼发表了《大学的理想》的著名演说,旗帜鲜明地指出"从本质上讲,大学是教育的场所","我们不能借口履行大学的使命职责,而把它引向不属于它本身的目标"。强调培养人才是大学的唯一职能。纽曼关于"大学的理想"的演说让人们重新审视和思考大学为何而设、为谁而设的问题。

19世纪后期到20世纪初,美国威斯康星大学查尔斯·范海斯校长提出"大学必须为社会发展服务"的办学理念,更加关注大学与社会需求的结合,从而使大学走出了象牙塔。

2011年4月24日,胡锦涛总书记在清华大学百年校庆庆典上指出,高等教育是优秀文化传承的重要载体和思想文化创新的重要源泉,强调要充分发挥大学文化育人和文化传承创新的职能。

总而言之,随着社会的进步与变革,高等教育不断发展,大学的功能不断扩展,但始终都围绕着人才培养这一大学的根本使命,致力于不断提高人才培养的质量和水平。

对大学而言,优秀人才的培养,离不开一些必要的物质条件保障,但更重要的是高效的执行体系。高效的执行体系应该体现在三个方面:一是科学合理的学科专业结构;二是能洞悉学科前沿的优秀的师资队伍;三是作为知识载体和传播媒介的优秀教材。教材是体现教学内容与教学方法的知识载体,是进行教学的基本工具,也是深化教育教学改革，提高人才培养质量的重要保证。

一本好的教材，要能反映该学科领域的学术水平和科研成就，能引导学生沿着正确的学术方向步入所向往的科学殿堂。因此，加强高校教材建设，对于提高教育质量、稳定教学秩序、实现高等教育人才培养目标起着重要的作用。正是基于这样的考虑，江西财经大学与复旦大学出版社达成共识，准备通过编写出版一套高质量的教材系列，以期进一步锻炼学校教师队伍，提高教师素质和教学水平，最终将学校的学科、师资等优势转化为人才培养优势，提升人才培养质量。为凸显江西财经大学特色，我们取校训"信敏廉毅"中一前一尾两个字，将这个系列的教材命名为"信毅教材大系"。

"信毅教材大系"将分期分批出版问世，江西财经大学教师将积极参与这一具有重大意义的学术事业，精益求精地不断提高写作质量，力争将"信毅教材大系"打造成业内有影响力的高端品牌。"信毅教材大系"的出版，得到了复旦大学出版社的大力支持，没有他们的卓越视野和精心组织，就不可能有这套系列教材的问世。作为"信毅教材大系"的合作方和复旦大学出版社多年的合作者，对他们的敬业精神和远见卓识，我感到由衷的钦佩。

王 乔
2012 年 9 月 19 日

前 言

在这个未来充满无限可能的人工智能新时代,财务智能机器人的出现提高了财务工作的效率与质量,为企业创造了更高的价值。人工智能也给审计行业带来了前所未有的挑战。2017年德勤会计师事务所引入财务机器人"小勤人",让其参与到审计工作中,之后普华永道推出机器人流程自动化解决方案,安永也马不停蹄地推出了智能机器人,毕马威则提供更关注于数字化劳动力的机器人流程自动化服务,国际四大会计师事务所的这些举措意味着以机器人为代表的人工智能已经进入会计审计行业,并对传统的会计审计工作方式以及管理理念带来巨大变革。更具有现实意义的是,在现代企业绝大多数都实行信息化管理、普遍采用财务软件核算和管理经济业务的情况下,审计人员仅仅掌握审计理论的"硬技能",在实务中往往捉襟见肘,拥有计算机审计的"软技术"才更具有竞争力。因此,现代审计学的教材和教学过程中应当考虑和融入计算机审计技术。

为了满足资本市场改革与发展对高质量会计信息的需求,保持我国审计准则与国际准则的持续全面趋同,规范和指导注册会计师应对审计环境的新变化和审计实务的新发展,中国注册会计师协会分别于2010年11月、2017年2月和2019年2月多次修订和发布审计准则。在审计准则逐步完善、实现国际趋同之后,最关键的问题是如何执行准则。这需要审计人员具备扎实的专业知识、较高的专业判断和风险评估能力以及高水准的职业道德。无庸置疑,注册会计师是所有人中最具专业性、最具客观性、最具诚信度的。我们也希望,我们培养出来的学生拥有优良的职业素养,具有创新创造能力,能够适应不断变化、充满不确定性的审计执业环境。

诚然,人工智能对审计行业的影响越来越深入,执业环境的变化和审计准则的修订对审计人员的要求在不断提高,所有这一切都深深影响和推动着审计学的教学改革。正是在这一背景下,我们编写了这本现代审计学教材,它是江西财经大学会计学院审计学课程

主讲教师多年实践教学的经验总结,我们力求在以下四个方面彰显特色:

(1) 融入现代计算机辅助审计的技术与内容。针对审计实务章节的内容,教材配合使用鼎信诺审计系统,介绍了计算机辅助审计在分析程序、重新计算、PPS抽样审计等领域的优势,展现了计算机辅助审计技术对审计工作的实现,让审计理论的阐述和教学更加联系实际。

(2) 全书审计实务以上海电气股份有限公司年报审计贯穿始终。教材从实务章节开始,就以上海电气股份有限公司2016年年报审计为例,并贯穿整个审计流程,通过审计全过程的"实战"演练,充分调动学生的积极性与主动性,弥补审计理论课堂"纸上谈兵"的不足,再现注册会计师审计实务中可能面临的问题,切实提高学生分析问题、解决问题的能力。

(3) 充分反映和吸纳2019年新颁布的审计准则相关内容。我们以现行会计准则和2019年颁布的审计准则为依据更新教材内容,融入其核心思想和主要观点,积极参考最新的注册会计师执业准则应用指南,充分借鉴行家教材编写的成功经验,同时密切关注审计实践的最新进展。教材注重对审计知识体系的阐释,构建系统的审计学概念框架,以避免学生在学习时"只见树木不见森林"。

(4) 立足国际视野介绍了西方国家审计的做法和情况。对于注册会计师执业资格、审计职业规范、注册会计师民事法律责任、审计重要性水平、审计报告内容与格式等问题,我们在相关章节中设置"国际视野"专栏,介绍了美国和英国等西方发达国家的做法,以拓展学生的知识结构和体系,培养具有国际视野的审计专业人才。

本书既可以作为会计学大类专业(会计、财务管理、注册会计师专门化、ACCA等)的主干课程教材,也可以作为经济管理类专业学业参考教材以及审计工作人员的自学参考书。

本书由江西财经大学会计学院杨书怀编著,编者所在单位同事饶斌、章琳一、孙娟、王宏、左贯中、柴晨阳提供了大量帮助,在此一并表示感谢!

由于作者水平有限,书中不妥之处难免,恳请读者批评指正。

编　者

2020年6月

目 录

第一章　审计概述 ……………………………………………… 001
第一节　审计产生与发展的动因 ………………………… 002
第二节　审计的内涵与基本类型 ………………………… 004
第三节　注册会计师审计的过程 ………………………… 008

第二章　注册会计师职业 ………………………………………… 017
第一节　注册会计师 ……………………………………… 018
第二节　会计师事务所 …………………………………… 025
第三节　注册会计师协会 ………………………………… 030

第三章　审计职业规范 …………………………………………… 035
第一节　审计执业准则 …………………………………… 036
第二节　审计职业道德 …………………………………… 043
第三节　审计质量控制准则 ……………………………… 053

第四章　审计责任与审计目标 …………………………………… 057
第一节　会计责任与审计责任 …………………………… 058
第二节　审计法律责任的认定与类型 …………………… 060
第三节　财务报表审计的总体目标 ……………………… 066
第四节　管理层认定与审计目标 ………………………… 067

第五章　计划审计工作 …………………………………………… 072
第一节　初步业务活动 …………………………………… 073
第二节　审计业务约定书 ………………………………… 080
第三节　审计策略与计划 ………………………………… 085

第六章　重要性与审计风险 ……………………………………… 092
第一节　审计重要性 ……………………………………… 093
第二节　审计风险 ………………………………………… 101

第七章　审计证据与审计工作底稿 ………………………… 106
  第一节　审计证据 ……………………………………………… 107
  第二节　审计工作底稿 ………………………………………… 116

第八章　风险评估 ………………………………………………… 125
  第一节　风险评估程序 ………………………………………… 126
  第二节　了解被审计单位及其环境 …………………………… 129
  第三节　了解被审计单位的内部控制 ………………………… 133
  第四节　评估重大错报风险 …………………………………… 153

第九章　风险应对 ………………………………………………… 158
  第一节　风险评估结果的应对 ………………………………… 159
  第二节　控制测试 ……………………………………………… 166
  第三节　实质性程序 …………………………………………… 173

第十章　审计抽样 ………………………………………………… 179
  第一节　审计抽样概述 ………………………………………… 180
  第二节　属性抽样 ……………………………………………… 191
  第三节　变量抽样 ……………………………………………… 196

第十一章　销售与收款循环审计 ……………………………… 207
  第一节　销售与收款循环的内部控制 ………………………… 209
  第二节　销售与收款循环的重大错报风险评估 ……………… 215
  第三节　销售与收款循环的控制测试 ………………………… 223
  第四节　销售与收款循环的实质性程序 ……………………… 227

第十二章　采购与付款循环审计 ……………………………… 242
  第一节　采购与付款循环的内部控制 ………………………… 243
  第二节　采购与付款循环的重大错报风险评估 ……………… 251
  第三节　采购与付款循环的控制测试 ………………………… 252
  第四节　采购与付款循环的实质性程序 ……………………… 254

第十三章　存货与工薪循环审计 ……………………………… 272
  第一节　存货与工薪循环的内部控制 ………………………… 273
  第二节　存货与工薪循环的重大错报风险评估 ……………… 282

第三节　存货与工薪循环的控制测试 ………………… 284
　　第四节　存货与工薪循环的实质性程序 ………………… 286

第十四章　货币资金审计 ………………… 302
　　第一节　货币资金审计的内部控制 ………………… 303
　　第二节　货币资金的内部控制与重大错报风险评估 ……… 304
　　第三节　货币资金的控制测试 ………………… 307
　　第四节　货币资金的实质性程序 ………………… 308

第十五章　终结审计 ………………… 319
　　第一节　关联方交易审计 ………………… 320
　　第二节　期后事项审计 ………………… 323
　　第三节　最后的证据评价 ………………… 329
　　第四节　与治理层的沟通 ………………… 336

第十六章　审计报告 ………………… 344
　　第一节　沟通关键审计事项 ………………… 345
　　第二节　无保留意见审计报告 ………………… 346
　　第三节　非无保留意见审计报告 ………………… 354
　　第四节　带强调事项段和其他事项段的审计报告 ……… 360

参考文献 ………………… 384

第一章　审计概述

【教学目的和要求】

◇ 理解受托经济责任关系是审计产生的社会基础
◇ 掌握社会审计的内涵及其基本要素
◇ 熟悉政府审计、注册会计师审计和内部审计的内容
◇ 熟悉财务报表审计、经营审计和合规性审计的内容
◇ 了解注册会计师审计的基本过程

安达信会计师事务所与安然公司

安然公司是一家位于美国得克萨斯州休斯敦市的能源类公司。在2001年宣告破产之前，安然拥有约21 000名雇员，是世界上最大的电力、天然气以及电讯公司，2000年披露的营业额达1 010亿美元之巨。公司连续六年被《财富》杂志评选为"美国最具创新精神公司"。然而，真正使安然公司在全世界声名大噪的，却是公司持续多年精心策划，乃至制度化、系统化的财务造假丑闻。

2001年年初，一家短期投资机构负责人吉姆·切欧斯公开对安然的盈利模式表示怀疑。他注意到有些文件涉及安然背后的合伙公司，这些公司和安然有着说不清的幕后交易；安然的首席执行官斯基林一直在抛出手中的安然股票，而他却不断宣称安然的股票会从当时的70美元左右升至126美元。

随后，投资者开始怀疑安然的盈利情况和现金流向，并导致了股价下跌。2001年8月9日，安然股价已经从年初的80美元左右跌到了42美元。10月31日，美国证券交易委员会（SEC）开始对安然公司进行正式调查。在政府监管部门、媒体和市场的强大压力下，11月8日，安然向美国证监会递交文件，承认财务造假：从1997年到2001年间共虚报利润5.86亿美元，并通过设立3 000多家特殊目的实体（SPE）隐瞒巨额负债。11月30日，安然股价跌至0.26美元，市值由峰值时的800亿美元跌至2亿美元。12月2日，安然正式向破产法院申请破产保护，破产清单中所列资产高达498亿美元，成为美国历史上最大的破产企业。

为安然公司提供外部审计服务的安达信会计师事务所与普华永道（Price Waterhouse Coopers）、安永（Ernst & Young）、毕马威（KPMG）、德勤（Deloitte

Touche Tohmatsu)并称为全球最大的五大会计师事务所。从安然成立时起,安达信就开始担任其审计工作。20世纪90年代中期,安达信与安然签署了一项补充协议,安达信包揽安然的全部审计工作。不仅如此,安然公司的咨询业务也全部由安达信负责。接着,由安达信的前合伙人主持安然公司财务部门的工作,安然公司的许多高级管理人员也有不少是来自安达信。从此,安达信与安然公司结成牢不可破的关系。安然公司长时间虚构盈利,以及隐匿数亿美元的债务,作为十多年来一直为安然公司提供审计和咨询服务、在会计行业声誉卓著的安达信不可能不知道内情。人们纷纷指责安达信没有尽到应有的职责,并对其独立性表示怀疑。安达信既承担安然的外部审计工作,又全面负责安然的咨询工作,例如2001年,安然向安达信支付的费用达5 200万美元,其中2 500万美元是审计费用,2 700万美元是咨询费用,这种做法被指存在利益冲突。

安达信的一名合伙人在得知美国证监会将对安然公司展开调查后,下令销毁大量与安然公司有关的审计工作底稿,这种行为被指有违职业操守,并涉嫌妨碍司法调查。2002年8月31日,安达信环球集团美国分部宣布,从即日起放弃在美国的全部审计业务,正式退出其从事了89年的审计行业。2002年10月16日,美国休斯敦联邦地区法院对安达信妨碍司法调查作出判决,罚款50万美元,并禁止其在5年内开展业务活动。随后,2 000多家上市公司客户陆续离开安达信。

第一节 审计产生与发展的动因

一、受托经济责任关系是审计产生的社会基础

审计作为一项独立的经济监督活动,因受托经济责任的产生而产生,并伴随着受托经济责任的发展而发展。受托经济责任关系是指由于受托经济责任而产生的委托人与受托人之间的相互关系。在社会经济发展到一定阶段后,资源财产的所有者(即委托人)由于缺乏精力或能力亲自经营管理资源财产,而委托具有相关才能的人士(即受托人)经营管理自己的资源财产。在受托经济责任关系中,委托人总希望受托人的经营管理行为能够体现自己的意志,实现一定的目标,这就需要对受托人进行审核检查,以确定其是否认真贯彻了自己的意愿,忠实地履行了受托人承担的责任;而受托人则需要将自己日常经营管理行为进行必要的计量和记录,并定期形成报告,对其承担经济责任的履行情况向委托人要求审核检查,以表明自己的忠诚能干并解除责任。

委托人所需的监督、受托人主动要求的审查,当然最好是由委托人自己执行。然而,委托人却没有足够的时间和精力或能力亲自去审查受托人经济责任的履行情况,此时,就需要委派或授权第三方——审计人员对受托人履行受托经济责任的情况进行审核检查,这便产生了审计。受托经济责任中的三方关系人如图1-1所示。

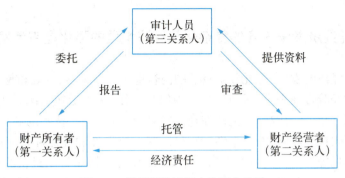

图 1-1　受托经济责任中的三方关系

最早的受托经济责任关系产生于帝王与主管财赋的官吏之间。在奴隶制国家里，帝王向人民征收贡赋，这样，在帝王与主管财赋的官吏之间形成了财赋管理的委托与受托的经济责任关系。帝王为了考察这些主管财赋的官吏是否忠于职守、有无营私舞弊行为，便需要设置专门机构，委派专职人员去进行审核检查，对侵犯王室利益、贪赃枉法的官吏加以弹劾惩处，以维护帝王利益，巩固其统治。这种初始的审计思想和审计行为，便是官厅审计或政府审计的雏形。

西方中世纪的庄园主等财产所有者将其资源财产授权给总管、账房或管家进行管理，这样在他们之间就形成了委托与受托管理资源财产的经济责任关系。当庄园主自己不能亲自去监督他们经济职责履行情况的时候，同样只有依靠庄园主委派的第三者——审计人员去审核检查管家在资源财产管理过程中是否存在弊端、会计账目是否真实可靠、资源财产的保管是否安全完整。这便是早期的内部审计。

股份公司出现后，财产所有权与经营管理权相分离。公司股东人数众多，但并不参与实际的经济管理，而是委托经理代行经营管理职能。这样，在股东与经理之间就形成了一种委托与受托经营管理经济资源的经济责任关系。经理不仅有责任保证资产的安全完整，而且有责任将公司经营管理好，以实现资产的保值增值，保证向股东提供的财务报表真实可靠。众多的股东希望审查经理是否尽职尽责、忠于职守，是否真正保护了自己的利益；同时，经理也希望有人对公司会计账目进行审核检查，以解除自己的责任、证实自己的忠诚和能力。由于股东人数众多，加上精力和能力有限，不可能由股东对公司经理直接进行审查监督。因此，众多股东和经理都希望有一个独立、客观、公正并精通会计的第三者——审计人员来代行审核检查职责。因此，一种服务于众多股东的民间审计(也称社会审计或注册会计师审计)便应运而生。1720 年，爆发了社会审计史上著名的"英国南海公司事件"①，揭开了社会审计走向现代的序幕。

---

①　1719 年，英国南海公司为了获得政府的支持以及赚取股价盈余，不惜对其股票增资计划进行夸大宣传，导致公司股价迅速上升。1720 年 1 月 3 日，南海公司股价为每股 128 英镑，5 月 2 日，上升至每股 335 英镑，6 月 24 日，飙升至每股 1 050 英镑，该公司从中获得巨额盈余。当人们发现南海公司并无真实资本，便纷纷抛售该公司的股票，南海公司面临破产境地，许多陶醉在发财梦中的投资者和债权人损失惨重。随后的一个月内，公司股票从每股 900 英镑跌至每股 190 英镑，最后被迫宣告破产。在强大的舆论压力下，英国议会聘请了会计师查尔斯·斯奈尔(Charles Snell)对其分公司"索布里奇商社"的会计账簿进行了检查。1721 年，他出具了一份审计报告书，指出了南海公司存在的舞弊行为，英国议会根据该审计报告对相关责任人进行了严厉的处罚。

二、受托经济责任内容的复杂化和经济管理的强化是审计发展的动力

随着社会经济的发展，受托经济责任的内容也在不断丰富、发展和复杂化。从受托经济责任中的经管责任来说，最初只是一种保管责任，保护受托资源财产的安全完整，其行为只需遵守相关法律法规，但现在还要求其符合道德的、技术的和社会的要求，同时还要求受托人按照经济性、效率性、效果性，甚至公平性和环保性来使用和管理受托资源。随着受托经济责任内容的不断丰富、发展和复杂化，审计从最初的财务收支审计发展到财务收支审计与经济审计、效率审计、效果审计、公平审计、环保审计并重，审计的内容和要求从而日益丰富和复杂。

伴随着对经济效益的追求，人们加强了对经济活动的管理与控制，通过对生产过程和一切经济活动进行严格的计划、管理与控制，实现经济效益最大化。然而，计划的拟订是否科学、合理？在实际工作中是否贯彻执行？效率与效果如何？这不仅要求审计人员要对所有经济活动结果的效益性进行审计分析，而且要对制定的经济计划与方案是否科学合理进行事先评价，在经济活动发生的过程中，还要对计划方案的执行情况进行审查。在这种经济管理与控制的推动下，审计由事后审计发展到事后审计、事中审计与事前审计并重；由单一的财务审计发展到财务审计与经济效益审计并重；由只限于审查财务报表，以揭露和防止差错与弊端发展到审查与评价企业生产经营管理的各部门与各环节，以改善经营管理、挖掘企业潜力、提高经济效益等方面。随着经济管理与控制的加强，事前审计、事中审计、经济效益审计等将得到更为深入和广泛的发展，并将催生一些新类型的审计。

第二节 审计的内涵与基本类型

一、审计的内涵

美国会计学会在1972年出版的《基本审计概念说明》(A Statement of Basic Auditing Concepts)中将审计定义为："审计是客观地收集和评价关于对经济活动和经济事项的认定的证据，以确定这些认定与既定标准之间的符合程度，并将其结果传达给利害关系人的一个系统过程。"将审计定义为一个系统过程，实质上是强调了审计的技术特征，使其不受任何社会、政治、经济、文化等背景的影响。因此，该定义是一个广义的定义，适用于各种不同的审计类型和审计目的，具有高度的全面性和抽象性，在国际审计界有着广泛的影响。

美国前会计学会会长阿尔文·A.阿伦斯(Alvin A. Arens)在其著作《审计与保证服务：一种整合方法(第十二版)》中就继承和发展了这一思想，认为"审计是由胜任的独立人员，为确定并报告特定信息与既定标准间的符合程度，而搜集和评价有关这些信息的证据的过程"。这一过程可以用图1-2表示。

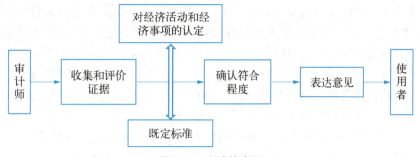

图 1-2　审计的内涵

以上关于审计的定义,基本涵盖了审计过程所涉及的各项关键要素,归纳起来主要有以下六点。

1. 审计是一个系统的过程

这是指审计在整体上是一种逻辑严谨、结构严密的活动过程,它不但具有明确的目标,而且是按照科学的程序和方法来实施的。更进一步,审计是在审计目标的指引下,通过制订科学合理的审计计划,然后按照计划,采用科学的审计程序和方法来收集和评价审计证据,最终发表审计意见,提交审计报告,从而实现审计目标的过程。

2. 胜任的独立审计人员

审计工作必须由独立的审计人员负责实施,审计人员只有站在独立的立场上,才能在审计过程中不受其他诸如经济利益、外界压力等干扰因素的影响,发表客观公正的审计意见,从而取信于利用审计结果的利害关系人,切实发挥审计的经济监督职能。这种独立并不是绝对的,而是指审计人员在实施审计过程中所要达到的必要水平。例如,注册会计师在进行财务报表审计时,其提供审计服务所得的报酬尽管是由被审计单位支付的,但他们必须在审计时保持充分的独立性,这样得出的审计报告才能取得财务报表使用者的信任。又如,内部审计人员虽然是公司的员工,不可能做到百分之百的独立,但他们也要独立于公司内部的其他被审计部门。除此之外,一个合格的审计人员还必须具备足够的专业胜任能力,这就要求审计人员掌握足够的专业知识、技能和经验,能够有效地完成审计工作并得出正确的审计结论。审计人员若不能保持和提高自身的专业胜任能力,就会丧失其立身之本,同时也会给利用审计结果的利害关系人带来危害。

3. 经济活动和经济事项的认定

所谓"认定",是指被审计单位管理当局对其自身的经济活动和经济事项所作出的各项陈述,其中有些是明确表达的,有些是隐含表达的,而通常所说的"认定"则是相对于被审计单位财务报表各项组成要素而言的。根据审计准则的规定,可以将管理当局对财务报表各项组成要素作出的认定大致分为三大类,包括与各类交易和事项相关的认定、与期末账户余额相关的认定,以及与列报相关的认定。审计工作就是通过收集与这些认定有关的证据,并且对它们进行评价,从而确定管理当局是否有充分的理由作出这些认定,即确定这些认定是否恰当,简而言之,审计就是对管理层作出的认定进行再认定。

4. 确定认定与既定标准之间的符合程度

在审计实务中,不论是何种类型的审计活动,概括起来都是对被审计单位关于各项经济活动及事项的认定进行审查,最终都是为了确定这些认定是否与某些既定的标准相符合,并对它们之间的符合程度作出评价,据此发表审计意见,这就是审计的总体目标。定义中所说的"标准",是指用于评价审计客体的基准。例如,当注册会计师进行财务报表审计时,他们依据的标准一般就是公认会计原则,从而确定被审计单位的财务报表是否是按照公认会计原则进行编制的,并对不符合公认会计原则的地方提请被审计单位进行调整。在政府审计中,审计人员应该以相关的法律法规为标准来实施审计,如《审计法》等。另外,在内部审计或经营审计中,由于缺乏统一的公认标准可供遵循,因此在审计开始之前,审计人员应该与被审计单位就相关标准的确定达成共识。

5. 收集和评价认定的证据

这里的"证据"是指审计证据,它是审计人员用来证实或否定被审计单位所作出的各项认定的证明性资料,也是审计人员形成审计结论、发表审计意见的重要依据。审计证据的收集贯穿于整个审计过程,它们不仅来源于被审计单位提供的各种会计证据,也可以是从被审计单位外部获取的各种资料。审计证据的形式多种多样,包括实物证据、书面证据、口头证据等,因此,审计人员应当对其进行全面的了解,以便针对不同类型的认定选择最合适的方法来获取充分适当的审计证据。同时,审计人员还必须对收集到的审计证据进行分析评价,对这些证据是否相关、是否可靠作出合理的职业判断,从而保证审计结论的正确性。

6. 将审计结果传达给利害关系人

只有将审计结果传达给利害关系人,才能实现审计的价值。"利害关系人"是指所有利用审计结果作出各种决策的组织和个人,包括企业的投资者、债权人、管理层、社会公众和政府管理部门等,审计人员一般是以审计报告的形式向利害关系人传达审计结果。审计报告不仅是对审计工作和结果的全面总结,还是向利害关系人传达决策所需信息的重要途径。

二、审计的基本类型

随着社会经济活动的不断发展,审计的外延和内涵也越来越丰富,其表现形态日趋多样化。以下从审计的执行主体和内容两个基本角度出发,对审计进行分类,值得注意的是,两大分类之间也存在一定的关联。

(一)按审计主体或执行机构分类

按审计主体或执行机构的不同,审计可分为政府审计、注册会计师审计和内部审计。

1. 政府审计

政府审计也称为国家审计,是指由国家审计机关对各级政府的财政预算收支及国有企业的经营活动与财务决算所进行的审计,其特点是具有强制性。政府审计的主体是中央一级和地方各级的审计机关,在我国,政府审计机关包括国务院下设的审计署、各地的审计局,以及审计署派驻中央各部门和各地的特派员办事处。世界各国的政府审计机关,因其在整个国家政权机构中的隶属体制或领导关系不同,可将其分为立法模式、司法模式、行政模式和独立模式四种类型。

(1)立法模式。该模式诞生于英国,但成熟于美国,其特点是:国家按法律程序赋予审计机关权限,审计机关隶属于议会并对议会负责,向议会报告工作,不受行政当局的控制和干涉,独立性较强,是议会对行政部门进行监督的工具。

(2) 司法模式。该模式起源于法国,其特点是:审计机关隶属于司法部门,地位仅次于最高法院,是具有终审权的权威机构,拥有很强的司法权,审计人员也大多享有司法地位。

(3) 行政模式。我国、苏联、东欧及北欧一些国家采用该模式,其特点是:审计机关归政府行政部门领导,直接对政府负责。这种类型的政府审计实际上是一种政府行政权力体系下的自我监督,所以独立性不强。

(4) 独立模式。该模式的代表国家为日本,其特点是:审计机关既不隶属于立法部门,也不隶属于司法部门,而是一种介于立法部门与行政部门之间的独立监督机构。这种政府审计模式独立于立法权、司法权、行政权之外,能够公正地行使其监督职能。

2. 注册会计师审计

注册会计师审计也称为独立审计、社会审计或民间审计,是指由会计师事务所这类非官方的民间审计组织接受委托而进行的审计。民间审计的主体是注册会计师,他们接受被审计单位的委托,根据公认会计原则和公认审计准则,对被审计单位提供的财务报表及相关的会计信息进行客观的评价、鉴证。由于民间审计组织(会计师事务所)不隶属于任何机构,自主经营,独立核算,因此在业务上具有较强的独立性。

3. 内部审计

内部审计是指由单位自身设置的相对独立的专职审计机构和人员,对单位内部各部门及其下属组织实施的审计。其实质上是本单位最高管理部门对下属部门和组织进行监督和控制的一种手段,属于管理职能的一部分。内部审计机构和人员独立于其他部门之外,一般只接受本单位主要负责人的领导,负责监督检查本单位各部门及其下属组织的财务收支和经营管理活动。内部审计的实施有利于加强内部控制,提高管理效率,一些大型的企业和组织都已设立内部审计机构,但由于内部审计的主体是单位内部人员,所以与政府审计和注册会计师审计相比,其独立性较差。

(二) 按审计的内容分类

按审计内容的不同,审计可分为财务报表审计、经营审计和合规性审计。

1. 财务报表审计

财务报表审计是对被审计单位编制的财务报表及其相关会计资料实施的审计,其目标是对财务报表是否按照既定的标准编制发表审计意见,而既定的标准通常是指企业会计准则和相关会计制度。一套完整的财务报表包括资产负债表、利润表、现金流量表、所有者权益变动表和财务报表附注。这些报表的使用范围非常广泛,包括股东、债权人、政府监管部门和潜在投资者等在内的广大社会公众,都要依据财务报表所反映的信息进行投资、信贷等决策,因此财务报表审计是当今市场经济环境下最重要的审计形态之一,通常是由被审计单位聘请会计师事务所中的注册会计师来负责实施。此外,政府审计中的财政财务收支审计的内容也涉及对财务报表的审计。

2. 经营审计

经营审计是对被审计单位经营活动的有关方面实施的审计,其目的是评价被审计单位经营活动的效率性、效果性和经济性,并向管理当局提出改善经营管理的建议。其中,效率性是指投入与产出的关系,即以最小的投入取得最大的产出。效果性是指实际结果与预期目标的关系,即是否完成预期的目标。经济性是指在考虑质量的前提下,尽量减少资源的耗费。经营审计的对象是组织内部的各项经营活动,几乎涉及组织活动的所有重要方面,如组织机构、会计核算、信息系统、生产方法、市场营销等领域。因此,经营审计也构成了内部审计的重要内容。

3. 合规性审计

合规性审计也是对被审计单位财务或经营活动的某些方面所进行的审计,其目的是通过对这些经济活动的审查,来确定其是否与某些既定的标准相符合,进一步说,就是审查被审计单位是否遵循有关的法律、法规及其他规章制度的要求。合规性审计的既定标准多种多样,既可以是国家的财经法纪或政府部门制定的各种法规,如《经济法》《税法》等;也可以是经济合同中的各项规定,如在贷款合同中债权人规定的条款;还可以是单位内部制定的各项规章制度,如管理当局制定的内部控制程序。因此,部分合规性审计的内容也可以看成是政府审计或内部审计。

第三节　注册会计师审计的过程

审计过程一般可以划分为三个阶段:审计准备阶段、审计实施阶段和审计报告阶段。在每一个不同的阶段中又可以细分为诸多重要的工作内容。本节将结合我国在2010年颁布的注册会计师执业准则,简要介绍注册会计师接受客户委托实施财务报表审计的审计过程与主要内容。

一、审计准备阶段

审计的准备阶段是整个审计过程的起点,其基本工作主要包括:开展初步业务活动、确定总体审计策略、了解被审计单位及其环境并评估重大错报风险、制订具体审计计划等。与此同时,初步确定适当的重要性水平和可接受的审计风险水平。

(一) 开展初步业务活动

审计人员在实施审计业务前,需要开展初步业务活动,其目的是为了在以下三个方面确保审计业务的顺利实施:第一,确保审计人员具备执行业务所需要的独立性和专业胜任能力;第二,确保不存在使审计人员因管理层的诚信问题而影响其接受或保持该项业务意愿的情况;第三,确保与被审计单位之间不存在对业务约定条款的误解。

为了达到上述目的,审计人员在确定是否接受客户委托之前,应针对保持客户关系和具体审计业务实施相应的质量控制程序。同时,还要对业务环境进行初步了解,这涉及审计对象的特征、使用的标准、预期使用者的要求和责任方及其环境的相关特征等各方面的内容,从而确定审计业务是否符合有关标准。只有当符合所有标准时,审计人员才能考虑接受客户的委托。然后,审计人员要根据注册会计师职业道德规范的要求,评价是否具备执行审计业务所要求的独立性和专业胜任能力。

审计人员应当在作出接受或保持客户关系及具体审计业务的决策后,与客户就审计业务约定相关条款诸如委托目的、审计业务的性质和范围、审计收费、客户应协助的工作等内容进行充分沟通，达成一致意见，并签订审计业务约定书。审计业务约定书是会计师事务所与被审计单位之间达成的提供审计及其他相关服务的书面协议。审计业务约定书具有经济合同的性质，一经签署就具有法律效力。其基本内容包括：财务报表审计的目标、审计范围、审计收费、执行审计工作的安排、双方的责任和义务，以及其他有关事项。

（二）确定总体审计策略

总体审计策略是对整个审计过程基本工作内容的综合性规划，用以确定审计范围、时间和方向，并据此制定具体的审计计划。总体审计策略的制定一般包括：确定审计范围；计划审计业务的报告目标、时间安排和所需沟通的性质；确定审计方向等。

（三）了解被审计单位及其环境并评估重大错报风险

1. 了解被审计单位及其环境

审计人员应当了解被审计单位及其环境，以此来识别和评估财务报表重大错报风险，并设计和实施进一步审计程序。在现代风险导向审计下，对被审计单位及其环境的了解是非常必要的程序，特别是在一些关键环节诸如确定重要性水平、考虑会计政策的选择和运用是否恰当、识别关联方交易等需要特别考虑的领域、评价所获取的审计证据的充分性和适当性等方面，为审计人员作出职业判断提供重要的基础。

审计人员应从以下六个方面了解被审计单位及其环境：被审计单位的行业状况、法律环境、监管环境以及其他外部因素；被审计单位的性质；被审计单位对会计政策的选择和运用；被审计单位的目标、战略以及相关的经营风险；被审计单位财务业绩的衡量与评价；被审计单位的内部控制。同时，审计人员需要运用职业判断来确定需要了解被审计单位及其环境的程度。

2. 实施风险评估程序

审计人员了解被审计单位及其环境，其目的是为了识别和评估财务报表重大错报风险，而风险评估程序正是为了了解被审计单位及其环境而实施的程序。审计人员应当实施风险评估程序，以此作为对财务报表层次和认定层次重大错报风险进行评估的基础。

（四）制订具体审计计划

总体审计策略一经制定，审计人员就应当针对总体审计策略中所识别的不同事项，制订具体的审计计划，并考虑通过有效利用审计资源以实现审计目标。具体审计计划比总体审计策略更加详细，其内容包括：获取充分、适当的审计证据，将审计风险降至可接受的低水平，项目组成员拟实施的审计程序的性质、时间和范围，这也是整个具体审计计划的核心。

二、审计实施阶段

审计实施阶段的主要工作就是实施进一步审计程序。进一步审计程序是相对风险评估程序而言的，是指审计人员针对评估的各类交易、账户余额、列报（包括披露）认定层次重大错报风险实施的审计程序，包括控制测试和实质性程序。

（一）控制测试

控制测试是指测试内部控制运行的有效性，这一概念需要与"了解内部控制"进行区分,后者的含义是评价控制的设计和确定控制是否得到执行。确定控制是否得到执行与测试控制运行的有效性所需获取的审计证据是不同的。对于前者,审计人员应当确定某项控制是否存在,被审计单位是否正在使用;而对于后者,审计人员则应当从四个方面来获取关于控制运行是否有效的审计证据:控制在所审计期间的不同时点是如何运行的;控制是否得到一贯执行;控制由谁执行;控制以何种方式运行。因此,控制运行有效性强调的是控制能够在各个不同时点按照既定设计得以一贯执行。

(二) 实质性程序

实质性程序是指审计人员针对评估的重大错报风险而实施的直接用以发现认定层次重大错报的审计程序,包括对各类交易、账户余额、列报的细节测试以及实质性分析程序。由于对重大错报风险的评估仅仅是一种判断,可能无法充分识别所有的重大错报风险,并且由于内部控制在客观上存在局限性,因此无论对重大错报风险的评估结果如何,审计人员都应当针对所有重大的各类交易、账户余额、列报实施实质性程序。

审计人员实施的实质性程序还应当包括下列与财务报表编制完成阶段相关的审计程序:将财务报表与其所依据的会计记录相核对;检查财务报表编制过程中作出的重大会计分录和其他会计调整。审计人员对会计分录和其他会计调整检查的性质和范围,取决于被审计单位财务报告过程的性质和复杂程度,以及由此产生的重大错报风险。

三、审计报告阶段

审计报告阶段,一般也称为审计终结阶段,这一阶段的主要工作内容包括:编制审计差异调整表和试算平衡表;实施分析程序对财务报表进行总体复核;获取管理层声明;完成审计工作底稿的复核;评价审计结果;与被审计单位治理层进行沟通;出具审计报告。

(一) 编制审计差异调整表和试算平衡表

在完成按业务循环进行的控制测试、财务报表项目的实质性程序及特殊项目的审计后,审计人员应当对在审计过程中发现的审计差异内容(即被审计单位的会计处理方法与企业会计原则的不一致)予以初步确定并汇总,并建议被审计单位进行调整,从而使经过审计的财务报表能公允地反映被审计单位的财务状况和经营成果。为了达到这一目的,审计人员应当编制审计差异调整表和试算平衡表,其中,审计差异调整表可分为账项调整分录汇总表、重分类调整分录汇总表和未更正错报汇总表,而试算平衡表又可分为资产负债类项目试算平衡表和利润表项目试算平衡表。

(二) 实施分析程序对财务报表进行总体复核

审计人员必须将分析程序用于对财务报表的总体复核,其目的是确定审计调整后的财务报表在总体上是否与其对被审计单位的了解相一致。此时,审计人员若识别出以前从未识别的重大错报风险,就应当重新考虑之前对各类交易、账户余额、列报评估的风险是否恰当,以及是否有必要追加适当的审计程序。

(三) 获取管理层声明

管理层声明是指被审计单位管理层向审计人员提供的关于财务报表的各项陈述,它包括书面声明和口头声明,其中,书面声明的类型包括:管理层声明书;审计人员提供的列示其对管理层声明的理解并经管理层确认的函;董事会及类似机构的相关会议纪要,或已签署的财务报表副本。管理层声明对于审计人员来说具有十分重要的作用:第一,由于管理层声明书是被审计单位管理层对其提供给审计人员的有关资料的真实性、合法性和完整性所作出的书面陈述,因此审计人员在出具审计报告前应向管理层索取声明书,以明确被审计单位的会计责任;第二,被审计单位管理层提供的各种书面声明可作为审计证据。

(四)完成审计工作底稿的复核

审计工作底稿是指审计人员对制定的审计计划、实施的审计程序、获取的相关审计证据,以及得出的审计结论作出的记录,它形成于审计的整个过程,通常包括总体审计策略、具体审计计划、重大事项概要、询证函回函、管理层声明书,以及对被审计单位文件记录的摘要或复印件等。复核审计工作底稿是确保审计质量、降低审计风险的重要手段,审计人员在出具审计报告之前,应当完成审计工作底稿的复核。对审计工作底稿的复核可分为两个层次:第一个层次是由审计项目经理和项目合伙人负责对审计工作底稿实施的项目组内部复核,其中,项目合伙人的复核是对审计项目经理复核的再监督。第二个层次是独立的项目质量控制复核,是指由项目组外部的复核人员对与项目组作出重大判断及形成结论有关的工作底稿实施的复核,它是对审计工作结果的最后质量控制。

(五)评价审计结果

审计人员在出具审计报告之前,必须对审计工作结果进行评价,其目的是确定将要发表的审计意见类型,以及在整个审计过程中是否遵循了审计准则。此时,审计人员要完成以下两项工作:第一,审计人员在作出发表何种类型审计意见的决策时,必须对重要性和审计风险进行最终的评估;第二,审计人员为了对财务报表整体发表适当的审计意见,必须对每个审计项目组成员的审计结果加以汇总和评价,综合考虑在审计过程中收集到的全部审计证据,并与被审计单位管理层就其需要调整的事项或表外披露的事项进行沟通,从而对被审计单位的已审财务报表形成审计意见,并草拟审计报告。

(六)与被审计单位治理层进行沟通

在审计报告阶段,审计人员与被审计单位治理层需要就审计工作中发现的问题进行沟通,这些问题主要包括:审计人员对被审计单位会计处理质量的看法,一般涉及被审计单位采用的会计政策、作出的会计估计和财务报表的披露等方面;审计工作中遇到的重大困难,可能包括审计人员无法获取预期的证据、管理层对审计人员施加的限制等;尚未更正的重大错报;审计中发现的、根据职业判断认为重大且与治理层履行财务报告过程监督责任直接相关的其他事项,包括已更正的、含有已审计财务报表的文件中的其他信息存在的对事实的重大错报或重大不一致。这有助于明确审计人员和治理层在财务报表审计和沟通中的责任。

(七)出具审计报告

审计报告是指审计人员在实施审计工作的基础上对被审计单位财务报表发表审计意见的书面文件,它是审计工作的最终产品。审计报告按不同的格式和措辞,可分为标准审计报告和非标准审计报告。其中,标准审计报告是不附加说明段、强调事项段或任何修饰性用语的无保留意见的审计报告;非标准审计报告是指标准审计报告以外的其他审计报告,包括带强调事项段的无保留意见的审计报告,以及保留意见的审计报告、否定意见的审计报告和无法表示意见的审计报告。审计人员应对其出具的审计报告的真实性、合法性负责。

四、审计基本过程

图1-3列示了审计准备阶段、审计实施阶段和审计报告阶段的各项主要工作,从而展示了审计的基本过程。

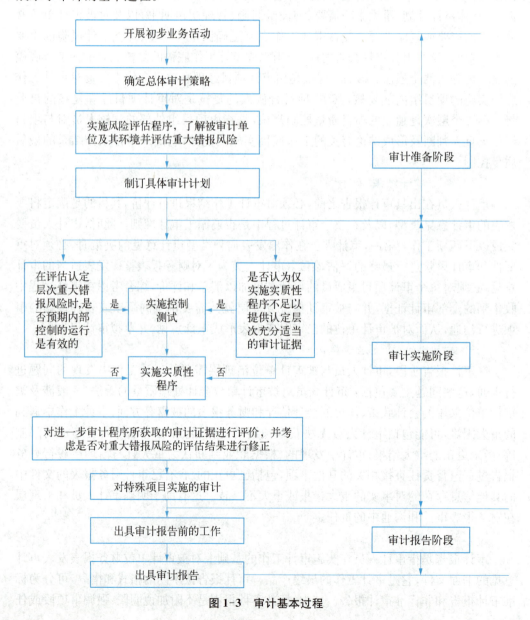

图1-3 审计基本过程

拓 展 案 例

蓝田股份事件

1996年6月18日,蓝田股份在上海证券交易所上市;1999年10月,证监会处罚公司数项上市违规行为;2001年10月26日,中央财经大学刘姝威教授在《金融内参》发表600字短文揭露了蓝田的造假丑闻,此后蓝田贷款资金链条断裂;同年3月,公司被实行特别处理,股票变更为"ST生态";同年5月13日,ST生态因连续3年亏损,暂停上市;2003年1月8日,ST生态复牌上市。

蓝田股份在其经营期间成功塑造了"金鸭子""野莲汁""野藕汁"及"无氧鱼"等神话,并以其为主要业务。蓝田股份年报显示,公司的蓝田野藕汁、野莲汁饮料销售收入高达5亿元。在一般人的眼里,全国应该到处都卖蓝田野藕汁、野莲汁,而且很热销,但是全国很多地方的投资者表示,并没有看到这种热销场面,甚至在当地市场根本没有见到过野藕汁,看到的只是中央电视台连篇累牍的广告。蓝田股份1999年营业收入为18.4亿元,而应收账款仅为857万元,公司的解释是占公司产品70%的水产品在养殖基地现场成交,上门提货的客户中个体比重大,当地银行没有开通全国联行业务,客户多采用"钱货两清"方式结算。公司声称,精养鱼塘每亩产值可达3万元,是粗放经营的10倍,蓝田股份创造了武昌鱼股份(同为湖北上市公司)30倍的鱼塘养殖业绩。

有关资料显示,蓝田股份在股票发行申报材料中,对涉及的有关批复、批文及土地证进行了伪造,导致企业的无形资产虚增高达1 100万元。1995年12月间,蓝田伪造了三个银行存款账户的对账单,对银行存款进行了虚假记录,导致银行存款的账面价值虚增2 770万元。报表显示的农副水产品12.7亿元的收入明显造假,专家质疑指出:蓝田股份"一只鸭子一年的利润相当于生产两台彩电";自给自足的生物链"水面有鸭,水里有鱼,水下有藕",每亩水面一年的产值竟达到3万元。公司2000年对于野藕汁、野莲汁饮料在央视的宣传广告费用而发生的巨额支出不见踪迹。

对蓝田股份实施审计的华伦会计师事务所出具了含有严重虚假内容的无保留意见的审计报告。在对蓝田股份进行审计时,注册会计师对蓝田的内部控制测试过度依赖,过度信任内部审计的结果,未能保持应有的谨慎态度对蓝田的内部控制进行合理的评估。针对蓝田股份通过虚假交易或事项"创造"出来的、高于同行业数倍的利润,注册会计师没有认真执行分析程序发现其中的问题;对销售交易过于关注对账证表的核对;对银行存款未实施有效的函证,没有发现虚构的巨额银行存款。

国 际 视 野

内部审计揭开"世通"黑幕①

世通利用会计造假虚构了近100亿美元的利润,创下了财务舞弊的世界纪录。

---

① 黄世忠:《会计数字游戏——美国财务舞弊典型案例剖析》,中国财政经济出版社,2003年版。

这一惊天动地的财务舞弊案到底是如何被发现的？揭开世通造假黑幕的英雄是辛西亚·库珀(Cynthia Cooper，世通内审部副总经理)、哲恩·摩斯(Gene Morse，擅长电脑技术的内部审计师)和格林·史密斯(Glyn Smith，内审部高级经理，辛西亚的助理)。正是这三个不计个人安危、忠于职守的"火枪手"，排除困扰，顶住压力，才将世通的舞弊罪行昭示于天下。三人因此入选《时代》杂志2002年度新闻人物。

辛西亚1994年受雇于世通，从事内部审计。她从基层做起，几年后升任世通内审部的副总经理，直接对世通的首席财务官斯科特·苏利文(Scott Sullivan)负责。只有27个工作人员的内审部只负责经营绩效审计，从事业绩评估和预算控制，财务审计不在其工作职责范围之内，而是外包给安达信。2002年3月初，世通无线通信业务的负责人约翰·思图帕克(John Stupka)拜会了辛西亚，向她抱怨苏利文的一笔会计处理。为应对电信业不景气可能产生的坏账，思图帕克所在部门按照行业惯例和会计准则的规定，于2001年第三季度计提了4亿美元的坏账准备。但苏利文勒令思图帕克将这4亿美元的坏账准备冲回，以抬升世通对外报告的盈利。思图帕克担心这一做法将使其部门在下一个季度发生大额亏损，但迫于苏利文的压力，只好屈从。喜欢刨根问底、倔强执着的辛西亚就此事致电安达信，但安达信的合伙人肯·艾卫瑞(Ken Avery)粗暴地拒绝了辛西亚的质询，声称他只听命于苏利文。被激怒的辛西亚遂下令其下属哲恩·摩斯一查到底，并将此事告知了世通审计委员主席马克斯·波比特(Max Bobbitt)。2002年3月6日，审计委员会在华盛顿召开了例会，辛西亚与其顶头上司苏利文分别就这4亿美元坏账准备的会计处理作了陈述。在审计委员会的压力下，苏利文不得不作出让步，同意予以更正。第二天，恼羞成怒的苏利文提醒辛西亚注意自己的职责范围，警告她以后不得再干预无线通信部门的会计处理。2002年3月7日，美国证券交易委员会(SEC)勒令世通提供更详细的文件资料，以证明2001年度盈利的真实性。SEC提出这项异乎寻常的要求，是因为电信业的不景气使世通的直接竞争对手美国电话电报公司(AT&T)遭受巨额损失，一蹶不振，而世通在2001年度仍然报告巨额利润。这一反差引起了SEC的怀疑，并最终导致其在3月12日正式对世通的会计问题展开正式调查。SEC的举动令世通高层措手不及，也引起了辛西亚的警觉。特别是安然事件的曝光和安达信被司法部起诉，使辛西亚对世通的会计处理疑虑重重。因此，尽管与苏利文发生了不愉快的冲突，辛西亚仍毅然决定，将内部审计的范围由经营绩效审计秘密扩展至财务审计，具体工作由摩斯负责。

2002年5月21日，辛西亚的副手史密斯收到了马克·阿柏特(Mark Abide)的一封电子邮件。阿柏特是世通在德州一位分管固定资产账务处理的会计人员，在其电子邮件里，阿柏特附上了当地报纸刊登的一篇文章，披露了世通德州分公司的一位雇员因为对一些资本支出账务处理的恰当性提出质疑而遭解雇。阿柏特认为，从内部审计的角度看，这一事件值得深究。史密斯立即将这份电子邮件转发给辛西亚。这份电子邮件引起了辛西亚的极大兴趣，因为自辛西亚决定插手内部财务审计后，摩斯已经带人对世通疑点重重的资本支出项目作了两个多月的调查。收到这封电子邮件前,摩斯等人已经发现了众多无法解释的巨额资本性支出。2001年前三个季度,世通对外披露的资本支出中,有20亿美元既未纳入2001年度的资本支出预算,也未获得任何授权。这一严重违反内部控制的做法,使辛西亚和摩斯怀疑世通可能将经营费用转作资本支出,以此增加利润。这封神秘的电子邮件促使辛西亚决定将调查的重点放在资本支出项目。

辛西亚和史密斯就这20亿美元的资本支出质问财务计划部主任山基乎·瑟提(Sanjeev Sethi)时,瑟提将其解释为"预付容量"(prepaid capacity)。当被问及"预付容量"的确切含义以及将"预付容量"作为资本支出的依据时,瑟提表示无可奉告,但不妨询问世通的副总裁兼主计长(controller)大卫·迈耶斯(David Myers)。辛西亚和史密斯不敢贸然直接质问迈耶斯,而是首先询问阿柏特,因为阿柏特所在部门也有"预付容量",也是作为资本支出。询问的结果是,阿柏特对"预付容量"一无所知,他完全是依照世通总账会计部主任巴福特·耶特斯(Buford Yates)的指令进行账务处理的。

就在辛西亚和史密斯对"预付容量"这些所谓的资本支出困惑不解之时,摩斯的一项重大发现使内部审计的调查柳暗花明。2002年5月28日下午,摩斯从电脑记录上查出了一笔既没有原始凭证支持,也缺乏授权签字的5亿美元的电脑费用。与"预付容量"一样,这5亿美元也被记录为资本支出。摩斯立即向辛西亚报告这一惊人发现。种种迹象表明,世通的高层通过将经营费用转作资本支出进行了大规模的利润造假。

为了获取世通会计造假的直接证据,必须进入世通电脑化的会计信息系统调阅相关的会计分录和凭证。然而,只有经过苏利文的批准,内审部才有资格不受限制地使用世通的电脑会计系统。为了不惊动苏利文,辛西亚决定秘密行动,她嘱咐摩斯另辟蹊径,侵入电脑系统。颇有"黑客"怪才的摩斯没有让辛西亚失望,很快就利用信息部安装和调试新系统的机会,获得了进入电脑会计系统的方法。鉴于世通很多有疑点的资本支出都是由总部化整为零转嫁至各地分支机构进行记录,摩斯进入电脑会计系统后,将取证重点锁定在"内部往来"。结果发现"内部往来"发生频繁,每月大约有35万笔。有一次,摩斯偷偷下载这些数据时,服务器几乎瘫痪了,导致信息部紧急关闭电脑会计系统。这一插曲差点使摩斯的"黑客行动"败露。自此,摩斯只好选择在夜深人静时,进入负荷较轻的电脑会计系统下载数据。经过一周的加班加点,摩斯成功地收集了世通将20亿美元经营费用"包装"成资本支出的直接证据。

至此,世通的会计造假基本上真相大白。摩斯掌握的证据使辛西亚陷入痛苦的思想斗争中。与其他员工一样,辛西亚也曾为世通的骄人业绩深感自豪。然而,世通竟然是一个骗子公司,这是她最不愿意看到的结局。辛西亚深知,已掌握的证据足以让世通遭受灭顶之灾,这意味着与她朝夕相处的成千上万的同事将失去生计,自己也将面临失业的危机。辛西亚将她的担忧和苦衷告诉了史密斯和摩斯,他们两人颇有同感。在人生的旅途中,这三名"火枪手"面临着一项重大抉择:是继续追查下去,导致世通垮掉,还是到此为止,给世通留下一条生路?

思 考 题

1. 为什么说受托经济责任关系是审计产生的社会基础?
2. 什么是审计? 简述其构成要素。
3. 注册会计师审计的功能是什么? 如何理解?
4. 注册会计师审计与财务会计有何区别?
5. 审计的基本过程由哪几个阶段组成? 各阶段的主要内容是什么?

第二章　注册会计师职业

【教学目的和要求】

◇ 了解注册会计师的资格要求条件
◇ 理解注册会计师的业务范围及其具体内容
◇ 掌握会计师事务所组织形式的种类及特点
◇ 熟悉不同类型会计师事务所的设立条件
◇ 了解中国注册会计师协会的性质及职能

四大会计师事务所简介

根据1986年的统计资料，当时全世界最大的八家国际性会计师事务所依次是：KPMG皮特·马威克（KPMG Peat Marwich，又称毕马威）、亚瑟·安德森（Arthur Andersen，又称安达信）、库珀斯·赖布兰（Coopers Lybrand，又称永道）、亚瑟·扬（Arthur Young）、普赖斯·沃特豪斯（Price Waterhouse，又称普华）、厄恩斯特·惠尼（Ernst Whinney）、迪洛特·赫斯金斯·赛尔斯（Deloitte Haskins & Sells）、塔奇罗斯（Touch Rose）。为了提高全球性的竞争能力，尤其是在世界会计市场美好前景的刺激下，会计师事务所的合并浪潮此起彼伏，猛烈地冲击并重新组合世界最大的会计师事务所的格局。20世纪80年代后期，迪洛特·赫斯金斯·赛尔斯与塔奇罗斯两个事务所合并，成为迪洛特·罗斯·托马斯（又称德勤）会计师事务所。亚瑟·扬与厄恩斯特·惠尼两个会计师事务所合并，成为厄恩斯特·扬（又称安永）会计师事务所。这样一来，"八大"会计师事务所就成为"六大"会计师事务所。

1997年永道与普华合并，成立了"普华永道"会计公司，"六大"又变成"五大"。2001年，美国爆发了"安然事件"，直接导致"五大"中的安达信会计师事务所宣告倒闭。因此，目前尚有"四大"国际会计师事务所：普华永道（Price Waterhouse Coopers）、德勤（Deloitte Touche Tohmatsu）、毕马威（KPMG）和安永（Ernst & Young），其相关信息如表2-1所示。

"四大"除了会计、审计业务之外，已成为能够向跨国公司广泛提供各种服务的专家集团。实际上，"四大"已经成为信息的宝库，其咨询服务已发展到经营战略、风险管理、信息系统、金融管制、收购与合并、人事福利和现金管理等方面。

表 2-1 "四大"国际会计师事务所

名称/类别	普华永道(PWC)	德勤(DTT)	毕马威(KPMG)	安永(EY)
中国经营实体	普华永道中天	德勤华永	毕马威华振	安永华明
总部所在地	英国伦敦	美国纽约	荷兰阿姆斯特丹	英国伦敦
全球收入(截至 2015 年)	354 亿美元	352 亿美元	287 亿美元	244 亿美元
从业人数(截至 2015 年)	208 100 人	225 400 人	212 000 人	173 965 人

第一节 注册会计师

注册会计师(certified public accountants,简称 CPA),是指依法取得注册会计师证书并接受委托从事审计和会计咨询、会计服务等业务的执业人员。注册会计师是以会计师事务所为单位从事审计业务,其主要职责是对客户所公布的财务报表发表审计意见。注册会计师的客户可能包括各类企业、非营利组织、政府机构及个人。"审计师"有时是指执业的注册会计师,有时则是指会计师事务所,另一个经常用来描述注册会计师的术语是"独立审计师"。

一、我国注册会计师的资格要求

高素质的注册会计师是减少审计失误、提高审计职业威信的重要保证。高素质的注册会计师是通过严格的资格审查、严格的考试制度筛选出来的。注册会计师的一般资格要求包括教育要求、考试要求和经验要求。

(一) 教育要求

1. 中国大陆公民

根据《中华人民共和国注册会计师法》(以下简称《注册会计师法》)及《注册会计师全国统一考试办法》的规定,具备下列条件之一的中国公民,可报名参加考试:

(1) 具有完全民事行为能力。

(2) 高等专科以上学校毕业的学历,或者具有会计或者相关专业(如审计、统计、经济等)中级以上技术职称。

2. 中国港澳台地区居民及外国籍公民

中国香港、澳门、台湾地区居民及按互惠原则确认的外国籍公民具有下列条件之一者,可申请参加考试:

(1) 具有中华人民共和国教育行政主管部门认可的高等专科以上学校毕业的学历,或财政部注册会计师考试委员会(以下简称全国考试委员会)认可的港澳台地区或外国高等专科以上学校毕业的学历。

(2) 已取得港澳台地区或外国法律认可的注册会计师资格(或其他相应资格)。

(3) 已取得中国注册会计师统一考试的单科成绩合格凭证。

互惠原则是指外国籍公民所在国允许中国公民参加该国注册会计师(或其他相应资格)考试,中国政府亦允许该公民参加中国注册会计师统一考试。

由于市场经济的快速发展,企业的经济业务和经营管理日趋复杂,社会对独立审计的期望也越来越高。为顺应这种需要,审计理论和方法也不断地向前发展。为此,注册会计师就应不断地更新知识结构,提高专业素质和执业水平。如今,世界各主要国家都非常注重加强注册会计师职业后续教育,并制定了相应的职业后续教育准则。为进一步完善注册会计师职业后续教育规范,2006年9月30日,中国注册会计师协会发布《中国注册会计师继续教育制度》,对继续教育的形式与学时、组织与考核等提出具体要求,自2007年1月1日起施行。

(二) 考试要求

1. 考试的组织

财政部成立全国注册会计师考试委员会(简称全国考试委员会),全国考试委员会办公室(简称全国考试办公室)设在中国注册会计师协会。各省、自治区、直辖市财政厅(局)成立地方注册会计师考试委员会(简称地方考试委员会),地方考试委员会办公室(简称地方考试办公室)设在各省、自治区、直辖市注册会计师协会。

全国考试委员会负责组织和领导全国统一考试工作,确定考试组织工作原则,制定考试组织工作方针、政策,审定考试大纲,确定考试命题,处理考试组织工作中的重大问题,指导地方考试委员会工作。地方考试委员会贯彻、实施全国考试委员会的规定,组织、领导本地区的考试工作。地方考试办公室在地方考试委员会领导下负责具体组织本地区考试工作。

2. 考试范围或内容

注册会计师考试分为专业阶段和综合阶段。专业阶段考试6个科目为:会计、审计、财务成本管理、公司战略与风险管理、经济法、税法。专业阶段科目可以同时报考,也可以选择报考部分科目。综合阶段考试对职业能力综合进行测试。考试范围在全国考试委员会审定发布的《考试大纲》中确定。考试采用闭卷、计算机化考试方式,即在计算机终端获取试题、作答并提交答题结果。每科考试均实行百分制,60分为成绩合格分数线。专业阶段考试的单科考试合格成绩5年内有效。对在连续5个年度考试中取得专业阶段考试全部科目合格成绩的考生,颁发注册会计师全国统一考试专业阶段考试合格证。对取得综合阶段考试科目合格成绩的考生,颁发注册会计师全国统一考试全科合格证。注册会计师全国统一考试全科合格证由考生到综合阶段考试报考所在省级注册会计师协会申领。

近年来,注册会计师考试各门课程合格率情况如表2-2所示。

3. 免试的条件

(1) 中国大陆公民。具有会计或相关专业高级技术职称的人员(包括学校及科研单位中具有会计或相关专业副教授、副研究员以上职称者),可以申请免试一门专长科

表 2-2 注册会计师考试各门课程合格率   单位：（%）

年份 \ 科目	会计	审计	税法	经济法	财务成本管理	公司战略与风险管理
2009	12.56	12.82	13.4	15.62	14.25	16.57
2010	16.56	14.42	15.4	18.62	17.05	15.86
2011	11.53	13.22	15.44	17.11	12.24	15.49
2012	13.41	15.72	12.13	19.52	14.65	13.46
2013	14.16	12.12	16.32	16.33	13.85	15.17
2014	16.56	14.66	14.16	16.69	13.38	15.94
2015	15.15	13.95	15.39	16.98	14.42	16.18
2016	12.31	13.47	18.13	16.15	15.03	15.98

目。申请者应填写免试申请表，并向报名所在地方考试委员会办公室提交高级专业技术职称证书，经地方考试委员会及有关部门审核确定并报全国考试委员会核准后，方可免试。

(2) 中国港澳台地区居民及外国籍公民。取得香港会计师公会专业资格课程全科合格证的人员和通过考试取得资格的英格兰及威尔士特许会计师协会会员，可以申请豁免审计和财务成本管理两个科目。

(三) 经验要求

根据《注册会计师法》的规定，通过注册会计师考试全科成绩合格者，均可取得注册会计师资格，包括在政府、企业、一切经济单位工作的人员均可按规定在取得注册会计师资格后，申请加入注册会计师协会成为非执业会员；要执业，还必须按照规定，加入一家会计师事务所，具有两年审计工作经验，并符合其他条件。只有经批准注册后，发给财政部统一印制的注册会计师证书，方可成为执业注册会计师。注册由省级注册会计师协会办理，报财政部备案。财政部对发现的不符合法律要求条件的注册，应当通知有关的注册会计师协会撤销注册，同时，抄送中国注册会计师协会及省级财政部门。

已取得注册会计师证书的人员，如果注册后出现以下情形之一的，准予注册会计师协会将撤销注册，收回注册会计师证书：

(1) 完全丧失民事行为能力的。

(2) 受刑事处罚的。

(3) 因在财务、会计、审计、企业管理或者其他经济管理工作中犯有严重错误受行政处罚、撤销以上处分的。

(4) 自行停止执行注册会计师业务满一年的。

根据中国注册会计师协会的统计，截至 2018 年 12 月 31 日，中国注册会计师协会有执业会员（注册会计师）106 798 人，非执业会员 143 812 人（其中我国港澳台地区和国外非执业会员 601 人），个人会员超过 25 万人，达到 250 610 人[①]。

---

① 资料来源：http://www.cicpa.org.cn/news/201,901/t20190,110_51,482.html。

美国注册会计师资格要求

美国对于注册会计师考试资格的要求各州不同。

在教育要求方面,通常要求为本科学士学位或即将取得学士学位,特拉华州和伊利诺伊州的最低学历为专科,佛蒙特州在最低学历要求上没有特别的限制;在学分上,总学分150以上(相当于大学5年、研究生水平),个别州(如阿拉斯加州)可以允许120个总学分,且具有一定的会计学分和商业学分,大部分州要求24个会计学分以上和24个商业学分以上,个别州要求相对较低,如缅因州无会计和商业学分的要求,新罕布什尔州会计和商业学分各需12个,也有个别州(如阿拉斯加州)可以以一年会计师事务所工作经验代替所需会计学分。

在考试要求方,一年按照四个季度分为四个开放考试期,除了每年的3月、6月、9月、12月不能考以外其他每个月都能考试。考试科目有:

(1)审计与鉴证(Auditing & Attestation):单项选择题组(占60%)和模拟案例题组(占40%),考试时间4小时。

(2)财务会计与报告(Financial Accounting & Reporting):单项选择题组(占60%)和模拟案例题组(占40%),考试时间4小时。

(3)法规(Regulation):单项选择题组(占60%)和模拟案例题组(占40%),考试时间3小时。

(4)商业环境与概念(Business Environment & Concepts):单项选择题组(占85%)和模拟案例题组(占15%),考试时间3小时。

每个科目满分为100分,75分通过。每科成绩有效期限为一年半,考生在通过第一门科目之后的十八个月内必须通过其余三科的考试,否则先考过的科目依次作废,需要重新考试。

在注册要求方面,在美国,只有通过书面考试,达到州政府授权机构所规定的教育和经历要求的人,才能取得州政府颁发的证书,获准使用"注册会计师"称号。

英国注册会计师资格要求

英国注册会计师由特许公认会计师公会(The Association of Chartered Certified Accountants,ACCA)专门授予,称为特许公认会计师。

在教育要求方面,要想成为一名特许会计师,申请人必须满足的教育背景条件是完成大学水平的学业,但对所学专业不作限制。可以是除会计或商业以外的任一其他专业。与此同时,申请人在完成大学水平的专业学历后,将与某一会计师事务所签订一份期为三年的培训合同,一方面从事注册会计师的业务工作,积累实践经验;另一方面准备考试。

在考试要求方面,ACCA考试是按现代企业财务人员需要具备的技能和技术的要求而设计的,共有14门课程,其中2门为选修课,课程分为2个阶段。

1. 基础阶段

第一部分为基础阶段(fundamental phase),主要分为知识课程和技能课程两个部分,具体内容如下表所示。知识课程主要涉及财务会计和管理会计方面的核心知识,也为接下来进行技能阶段的详细学习搭建了一个平台(见表2-3)。

表2-3 ACCA基础阶段内容

课程类别	课程序号	课程名称(中文)	课程名称(英文)
知识课程	F1	会计师与企业	Accountant in Business (AB)
	F2	管理会计	Management Accounting (MA)
	F3	财务会计	Financial Accounting (FA)
技能课程	F4	公司法与商法	Corporate and Business Law (CBL)
	F5	业绩管理	Performance Management (PM)
	F6	税务	Taxation (TX)
	F7	财务报告	Financial Reporting (FR)
	F8	审计与认证业务	Audit and Assurance (AA)
	F9	财务管理	Financial Management (FM)

2. 专业阶段

第二部分为专业阶段(professional phase),主要分为核心课程和选修课程(四选二)。该阶段的课程是对第一部分课程的引申和发展,引入了作为未来的高级会计师所必需的更高级的职业技能和知识技能。选修课程为从事高级管理咨询或顾问职业的学员,设计了解决更高级和更复杂的问题的技能。具体内容如表2-4所示。

表2-4 ACCA专业阶段内容

课程类别	课程序号	课程名称(中文)	课程名称(英文)
核心课程	S1	战略商业领袖	Strategic Business Leader (SBL)
	S2	战略商业报告	Strategic Business Reporting (SBR)
选修课程(四选二)	A1	高级财务管理	Advanced Financial Management (AFM)
	A2	高级业绩管理	Advanced Performance Management (APM)
	A3	高级税务	Advanced Taxation (ATX)
	A4	高级审计与鉴证业务	Advance Audit and Assurance (AAA)

在注册要求方面，申请人在通过了全部基础阶段和专业阶段的考试后，需要在会计师事务所工作3年，才可取得特许会计师资格。在成为ACCA会员后的5年内遵守符合ACCA的会员规则，便可以成为ACCA资深会员。

二、注册会计师的业务范围

注册会计师的业务主要包括鉴证业务和相关服务业务。注册会计师的业务范围如图2-1所示。

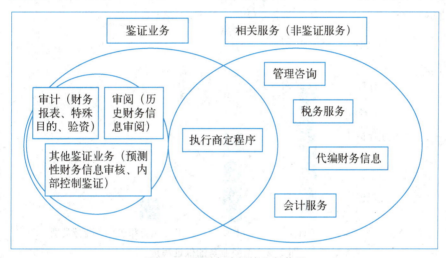

图2-1 注册会计师的业务范围

（一）鉴证业务

鉴证业务是指注册会计师对鉴证对象信息提出结论，以增强除责任方之外的预期使用者对鉴证对象信息信任程度的业务。鉴证业务是以提高鉴证对象信息的可信性为主要目的，要求注册会计师就鉴证对象信息是否在所有重大方面符合适当的标准而发表一个能够提供一定程度保证的结论。鉴证业务提供的保证程度分为两类：合理保证和有限保证。合理保证的鉴证业务的目标是注册会计师将鉴证业务风险降至该业务环境下可接受的低水平，以此作为以积极方式提出结论的基础；而有限保证的鉴证业务提供的保证程度要低于合理保证的鉴证业务，其目标是注册会计师将鉴证业务风险降至该业务环境下可接受的水平，以此作为以消极方式提出结论的基础。

1. 财务报表审计

财务报表审计是注册会计师提供的主要鉴证服务之一，其目标是对被审计单位财务报表的编制是否符合适用的会计准则和相关会计制度，是否在所有重大方面公允地反映了被审计单位的财务状况、经营成果和现金流量发表审计意见。财务报表审计业务属于合理保证的鉴证业务，它要求注册会计师将审计风险降至该业务环境下可接受的低水平,对审计后的历史财务信息提供高水平的保证(即合理保证),并在审计报告中采用积极方式对历史财务信息提出结论。

2. 财务报表审阅

根据《中国注册会计师审阅准则第 2101 号——财务报表审阅》(2006)的规定,财务报表审阅的目标,是注册会计师在实施审阅程序的基础上,说明是否注意到某些事项,使其相信财务报表没有按照适用的会计准则和相关会计制度的规定编制,未能在所有重大方面公允反映被审阅单位的财务状况、经营成果和现金流量。在财务报表审阅业务中,要求注册会计师将审阅风险降至该业务环境下可接受的水平,对审阅后的历史财务信息提供低于高水平的保证(即有限保证),并在审阅报告中采用消极方式对历史财务信息提出结论,因此这种业务属于有限保证的鉴证业务。不同业务的保证程度如图2-2 所示。

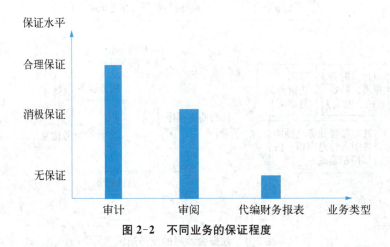

图 2-2　不同业务的保证程度

相对于财务报表审计而言,财务报表审阅的成本较低,由于一些非上市公司或小企业也希望向报表使用者提交财务报表,但又不愿承担高额的审计费用,在这种情况下,它们就会聘请注册会计师对其财务报表进行审阅。

3. 其他鉴证业务

其他鉴证服务是指除财务报表审计和财务报表审阅以外由注册会计师提供的鉴证服务,包括内部控制审核、预测性财务信息审核、系统鉴证、合约遵循鉴证等。它们的鉴证对象都具有不同的特征,可能表现为定性或定量、客观或主观、历史或预测、时点或期间,例如,内部控制审核的鉴证对象是内部控制的有效性,它的特征是期间的;预测性财务信息审核的鉴证对象则是预测的财务状况、经营成果和现金流量,它的特征是主观的和预测的。

(二) 相关服务

注册会计师的相关服务业务,包括对财务信息执行商定程序、代编财务信息、税务服务、管理咨询和会计服务。在提供相关服务时,注册会计师不提供任何程度的保证。相关服务业务是增值服务,企业内部结构重组给注册会计师带来了无限商机,随着审计市场的竞争越来越激烈,会计师事务所在不断拓展业务范围,提供的相关服务越来越多。

第二节 会计师事务所

一、会计师事务所

会计师事事所是依法注册登记,独立承办审计业务和会计咨询业务的单位。会计师事务所由具有一定会计审计专业水平、经考核取得证书的会计师组成的、受当事人委托承办有关鉴证、相关服务等方面业务的营利性组织,在遵守《注册会计师法》及相关法律法规的前提下,按照市场化规则运作,提供独立、客观的专业性服务。

二、网络会计师事务所

在当前经济全球化、资讯全球化的背景下,越来越多的会计师事务所选择在更广泛的区域范围或者世界范围内设立办公分所,构建关系密切的经营网络。为了指导这些日益兴起的网络事务所顺利开展各项业务、提高注册会计师服务质量,我国在 2010 年修订出台的《质量控制准则第 5101 号——会计师事务所对执行财务报表审计和审阅、其他鉴证和相关业务实施的质量控制》中,首次明确提出了网络事务所的概念并予以界定。

网络会计师事务所是指属于某一网络的会计师事务所或实体。所谓网络,是指由多个实体组成,旨在通过合作实现下列一个或多个目的的联合体:① 共享收益或分担成本;② 共享所有权、控制权或管理权;③ 共享统一的质量控制政策和程序;④ 共享同一经营战略;⑤ 使用同一品牌;⑥ 共享重要的专业资源。

三、我国会计师事务所的组织形式

《注册会计师法》规定,不准个人设立独资会计师事务所。目前我国会计师事务所的组织形式有:有限责任会计师事务所、合伙会计师事务所和特殊普通合伙会计师事务所。

(一)有限责任会计师事务所

有限责任会计师事务所是指由注册会计师出资发起设立、承办注册会计师业务并附有限责任的社会中介机构,事务所以其全部资产对其债务承担责任,出资人承担的责任以其出资额为限。

有限责任会计师事务所的主任会计师由法定代表人担任,法定代表人由股东担任。有限责任事务所的所有者仅就其出资额对事务所债务负有限责任,造成权利与责任的不匹配,一旦事务所发生赔偿责任,很难引起执业人员足够的风险意识。有限责任事务所组织形式的缺陷直接弱化了法律责任对注册会计师独立审计行为的约束。

(二) 合伙会计师事务所

合伙会计师事务所是由两位或两位以上注册会计师组成的合伙组织。合伙人以各自的财产对事务所的债务承担无限连带责任。任何一个合伙人执业中的错误与舞弊行为,都可能影响整个会计师事务所。

合伙会计师事务所的主任会计师由执行会计师事务所事务的合伙人担任。在合伙制下,注册会计师以无限责任的形式承担了业务失误或造假造成的风险,具有强大的赔偿能力。首先,合伙制形式有利于提高注册会计师的违规成本,增强其风险意识和压力。其次,大大地增强了注册会计师的责任意识和风险意识。因为会计师事务所所承担的责任增加,也就意味着会计师事务所对于受害投资者的实际赔偿增加。违规一旦被发现,会计师事务所要以其全部财产承担赔偿责任,如果还不足以赔偿,作为合伙人的注册会计师还要以其自家财产承担赔偿责任。

然而,合伙制事务所组织形式却面临着一些困难。首先,大多数社会公众对合伙制的认识比较肤浅,认为事务所是以合伙人的全部家当来承担风险,而不是以注册资本金来承担风险。其次,合伙制这种组织形式比较适合中小企业,不太适合大型会计师事务所,特别是拥有分支机构的会计师事务所,合伙人不在一个地区甚至一个国家工作,合伙人之间很难履行相互监督的义务。第三,注册会计师行业属于风险比较大的行业,再好的事务所也难免不出错。因为某一个注册会计师的过错就让整个事务所承担无限责任,也不利于事务所的稳定,毕竟大型会计师事务所都是经过较长时间的大浪淘沙才发展起来的。

(三) 特殊普通合伙会计师事务所

为了贯彻落实《国务院办公厅转发财政部关于加快发展我国注册会计师行业若干意见的通知》,促进我国会计师事务所做大做强,2010年12月,财政部、国家工商行政管理总局制定了《关于推动大中型会计师事务所采用特殊普通合伙组织形式的暂行规定》,要求大型会计师事务所应当于2010年12月31日前转制为特殊普通合伙组织形式,鼓励中型会计师事务所于2011年12月31日前转制为特殊普通合伙组织形式。

采用特殊普通合伙组织形式的会计师事务所,一个合伙人或者数个合伙人在执业活动中因故意或者重大过失造成合伙企业债务的,应当承担无限责任或者无限连带责任,其他合伙人以其在合伙企业中的财产份额为限承担责任。合伙人在执业活动中非因故意或者重大过失造成的合伙企业债务以及合伙企业的其他债务,由全体合伙人承担无限连带责任。

四、我国会计师事务所的设立条件

(一) 合伙会计师事务所的设立条件

《注册会计师法》第二十三条规定:会计师事务所可以由注册会计师合伙设立。合伙设立的会计师事务所的债务由合伙人按出资比例或者协议的约定,以各自的财产承担责任,合伙人对会计师事务所的债务承担连带责任。

1. 设立合伙会计师事务所必须具备的条件

(1) 有两名以上符合规定的注册会计师为合伙人,由合伙人聘用一定数量符合规定条件的注册会计师和其他专业人员参与会计师事务所工作。

(2) 有固定的办公场所和必要的设施。

(3) 有能够满足执业和其他业务工作所需要的资金。

2. 成为会计师事务所合伙人的注册会计师的条件

(1) 是中华人民共和国公民。

(2) 持有中华人民共和国注册会计师有效证书,有五年以上在会计师事务所从事独立审计业务的经验和良好的记录。

(3) 不在其他单位从事谋取工资收入的工作。

(4) 至申请日止在申请注册地连续居住一年以上。

由于合伙会计师事务所是负无限责任的,因此,财政部颁发的《合伙会计师事务所设立及审批试行办法》第十六条规定:合伙会计师事务所应当建立风险基金,或向保险机构投保职业保险;建立风险基金,每年提取的基金数不应当少于业务收入的10%。合伙会计师事务所的收入,扣除各项费用,按合伙人应分配额缴纳所得税后,提取不低于30%作为共同基金,其余部分由合伙人按照协议进行分配。共同基金属于合伙人权益。

(二) 有限责任会计师事务所的设立条件

《注册会计师法》第二十四条规定:注册会计师可以发起设立有限责任会计师事务所。在以有限责任方式设立的情况下,事务所以其全部资产对其债务承担责任,事务所的出资人所承担的债务以其出资额为限。它有别于由合伙人按照出资比例或者协议以各自的财产承担连带无限责任的合伙会计师事务所。

1. 设立有限责任会计师事务所的条件

(1) 不少于人民币30万元的注册资本金。

(2) 有10名以上在国家规定的职龄以内的专职从业人员,其中至少有5名注册会计师。

(3) 有5名以上符合规定条件的发起人。

(4) 有固定的办公场所。

(5) 审批机关规定的其他条件。

2. 成为有限责任会计师事务所股东的条件

根据《会计师事务所审批和监督暂行办法》(2005年3月1日起施行)相关规定,成为会计师事务所的合伙人或者股东,应当具备下列条件。

(1) 持有中华人民共和国注册会计师证书。

(2) 在会计师事务所专职执业。

(3) 成为合伙人或者股东前3年内没有因为执业行为受到行政处罚。

(4) 有取得注册会计师证书后最近连续5年在会计师事务所从事审计业务的经历,其中在境内会计师事务所的经历不少于3年。

(三) 特殊普通合伙会计师事务所的设立与审批

1. 设立特殊普通合伙会计师事务所必须符合的条件

《关于推动大中型会计师事务所采用特殊普通合伙组织形式的暂行规定》对会计师事务所转制为特殊普通合伙组织形式作了相关规定。

(1) 应当有符合相关规定的25名以上合伙人。

(2) 50名以上注册会计师。
(3) 人民币1 000万元以上的资本。

2. 成为特殊普通合伙会计师事务所合伙人的条件

会计师事务所转制为特殊普通合伙组织形式,其具备注册会计师执业资格的合伙人应当符合下列条件:

(1) 在会计师事务所专职执业。
(2) 成为合伙人前3年内没有因为执业行为受到行政处罚。
(3) 有取得注册会计师证书后最近连续5年在会计师事务所从事审计业务的经历,其中在境内会计师事务所的经历不少于3年。

根据中国注册会计师协会的统计,截至2018年12月31日,我国共有会计师事务所9 005家,其中总所7 875家,分所1 130家。会计师事务所数量比上一年度增加400家[①]。

案 例 事 务 所 情 况

大华会计师事务所简介

大华会计师事务[②]所由上海财经大学娄尔行、徐政旦等中国著名会计专家于1985年在上海创立,1998年,根据国家有关政策的要求,大华会计师事务所与上海财经大学脱钩改制。2009年,通过融汇北京立信(前身中天华正)及深圳大华德律组建立信大华会计师事务所,2011年更名为大华会计师事务所。2012年,顺应国家政策要求改制为大华会计师事务所(特殊普通合伙)。目前大华会计师事务所是国内最具规模的大型会计师事务所之一,是国内首批获准从事H股上市审计资质的事务所,财政部大型会计师事务所集团化发展试点事务所。2011—2018年,在中国注册会计师协会公布《会计师事务所综合评价前百家信息》中,大华连续八年业务收入位居行业前十,其中2016—2018年度位列行业第八,内资所第四。大华会计师事务所也是马施云国际会计公司在华的唯一协调和联络机构。大华会计师事务所总部设在北京,在上海、深圳、广州、天津、南京等重要城市设立了分支机构,并在中国香港、新加坡等地设有多家联系机构。大华会计师事务所的业务范围包括审计鉴证、管理咨询、资产评估、工程咨询、税务服务等,服务对象主要为上市公司、大型国有企业、金融保险企业、外商投资企业等,常年审计客户10 000多家,其中上市公司238家、中央企业20多家、省级企业集团300多家、外资企业500多家,涉及航空航天、金融保险、能源矿产、石油化工、电子科技、公共服务、房地产、交通运输、加工制造、仪表设备、快速消费品、酒店餐饮、商业百货、电子商务、农产品制造、旅游、医药、电信等多个行业领域,并多次接受政府部门和国际组织委托承担其他特殊目的专项审计。大华会计师

---

① 资料来源:http://www.cicpa.org.cn/news/201,901/t20190,110_51,482.html。
② 本书所用案例事务所根据大华会计师事务所(特殊普通合伙)某分所改编而成,为编写和教学方便见,命名为大华会计师事务所或上海分所。

事务所现有从业人员5 000余名,拥有中国注册会计师资格者超过1 200人,具有美国、英国和澳大利亚等国外发达国家注册会计师资格、能够提供国际业务服务的专业人员200余人;获得"中国注册会计师行业领军后备人才"称号的专家有16人,中国注册会计师协会资深会员50余人,业内外知名的各类杰出业务专家100余名。

为本次上海电气股份有限公司提供年报审计业务的是大华会计师事务所(特殊普通合伙)上海分所审计二部。审计二部为本次审计共派出注册会计师8人,其中合伙人1人,签字注册会计师2人;助理人员15人(接收某财经大学会计学院的实习生)于2017年2月4日进驻上海电气股份有限公司开展审计工作。

国 际 视 野

美国会计师事务所的组织形式

在美国会计师事务所的组织形式中,除了有限责任会计师事务所、合伙会计师事务所和有限责任合伙制(limited liability partnership,LLP,也就是特殊普通合伙会计师事务所)外,还允许设立独资会计师事务所和专业服务公司。

独资型会计师事务所是由具有注册会计师执业资格的个人开业,并承担无限责任的一种事务所组织形式。这种类型的会计师事务所在法律上不具有相对的法律人格,只有一个所有者,所有者对事务所的债务承担无限法律责任。

专业服务公司是一种名为公司、实为合伙的新兴组织形式。专业服务公司可以有一个或一个以上的股东发起成立,它为客户提供专业化服务。一些州议会通过立法,许可专业人士组建专业公司或专业服务公司,而合伙人则转变为公司的雇员。专业服务公司的产生是出于税收目的,令合伙人获得雇员的地位,以抵扣合伙为合伙人拨备的退休金准备。

国 际 视 野

国际"四大"会计师事务所的招新情况

近日,全球最大的职业社交网站领英(LinkedIn)将视线聚焦于职场热门"常青树"——普华永道、德勤、毕马威与安永四大会计师事务所,并发布了基于领英大数据平台得出的中国四大会计师事务所职业发展报告。数据显示,"四大"从业者学历较高,近一半为研究生及以上学历,超过30%的人有过海外留学经验,超过一半的人为工商管理专业出身。领英同时发现,与85后相比,90后跳槽频率平均值更快,选择跳槽的四大从业者更倾向于进入金融、制造与高科技行业。

"四大"招新时,不太看重毕业生的专业背景,但比较在意应聘者所来自的学校,更注重综合素质与团队合作精神。"四大"相信自己有"点石成金"的本事,认为具备了一些基本的素质之后,只要通过体系的培训,就可以达到相应岗位的要求。在初选时,安永和毕马威都要求提供高考成绩,普华永道要求填写每个学期的成绩和班级排名并进行公式换算,而毕马威则考虑是否参与了本公司的暑期实习等问题。在面试环节,一般采用结构化的群体评估,例如10～12人无领导小组讨论,并要求全程英语对话。

员工进入"四大"以后,从第一级的普通员工做起,他们常被称为A1或"小朋友",工作一年后,常被称为A2;第二级为资深员工,又分为三级,简称为"SA1、SA2、SA3";第三级是经理,第四级是高级经理,第五级为合伙人。在业内,"四大"虽然以劳动强度高闻名,但是其报酬也很高。其中,经理基本月薪为3万元左右;高级经理基本月薪为4.8万元左右;一般的合伙人年薪有100多万元。

第三节 注册会计师协会

一、设立注册会计师协会的必要性

由于注册会计师职业是一项非官方的、独立的自由职业,并且注册会计师的工作结果有着相当广泛的社会效应,因此,如何控制注册会计师工作质量,就成为人们十分关注的社会问题。为了取信于社会,也为了便于控制注册会计师的工作质量,在大部分国家,注册会计师均通过一定的方式组成一个全国性的行业自律组织——注册会计师协会。其工作范围包括颁发文件、规定注册会计师专业资格、开展各种研究、建立各项工作标准、出版各种杂志、定期组织交流各种工作经验、组织后续职业教育等,旨在提高注册会计师的工作质量。

多数国家的注册会计师协会的会员资格仅限于注册会计师。但是,参加注册会计师协会的人,并非都从事独立的审计工作。例如,美国规定,只要获得注册会计师资格,即使目前不会在会计师事务所工作,仍可保留协会会员资格。在我国,只要通过中国注册会计师协会组织的考试课程,也可以非执业会员的身份,参加中国注册会计师协会。但是,凡在我国会计师事务所或审计事务所工作的执业注册会计师,就必须加入中国注册会计师协会,否则,就不允许执业。中美注册会计师职业的相关团体如表2-5所示。

表2-5 中美注册会计师职业的相关团体

相关团体	中国	美国
注册会计师职业的内部团体	中国注册会计师协会 (www.cicpa.org.cn)	美国注册会计师协会 (www.aicpa.org)
	省级注册会计师协会	州注册会计师协会
	财政主管机关(财政部和财政厅)	州会计局

(续表)

相关团体	中　国	美　国
直接影响该职业的外部团体	财政部会计司及会计准则委员会	财务会计准则委员会
	中国银行证券监督管理委员会	美国证券交易委员会
	审计署	政府责任总署
	国家税务总局	国内税务总局

二、中国注册会计师协会

(一) 中国注册会计师协会的设立

中国注册会计师协会(CICPA)是由两家协会(1988年11月15日成立并接受财政部监督、指导的中国注册会计师协会和1992年9月8日成立并接受审计署监督、指导的中国注册审计师协会)于1995年6月19日联合组成的注册会计师全国组织。联合后的中国注册会计师协会,依法对全国注册会计师行业实行管理,依法接受财政部的监督、指导;依据《注册会计师法》和《中国注册会计师协会章程》行使职责。

(二) 中国注册会计师协会的性质及职能

中国注册会计师协会是中国注册会计师行业的自律性组织。履行自律管理职能的内容主要包括:制定职业的道德规范,并监督注册会计师和会计师事务所共同遵守;拟定执业准则、规则和工作制度;检查会计师事务所业务质量,制定会计师事务所同行检查和内部检查办法;协调行业内、外部关系,支持注册会计师和会计师事务所依法执业,维护其合法权益,努力改善注册会计师的职业环境;组织实施注册会计师全国统一考试,完善后续教育制度;组织和推动会员培训工作;及时向政府有关部门反映注册会计师的建议和意见;组织业务交流,开展理论研究,提供技术支持;开展注册会计师行业宣传;代表中国注册会计师行业开展国际交往活动,加强行业与国际组织、执业机构的交流与合作等。

同时,注册会计师协会还履行一定的行政管理职责,如办理执业登记、CPA的注册登记和其他财政部门委托或授权的其他事务。

(三) 中国注册会计师协会会员

中国注册会计师协会会员有三类:个人会员、团体会员和名誉会员。

1. 个人会员

个人会员是指取得注册会计师资格的自然人。凡参加注册会计师全国统考全科合格、经批准者,以及依照规定经考核取得会员资格者,为注册会计师协会个人会员。其中凡经审批注册并专职在中国境内会计师事务所执业的个人会员,可称为执业会员(退出会计师事务所不再执业时,经申请批准,可以继续保留会员资格)。其余不在会计师事务所专职工作的个人会员,可称为非执业人员。

2. 团体会员

团体会员是指依法批准设立的会计师事务所。凡依法批准设立的事务所,均为中国注册会计师协会的团体会员。设立团体会员,是因为考虑到目前我国法律规定注册会计师不允许个人开业,必须加入事务所才能接受委托承办业务。事务所作为协会的团体会员,便于协会对其实施有效的监督,也便于事务所向协会反映工作中的意见和建议。

3. 名誉会员

境内、外有关知名人士,经有关方面推荐,由理事会批准,可以聘请为协会的名誉会员。

(四) 协会的全国会员代表大会及理事会

协会的最高权力机构是全国会员代表大会,其职权是:制定、修改协会章程;讨论决定协会工作方针和任务;选举、撤换协会理事;审议、批准协会理事会的工作报告等。全国会员代表大会每三年举行一次,必要时,由本会理事会决定提前或推迟召开,推迟期限一般不得超过一年。代表通过选举、协商和特邀的办法产生,任期三年。

协会理事会由全国会员代表大会选举理事若干人组成,任期三年,可以连选连任。理事会对全国会员代表负责,其职权是:召开会员代表大会;选举协会常务理事会成员;选举协会领导成员;推选或聘请协会常设办事机构领导成员;增补或更换协会理事;审议、批准协会常设办事机构的年度工作报告等。为履行其职权,理事会必须每年召开一次全体会议,必要时,可以提前或推迟召开。理事会全体会议选举名誉会员、名誉理事若干人,选举会长一人,副会长若干人,常务理事若干人。

常务理事会于理事会闭会期间行使理事会职权。会长代表协会召集、主持理事会、常务理事会和全国会员代表大会,并监督、检查其决议的贯彻实施。

(五) 常设办事机构

协会的常设办事机构由秘书长、副秘书长若干人及配备的必要数量的专职人员组成。办事机构部门的分设,由秘书长提出方案,经理事会讨论同意后,报财政部批准。秘书长主持协会常设办事机构的日常工作。

(六) 地区注册会计师协会

各省、自治区、直辖市注册会计师协会是注册会计师的地方组织。其组织机构和章程,由本地区会员代表大会依法确定,报中国注册会计师协会和当地政府主管行政机关备案并接受监督和指导。

各省、自治区注册会计师协会根据需要可以设立市级协会,由省级协会批准,报全国协会备案。省级以下协会的组织运行、职责权限、依照有关法律、法规及省级协会的规定办理。

国 际 视 野

美国注册会计师协会

美国注册会计师协会(AICPA)是美国注册会计师协会的全国组织,其使命是"向成员提供资源、信息和指导,使他们能够以最高水平的执业方式来提供有价值的服务,以回馈公众、雇主及客户",其成立目的是促进全国注册会计师的团结,保护和增强其合法权益,加强注册会计师培训和行业管理,提高注册会计师的执业水平和职业道德。该协会目前拥有会员 34 万余人,其中执业会员约有 26 万人,其他会员分布于工商企业、政府部门和教育研究等机构中。协会下设理事会、常务理事会及各专门委员会。该协会的主要职责是:制定审计及其他相关准则和规则;研究和出版有关会计、审计、管理咨询和税务等方面的资料;组织注册会计师考试、继续教育以及为会员提供专业咨询服务;开展行业交流等。

国际视野

英国注册会计师协会

会计师职业最早诞生于意大利,但是专业会计师团体和会计师制度最早诞生于英国。英国拥有六大会计师职业团体:ICAEW(英格兰及威尔士特许会计师协会)、ICAS(苏格兰特许会计师协会)、ICAI(爱尔兰特许会计师协会)、ACCA(特许公认会计师协会)、CIMA(特许管理会计师协会)、CIPFA(特许公共财务会计师协会)。这些会计师职业团体共同成立了英国及爱尔兰会计团体咨询委员会(CCAB),下设审计实务委员会(APB)和会计教育课程委员会(BAAEC)等专门机构。凡是成为会计职业团体咨询委员会(CCAB)的会员均会获得英国皇室授予皇家特许(Royal Charter)会计师头衔,在英国及爱尔兰当地享有同等的专业地位,可以从事审计、破产管理及商业投资顾问等法定工作。这些协会的主要职能体现为资格认证、会员支持、教育培训学员、职业后续发展、制订职业道德准则、更新会计相关技术、提供咨询及会员服务等。

国际视野

国际会计师联合会

国际会计师联合会(IFAC)于 1977 年 10 月在德国慕尼黑成立,最初成员有 49 个国家的 63 个会计职业组织。目前,IFAC 拥有来自 125 个国家的 164 个会员团体,代表着全球范围内 250 多万名会计师。其宗旨是:在国际间开展合作与协调,力求在技术、道德和教育等方面提高水平,促使会计师资格相互承认,在世界范围内发展和繁荣会计职业。其主要目标是:为会计职业界建立国际性技术职业道德和教育准则;用共同的目标发展地区组织;组织国际会计师代表大会,促进交流,以期达到共同的目的。联合会设理事会作为执行机构,由美、英、法、日等 18 个国家的代表组成。同时,联合会还下设了国际会计准则、国际审计实务、职业道德、教育、财务与管理会计、信息技术、会员资格、公共部门等专门委员会,分别负责相关方面的工作。

思 考 题

1. 我国注册会计师的资格要求与美国注册会计师资格要求有什么不同?
2. 试述我国会计师事务所主要组织形式。
3. 在我国,特殊普通合伙会计师事务所设立的条件是什么?
4. 在我国,设立有限责任会计师事务所应具备哪些条件?
5. 各国为什么要成立注册会计师协会? 其职能有哪些?

第三章 审计职业规范

【教学目的与要求】

◇ 熟悉注册会计师职业规范体系组成内容
◇ 了解注册会计师业务准则体系的基本框架
◇ 掌握审计准则概念及主要内容
◇ 理解注册会计师职业道德规范的含义及主要内容
◇ 了解审计质量控制准则的主要内容

山登公司事件中审计师的独立性

美国山登公司主要从事旅游服务、房地产服务和联盟营销三大业务。舞弊丑闻曝光前,山登公司拥有35 000名员工,经营业务遍布100多个国家和地区,年营业收入50多亿美元。1999年12月7日,美国新泽西州法官William H. Walls判令山登公司向其股东支付28.3亿美元的赔款。这项判决创下了证券欺诈赔偿金额的世界纪录,比1994年培基证券公司向投资者支付的15亿美元赔款几乎翻了一番。12月17日,负责山登公司审计的安永会计师事务所同意向山登公司的股东支付3.35亿美元的赔款。至此,卷入舞弊丑闻的山登公司及其审计师共向投资者赔偿了近32亿美元。

山登公司主要通过以下六种伎俩实施财务舞弊:利用"高层调整",大肆篡改季度报表;无端转回合并准备,虚构当期收益;任意注销资产,减少折旧和摊销;随意改变收入确认标准,夸大会员费收入;蓄意隐瞒会员退会情况,低估会员资格准备;综合运用其他舞弊伎俩,编造虚假会计信息。通过上述造假手段,山登公司在1995—1997年,共虚构了15.77亿美元的营业收入,超过5亿美元的利润总额和4.39亿美元的净利润,虚假净利润占对外报告净利润的56%。

主要造假责任人与提供审计服务的安永会计师事务所有着千丝万缕的关系。在已认罪等待判决的3名主要财务负责人中,有两人在加盟山登公司之前都是安永的注册会计师,参与造假的其他2名财务主管也都来自安永。安永的合伙人对会计报表中存在不实反映的故意行为,对前董事长兼首席执行官和前首席运营官的舞弊行为视而不见。对山登公司存在着数百笔没有任何原始凭证支持的会计分录,安永的注册会计师竟然一笔也没有发现。密切的客户关系淡化了注册会计师应有的职业审慎和职业怀疑态度,对于山登公司明显违背会计准则的做法,因其沿用已久的惯例,注册会计师就直接对其认可。

职业规范是指维持职业活动正常进行或合理状态的成文和不成文的行为要求。注册会计师职业规范是指明文规定的各种有关审计的法律、法规及准则,一般由审计立法体系和审计职业准则两类构成。注册会计师职业规范体系包括执业准则、职业道德规范、审计质量控制准则和后续教育准则,四个组成部分相辅相成,共同构成了注册会计师职业规范体系。

注册会计师执业准则从技术角度对注册会计师的行为提出要求;职业道德规范从社会角度对注册会计师的行为提出要求;质量控制准则是针对会计师事务所整体提出的质量控制要求;后续教育准则是针对注册会计师整个职业生涯所提出的教育要求。本章主要介绍中国注册会计师执业准则、职业道德规范、审计质量控制准则。

第一节 审计执业准则

一、执业准则体系及其作用

(一) 执业准则体系

执业准则体系是指注册会计师在执行业务过程中所必须遵循的一系列技术规范。注册会计师执业准则体系涵盖注册会计师所有执业领域,包括业务准则和质量控制准则(详见本章第三节)。其中,业务准则又包括鉴证业务准则和相关服务准则。注册会计师业务准则体系的基本框架如图3-1所示。

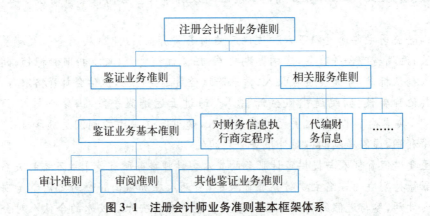

图3-1 注册会计师业务准则基本框架体系

1. 鉴证业务准则

鉴证业务准则由鉴证业务基本准则统领,按照鉴证业务提供的保证程度和鉴证对象的不同,分为注册会计师审计准则、注册会计师审阅准则和注册会计师其他鉴证业务准则(以下分别简称审计准则、审阅准则和其他鉴证业务准则)。其中,审计准则是整个执业准则体系的核心内容。

审计准则用以规范注册会计师执行历史财务信息(主要是财务报表)的审计业务。审阅准则用以规范注册会计师执行历史财务信息(主要是财务报表)的审阅业务。其他鉴证业务准则用以规范注册会计师执行除历史财务信息审计或审阅以外的其他鉴证业务。

2. 相关服务准则

相关服务准则用以规范注册会计师代编财务信息、执行商定程序、提供管理咨询等其他服务,即非鉴证服务。针对这类服务注册会计师不提供任何程度的保证。

(二) 注册会计师执业准则的作用

注册会计师执业准则体系的确定,为注册会计师执行各项业务提供了执业标准和指导,保证了注册会计师执业质量,规范了审计工作,促进了审计经验的交流,从而推动了审计理论的发展。具体地说,注册会计师执业准则的作用主要表现在以下四个方面。

1. 有助于提高和评价注册会计师行业的服务质量

注册会计师执业准则体系对注册会计师在执业过程中应保持职业态度,对财务报表审计、审阅、验资、执行商定程序等业务均作出了详细的规定,涵盖了鉴证业务和相关服务等业务领域,为质量控制提供了标准,有助于注册会计师行业服务质量的保证与提高。

由于审计和鉴证业务质量直接影响着客户、社会公众及注册会计师自身的利益。因此,无论是客户、社会公众还是注册会计师职业界本身都需要一个衡量和评价注册会计师执业质量的标准。注册会计师执业准则体系为评价会计师事务所和注册会计师的执业质量提供了依据。在注册会计师行业内部进行执业质量检查,以及会计师事务所(或者注册会计师)被起诉时,注册会计师执业准则体系都是用于评判会计师事务所(或者注册会计师)是否存在过失或不当行为的重要依据。

2. 有助于规范审计工作

执业准则规范了在审计业务中注册会计师如何签订审计业务约定书,如何编制审计计划,如何实施审计程序,以及如何记录工作底稿和出具审计报告等;执业准则也对注册会计师从事财务报表审阅、其他鉴证业务和相关服务进行了规范。这就使得注册会计师在执行业务的每一环节都有了相应的依据和标准,从而规范了注册会计师的行为,维护了社会经济的秩序。

3. 有利于维护审计机构和审计人员的正当权益

注册会计师不能就审计结果做绝对的保证,只要能严格按照执业准则的要求执业,就应认为已尽责。当客户与注册会计师发生纠纷并诉诸法律时,执业准则就成为法庭判明是非、划清责任界限的重要依据。

4. 有助于推动审计理论与实务的发展与完善

执业准则是审计实践经验的总结和升华,已成为审计理论的一个重要组成部分,在执业准则的制订过程中,必然会激发各种理论的争论、探讨,从而带动审计理论的研究。

执业准则颁布以后，审计学界仍然要围绕着如何实施准则和怎样达到准则的要求展开细致的工作和研究，不断改进完善这些准则。因此，审计理论水平会随着执业准则的制定和实施不断得以提高。审计工作质量和理论水平的提高，无疑会带动审计教育水准的提高，这样必然会有助于培养现代化的审计人才，从而推动审计事业的进一步发展。

二、审计准则

（一）审计准则的产生

20世纪以前的审计查证往往依靠审计人员的经验审查账目，没有一定的规范可遵循，存在较大的盲目性和审计风险，当发生审计诉讼案时，受控告的会计师事务所往往败诉。因此，职业会计师团体在审计实践中逐渐认识到制定会计师们共同遵守的审计工作规范既是会计师同行的责任，也是形势所迫。最早提出审计准则这一概念的是20世纪40年代的美国职业会计师团体。审计准则的雏形是在总结麦克逊·罗宾斯公司事件的教训基础上产生的。

> **拓展案例**
>
> **麦克森·罗宾斯(Mckesson & Robbins)药材公司案例**
>
> 1938年年初，长期贷款给罗宾斯药材公司的朱利安·汤普森公司，在审核罗宾斯药材公司财务报表时发现两个疑问：第一，罗宾斯药材公司中的制药原料部门，原是个盈利率较高的部门，但该部门却一反常态地没有现金积累。而且，流动资金亦未见增加。相反，该部门还不得不依靠公司管理者重新调集资金来进行再投资，以维持生产。第二，公司董事会曾开会决议，要求公司减少存货金额。但到1937年年底，公司存货反而增加100万美元。
>
> 汤普森公司立即表示，在没有查明这两个疑问之前，不再予以贷款，并请求官方协调控制证券市场的权威机构——纽约证券交易委员会调查此事。纽约证券交易委员会在收到请求之后，立即组织有关人员进行调查。调查发现麦克森·罗宾斯公司的有价证券在纽约交易所公开上市，在经营的十余年中，该公司每年都聘请美国著名的普华会计师事务所对该公司的财务报表进行审计。在这些审计人员出具的审计报告中，审计人员每年都对该公司的财务状况及经营成果发表了"正确、适当"等无保留的审计意见。
>
> 为了核实这些审计结论是否正确，调查人员对该公司1937年的财务状况与经营成果进行了重新审核。结果发现：1937年12月31日的合并资产负债表显示有总资产8 700万美元，但其中1 907.50万美元的资产是虚构的，包括存货虚构1 000万美元、销售收入虚构900万美元、银行存款虚构7.5万美元；在1937年年度合并损益表中，虚假的销售收入和毛利分别达到1 820万美元和180万美元。
>
> 在此基础上，调查人员对该公司经理的背景作了进一步调查，结果发现公司经理

菲利普·科斯特及其同伙穆西卡等人，都是犯有前科的诈骗犯。他们都是用了假名，混入公司并爬上公司管理岗位。他们将亲信安插在掌管公司钱财的重要岗位上，并相互勾结、沆瀣一气，使他们的诈骗活动持续很久没能被人发现。

证券交易委员会将案情调查结果在听证会上一宣布，立即引起轩然大波。根据调查结果，罗宾斯药材公司的实际财务状况早已"资不抵债"，应立即宣布破产。而首当其冲的受损失者是汤普森公司，因它是罗宾斯药材公司的最大债权人。为此，汤普森公司指控普华会计师事务所。汤普森公司认为其之所以给罗宾斯公司贷款，是因为信赖了会计师事务所出具的审计报告。因此，他们要求普华会计师事务所赔偿他们的全部损失。

在听证会上，普华会计师事务所拒绝了汤普森公司的赔偿要求。会计师事务所认为，他们执行的审计，遵循了美国注册会计师协会在 1936 年颁布的《财务报表检查》(Examination of Financial Statement) 中所规定的各项规则。药材公司的欺骗是由于经理部门共同串通合谋所致，审计人员对此不负任何责任。最后，在证券交易委员会的调解下，普华会计师事务所以退回历年来收取的审计费用共 50 万美元，作为对汤普森公司债权损失的赔偿。

罗宾斯药材公司的案件，不但加速了美国公认审计准则的发展，同时，还为建立起现代美国审计的基本模式、在评价内部控制制度基础上的抽样审计奠定了基础。

然而，就是在当时，要不要审计准则，也曾存在分歧意见。持反对意见者认为审计准则剥夺了作为职业会计师——社会审计人员的判断自由，妨碍了审计工作的开展，是给审计人员加了一道"紧箍咒"。持赞成意见者则认为，有审计准则，不但不会剥夺审计人员的判断自由，相反它是维持审计工作正常开展所必要的行动准绳，在准则范围内，更能行使审计人员的判断自由。结果，还是赞成派占了上风。因此，到了 20 世纪 40 年代后期，为了保障会计师职权，美国注册会计师协会（AICPA）发布了审计准则试行办法，这是世界上最早制定的审计准则。

（二）我国审计准则的制定

根据《注册会计师法》第三十五条的规定：注册会计师执业准则由中国注册会计师协会负责拟订，报财政部批准后施行。中国注册会计师协会于 1994 年 5 月开始筹备进行中国独立审计准则的研究制定，10 月正式开展工作。1995 年 1 月发布了第一批《独立审计准则》的征求意见稿，经财政部批准，1996 年 1 月 1 日开始实施。

2006 年，为了规范注册会计师的执业行为，提高执业质量，维护社会公众利益，促进社会主义市场经济的健康发展，中国注册会计师协会拟订了《中国注册会计师鉴证业务基本准则》等 22 项准则，修订了《中国注册会计师审计准则第 1142 号——财务报表审计中对法律法规的考虑》等 26 项准则，自 2007 年 1 月 1 日起施行，基本实现了与国际审计准则相趋同。

2010 年，中国注册会计师协会修订了《中国注册会计师审计准则第 1101 号——注册会计师的总体目标和审计工作的基本要求》等 38 项准则，自 2012 年 1 月 1 日起施行。财会〔2006〕4 号文中《中国注册会计师审计准则第 1101 号——财务报表审计的目标和一般原则》等 35 项准则同时废止。

2015 年,国际审计与鉴证准则理事会(IAASB)修订发布了新的国际审计报告准则,在改进审计报告模式、增加审计报告要素、丰富审计报告内容等方面作出了重大改进。为顺应市场各方的需求,提高注册会计师审计报告的信息含量,满足资本市场改革与发展对高质量会计信息的需求,保持我国审计准则与国际准则的持续全面趋同,中国注册会计师协会拟订了《中国注册会计师审计准则第 1504 号——在审计报告中沟通关键审计事项》等 12 项准则(简称新审计报告准则),2016 年 12 月 23 日由财政部印发,要求自 2018 年 1 月 1 日起施行。

为了满足资本市场改革与发展对高质量会计信息的需求,保持我国审计准则与国际准则的持续全面趋同,规范和指导注册会计师应对审计环境和注册会计师利用内部审计人员的工作、应对违反法律法规行为、财务报表披露审计等方面审计实务的新发展,中国注册会计师协会修订了《中国注册会计师审计准则第 1101 号——注册会计师的总体目标和审计工作的基本要求》等 18 项审计准则。2019 年 2 月 20 日,财政部发出《关于印发〈中国注册会计师审计准则第 1101 号——注册会计师的总体目标和审计工作的基本要求〉等 18 项准则的通知》(财会〔2019〕5 号),要求该批准则自 2019 年 7 月 1 日起施行。

(三) 中国注册会计师审计准则的内容

中国注册会计师审计准则的内容涉及审计业务的一般原则与责任,风险评估与应对、审计证据、利用其他主体的工作、审计结论与报告、特殊领域审计等六个方面。中国注册会计师审计准则与国际审计准则的比较如表 3-1 所示。

表 3-1　中国注册会计师审计准则与国际审计准则的比较

(截至 2011 年 9 月)

比较内容	国际审计准则	中国注册会计师审计准则
基本准则	国际鉴证业务准则框架	—
一般原则和责任	ISA 200 独立审计师的总体目标和按照国际审计准则执行审计 ISA 210 就审计业务约定条款达成一致意见 ISA 220 财务报表审计的质量控制 ISA 230 审计书面记录 ISA 240 审计师在财务报表审计中与舞弊相关的责任 ISA 250 财务报表审计中对法律和法规的考虑 ISA 260 与治理层的沟通 ISA 265 与治理层和管理层沟通内部控制缺陷	CSA 1101 注册会计师的总体目标和审计工作的基本要求 CSA 1111 就审计业务约定条款达成一致意见 CSA 1121 对财务报表审计实施的质量控制 CSA 1131 审计工作底稿 CSA 1141 财务报表审计中与舞弊相关的责任 CSA 1142 财务报表审计中对法律法规的考虑 CSA 1151 与治理层的沟通 CSA 1152 向治理层和管理层通报内部控制缺陷 CSA 1153 前任注册会计师和后任注册会计师的沟通

（续表）

比较内容	国际审计准则	中国注册会计师审计准则
风险评估及其审计程序	ISA 300 计划财务报表审计 ISA 315 通过了解被审计单位及其环境识别和评估重大错报风险 ISA 320 计划和执行审计时的重要性 ISA 330 审计师针对评估的风险采取的应对措施 ISA 402 与被审计单位利用服务机构相关的审计考虑 ISA 450 评价审计过程中识别出的重大错报	CSA 1201 计划审计工作 CSA 1211 通过了解被审计单位及其环境识别和评估重大错报风险 CSA 1221 计划和执行审计工作时的重要性 CSA 1231 针对评估的重大错报风险采取的应对措施 CSA 1241 对被审计单位使用服务机构的考虑 CSA 1251 评价审计过程中识别出的错报
审计证据	ISA 500 审计证据 ISA 501 审计证据——对已选项目的特殊考虑 ISA 505 外部函证 ISA 510 首次审计业务——期初余额 ISA 520 分析程序 ISA 530 审计抽样 ISA 540 审计会计估计（包括公允价值会计估计）和相关披露 ISA 550 关联方 ISA 560 期后事项 ISA 570 持续经营 ISA 580 书面证明	CSA 1301 审计证据 CSA 1311 对存货、诉讼和索赔、分部信息等特定项目获取审计证据的具体考虑 CSA 1312 函证 CSA 1313 分析程序 CSA 1314 审计抽样 CSA 1321 审计会计估计（包括公允价值会计估计）和相关披露 CSA 1323 关联方 CSA 1324 持续经营 CSA 1331 首次审计业务涉及的期初余额 CSA 1332 期后事项 CSA 1341 书面声明
利用他人的工作	ISA 600 特殊考虑——集团财务报表审计（包括组成部分审计师的工作） ISA 610 利用内部审计师的工作 ISA 620 利用审计师的专家的工作	CSA 1401 对集团财务报表审计的特殊考虑 CSA 1411 利用内部审计人员的工作 CSA 1421 利用专家的工作
审计结论及其报告	ISA 700 对财务报表形成意见和出具报告 ISA 705 在独立审计师报告中对意见的修正 ISA 606 独立审计师报告中的强调事项段和其他事项段 ISA 710 比较信息——对应数据和比较财务报表 ISA 720 审计师对含有已审计财务报表的文件中的其他信息的责任	CSA 1501 对财务报表形成审计意见和出具审计报告 CSA 1502 在审计报告中发表非无保留意见 CSA 1503 在审计报告中增加强调事项段和其他事项段 CSA 1511 比较信息：对应数据和比较财务报表 CSA 1521 注册会计师对含有已审计财务报表的文件中的其他信息的责任

(续表)

比较内容	国际审计准则	中国注册会计师审计准则
特殊业务领域（审计实务公告）	ISA 800 特殊考虑——按照特殊目的框架编制的财务报表的审计 ISA 805 特殊考虑——单一财务报表和财务报表的特定要素、账户或项目的审计 ISA 810 对简要财务报表出具报告的业务 IAPS 1000–IAPS 1100 国际审计实务公告（IAPS） IAPS 1000 银行间函证程序 IAPS 1004 银行监管者与银行外部审计师之间的关系 IAPS 1006 银行财务报表的审计 IAPS 1010 在财务报表审计中对环境事项的考虑 IAPS 1012 审计衍生金融工具 IAPS 1013 电子商务对财务报表审计的影响	CSA 1601 对按照特殊目的编制基础的财务报表审计的特殊考虑 CSA 1602 验资 CSA 1603 对单一财务报表和财务报表特定要素审计 CSA 1604 对简要财务报表出具报告的业务 CSA 1611 商业银行财务报表审计 CSA 1612 银行间函证程序 CSA 1613 与银行监管机构的关系 CSA 1631 财务报表审计中对环境事项的考虑 CSA 1632 衍生金融工具的审计 CSA 1633 电子商务对财务报表审计的影响

美国公认审计准则

由美国注册会计师协会制定的《公认审计准则》（Generally Accepted Auditing Standards，GAAS）是世界上影响最大最广泛的审计准则。《公认审计准则》共 10 条，前 9 条是 1947 年审计程序委员会提出的，1954 年修订增加了第 10 条，1988 年《审计准则说明书》第 55 号和 58 号修订了第 5 条和第 8 条。《公认审计准则》主要内容如表 3-2 所示。

表 3-2 《公认审计准则》主要内容

类别	具体内容
一般准则	① 审计应由一位或者多位经过充分技术培训，并精通业务的审计人员执行 ② 对一切与业务相关的问题，审计人员均应保持独立的精神状态 ③ 在执行审计工作准则和编写报告时，恪守应有的职业谨慎
外勤工作准则	① 审计人员应充分计划，若有助理人员参加，应予以适当督导 ② 审计人员必须对内部控制结构有充分的了解，以便计划审计工作，并确定将要执行的测试性质、时间安排及范围 ③ 应通过检查、观察、询问和函证等方法，获取充分、适当的审计证据，以便对被审计财务报表发表意见提供合理基础

(续表)

类别	具体内容
报告准则	① 报告应指出财务报表是否按照公认会计原则编制 ② 报告应指出本期采用的公认会计原则和上期不一致的各种情况 ③ 除非在审计报告中另有说明,否则财务报表中的信息的披露应被认为是合理和充分的 ④ 报告应就整个财务报表发表意见,或者声明无法发表意见。若不能发表总体意见,则应说明其理由。在任何情况下,审计人员的姓名一旦与财务报表相关联,他就应明确其审计及其所负责任的程度

《公认审计准则》是对审计工作的原则性规定。为了便于其执行和落实,美国注册会计师协会还颁布了《审计准则说明书》。《审计准则说明书》是美国注册会计师协会下属的审计准则委员会自1972年以来不定期发布的公告,是对《公认审计准则》的解释和说明,《审计准则说明书》主要针对会计报表审计而制定的。《公认审计准则》和《审计准则说明书》是两个权威性文献,要求所有从事审计工作的人员在情况允许的条件下都必须遵守。

安然事件发生后,美国在证券交易委员会(SEC)下设立了公众公司会计监管委员会(PCAOB),PCAOB的职责包括监管为公众公司提供审计服务的注册会计师及事务所,并为之制定准则条例。至此,美国目前的准则制度为双轨制,一为AICPA制定的适用于非公众公司审计业务的公认审计准则;另一为PCAOB制定的适用于公众公司审计业务的审计准则。其中PCAOB审计准则比公认审计准则要更加严格。

第二节 审计职业道德

一、注册会计师职业道德规范概述

(一) 树立注册会计师职业道德的必要性

道德作为一种社会意识形态,表现在特定的职业中,就是职业道德了。比如医生的职业道德是救死扶伤,商人的职业道德是买卖公平。职业道德是指职业组织以公约、守则等形式公布的,其会员自愿接受的职业行为标准。社会赋予术语"职业人员"一种特殊含义。社会期望职业人员的品行水准高于社会其他大多数成员。例如,如果新闻报道医生、教师、公务员或注册会计师被指控有罪,那么,大多数人会觉得比非职业人员犯有同样罪行更令人失望。由于绝大多数职业服务具有"复杂性",因此由服务接受者来评价执业质量是不现实的。人们不能期望病人去评价手术的实施是否恰当,也不能期望财务报表使用者来评价审计的成效。绝大多数使用者既没有对应的专业胜任能力,也没有时间进行这种评价。如果职业界站在全体执业人员的立场,鼓励高水平的执业标准和道德标准,那么公众对这一职业服务质量的信任就会得以提高。

注册会计师职业道德规范是注册会计师在审计过程中形成的,具有审计职业特征的道德准则和行为规范。注册会计师行业在长期发展过程中逐步形成并十分强调职业道德规范,究其原因主要有以下三个方面。

1. 赢得社会公众的信任

各种职业都要求高水准职业道德的根本原因在于,任何一种职业都需要为其服务质量取得"公众信任",而不管具体由哪个职业个体提供这种服务。对注册会计师来说,客户和外部财务报表使用者对审计和其他服务质量的信任就非常关键。社会公众对注册会计师失去信心,注册会计师审计也就没有存在的必要了。可以说,公众的信任是维持注册会计师行业存在的基石。制定职业道德规范并将其公之于众,就是为了取得公众的信任,也使注册会计师行业有别于其他行业。

2. 保证和提高审计质量

现代信息技术和经济活动日趋复杂使注册会计师审计活动日渐深化,依赖审计结果的人们难以对注册会计师的素质进行评定。为保持审计质量,需要注册会计师行业自己进行质量约束。在审计规范体系中,虽然有审计准则指导和规范注册会计师的审计行为,这种规范更多的是技术层面上的。审计活动不像纯粹的自然科学,只要遵守技术规则就能保证审计质量。在审计过程中需要大量的职业判断,这种判断离不开注册会计师的主观性。因此,还需要职业道德对注册会计师的主观思想进行约束,使审计质量更有保证。

3. 维持行业内部的秩序、加强行业自我管理

注册会计师行业是由独立经营的会计师事务所组成的。像任何一个经营实体一样,会计师事务所也需要谋求经济利益的最大化,它们之间也存在着竞争。为了防止恶性竞争导致的行业混乱,维护行业的整体形象,注册会计师也需要职业道德来规范其经营行为。可以说,注册会计师职业道德最初的起源之一就是为了维护行业利益。

(二) 中国注册会计师职业道德守则

为了规范中国注册会计师协会会员的职业行为,进一步提高职业道德水平,维护职业形象,中国注册会计师协会制定了《中国注册会计师职业道德守则》和《中国注册会计师协会非执业会员职业道德守则》。其中,《中国注册会计师职业道德守则》具体包括《中国注册会计师职业道德守则第 1 号——职业道德基本原则》《中国注册会计师职业道德守则第 2 号——职业道德概念框架》《中国注册会计师职业道德守则第 3 号——提供专业服务的具体要求》《中国注册会计师职业道德守则第 4 号——审计和审阅业务对独立性的要求》和《中国注册会计师职业道德守则第 5 号——其他鉴证业务对独立性的要求》,以上职业道德守则自 2010 年 7 月 1 日起施行。

> 国 际 视 野

美国注册会计师职业道德规范

美国注册会计师职业道德规范,由美国注册会计师协会(AICPA)下设的职业道德部负责制定与颁发;与此同时,还建立了职业道德惩戒委员会,以保证职业道德规范的有效执行。除此之外,针对向公众公司提供审计服务的注册会计师,他们还必须遵循由 PCAOB 制定的更加严格的道德条例,目前 PCAOB 重点就提高独立性问题设置了较多规定。美国注册会计师职业道德规范体系由职业道德原则、行为守则、行为守则解释、道德裁决四部分组成。

职业道德原则强调专业人员对公众、同行及客户的责任,是注册会计师的理想道德标准和精神境界。包括:① 独立、客观、正直;② 一般标准和技术标准;③ 对客户的责任;④ 对同行的责任;⑤ 其他职责和活动。这些道德概念没有强制性。

行为守则是职业道德概念的具体化,是注册会计师在执行业务中应当遵循的最低标准,具有强制性。

行为守则解释主要明确了行为守则的范围并为行为守则的实施提供了指南。行为守则解释虽没有强制性,但如果违反了这些行为守则解释则必须申明理由。从实际情况看,注册会计师背离了行为守则解释,是很难为自己辩护的。

道德裁决说明行为守则及其解释在具体情况下的运用是由许多判例组成。虽没有强制性,但在类似情况下,违反这些判例则要申明理由。

美国注册会计师职业道德规范的基本内容如表 3-3 所示。

表 3-3 美国注册会计师职业道德规范

类 别	具 体 守 则
独立、公正和客观	守则 101:在公众领域从事职业服务时,必须遵循职业准则对独立性的各项要求
	守则 102:在从事职业服务时,必须保持公正和客观的态度,避免任何利益冲突,避免其专业判断受到来自任何一方的干扰,禁止在明知事实的情况下不予指明,甚至做虚假陈述
一般标准和技术标准	守则 201:从事职业服务时,必须遵循四项一般准则。① 职业胜任能力。注册会计师和事务所不得承接以其专业胜任能力不能完成的业务。② 应有的职业谨慎。从事专业服务时,必须保持应有的职业谨慎,即严格遵循职业准则的各项要求。③ 计划和督导。从事专业服务时,应当进行充分的计划和适当的督导。④ 充分、相关的证据。从事专业服务时,应收集充分的、相关的证据以为其结论和建议提供合理的保证
	守则 202:在从事审计、复核、编表、管理咨询、税务和其他专业服务时,应当遵循权威机构的各项专业准则
	守则 203:如果财务报表或其他财务信息中包含对权威机构所制定会计原则的背离,就不应该对这些财务报表或其他财务信息遵循一般公认会计原则的情况表达肯定的意见

(续表)

类 别	具 体 守 则
对客户的责任	守则301：从事公共服务的注册会计师应为客户保守商业机密，在未得到客户允许的情况下，不能随意泄露这些商业机密
	守则302：从事公共服务的注册会计师不能以或有基础，即不能按照服务成果确定收费标准。服务收费应该按照服务性质、种类，提供服务的时间，提供服务人员的层次合理确定
其他职责和活动	守则501：注册会计师不得从事下列有损其职业名誉的行为：① 在完成业务工作后，仍然保留客户的会计记录；② 在职业活动中存在各种形式的歧视行为；③ 在受托办理有关政府机构的审计时，不能做到同时遵循政府审计准则和一般公认审计准则；④ 获取或者泄露注册会计师统一考试的题目和答案
	守则502：注册会计师在公共服务中不得以虚假的、令人误解的或欺骗性的广告或其他招揽方式寻求客户
	守则503：从事公共服务的注册会计师不得以收取或支付佣金的方式介绍或招揽业务。从事非公共服务的注册会计师应将其收取或支付的佣金和介绍费予以揭示
	守则505：注册会计师只能按照法律规定允许的组织形式组成事务所，事务所不能使用令人误解的名称

二、中国注册会计师职业道德基本原则

中国注册会计师职业道德基本原则包括六个方面：诚信、独立性、客观和公正、专业胜任能力和应有的关注、保密、良好职业行为。

（一）诚信

诚信是指诚实、守信。也就是说，一个人言行与内心思想一致，不虚假；能够履行与别人的约定而取得对方的信任。诚信原则要求会员应当在所有的职业关系和商业关系中保持正直和诚实，秉公处事、实事求是。

如果注册会计师认为业务报告、申报资料或其他信息存在下列问题，则不得与这些有问题的信息发生牵连：① 含有严重虚假或误导性的陈述；② 含有缺乏充分依据的陈述或信息；③ 存在遗漏或含糊其词的信息。注册会计师如果注意到已与有问题的信息发生牵连，应当采取措施消除牵连。在鉴证业务中，如果注册会计师依据执业准则出具了恰当的非标准业务报告，不被视为违反上述要求。

（二）独立性

独立性是指不受外来力量控制、支配，按照一定之规行事。独立性原则通常是对注册会计师而不是非执业会员提出的要求。在执行鉴证业务时，注册会计师必须保持独立性。在市场经济条件下，投资者主要依赖财务报表判断投资风险，在投资机会中作出

选择。如果注册会计师不能与客户保持独立,而是存在经济利益、关联关系,或屈从于外界压力,就很难取信于社会公众。

中国注册会计师协会会员职业道德守则规定,独立性包括实质上的独立性和形式上的独立性。

(1) 实质上的独立性是一种内心状态,要求注册会计师在提出结论时不受有损于职业判断的因素影响,能够诚实公正行事,并保持客观和职业怀疑态度。

(2) 形式上的独立性要求注册会计师避免出现重大的事实和情况,使得一个理性且掌握充分信息的第三方在权衡这些事实和情况后,很可能推定会计师事务所或项目组成员的诚信、客观或职业怀疑态度已经受到损害。

在接受审计业务委托之前,会计师事务所和注册会计师通常分别需要针对独立性进行问卷调查。

案例公司审计情况

大华会计师事务所独立性调查问卷

大华会计师事务所(特殊普通合伙)
会计师事务所独立性调查问卷

被审计单位名称:上海电气股份有限公司　　资产负债表日:2016 年 12 月 31 日
所属会计师事务所:上海分所　　　　　　　项目负责人:×××

	评 估 内 容	是	否	不适用
	一、识别和评价对独立性造成威胁的情况和关系			
1	项目负责人是否向事务所提供与客户委托业务相关的信息,以使事务所能够评价这些信息对保持独立性的总体影响	√		
2	所有应当保持独立性的人员,是否将注意到的违反独立性要求的情况立即报告知事务所	√		
3	事务所是否将已识别的违反这些政策和程序的情况,立即传达给需要与事务所共同处理这些情况的项目负责人,以及需要采取适当行动的事务所内部其他相关人员			√
4	项目负责人、事务所内部的其他相关人员,以及需要保持独立性的其他人员,是否在必要时,立即向会计师事务所告知他们为解决有关问题采取的行动	√		
5	事务所是否为需要保持独立性的人员提供关于独立性政策和程序的培训	√		
6	事务所是否每年至少一次向所有受独立性要求约束的人员获取其遵守独立性政策和程序的书面确认函	√		

(续表)

	评 估 内 容	是	否	不适用
7	对所有的上市公司财务报表审计,是否按照法律法规的规定定期轮换项目负责人	√		
8	事务所是否建立适当的标准,以防范同一高级人员由于长期执行某一客户的鉴证业务可能对独立性造成的威胁			√
9	在建立适当的标准时,会计师事务所是否考虑到高级管理人员提供该项鉴证业务的服务年限	√		
10	在接受或保持客户关系和具体业务时,事务所是否已考虑客户的诚信,且没有信息表明客户缺乏诚信	√		
11	在接受或保持客户关系和具体业务时,事务所是否已考虑具有执行业务必要的素质、专业胜任能力、时间和资源	√		
12	在接受或保持客户关系和具体业务时,事务所是否已考虑能够遵守职业道德规范	√		
13	接受该业务是否会导致现实或潜在的利益冲突	√		
14	是否识别出存在潜在的利益冲突	√		
二、保持客户关系				
1	该客户在本期或以前业务执行过程中是否存在不符合规定又未调整重大事项,导致非标意见的情况	√		
2	如果解除与客户关系时,是否与客户适当级别的管理层和治理层讨论会计师事务所根据有关事实和情况可能采取的适当行动			√
3	如果确定解除业务约定或同时解除业务约定及其客户关系是适当的,事务所是否就解除的情况及原因,与客户适当级别的管理层和治理层讨论			√
4	考虑是否存在法律法规的规定,要求会计师事务所是否保持现有的客户关系,或向监管机构报告解除的情况及原因		√	
5	事务所是否明确将本所项目负责人的身份和作用告知客户管理层和治理层的关键成员	√		
三、关于项目组及其成员				
1	项目组对其独立性作出的评价	√		
2	项目组成员就其独立性是否作出评价并签署独立性承诺函	√		
3	事务所委派的项目质量控制复核人员是否符合要求	√		
4	项目组成员履行职责需要的技术资格,包括必要的经验和权限	√		
5	项目组成员是否在不损害其客观性的前提下提供业务咨询,其程度如何			√
6	如果聘请具有适当资格的外部人员或专家,该外部人员或专家是否符合独立性要求			√

(续表)

评 估 内 容	是	否	不适用
四、关于复核人员			
1	对事务所质量控制制度的监控是否由具有专业胜任能力的人员实施	√		
2	事务所实施质量监控的复核人员是否也进行了独立性评估	√		

编制：××　　日期：2016年11月8日

大华会计师事务所注册会计师独立性调查问卷

大华会计师事务所（特殊普通合伙）
注册会计师独立性调查问卷

被审计单位名称：上海电气股份有限公司　　资产负债表日：2016年12月31日
所属会计师事务所：上海分所　　　　　　　项目负责人：×××

	调 查 项 目	是	否
1	你是否清楚所在事务所质量控制制度中有关独立性的规定？	√	
2	如你曾在委托单位（或被审计单位）任职，离职后是否已满2年？	不适用	
3	你是否持有委托单位（或被审计单位）已上市的股票或发行的债券？		√
4	你的直系亲属是否持有委托单位（或被审计单位）已上市的股票或发行的债券？		√
5	你是否与委托单位（或被审计单位）的负责人和主管人员、董事有近亲关系？		√
6	你是否与委托事项的当事人有近亲关系？		√
7	你是否曾为委托单位（或被审计单位）担任常年会计顾问或代为办理会计事项？		√
8	你是否向委托单位收取除业务费以外的费用？		√
9	你是否为委托单位（或被审计单位）提供直接影响当前业务项目的其他业务？		√
10	你目前是否与委托单位（或被审计单位）存在雇佣关系？		√
11	你是否曾在重大会计、审计等问题上与委托单位存在分歧而受到解聘或降低收费威胁时放弃原则？		√
12	你是否受到有关单位或个人不恰当的干预或降低收费的压力而不恰当地缩小工作范围？		√
13	你或你的直系亲属是否与委托单位的关联企业有重大经济利益关系？		√
14	你是否与委托单位（或被审计单位）的管理人员因私发生经济往来？		√

(续表)

	调查项目	是	否
15	你所收集的外部证据是否由完全独立于被审计单位的外界组织或人员提供,且未经被审计单位有关职员之手?	√	
16	你的远亲与委托单位(或被审计单位)是否存在重大的经济利益关系?		√
17	注册会计师是否有兼营或兼任与其执行的审计或其他鉴证业务不相容的其他业务或职务的情形?		√
18	你是否对所收集的与项目有关的资料进行独立的分析和汇总,且不受被审计单位的左右,从而作出客观、公正的判断?	√	
19	当你在执行审计或其他鉴证业务时遇到可能损害独立性的情形时,是否主动向任职会计师事务所声明并申请回避?	√	

编制:×× 日期:2016年11月8日

(三)客观和公正

客观是指按照事物的本来面目去考察,不添加个人的偏见。公正是指公平、正直、不偏袒。客观和公正原则要求会员应当公正处事、实事求是,不得由于偏见、利益冲突或他人的不当影响而损害自己的职业判断。如果存在导致职业判断出现偏差,或对职业判断产生不当影响的情形,会员不得提供相关专业服务。

(四)专业胜任能力和应有的关注

专业胜任能力和应有的关注原则要求会员应当保持专业胜任能力,将专业知识和技能始终保持在应有的水平之上,以适应当前实务、法律和技术的发展,确保客户或雇佣单位能够得到合格的专业服务。同时,在提供专业服务时,会员应当保持应有的关注,遵守职业准则和技术规范,勤勉尽责。

专业服务要求注册会计师在运用专业知识和技能提供服务时合理运用职业判断。专业胜任能力可分为两个独立阶段:① 专业胜任能力的获取;② 专业胜任能力的保持。会员应当持续了解和掌握相关的专业技术和业务的发展,以保持专业胜任能力。持续职业发展能够使会员发展和保持专业胜任能力,使其能够胜任特定业务环境中的工作。

应有的关注,要求会员勤勉尽责,按照有关工作要求,认真、全面、及时地完成工作任务。在审计过程中,会员应当保持职业怀疑态度,运用专业知识、技能和经验,获取和评价审计证据。同时,会员应当采取措施以确保在其授权下工作的人员得到适当的培训和督导。在适当情况下,会员应当使客户、雇佣单位和专业服务的其他使用者了解专业服务的固有局限性。

(五)保密

会员能否与客户维持正常的关系,有赖于双方能否自愿而又充分地进行沟通和交流,不掩盖任何重要的事实和情况。只有这样,会员才能有效地完成工作。许多国家规定,在公众领域执业的注册会计师,在没有取得客户同意的情况下,不能泄露任何客户的涉密信息。

保密原则要求会员应当对因职业关系和商业关系而获知的信息予以保密,避免出现下列行为:

(1) 除非法律法规和职业规范允许或要求,在未经适当且特别授权的情况下,向会计师事务所或雇佣单位以外的第三方披露由于职业关系和商业关系获知的涉密信息。

(2) 利用因职业关系和商业关系而获知的涉密信息为自己或第三方谋取利益。会员在社会交往中应当遵循保密原则。会员应当警惕无意泄密的可能性,特别是向直系亲属、近亲属以及关系密切的商业伙伴无意泄密的可能性。直系亲属是指配偶、父母(含岳父母)、子女或兄弟姐妹。近亲属是指不属于直系亲属的近亲。

另外,会员应当对其预期的客户或雇佣单位的信息予以保密。在终止与客户或雇佣单位的关系之后,会员仍然应当对在职业关系和商业关系中获知的信息保密。如果变更雇佣单位或获得新客户,会员可以利用以前的经验,但不应利用或披露任何由于职业关系和商业关系获得的涉密信息。会员应当明确在会计师事务所内部或雇佣单位内部保密的必要性。采取有效措施,确保其下级员工以及为其提供建议和帮助的人员遵循保密原则。

会员在下列情况下可以披露客户的涉密信息:① 法律法规允许披露,并且取得客户或雇佣单位的授权;② 法律法规要求披露、包括为法律诉讼、仲裁出示文件或提供证据,以及向有关监督机构报告发现的违法行为;③ 法律法规允许下,在法律诉讼、仲裁中维护自己的合法权益;④ 接受注册会计师协会或监督机构的质量检查、答复其询问和调查。

(六) 良好职业行为

良好职业行为原则要求会员应当遵守相关法律法规,避免发生任何有损职业声誉的行为。在向社会公众推介自身和工作时,应当客观、恰当,不得存在下列损害职业形象的行为:① 对其能够提供的服务、拥有的资质以及积累的经验进行夸大宣传;② 对其他会员的工作进行贬低或比较。

拓展案例

帕玛拉特事件中注册会计师的独立性

帕玛拉特事件被称为欧洲版的安然事件。20世纪90年代,帕玛拉特从一个零售业家族企业成长为世界最大的奶制品公司,成为意大利工商业皇冠上的明珠,一个一直被模仿、从未被超越的标杆。鼎盛时期的帕玛拉特拥有遍布世界各地的超过3.6万名员工,占据着意大利本土超过50%的市场份额。2003年岁末,有消息传出,帕玛拉特无力支付一笔1.5亿欧元的到期债券。这让许多专家大感不解,他们本应在美洲银行坐拥一笔高达39亿欧元的现金账户的。最初,公司忙于救火,向大众保证毫无问题,问题将按照流程顺利解决。然而事情不但毫无进展,反而急转直下。随后,公司承认所谓39亿欧元现金子虚乌有,帕玛拉特公司深陷泥沼。

39亿欧元现金只是冰山一角，实际上帕玛拉特黑洞吞噬了令人触目惊心的143亿欧元，几乎是最初承认数额的四倍，帕玛拉特已经千疮百孔。美国的债权人很快提出了一笔百亿欧元级别的一揽子行动方案。危机愈演愈烈，到2003年12月27日，帕玛拉特向帕尔马地方破产法院申请破产保护并得到批准。

帕玛拉特危机是其管理当局进行财务欺诈导致的。欺诈的目的不外乎两个：一是为了弥补公司巨额财务亏空；二是把资金从帕玛拉特（其中家族占有51%的股份）转移到家族完全控股的其他公司。具体的造假手段有：① 利用衍生金融工具和复杂的财务交易掩盖负债。帕玛拉特一方面炮制复杂的财务报表，另一方面通过花旗集团、美林证券等投资银行进行操作，将借款化为投资，以"投资"形式掩盖公司负债。② 伪造银行资信文件，虚构银行存款。帕玛拉特通过伪造文件，声称通过其凯曼群岛的分公司Bonlat将价值49亿美元的资金（大约占其资产的38%）存放在美洲银行账户。③ 利用关联方交易，转移公司资产。帕玛拉特利用复杂的公司结构和众多的海外公司转移资金。操作方法是，帕玛拉特创始人卡利斯托·坦齐指使有关人员伪造虚假文件，以证明帕玛拉特对这两家公司负债，然后帕玛拉特将资金注入这两家公司，再由这两家公司将资金转移到坦齐家族控制的公司。④ 虚构交易数额，虚增销售收入。帕玛拉特一份虚假的文件称，公司曾向哈瓦那一公司出售了价值6亿美元，数量30万吨的奶粉，而真实价值不到80万美元。

在选聘外部审计师时，审计委员会缺乏独立性，该委员会由内部董事控制，无法真正独立地发挥审计委员会监督制衡的作用。帕玛拉特既在形式上遵循了意大利强制轮换的法律规定，又偏离了法律的实质。在诸多的高管舞弊问题上，审计委员会没有警觉，或者知而不报，均属于严重的失职行为。德勤会计师事务所从1999年起担任帕玛拉特的外部审计师，2002年又续聘至2004年。作为负责整个帕玛拉特集团审计的主审计师，德勤的审计报告部分地依赖于均富国际会计师事务所的审计意见。2002年度占合并资产49%的资产和合并收入的30%是由其他审计师（均富）审计的，而德勤在没有对此部分报表实施追加审计程序的情况下，出具了无保留意见的审计报告。

在外部审计师强制轮换方面，虽然意大利有着最严格的公司审计方面的管制，法律规定外部审计人员每3年指定一次，连续3次就必须轮换会计师事务所，并限制审计人员为客户提供其他服务。1990—1998年，均富一直为帕玛拉特提供审计服务。1999年起，德勤担任帕玛拉特的外部审计师，而均富成为帕玛拉特全资子公司Bonlat的审计师。调查显示，Bonlat是制造一系列财务欺诈的中心环节。帕玛拉特的前任CFO通纳（Tonna）说，成立新公司并由均富任审计师。通纳也认为均富不会详细审查帕玛拉特执行官所做的虚假文件。关于外部审计师的强制轮换，帕玛拉特既在形式上遵循了意大利的法律，又偏离了法律的实质。

此外，在审计执业过程中，审计师缺乏应有的职业谨慎。均富依靠帕玛拉特的邮寄系统发送关于帕玛拉特的审计询证函，均富的询证函根本就没有到达他们想要到达的目的地。他们所收到的询证函都是在帕玛拉特高层官员授意下的伪造文件。

第三节 审计质量控制准则

一、审计质量控制准则的含义

审计质量控制准则是指为了确保会计师事务所及其人员遵守审计准则、职业道德规范和法律法规的规定,以确保审计质量而制定的行为准则。审计质量控制首先是对会计师事务所工作的全面控制,其次是对单项审计项目控制,这样才能达到最佳的效果。审计质量控制由一系列控制政策和程序构成,这样才能在审计过程中具有可操作性。一般来说,人们称会计师事务所按照质量控制准则要求建立和运用的质量控制政策和程序为该所的"质量控制制度"。

二、审计质量控制准则的作用

(一)会计师事务所生存和发展的基本前提

会计师事务所就是要在为社会提供服务的同时,谋求自身的生存和发展。质量控制的好坏不仅关系着会计师事务所的存亡,而且直接关系着整个注册会计师职业的存亡。审计质量是注册会计师的生命,审计质量控制则是生命之源。

(二)确保审计准则得到遵守

从质量控制准则和审计准则的关系来看,没有质量控制,审计准则的运用只能流于形式,无法达到预期的目的。

(三)会计师事务所内部控制体系的重要组成部分

注册会计师职业界非常重视客户内部控制及其对会计报表的影响,而作为审计实施主体的会计师事务所本身实际上也存在内部控制的问题。从某种意义上讲,会计师事务所的内部控制比客户的内部控制重要得多,因为会计师事务所内部控制的失败必将导致审计的失败。因此,建立审计质量控制制度,是完善内部控制体系的根本措施,是每个会计师事务所必须做好的一项重要工作。

三、我国审计质量控制准则的内容

为规范会计师事务所质量控制,保证执业质量,根据 1993 年颁布的《注册会计师法》,中国注册会计师协会曾于 1996 年发布《中国注册会计师质量控制基本准则》,于 1997 年 1 月 1 日开始施行。为了规范会计师事务所的业务质量控制,明确会计师事务所及其人员的质量控制责任,中国注册会计师协会于 2006 年发布《会计师事务所质量控制准则第 5101 号——业务质量控制》,自 2007 年 1 月 1 日起施行。2010 年 11 月 1 日和 2019 年 2 月 20 日,中国注册会计师协会分别发布了修订的《质量控制准则第 5101

号——会计师事务所对执行财务报表审计和审阅、其他鉴证和相关服务业务实施的质量控制》，最新准则自 2019 年 7 月 1 日起施行。与此同时，为了规范注册会计师对财务报表审计实施质量控制程序的责任，以及项目质量控制复核人员的责任，中国注册会计师协会于 2010 年 11 月 1 日和 2019 年 2 月 20 日分别修订并发布了《中国注册会计师审计准则第 1121 号——对财务报表审计实施的质量控制》，最新准则自 2019 年 7 月 1 日起施行。

会计师事务所应当建立并保持质量控制制度。质量控制制度包括针对下列要素而制定的政策和程序：对业务质量承担的领导责任；相关职业道德要求；客户关系和具体业务的接受与保持；人力资源；业务执行；监控。

（一）对业务质量承担的领导责任

会计师事务所应当制定政策和程序，培育以质量为导向的内部文化。这些政策和程序应当要求会计师事务所主任会计师或类似职位的人员对质量控制制度承担最终责任。

会计师事务所应当制定政策和程序，使受会计师事务所主任会计师或类似职位的人员委派负责质量控制制度运作的人员具有足够、适当的经验和能力以及必要的权限以履行其责任。

（二）相关职业道德要求

会计师事务所应当制定政策和程序，以合理保证会计师事务所及其人员和其他受独立性要求约束的人员（包括网络事务所的人员），保持相关职业道德要求规定的独立性。

（三）客户关系和具体业务的接受与保持

会计师事务所应当制定有关客户关系和具体业务接受与保持的政策和程序，以合理保证只有在下列情况下，才能够胜任该项业务：具有执行该项业务必要的素质、时间和资源；能够遵守相关职业道德要求；已考虑客户的诚信，没有信息表明客户缺乏诚信。

在接受新客户的业务前，或者决定是否保持现有业务和考虑接受现有客户的新业务时，会计师事务所根据具体情况获取必要信息；在接受新客户或现有客户的新业务时，如果识别出潜在的利益冲突，会计师事务所确定接受该业务是否适当；当识别出问题而又决定接受或保持客户关系或具体业务时，会计师事务所须记录问题是如何得到解决的。

如果在接受业务后获知某项信息，而该信息若在接受业务前获知，可能导致会计师事务所拒绝接受业务，会计师事务所应当针对这种情况采取必要的行动。

（四）人力资源

会计师事务所应当制定政策和程序，合理保证拥有足够的具有胜任能力和必要素质并承诺遵守职业道德要求的人员，以使会计师事务所按照职业准则和适用的法律法规的规定执行业务，并出具适合具体情况的报告。会计师事务所应当对每项业务委派至少一名项目合伙人，并委派具有必要胜任能力和素质的适当人员参与执业。

（五）业务执行

会计师事务所制定业务执行方面的政策和程序主要包括：与保持业务执行质量一致性相关的事项；监督责任；复核责任。

项目负责人对业务的监督包括：追踪业务进程；考虑项目组各成员的素质和专业胜任能力，以及是否有足够的时间执行工作，是否理解工作指令，是否按照计划的方案执行工作;解决在执行业务过程中发现的重大问题,考虑其重要程度并适当修改原计划的方案;识别在执行业务过程中需要咨询的事项,或需要由经验较丰富的项目组成员考虑的事项。

在复核项目组成员已执行的工作时,复核人员应当考虑:工作是否已按照法律法规、职业道德规范和业务准则的规定执行;重大事项是否已提请进一步考虑;相关事项是否已进行适当咨询,由此形成的结论是否得到记录和执行;是否需要修改已执行工作的性质、时间和范围;已执行的工作是否支持形成的结论,并得以适当记录;获取的证据是否充分、适当;业务程序的目标是否实现。

(六) 监控

会计师事务所应当制定监控政策和程序,以合理保证与质量控制制度相关的政策和程序具有相关性和适当性,并正在有效运行。监控过程应当包括:持续考虑和评价会计师事务所质量控制制度;要求委派一个或多个合伙人,或会计师事务所内部具有足够、适当的经验和权限的其他人员负责监控过程;要求执行业务或实施项目质量控制复核的人员不参与该项业务的检查工作。

国际视野

美国审计质量控制准则

1978年,美国注册会计师协会专门成立了质量控制委员会,负责制定和颁布与会计师事务所这一层次相关的质量控制准则。1979年11月,该委员会发布了《质量控制准则公告第1号》,提出了质量控制九要素(或称九项准则),以指导各会计师事务所制定自己的质量控制政策和程序。这九项准则包括:独立性;委派工作;咨询;督导;职工招聘;专业发展;晋升;客户的接受和续约;检查。1996年5月,九要素被缩减为五要素,并于1997年1月1日起生效。这五项要素分别是:独立性、正直性和客观性;人事管理;客户及契约的接受和续约;业务执行;监控。

国际视野

国际会计师联合会审计质量控制准则

国际会计师联合会发布的《国际审计准则220号——审计工作质量控制》,即ISA220,专门对审计质量控制的内容和要求做了规定。国际审计质量控制准则采用与美国不同的结构,分两个层次分别叙述质量控制要求:会计师事务所质量控制层面及审计项目质量控制层面。2002年,国际会计师联合会下设的国际审计和鉴证准则委员会对ISA220进行修订,提出会计师事务所建立质量控制应包括六个要素:会计师事务所质量的领导责任、道德要求、客户关系及特定业务的接受与保持、人力资源、业务实施和监控。

思 考 题

1. 注册会计师职业规范包括哪些内容?
2. 如何理解执业准则及其作用?
3. 职业道德规范的基本原则是什么?
4. 为什么说独立性是注册会计师审计的灵魂?
5. 制定审计质量控制准则的目的是什么?

第四章 审计责任与审计目标

【教学目的和要求】

◇ 区分经营失败、审计失败、审计风险
◇ 理解注册会计师的审计责任和管理层的会计责任
◇ 掌握注册会计师法律责任认定的具体内容
◇ 理解管理层认定与审计目标之间的关系
◇ 掌握各个认定层次的具体审计目标

引 导 案 例

万福生科造假引起的审计法律责任

万福生科(湖南)农业开发股份有限公司于2011年9月27日由平安证券保荐上市成功,主要从事稻米精深加工系列产品的研发、生产和销售业务。年报资料显示,万福生科在2008—2010年的上市之前的三年内,营业收入、净利润持续保持高速增长;2009年营业收入、净利润分别同比增长43.55%、54.20%;2010年营业收入、净利润较上一年同比增长了32.33%、40.22%。2011年10月23日,万福生科发布更正公告,承认"业绩不是真实的":以2012年半年报为例,该公司虚增营业收入1.88亿元、虚增营业成本1.46亿元、虚增利润4 023万元,以及未披露公司上半年停产。2012年11月23日,万福生科收到深圳证券交易所对公司及相关当事人给予公开谴责的信息,公开致歉。

万福生科财务造假主要手段是:通过虚构客户、虚增销售收入;虚增利润所产生的增量现金流,通过虚增在建工程转出。公司利用这些手段,使利润表收入、成本和利润增加,相应地资产负债表未分配利润增加,资产项目预付账款和在建工程增加。

后续中国证券监督管理委员会的行政处罚指出,中磊会计师事务所作为该公司上市的审计机构以及2011年报审计机构,未勤勉尽责,审计程序缺失,在审计证据的获取以及审计意见的形成方面存在不当行为,所出具的审计报告存在虚假记载(均为标准无保留意见),该所上述行为违反了《中华人民共和国证券法(2014修正)》(以下简称《证券法》)第二百二十三条等法律法规。中国证券监督管理委员会拟对中磊会计师事务所没收业务收入138万元,并处以2倍的罚款、撤销其证券服务业务许可;对签字会计师王某和黄某给予警告,并分别处10万元、13万元罚款,均采取终身证券市场禁入措施;对签字会计师邹某给予警告,并处3万元罚款。

现代审计学

第一节 会计责任与审计责任

在财务报表审计中,被审计单位管理层和注册会计师承担着不同的责任,不能相互混淆和替代。明确划分责任,不仅有助于被审计单位管理层和注册会计师认真履行各自的责任,为财务报表及其审计报告的使用者提供有用的经济决策信息,还有利于保护相关各方的正当权益。

一、被审计单位管理层和治理层的会计责任

企业的所有权与经营权分离后,经营者负责企业的日常经营管理并承担受托责任。管理层通过编制财务报表反映受托责任的履行情况。为了借助公司内部之间的权力平衡和制约关系保证财务信息的质量,现代公司治理结构往往要求治理层对管理层编制财务报表的过程实施有效的监督。在被审计单位治理层的监督下,按照适用的会计准则和相关会计制度的规定编制财务报表是被审计单位管理层的责任。

管理层对编制财务报表的责任具体包括以下三个方面。

(一) 选择适用的会计准则和相关会计制度

管理层应当根据会计主体的性质和财务报表的编制目的,选择适用的会计准则和相关会计制度。按照编制目的,财务报表可分为通用目的和特殊目的两种报表。前者是为了满足范围广泛的使用者的共同信息需要,如为公布目的而编制的财务报表;后者是为了满足特定信息使用者的信息需要。相应地,编制和列报财务报表适用的会计准则和相关会计制度也有所不同。

(二) 选择和运用恰当的会计政策

会计政策是指企业在会计确认、计量和报告中所采用的原则、基础和会计处理方法。管理层应当根据企业的具体情况,选择和运用恰当的会计政策。

(三) 根据企业的具体情况作出合理的会计估计

会计估计是指企业对其结果不确定的交易或事项以最近可利用的信息为基础所作的判断。财务报表中涉及大量的会计估计,如固定资产的预计使用年限和净残值、应收账款的可收回金额、存货的可变现净值以及预计负债的金额等。管理层有责任根据企业的实际情况作出合理的会计估计。

为了履行编制财务报表的职责,企业应当设计、实施和维护与财务报表编制相关的内部控制,以保证财务报表不存在由于舞弊或错误而导致的重大错报,在实践当中需要不断根据具体情况对财务呈报内部控制制度进行完善和改进。

二、注册会计师的审计责任

美国《审计准则说明书第 1 号》(SAS1)(AU110)指出,注册会计师有责任计划和执

行审计，以便为财务报表中是否不存在因错误或舞弊而引起的重要错报获得合理保证。由于受审计证据性质和舞弊特性的影响，注册会计师只能为发现重要错报获得合理的而不是绝对的保证。

基于以下原因，注册会计师只能对合理保证而非绝对保证负责：

第一，绝大部分审计证据来源于对总体样本的测试，诸如应收账款或存货。抽样不可避免地包含不能发现重要错报的一些风险。而且，测试领域、测试类型、范围和时间安排、测试结果的评价等都要求注册会计师进行大量的判断。即使注册会计师具有良好的忠诚和正直性，他们在判断中也可能犯错误和出差错。

第二，会计反映包含复杂的估计，这本身涉及不确定性，并会受未来事件的影响。因此，注册会计师所依赖的证据只具有说服力，而不是令人信服的。

第三，对于注册会计师来说，要侦查欺诈性财务报表，即使可能，常常也极其困难，尤其是管理层之间存在共谋时更是如此。

如果要注册会计师负责保证报表中的所有认定都正确，那么，所要求的证据和由此引起的履行审计职能的成本将会大幅度增加，从而使审计在经济上是不切实际的。同时，注册会计师也不可能在每一次审计中都能发现所有重要错报。当在审计中未能发现重要错报时，注册会计师最好的抗辩理由就是说明审计是按照适用的审计准则执行的。

我国相关审计准则也指出，注册会计师作为独立的第三方，对财务报表发表审计意见，有利于提高财务报表的可信赖程度。为履行这一职责，注册会计师应当遵守职业道德规范，按照审计准则的规定计划和实施审计工作，获取充分、适当的审计证据，并根据获取的审计证据得出合理的审计结论、发表恰当的审计意见。注册会计师通过签署审计报告确认其责任。需要强调的是，注册会计师的审计只能合理保证财务报表不存在重大错报。

三、会计责任与审计责任的关系

财务报表编制和财务报表审计是财务信息生成链条上的不同环节，两者各司其职。注册会计师对财务报表的审计并不能减轻被审计单位管理层和治理层的责任。有关法律法规要求管理层和治理层对财务报表的编制承担责任，有利于从源头上保证财务信息质量。管理层和治理层作为内部人员，对企业的情况更为了解，更能作出适合企业特点的会计处理决策和判断，因此管理层和治理层理应对编制财务报表承担完全责任。尽管在审计过程中，注册会计师可能向管理层和治理层提出调整建议，甚至在不违反独立性的前提下为管理层编制财务报表提供协助，但管理层仍然对编制财务报表承担责任，并通过签署财务报表确认这一责任。相应地，注册会计师的审计责任也并不能因为财务报表是管理层所编制的就得到减轻。

第二节 审计法律责任的认定与类型

一、经营失败与审计失败

注册会计师在执行审计业务时,应当按照审计准则的要求审慎执业,保证执业质量,控制审计风险。否则,一旦出现审计失败,就有可能承担相应的责任。法律责任的出现,通常是因为注册会计师在执业时没有保持应有的职业谨慎,并因此导致了对他人权利的损害。应有的职业谨慎,指的是注册会计师应当具备足够的专业知识和业务能力,按照执业准则的要求执业。

注册会计师承担的责任,通常是由被审计单位的经营失败所引发,如果没有应有的职业谨慎,就会出现审计失败,审计风险就会变成实际的损失。

经营失败是指企业由于经济或经营条件的变化(如经济衰退、不当的管理决策或出现意料之外的行业竞争等)而无法满足投资者的预期。经营失败的极端情况是申请破产。被审计单位在经营失败时,也可能会连累注册会计师。很多会计和法律专业人士认为,财务报表使用者控告会计师事务所的主要原因之一,是不理解经营失败和审计失败之间的差别。众所周知,资本投入或借给企业后就会面临某种程度的经营风险。审计失败则是指注册会计师由于没有遵守审计准则的要求而发表了错误的审计意见。例如,注册会计师可能指派了不合格的助理人员去执行审计任务,未能发现应当发现的财务报表中存在的重大错报。审计风险是指财务报表中存在重大错报,而注册会计师发表不恰当审计意见的可能性。由于审计中的固有限制影响注册会计师发现重大错报的能力,注册会计师不能对财务报表整体不存在重大错报作出绝对保证。特别是,如果被审计单位管理层精心策划和掩盖舞弊行为,尽管注册会计师完全按照审计准则执业,有时还是不能发现某项重大舞弊行为。

经营失败、审计失败与审计风险三者之间的关系如图 4-1 所示。

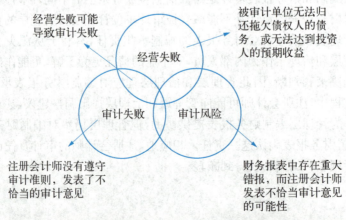

图 4-1 经营失败、审计失败与审计风险的关系

在绝大多数情况下,当注册会计师未能发现重大错报并出具了错误的审计意见时,就可能产生注册会计师是否恪守应有的职业谨慎这一法律问题。如果注册会计师在审计过程中没有尽到应有的职业谨慎,就属于审计失败。在这种情况下,法律通常允许因注册会计师未尽到应有的职业谨慎而遭受损失的各方,获得由审计失败导致的部分或全部损失的补偿。但是,由于审计业务的复杂性,判断注册会计师未能尽到应有的谨慎也是一项困难的工作。尽管如此,注册会计师如果未能恪守应有的职业谨慎,通常会由此承担责任,并可能致使会计师事务所也遭受损失。

▎拓 展 案 例

亚太(集团)会计师事务所审计莲花味精

2014年5月21日,中国证监会公示了关于对负责审计莲花味精股份有限公司的亚太(集团)会计师事务所及秦喜胜、赵强等4名注册会计师的行政处罚决定。经查明,亚太(集团)会计师事务所(特殊普通合伙制)(以下简称亚太所)存在如下违法事实:在2007年和2008年年度财务报表审计中,亚太所对莲花味精股份有限公司2007年财务报表中的1.944亿元政府补助和中国建设银行1.98亿元贷款债务转移,以及2008年财务报表中的3亿元政府补助和中国工商银行3.22亿元贷款转移的账务处理,在没有设计和实施恰当的审计程序、未获得充分的审计证据的情况下出具了标准无保留意见的审计报告。实际上,公司2007年度和2008年度的政府补助尚未到位,且中国建设银行和中国工商银行贷款也并未转移。最后导致公司2007年度和2008年度的利润总额分别虚增了1.944亿元和3亿元,债务分别虚减了1.98亿元和3.22亿元。此外,在该公司2008年度财务报表中对4 167万元政府补助的账务处理也存在错误,而注册会计师在执业过程中没有发现并及时调整,使得公司本年度营业利润虚增4 167万元,营业外收入虚减4 167万元,严重影响了公司的利润结构。

中国证监会经过立案调查对亚太所作出如下处罚:(1)对亚太所给予警告,没收亚太所关于莲花味精2007年、2008年年报审计项目收入共计132万元,并处以132万元罚款;(2)对秦喜胜给予警告,并处以4万元罚款;(3)对赵强给予警告,并处以3万元罚款;(4)对张向红给予警告。对莲花味精股份有限公司的舞弊造假事实,亚太所在连续两年的审计中都没有发现,这不仅对亚太所自身造成了严重的经济和社会后果,也动摇了社会公众对会计师事务所的信任,引发了社会公众对会计师事务所执业能力的质疑。

▶ 二、注册会计师法律责任的认定

注册会计师法律责任的认定是指导致注册会计师承担法律责任的原因,主要包括违约、过失和欺诈。

(一) 违约

违约是指合同的一方或多方未能履行合同条款规定的义务。当违约给他人造成损失时,注册会计师应负违约责任。比如,会计师事务所在商定的期间内未能提交纳税申报表,或违反了与被审计单位订立的保密协议等。

(二) 过失

过失是指在一定条件下,没有保持应有的职业谨慎。评价注册会计师的过失,是以其他合格注册会计师在相同条件下可做到的谨慎为标准的。当过失给他人造成损失时,注册会计师应负过失责任。过失按程度不同区分为普通过失和重大过失。

普通过失也称一般过失,通常是指没有保持职业上应有的职业谨慎;对注册会计师而言则是指没有完全遵循专业准则的要求。比如,未按特定审计项目获取充分、适当的审计证据就出具审计报告的情况,可视为一般过失。

重大过失是指连起码的职业谨慎都没有保持。对注册会计师而言,则是指根本没有遵循专业准则或没有按专业准则的基本要求执行审计。

(三) 欺诈

欺诈又称舞弊,是以欺骗或坑害他人为目的的一种故意的错误行为。作案具有不良动机是欺诈的重要特征,也是欺诈与普通过失、重大过失的主要区别之一。对于注册会计师而言,欺诈就是为了达到欺骗他人的目的,明知委托单位的财务报表有重大错报,却加以虚伪的陈述,出具无保留意见的审计报告。

与欺诈相关的另一个概念是"推定欺诈"或称"涉嫌欺诈",是指虽无故意欺诈或坑害他人的动机,但却存在极端或异常的过失。推定欺诈和重大过失这两个概念的界限往往很难界定,在美国,许多法院曾经将注册会计师的重大过失解释为推定欺诈,特别是近年来有些法院放宽了"欺诈"一词的范围,使得推定欺诈和欺诈在法律上成为等效的概念。这样,具有重大过失的注册会计师的法律责任就进一步加大了。

判断注册会计师是否应承担法律责任的过程如图 4-2 所示。

三、注册会计师法律责任的类型

注册会计师因违约、过失或欺诈给被审计单位或其他利害关系人造成损失的,按照有关法律规定,可能被判承担行政责任、民事责任或刑事责任。这三种责任可单处,也可并处。行政责任,对注册会计师而言,包括警告、暂停执业、吊销注册会计师证书;对会计师事务所而言,包括警告、没收违法所得、罚款、暂停执业、撤销等。民事责任主要是指赔偿受害人损失。刑事责任是指触犯刑法所必须承担的法律后果,其种类包括罚金、有期徒刑以及其他限制人身自由的刑罚等。

(一) 行政责任

犯罪主体即实施犯罪行为的人,一般是由达到法定刑事责任年龄、具备刑事责任能力的自然人构成。这一条件对注册会计师来说,基本上是满足的,因为在《注册会计师法》中,已对注册会计师的行为能力作了要求。

《注册会计师法》第三十九条第一款规定:"会计师事务所违反本法第二十条、第二

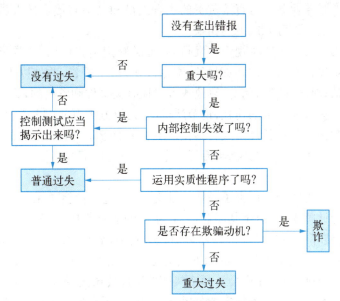

图 4-2 注册会计师法律责任成因的判断程序

十一条规定的,由省级以上人民政府财政部门给予警告,没收违法所得,可以并处违法所得一倍以上五倍以下的罚款;情节严重的,并可以由省级以上人民政府财政部门暂停其经营业务或者予以撤销。"

《注册会计师法》第三十九条第二款规定:"注册会计师违反本法第二十条、第二十一条规定的,由省级以上人民政府财政部门给予警告;情节严重的,可以由省级以上人民政府财政部门暂停其执行业务或者吊销注册会计师证书。"

《中华人民共和国公司法》(以下简称《公司法》)第二百零七条第一款与第二款规定:"承担资产评估、验资或者验证的机构提供虚假材料的,由公司登记机关没收违法所得,处以违法所得一倍以上五倍以下的罚款,并可以由有关主管部门依法责令该机构停业、吊销直接责任人员的资格证书,吊销营业执照。承担资产评估、验资或者验证的机构因过失提供有重大遗漏的报告的,由公司登记机关责令改正,情节较重的,处以所得收入一倍以上五倍以下的罚款,并可以由有关主管部门依法责令该机构停业、吊销直接责任人员的资格证书,吊销营业执照。"

《证券法》主要在证券发行、交易等特定领域对注册会计师及其他中介机构的法律责任方面作出界定。

《证券法》第一百九十三条规定:"违反本法第五十六条第二款的规定,在证券交易活动中作出虚假陈述或者信息误导的,责令改正,处以二十万元以上二百万元以下的罚款;属于国家工作人员的,还应当依法给予行政处分。"

《证券法》第二百一十三条规定:"证券服务机构违反本法第一百六十三条的规定,未勤勉尽责,所制作、出具的文件有虚假记载、误导性陈述或者重大遗漏的,责令改正,没收业务收入,并处以业务收入一倍以上十倍以下的罚款。没有业务收入或者业务收入不足五十万元的,处以五十万元以上五百万元以下的罚款;情节严重的,并处暂停或者禁止从事证券服务业务。对直接负责的主管人员和其他直接责任人员给予警告,并处以二十万元以上二百万元以下的罚款。"

《证券法》第二百一十四条规定:"发行人、证券登记结算机构、证券公司、证券服务机构未按照规定保存有关文件和资料的,责令改正,给予警告,并处以十万元以上一百万元以下的罚款;泄露、隐匿、伪造、篡改或者毁损有关文件和资料的,给予警告,并处以二十万元以上二百万元以下的罚款;情节严重的,处以五十万元以上五百万元以下的罚款,并处暂停、撤销相关业务许可或者禁止从事相关业务。对直接负责的主管人员和其他直接责任人员给予警告,并处以十万元以上一百万元以下的罚款。"

(二) 民事责任

犯罪客体是指犯罪行为侵害了一定的社会关系,这种社会关系一定是受刑法保护的。对于注册会计师来说,由于其职业性质,所犯的罪行都属于经济犯罪,即违反国家经营管理法规,破坏社会主义经济秩序,严重影响国民经济和市场秩序的一类犯罪行为。涉及注册会计师民事责任界定和处罚的法律主要有《中华人民共和国民法通则》(以下简称《民法通则》)和《注册会计师法》《证券法》《公司法》等。

《民法通则》第一百零六条规定:"公民、法人违反合同或者不履行其他义务的,应当承担民事责任。没有过错,但法律规定应当承担民事责任的,应当承担民事责任。"

《民法通则》第一百一十一条规定:"当事人一方不履行合同义务或者履行合同义务不符合约定条件的,另一方有权要求履行或者采取补救措施,并有权要求赔偿损失。"

《民法通则》第一百一十七条规定:"侵占国家的、集体的财产或者他人财产的,应当返还财产,不能返还财产的,应当折价赔偿。损坏国家的、集体的财产或者他人财产的,应当恢复原状或者折价赔偿。受害人因此遭受其他重大损失的,侵害人并应当赔偿损失。"

《注册会计师法》第四十二条规定:"会计师事务所违反本法规定,给委托人、其他利害关系人造成损失的,应当依法承担赔偿责任。"

《证券法》第一百六十三条规定:"证券服务机构为证券的发行、上市、交易等证券业务活动制作、出具审计报告及其他鉴证报告、资产评估报告、财务顾问报告、资信评级报告或者法律意见书等文件,应当勤勉尽责,对所依据的文件资料内容的真实性、准确性、完整性进行核查和验证。其制作、出具的文件有虚假记载、误导性陈述或者重大遗漏,给他人造成损失的,应当与委托人承担连带赔偿责任,但是能够证明自己没有过错的除外。"

《证券法》第一百八十条规定:"证券服务机构及其从业人员,违反本法第四十二条的规定买卖证券的,责令依法处理非法持有的证券,没收违法所得,并处以买卖证券等值以下的罚款。"

《公司法》第二百零七条第三款规定:"承担资产评估、验资或者验证的机构因其出具的评估结果、验资或者验证证明不实,给公司债权人造成损失的,除能够证明自己没有过错的外,在其评估或者证明不实的金额范围内承担赔偿责任。"

(三) 刑事责任

犯罪主观意愿指的是犯罪主体在造成某种危害结果时是否在主观上存在着过失或故意,犯罪的判别不应该仅仅依据其客观行为产生的危害性结果。对于犯罪主观意愿的判别最主要的是犯罪的过失和故意。

对注册会计师的刑事责任进行规范的法律主要有《刑法》《注册会计师法》《证券法》《公司法》等。

《刑法》第二百二十九条规定:"承担资产评估、验资、验证、会计、审计、法律服务等职责的中介组织的人员故意提供虚假证明文件,情节严重的,处五年以下有期徒刑或者拘役,并处罚金。前款规定的人员,索取他人财物或者非法收受他人财物,犯前款罪的,处五年以上十年以下有期徒刑,并处罚金。第一款规定的人员,严重不负责任,出具的证明文件有重大失实,造成严重后果的,处三年以下有期徒刑或者拘役,并处或者单处罚金。"

《刑法》第二百三十一条规定:"单位犯本节第二百二十一条至第二百三十条规定之罪的,对单位判处罚金,并对其直接负责的主管人员和其他直接责任人员,依照本节各该条的规定处罚。"

《注册会计师法》第三十九条第三款规定"会计师事务所、注册会计师违反本法第二十条、第二十一条的规定,故意出具虚假的审计报告、验资报告,构成犯罪的,依法追究刑事责任。"此规定明确了注册会计师因欺诈行为必须承担刑事责任,量刑参照上述《刑法》第二百二十九条规定。

《证券法》第二百一十九条规定:"违反本法规定构成犯罪的,依法追究刑事责任。"

《公司法》第二百一十五条规定:"违反本法规定,构成犯罪的,依法追究刑事责任。"

国 际 视 野

美国注册会计师的法律责任

美国注册会计师法律责任主要源自习惯法和成文法。习惯法(又称普通法或案例法)指不是通过立法而是通过法院判例引申而成的各项法律;成文法则是由联邦或州立法机构以文字所制定的法律。在运用习惯法的案件中,法院甚至可以不按以往的判例而另行创立新的法律先例;但在运用成文法的案件中,法院就必须严格按照有关法律规定进行。

在习惯法下,因注册会计师的违约、过失给被审计单位造成了经济损失,注册会计师对被审计单位应负法律责任,遭受损失的被审计单位往往向法院指控注册会计师具有违约、过失导致了侵权行为,从而要求注册会计师赔偿。在这种情况下,损失方必须向法院证明其已受到损失,以及这种损失是由于注册会计师的违约、过失造成的。被审计单位和受益第三者对注册会计师的过失具有损失赔偿的追索权,这是因为它们具有和会计师事务所所订合同中的各项权利。而对于那些无合同中特定权利的第三者来说,注册会计师是否负有责任,关键要看注册会计师过失程度的大小。

1931年,美国厄特马斯公司对杜罗斯会计师事务所一案是关于注册会计师对于第三者责任的一个划时代的案例,它确立了"厄特马斯主义"的传统做法。在该案中,被告杜罗斯会计师事务所对一家经营橡胶进口和销售的公司进行审计并出具了无保留意见的审计报告,但其后不久这家公司宣告破产。厄特马斯公司是这家公司的应收账款代理商(企业将应收账款直接卖给代理商以期迅速获得现金),根据注册会计师的审计意见曾给予了该公司几次贷款。厄特马斯公司以未能查出应收账款中有70万美元欺诈为由,指控会计师事务所具有过失。纽约上诉法庭(即纽约州最高法院)的判定意见是犯有普通过失的注册会计师不对未曾指明的第三者负责;但同时法庭也认为,如果注册会计师犯有重大过失或欺诈行为,则应当对未指明的第三者负责。然而,自20世纪80年代以来,许多法院扩大了厄特马斯主义的含义,判定具有普通过失的注册会计师对可合理预期的第三者负有责任。

在成文法中,对注册会计师法律责任影响最大的两部法律是《1933年证券法》和《1934年证券交易法》。当受害第三者指控注册会计师时,首先应当选择其指控是根据习惯法,还是根据成文法(如果有适用的法律的话)提出的。由于《1933年联邦证券法》和《1934年证券交易法》允许集团诉讼(即某一类人,如全体股东作为原告),并要求注册会计师应按照严格的标准行事,因此大多数指控注册会计师的公开发行公司的股东或债券持有人,是根据联邦成文法提出的。

《1933年证券法》对注册会计师的要求颇为严格,表现为:其一,只要注册会计师具有普通过失,就对第三者负有责任;其二,举证责任倒置,将不少举证责任由原告转往被告,原告(证券购买人)仅需证明他遭受了损失以及登记表是令人误解的,而不需证明他依赖了登记表或注册会计师具有过失,这方面的举证责任转往被告(注册会计师)。但是,《1933年证券法》将有追索权的第三者限定在一组有限的投资人——证券的原始购买人,它是成文法和习惯法中唯一举证责任在被告方的法律。

《1933年证券法》规定,故意违反证券法规定及有重大虚假陈述的注册会计师,一经证明有罪,应处以不超过10 000美元的罚金或者不超过5年的有期徒刑,或者两者并罚。

《1934年证券交易法》规定,故意违反本法的虚假陈述行为在证实基础上应被处以100万美元以下的罚款或处以10年以下有期徒刑,或两者并处。如果该人员为非自然人,则应处以250万美元以下的罚款;但是任何人如果证明其不知道有关规则、规章的规定,个人不得因违反此类规则或规章而判处有期徒刑。

第三节 财务报表审计的总体目标

一、审计目标的历史演进

审计目标是在一定的历史环境下,人们通过审计实践活动所期望达到的境地或最终结果。审计总体目标的演变经历了详细审计、资产负债表审计和财务报表审计三个阶段。

(一) 详细审计阶段

从1884年到20世纪初,审计总体目标为查错防弊。这一阶段的代表国家为英国,所以也被称为英国式审计。由于当时经济不发达,经济业务相对简单,审计的方法主要是详细审计。通过逐笔审查会计记录和账簿,基本上可以满足注册会计师查错防弊的需要。随着经济的发展,人们逐渐认识到,注册会计师不可能也无法承担起揭露所有的欺诈、差错和舞弊的责任,公司管理部门也有责任采取措施预防欺诈、差错和舞弊的发生。

(二) 资产负债表审计阶段

从 20 世纪初到 20 世纪 30 年代,审计总体目标转向了验证资产负债表各项目余额的可靠性和真实性,并判断其财务状况和偿债能力。这一阶段的代表国家为美国,所以也被称为美国式审计。由于审计的服务对象从业主扩展到债权人,债权人更关心的是企业的财务状况和偿债能力,因此资产负债表的审计成为这一阶段的总体审计目标,审计的功能也从防护性发展到公证性。

(三) 财务报表审计阶段

从 20 世纪 30 年代到 20 世纪 80 年代,审计总体目标转变为评价被审计单位一定时期内的财务报表是否公允地反映其财务状况和经营成果,以及所采用的会计政策和会计处理方法是否符合既定的会计准则,并在出具审计报告的同时,提出管理意见。由于审计的服务对象进一步扩展为广大社会公众,他们对企业的关注点从财务状况扩展到财务成果,审计的总体目标也从资产负债表的审计扩展到财务报表的审计。

20 世纪 80 年代以来,会计舞弊造假案频频出现,社会对审计人员承担审计舞弊责任的呼声越来越高,这使得会计职业界不得不重新考虑查错防弊这一审计目标,以 1998 年 AICPA 公布的《审计准则说明书》为标志,审计目标进入查错防弊与判断财务报表真实性和公允性两个目标并重阶段。

二、财务报表审计的总体目标

审计的目的是提高财务报表预期使用者对财务报表的信赖程度。这一目的可以通过注册会计师对财务报表是否在所有重大方面按照适用的财务报告编制基础编制发表审计意见得以实现。就大多数通用目的财务报告编制基础而言,注册会计师针对财务报表是否在所有重大方面按照财务报告编制基础编制并实现公允反映发表审计意见。

《中国注册会计师审计准则第 1101 号——注册会计师的总体目标和审计工作的基本要求》(2019 年 2 月 20 日修订)明确规定,在执行财务报表审计工作时,注册会计师的总体目标是:① 对财务报表整体是否不存在由于舞弊或错误导致的重大错报获取合理保证,使得注册会计师能够对财务报表是否在所有重大方面按照适用的财务报告编制基础编制发表审计意见;② 按照审计准则的规定,根据审计结果对财务报表出具审计报告,并与管理层和治理层沟通。概言之,财务报表审计的总体目标是通过执行审计工作,对被审计单位财务报表的合法性和公允性发表审计意见。

第四节 管理层认定与审计目标

认定是指管理层对财务报表组成要素的确认、计量、列报作出的明确或隐含的表达。认定与审计目标密切相关,注册会计师的基本职责就是确定被审计单位管理层对其财务报表的认定是否恰当。

管理层在财务报表上的认定有些是明确表达的,有些则是隐含表达的。例如,管理层在资产负债表中列报存货及其金额,意味着作出了下列明确的认定:① 记录的存货是存在的;② 存货以恰当的金额包括在财务报表中,与之相关的计价或分摊调整已恰当记录。同时,管理层也作出下列隐含的认定:① 所有应当记录的存货均已记录;② 记录的存货都由被审计单位拥有。

管理层认定的类别与含义如表 4-1 所示。管理层对财务报表各组成要素均作出了认定,注册会计师的审计工作就是要确定管理层的认定是否恰当。

表 4-1 管理层的认定

类别	认定	含义
与各类交易和事项相关的认定	发生	记录的交易和事项已经发生,且与被审计单位有关
	完整性	所有应当记录的交易和事项均已记录
	准确性	与交易和事项有关的金额及其他数据已恰当记录
	截止	交易和事项已记录于正确的会计期间
	分类	交易和事项已记录于恰当的账户
与期末账户余额相关的认定	存在	记录的资产、负债和所有者权益是存在的
	权利和义务	记录的资产由被审计单位拥有或控制,记录的负债是被审计单位应当履行的偿还义务
	完整性	所有应当记录的资产、负债和所有者权益均已记录
	计价和分摊	资产、负债和所有者权益以恰当的金额包括在财务报表中,与之相关的计价或分摊调整已恰当记录
与列报相关的认定	发生以及权利和义务	披露的交易、事项和其他情况已发生,且与被审计单位有关
	完整性	所有应当包括在财务报表中的披露均已包括
	分类和可理解性	财务信息已被恰当地列报和描述,且披露内容表述清楚
	准确性和计价	财务信息和其他信息已公允披露,且金额恰当

一、与各类交易和事项相关的审计目标

注册会计师对所审计期间各类交易和事项运用的认定和审计目标主要与损益表相关,通常分为下列五个类别。

(一) 发生(occurrence)

由发生认定推导出来的审计目标是财务报表中所记录的各项交易在会计期间内是真实存在的并与被审计单位相关。例如,管理部门认定,资产负债表中所列示的存货在

资产负债表日确实存在并可供销售。发生认定所要解决的问题是管理层是否把那些不曾发生的项目记入财务报表，它主要与财务报表组成要素的高估有关。

（二）完整性（completeness）

由完整性认定推导出来的审计目标是财务报表中应反映的所有交易和账户均已列入。例如，管理部门认定，所有商品和劳务的销售均已入账并列入了财务报表。完整性认定所涉及的事项与发生认定所涉及的事项恰好相反。完整性认定涉及应当列入财务报表中的项目被漏记的可能性，而发生认定则涉及财务报表中是否列入了不应当列入的金额。因此，违反发生认定与账户高估有关；违反完整性认定与账户低估有关。

记录未发生的销售交易违反了发生认定；而未记录已经发生的销售交易则违反了完整性认定。

（三）准确性（accuracy）

由准确性认定推导出的审计目标是已记录的交易，是按正确金额反映的。例如，如果在销售交易中，发出商品的数量与账单上的数量不符，或是开账单时使用了错误的销售价格，或是账单中的乘积或加总有误，或是在销售日记账中记录了错误的金额，则违反了该目标。

准确性与发生、完整性之间存在区别。例如，若已记录的销售交易是不应当记录的（如发出的商品是寄销商品），则即使发票金额是准确计算的，仍违反了发生目标。再如，若已入账的销售交易是对正确发出商品的记录，但金额计算错误，则违反了准确性目标，但没有违反发生目标。在完整性与准确性之间也存在同样的关系。

（四）截止（cut-off）

由截止认定推导出的审计目标是接近于资产负债表日的交易记录于恰当的期间。例如，如果本期交易推到下期，或下期交易提到本期，均违反了截止目标。

（五）分类（classification）

由分类认定推导出的审计目标是被审计单位记录的交易经过适当分类。例如，如果将现销记录为赊销，将出售经营性固定资产所得的收入记录为营业收入，则导致交易分类的错误，违反了分类的目标。

二、与期末账户余额相关的审计目标

注册会计师对期末账户余额运用的认定和审计目标主要与资产负债表相关，通常分为下列四个类别。

（一）存在（existence）

由存在认定推导的审计目标是记录的金额确实存在，即真实性目标。例如，如果不存在某顾客的应收账款，在应收账款试算平衡表中却列入了对该顾客的应收账款，则违反了真实性目标。

（二）权利和义务（rights and obligations）

由权利和义务认定推导的审计目标是资产归属于被审计单位，负债属于被审计单位的义务。例如,将他人寄售商品记入被审计单位的存货中,违反了权利的目标;将不属于被审计单位的债务记入账内,违反了义务目标。

(三) 完整性(completeness)

由完整性认定推导的审计目标是已存在的金额均已记录。例如,如果存在某顾客的应收账款,在应收账款试算平衡表中却没有列入对该顾客的应收账款,则违反了完整性目标。

(四) 计价和分摊(valuation and allocation)

资产、负债和所有者权益以恰当的金额包括在财务报表中,与之相关的计价和分摊调整已恰当记录。例如,在资产负债表中,固定资产按照原值列示,而不是按照净值列示,则违反了计价和分摊目标。

三、与列报相关的审计目标

各类交易和账户余额的认定正确只是为列报的正确性提供了必要的基础,财务报表还可能因被审计单位误解有关列报的规定或舞弊等而产生错报。另外,还可能因被审计单位没有遵守一些专门的披露要求而导致财务报表错报。因此,即使注册会计师审计了各类交易和账户余额的认定,实现了各类交易和账户余额的具体审计目标,也不意味着获取了足以对财务报表发表审计意见的充分、适当的审计证据。因此,注册会计师还应当对各类交易、账户余额及相关事项在财务报表中列报的正确性实施审计。

(一) 发生及权利和义务(occurrence and rights and obligations)

将没有发生的交易、事项,或与被审计单位无关的交易和事项包括在财务报表中,则违反该目标。例如,复核董事会会议记录中是否记载了固定资产抵押等事项、询问管理层固定资产是否被抵押,即是对列报的权利认定的运用。如果抵押固定资产则需要在财务报表中列报,说明其权利受到限制。

(二) 完整性(completeness)

如果应当披露的事项没有包括在财务报表中,则违反该目标。例如,检查关联方和关联交易,以验证其在财务报表中是否得到充分披露,即是对列报的完整性认定的运用。

(三) 分类和可理解性(classification and understandability)

财务信息已被恰当地列报和描述,且披露内容表述清楚。例如,检查存货的主要类别是否已披露,是否将一年内到期的长期负债列为流动负债,即是对列报的分类和可理解性认定的运用。

(四) 准确性和计价(accuracy and valuation)

财务信息和其他信息已公允披露,且金额恰当。例如,检查财务报表附注是否分别对原材料、在产品和产成品等存货成本核算方法作了恰当说明,即是对列报的准确性和计价认定的运用。

> **国际视野**
>
> ## 普华永道面临史上最大审计诉讼索赔 55 亿美元
>
> 　　美国前十大抵押贷款公司之一的 Taylor, Bean & Whitaker(TBW)的破产受托人美国联邦存款保险公司(FDIC)状告普华永道在担任殖民银行(Colonial Bank)审计期间,未充分履行审计职责,未能发现殖民银行约 10 亿美元的资产实际上并不存在或已分文不值。殖民银行是 TBW 最大的客户,曾为其提供了大量房屋抵押贷款供其进行证券化。这实际上是 TBW 创始人 Lee Farkas 和殖民银行高管相互串通作案造成的结果,但原告认为作为殖民银行的审计机构普华永道难辞其咎,原因是直到金融危机将串通案暴露之前,普华永道在 2002—2008 年,每年都为客户出具了"无保留意见",实际上是对殖民银行财务状况"诚实度"背书。2009 年殖民银行倒闭以后,让 FDIC 损失高达 30 亿美元。最终的欺诈是由监管的审计德勤会计师事务所发现的,而殖民银行的审计普华永道会计师事务所一直被"蒙在鼓里"。如果该案件最终成立,普华永道可能需要付出 55 亿美元的高昂代价。此外,2017 年还将在阿拉巴马和曼哈顿联邦法庭对普华永道的类似"失职"开审,如果三者叠加均对普华永道不利,对其的打击可能是致命的。
>
> 　　在美国,"四大"会计师事务所在面对指控时,多数情况下希望"私了",因为害怕某一致命判决让它们彻底"歇业"。金融危机期间多数涉及审计的案件都是通过"私了"结案,例如安永为雷曼向投资者支付了 9 900 万美元,向纽约司法部支付 1 000 万美元"罚款";毕马威为 Countrywide Bank 倒闭支付了 2 400 万美元的私了费;德勤为贝尔斯登支付了 1 990 万美元等。如果普华永道在该案中树立了先例,"四大"未来或也将面临类似困境。

思 考 题

1. 审计失败与审计风险的本质区别是什么?
2. 区分普通过失与重大过失的关键是什么?
3. 什么是被审计单位管理层认定?它与审计目标有什么关系?
4. 关于注册会计师民事责任的相关法律是否存在竞合性?
5. 注册会计师应如何防范其法律责任?

第五章 计划审计工作

【教学目的和要求】

◇ 了解审计初步业务活动的内容与流程
◇ 熟悉会计师事务所首次承接业务应考虑的因素
◇ 掌握业务约定书应包括的主要内容及其作用
◇ 熟悉审计总体审计策略的内容
◇ 理解具体审计计划包含的内容

美国法尔莫公司舞弊与审计情况

美国法尔莫公司是一家集医药批发、零售连锁为一体的医药上市公司,成立于1995年,历经20年从俄亥俄州阳土敦市的一家药店最终发展成为一家拥有300家零售连锁店的药品帝国。虽然在外界看来该公司经营状况良好,但实际上已处于破产的边缘。在药品帝国的背后隐藏的是该公司长达5年之久的财务舞弊,这些舞弊行为最终导致了法尔莫公司的破产。

自获得第一家药店开始,总裁米奇·莫纳斯就梦想着把他的小店发展成一个庞大的药品帝国。其所实施的策略就是他所谓的"强力购买",即通过提供大比例折扣来销售商品。莫纳斯首先做的就是把实际上并不盈利且未经审计的药店报表拿来,用自己的笔为其加上并不存在的存货和利润。然后凭着自己空谈的天分及一套夸大了的报表,在一年之内骗得了足够的投资用以收购了8家药店,奠定了他的小型药品帝国的基础。这个帝国后来发展到了拥有300家连锁店的规模。一时间,莫纳斯成为金融领域的风云人物,他的公司则在阳土敦市赢得了令人崇拜的地位。

在一次偶然的机会导致这个精心设计的、至少引起5亿美元损失的财务舞弊事件浮出水面之时,莫纳斯和他的公司炮制虚假利润已达十年之久。这实在并非一件容易的事。当时法尔莫公司的财务总监认为因公司以低于成本出售商品而招致了严重的损失,但是莫纳斯认为通过"强力购买",公司完全可以发展得足够大以使得它能顺利地坚持它的销售方式。最终,在莫纳斯的强大压力下,这位财务总监卷入了这起舞弊案件。法尔莫公司一直保持两套账,一套是应付注册会计师审计的账簿,另一套则是反映企业真实状况的账簿。该公司先将所有的损失归入一个所谓的"水桶账户",然后再将该账户的金额通过虚增存货的方式重新分配到公司的数百家连锁药店中。他们仿造购货发票和相应的合同资料,伪造增加存货的同时减少销售成本的虚假记账凭证,确认购货但是不同时确认负债,由此多记数倍的存货数量。存货的价值占资产的比率在2009—2014年这五年的时间内从40%上升到接近60%。

在2010年年底,法尔莫公司的虚增存货的手法已经逐渐凸显出来,但问题是会计师事务所在制订审计计划时,只对300家药店中的4家进行存货监盘,而且他们会提前数月通知法尔莫公司他们将检查哪些药店。管理人员随之将那4家药店堆满实物存货,而把那些虚增的部分分配到其余的296家药店。注册会计师虽然意识到该公司的存货存在异常变动,但其在接下来的4年中并未改变关于对存货监盘的审计计划,存货监盘抽取的连锁药店的比例甚至药店的名单也较少改动。注册会计师不恰当的存货监盘计划为法尔莫公司虚增存货提供了机会,为了应付审计人员的监盘,法尔莫公司把其他连锁药店的存货转移到将要监盘的连锁药店中,最终注册会计师未能发现这一起舞弊现象。

由于注册会计师未能恰当地计划审计工作,导致未发现这起舞弊,他们也为此付出了昂贵的代价。这项审计失败使会计师事务所在民事诉讼中损失了3亿美元,而相关的注册会计师被吊销了资格证书,并判处有期徒刑3年。

第一节 初步业务活动

在注册会计师制定详细业务计划之前,必须考虑是否承接新的业务或续聘原有的业务。在作此决定时,注册会计师应当先调查与评估目标客户的基本情况、自身的专业胜任能力和独立性,并与目标客户就审计业务约定书的条款达成一致,再签订审计业务约定书。注册会计师开展初步业务活动的目的在于确保在计划审计工作时注册会计师已具备执业所需的独立性和专业胜任能力,不存在因管理层诚信问题而影响注册会计师保持该项业务意愿的情况,避免与被审计单位就业务约定书的条款存在某些误解。初步业务活动的流程如图5-1所示。

一、承接或续聘客户

注册会计师在接受审计业务之前,需要对目标客户的情况进行必要的调查和相关的评估。其目的是为了避免因接受不当客户的委托而使会计师事务所遭受损失。为此,注册会计师需要做许多工作以决定是否接受该业务,这些工作主要包括:获取目标客户的背景信息;评价为目标客户提供业务可能存在的风险因素;决定是否接受该业务;签订审计业务约定书。

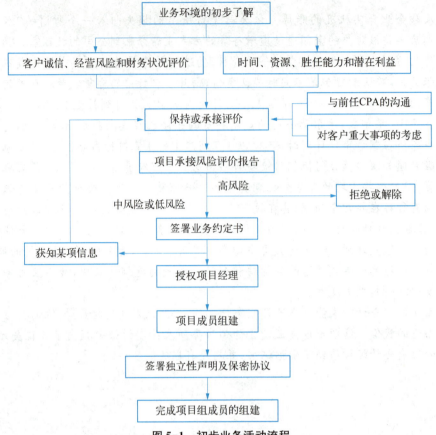

图 5-1 初步业务活动流程

在对目标客户的情况进行调查和评估时,注册会计师必须对以下因素进行评估:① 目标客户管理层的诚信情况;② 目标客户的声誉与形象;③ 目标客户是否遵循适用的财务报告框架;④ 目标客户业绩和财务状况;⑤ 接受并完成这项审计业务是否能给会计师事务所带来合理的收益。

如果目标客户存在前任注册会计师,在取得目标客户的同意后,后任注册会计师还应该与其取得联系。如果目标客户全部或部分予以拒绝,后任注册会计师就应当考虑目标客户的拒绝对未来的审计可能产生的影响,尤其是考虑管理层的诚信。一旦获得了目标客户的同意,前任注册会计师必须对后任注册会计师提出的合理咨询予以答复。前后任注册会计师沟通涉及的三方关系如图 5-2 所示。

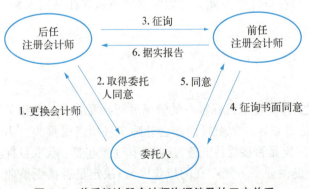

图 5-2 前后任注册会计师沟通涉及的三方关系

后任注册会计师与前任注册会计师之间可以就以下问题

进行讨论：① 是否发现被审计单位管理层存在诚信方面的问题；② 前任注册会计师与管理层在重大会计、审计等问题上存在的分歧；③ 前任注册会计师与被审计单位治理层沟通的管理层舞弊、违反法律法规行为以及值得关注的内部控制的缺陷；④ 前任注册会计师认为导致被审计单位变更会计师事务所的原因。

二、评价注册会计师自身的独立性与专业胜任能力

在接受审计业务之前，注册会计师应当确定他们是否有能力按照审计准则的要求完成该项审计业务。这个评价包括三方面的内容：一是评价执行审计的能力；二是评价独立性；三是评价保持应有谨慎的能力。具体来说，应当考虑：① 会计师事务所人员是否熟悉相关行业或业务对象；② 会计师事务所人员是否具有执行类似业务的经验，或者是否具备获取必要技能和知识的能力；③ 会计师事务所是否拥有足够的具有必要素质和专业胜任能力的人员；④ 在需要时，是否能够得到专家的帮助；⑤ 如果需要项目质量控制复核，是否具备符合标准和资格要求的项目质量控制复核人员；⑥ 会计师事务所是否能够在提交报告的最后期限内完成业务。

项目组负责人为了就审计业务的独立性要求是否得到遵守形成结论，应当采取下列措施：① 从会计师事务所获取相关信息，以识别、评价对独立性造成威胁的情况和关系；② 评价已识别的违反会计师事务所独立性政策和程序的情况，以确定是否对审计业务的独立性造成威胁；③ 采取适当的防护性措施以消除对独立性的威胁，或将其降低至可接受的水平，对未能解决的事项，项目负责人应当立即向会计师事务所报告；④ 记录与独立性有关的结论及讨论的情况。

案例 公司审计情况

大华会计师事务所 2016 年上海电气股份有限公司业务承接评价表

业务承接评价表

被审计单位：上海电气股份有限公司　　编制：×××　　日期：2017.02.08　　索引号：AA
报表截止日：2016 年 12 月 31 日　　复核：×××　　日期：2017.02.15
项目：审计计划阶段-业务承接评价表

客户的诚信
信息来源： ● 与为客户提供专业会计服务的现任或前任人员进行沟通，并与其讨论 ● 向会计师事务所其他人员、监管机构、金融机构、法律顾问和客户的同行等第三方询问 ● 从相关数据库中搜索客户的背景信息
考虑因素：客户主要股东、关键管理人员、关联方及治理层的身份和商业信誉 ● 客户的经营性质 ● 客户主要股东、关键管理人员及治理层对内部控制环境和会计准则等的态度

现代审计学

(续表)

- 客户是否过分考虑将会计师事务所的收费维持在尽可能低的水平
- 工作范围受到不适当限制的迹象
- 客户可能涉嫌洗钱或其他刑事犯罪行为的迹象
- 变更会计师事务所的原因
- 关键管理人员是否更换频繁

经营风险

信息来源：从相关数据库中搜索客户的背景信息

考虑因素：
- 行业内类似企业的经营业绩
- 法律环境
- 监管环境
- 受国家宏观调控政策的影响程度
- 是否涉及重大法律诉讼或调查
- 是否计划或有可能进行合并或处置资产
- 客户是否依赖主要客户或供应商（来自该客户的收入或供应商的采购占全部收入或采购的大部分）
- 管理层是否倾向于异常或冒不必要的风险
- 关键管理人员的薪酬是否基于客户的经营状况确定
- 管理层是否在达到财务目标或降低所得税方面承受不恰当的压力

财务状况

信息来源：近三年财务报表

考虑因素：
- 现金流量或营运资金是否能够满足经营、债务偿付以及分发股利的需要
- 是否存在对发行新债务和权益的重大需求
- 贷款是否延期未清偿，或存在违反贷款协议条款的情况
- 最近几年销售、毛利率或收入是否存在恶化的趋势
- 是否涉及重大关联方交易
- 是否存在复杂的会计处理问题
- 客户融资后，其财务比率是否恰好达到发行新债务或权益的最低要求
- 是否使用衍生金融工具
- 是否经常在年末或临近年末发生重大异常交易
- 是否对持续经营能力产生怀疑

客户的风险级别（高/中/低）：_____

根据本所目前的情况，考虑下列事项：

项目组的时间和资源

考虑因素：
- 根据本所目前的人力资源情况，是否拥有足够的具有必要素质和专业胜任能力的人员组建项目组
- 是否能够在提交报告的最后期限内完成业务

(续表)

项目组的专业胜任能力
考虑因素： ● 初步确定的项目组关键人员是否熟悉相关行业或业务对象 ● 初步确定的项目组关键人员是否具有执行类似业务的经验，或是否具备有效获取必要技能和知识的能力 ● 在需要时，是否能够得到专家的帮助 ● 如果需要项目质量控制复核，是否具备符合标准和资格要求的项目质量控制复核人员
独立性
经济利益
考虑因素： 本所或项目组成员是否存在经济利益对独立性的损害： ● 与客户存在专业服务收费以外的直接经济利益或重大的间接经济利益 ● 过分依赖向客户收取的全部费用 ● 与客户存在密切的经营关系 ● 过分担心可能失去业务 ● 可能与客户发生雇佣关系 ● 存在与该项审计业务有关的或有收费
自我评价
考虑因素： 本所或项目组成员是否存在自我评价对独立性的损害： ● 项目组成员曾是客户的董事、经理、其他关键管理人员或能够对本业务产生直接重大影响的员工 ● 为客户提供直接影响财务报表的其他服务 ● 为客户编制用于生成财务报表的原始资料或其他记录
关联关系
考虑因素： 本所或项目组成员是否存在关联关系对独立性的损害： ● 与项目组成员关系密切的家庭成员是客户的董事、经理、其他关键管理人员或能够对本业务产生直接重大影响的员工 ● 客户的董事、经理、其他关键管理人员或能够对本业务产生直接重大影响的员工是本所的前高级管理人员 ● 本所的高级管理人员或签字注册会计师与客户长期交往 ● 接受客户或其董事、经理、其他关键管理人员或能够对本业务产生直接重大影响的员工的贵重礼品或超出社会礼仪的款待
外界压力
考虑因素： 本所或项目组成员是否存在外界压力对独立性的损害： ● 在重大会计、审计等问题上与客户存在意见分歧而受到解聘威胁 ● 受到有关单位或个人不恰当的干预 ● 受到客户降低收费的压力而不恰当地缩小工作范围

现代审计学

（续表）

预计收取的费用及可回收比率	
预计审计收费：	
预计成本（计算过程）：	
可回收比率：	
其他方面的意见：	
项目负责合伙人：	风险管理负责人（必要时）：
基于上述方面，我们 接受（接受或不接受）此项业务。	基于上述方面，我们 接受（接受或不接受）此项业务。
签名：××× 日期：	签名： 日期：
最终结论： 接受委托 签名：××× 日期：2017年2月8日	

三、商定审计业务约定书的相关条款

会计师事务所在和被审计单位签订业务约定书之前，首先应该就业务工作的性质和范围取得一致认识。例如，审计业务一般有年度财务报表审计、专项审计、期中审计和资本金验证等，业务范围受限可能会导致注册会计师无法就业务对象表示专业意见。在确定收费时，会计师事务所应当考虑：① 专业服务所需的知识和技能；② 所需专业人员的数量、水平和经验；③ 每一专业人员提供服务所需的时间；④ 提供审计服务所需承担的责任；⑤ 各地有关审计收费标准的规定。我国目前会计师事务所收费标准一般由注册会计师协会统一规定，审计收费方式可以采用计件收费和计时收费两种。

案 例 公 司 审 计 情 况

上海电气股份有限公司的基本情况

上海电气股份有限公司①是一家大型综合性装备制造集团，主导产业聚焦能源装备、工业装备、集成服务三大领域，致力于为客户提供绿色、环保、智能、互联于一体的技术集成和系统解决方案。产品包括火力发电机组（煤电、气电）、核电机组、风力发电设备、输配电设备、环保设备、自动化设备、电梯、轨道交通和机床等。

---

① 本书所用案例根据上海某电力公司改编而成，为编写和教学方便起见，命名为上海电气股份有限公司或上海电气公司。

上海电气股份有限公司 2016 年资产负债表如图 5-3 和图 5-4 所示，2016 年利润表如图 5-5 所示。

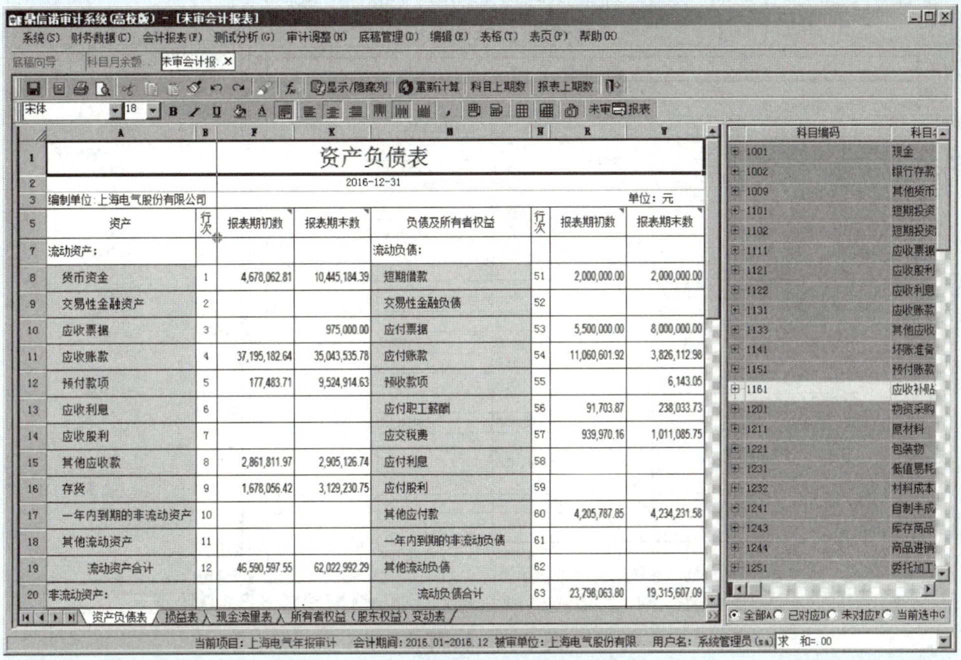

图 5-3 资产负债表-1

资产负债表
2016-12-31
编制单位：上海电气股份有限公司　　　　　　　　　　　　　　　　　　　单位：元

资产	行次	报表期初数	报表期末数	负债及所有者权益	行次	报表期初数	报表期末数
流动资产：				流动负债：			
货币资金	1	4,678,062.81	10,445,184.39	短期借款	51	2,000,000.00	2,000,000.00
交易性金融资产	2			交易性金融负债	52		
应收票据	3		975,000.00	应付票据	53	5,500,000.00	8,000,000.00
应收账款	4	37,195,182.64	35,043,535.78	应付账款	54	11,060,601.92	3,826,112.98
预付款项	5	177,483.71	9,524,914.63	预收款项	55		6,143.05
应收利息	6			应付职工薪酬	56	91,703.87	238,033.73
应收股利	7			应交税费	57	939,970.16	1,011,085.75
其他应收款	8	2,861,811.97	2,905,126.74	应付利息	58		
存货	16	1,678,056.42	3,129,230.75	应付股利	59		
一年内到期的非流动资产	17			其他应付款	60	4,205,787.85	4,234,231.58
其他流动资产	18			一年内到期的非流动负债	61		
流动资产合计	19	46,590,597.55	62,022,992.29	其他流动负债	62		
非流动资产：	20			流动负债合计	63	23,798,063.80	19,315,607.09

图 5-4 资产负债表-2

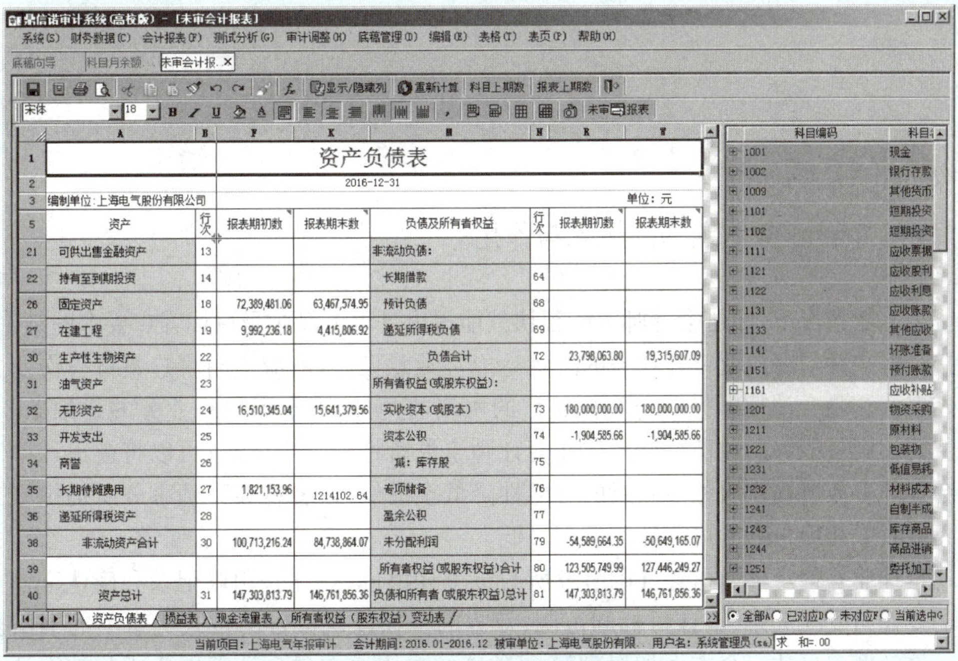

资产负债表
2016-12-31
编制单位：上海电气股份有限公司　　　　　　　　　　　　　　　　　　　单位：元

资产	行次	报表期初数	报表期末数	负债及所有者权益	行次	报表期初数	报表期末数
可供出售金融资产	13			非流动负债：			
持有至到期投资	14			长期借款	64		
固定资产	16	72,389,481.06	63,467,574.95	预计负债	68		
在建工程	19	9,992,236.18	4,415,806.92	递延所得税负债	69		
生产性生物资产	22			负债合计	72	23,798,063.80	19,315,607.09
油气资产	23			所有者权益（或股东权益）：			
无形资产	24	16,510,345.04	15,641,379.55	实收资本（或股本）	73	180,000,000.00	180,000,000.00
开发支出	25			资本公积	74	-1,904,585.66	-1,904,585.66
商誉	26			减：库存股	75		
长期待摊费用	27	1,821,153.96	1214102.64	专项储备	76		
递延所得税资产	28			盈余公积	77		
非流动资产合计	30	100,713,216.24	84,738,864.07	未分配利润	79	-54,589,664.35	-50,649,165.07
				所有者权益（或股东权益）合计	80	123,505,749.99	127,446,249.27
资产总计	31	147,303,813.79	146,761,856.36	负债和所有者权益（或股东权益）总计	81	147,303,813.79	146,761,856.36

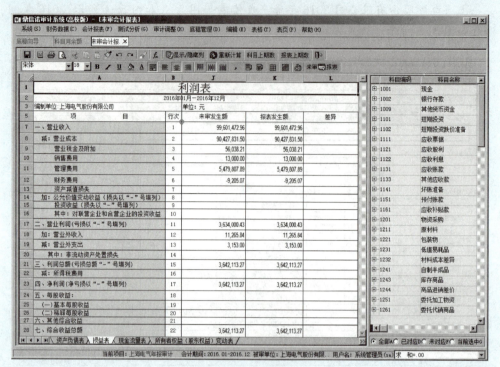

图 5-5 利润表

第二节 审计业务约定书

一、审计业务约定书的概念与作用

大多数情况下，注册会计师可能很快就能得出是否可以接受目标客户要求的结论。在接受客户并与客户就审计业务的条款达成一致意见后，就应当与客户签订一份业务约定书。它是会计师事务所与客户签订的协议，它明确规定了执行业务的详细条款。其主要作用是能够避免被审计单位和会计师事务所将来发生误解；可以将被审计单位对会计师事务所提供服务不满意的可能性降低至最低，或者将会计师事务所提供服务后不能收取相应报酬的可能性降低至最低。

审计业务约定书是指会计师事务所与被审计单位签订的，用以记录和确认审计业务的委托与受托关系、审计目标和范围、双方的责任以及报告的格式等事项的书面协议。这一概念可从三个方面加以理解：① 签约主体通常是会计师事务所和被审计单位，但也存在委托人与被审计单位不是同一方的情形，在这种情形下，签约主体通常还包括委托人;② 约定内容主要涉及审计业务的委托与受托关系、审计目标和范围、双方责任以及报告的格式;③ 文件性质属于书面协议,具有委托合同的性质,一经有关签约主体签字或盖章,在各签约主体之间即具有法律约束力。

二、审计业务约定书的具体内容

审计业务约定书的具体内容可能会因被审计单位的不同而存在差异,但至少应当包括以下主要内容:① 财务报表审计的目标与范围;② 注册会计师的责任;③ 管理层责任;④ 管理层编制财务报表所适用的会计准则和相关法律法规;⑤ 注册会计师拟出具审计报告的预期形式和内容。

在拟定审计业务约定书具体内容时,会计师事务所还可能涉及一些其他特殊考虑,包括但不限于以下内容:① 详细说明审计工作的范围;② 对审计结果的其他沟通形式;③ 说明审计和内部控制的固有限制;④ 计划和执行审计工作的安排;⑤ 管理层确认的管理层说明书;⑥ 注册会计师能够按照预定的时间表完成审计工作;⑦ 收费计算基础和收费安排;⑧ 管理层确认收到审计业务约定书并同意其中条款;⑨ 在某些方面对利用其他注册会计师和专家的安排;⑩ 对审计涉及的内部审计人员和被审计单位其他员工工作的安排;⑪ 在首次审计情况下,与前任注册会计师沟通的事项;⑫ 说明注册会计师责任方面存在的限制;⑬ 违约责任;⑭ 解决争议的方法。

大华会计师事务所与上海电气股份有限公司的审计业务约定书

审计业务约定书

大华约字第[20170108]号

甲方:上海电气股份有限公司

乙方:大华会计师事务所(特殊普通合伙)

兹由甲方委托乙方对 2016 年度财务报表进行审计,经双方协商,达成以下约定:

一、业务范围与审计目标

1. 乙方接受甲方委托,对甲方按照《企业会计准则》和《企业会计制度》编制的 2016 年度的资产负债表,2016 年度的利润表、股东权益变动表和现金流量表以及财务报表附注(以下统称财务报表)进行审计。

2. 乙方通过执行审计工作,对财务报表的下列方面发表审计意见:(1) 财务报表是否按照《企业会计准则》和《企业会计制度》的规定编制;(2) 财务报表是否在所有重大方面公允反映甲方的财务状况、经营成果和现金流量。

二、甲方的责任与义务

（一）甲方的责任

1. 根据《中华人民共和国会计法》及《企业财务会计报告条例》，甲方及甲方负责人有责任保证会计资料的真实性和完整性。因此，甲方管理层有责任妥善保存和提供会计记录（包括但不限于会计凭证、会计账簿及其他会计资料），这些记录必须真实、完整地反映甲方的财务状况、经营成果和现金流量。

2. 按照企业会计准则和《企业会计制度》的规定编制财务报表是甲方管理层的责任，这种责任包括：(1) 设计、实施和维护与财务报表编制相关的内部控制，以使财务报表不存在由于舞弊或错误而导致的重大错报；(2) 选择和运用恰当的会计政策；(3) 作出合理的会计估计。

（二）甲方的义务

1. 及时为乙方的审计工作提供其所要求的全部会计资料和其他有关资料（在2017年1月31日之前提供审计所需的全部资料），并保证所提供资料的真实性和完整性。

2. 确保乙方不受限制地接触任何与审计有关的记录、文件和所需的其他信息。

3. 甲方管理层对其作出的与审计有关的声明予以书面确认。

4. 为乙方派出的有关工作人员提供必要的工作条件和协助，主要事项将由乙方于外勤工作开始前提供清单。

5. 按本约定书的约定及时足额支付审计费用以及乙方人员在审计期间的交通、食宿和其他相关费用。

三、乙方的责任和义务

（一）乙方的责任

1. 乙方的责任是在实施审计工作的基础上对甲方财务报表发表审计意见。乙方按照中国注册会计师审计准则（以下简称审计准则）的规定进行审计。审计准则要求注册会计师遵守职业道德规范，计划和实施审计工作，以对财务报表是否不存在重大错报获取合理保证。

2. 审计工作涉及实施审计程序，以获取有关财务报表金额和披露的审计证据。选择的审计程序取决于乙方的判断，包括对由于舞弊或错误导致的财务报表重大错报风险的评估。在进行风险评估时，乙方考虑与财务报表编制相关的内部控制，以设计恰当的审计程序，但目的并非对内部控制的有效性发表意见。审计工作还包括评价管理层选用会计政策的恰当性和作出会计估计的合理性，以及评价财务报表的总体列报。

3. 乙方需要合理计划和实施审计工作，以使乙方能够获取充分、适当的审计证据，为甲方财务报表是否不存在重大错报获取合理保证。

4. 乙方有责任在审计报告中指明所发现的甲方在重大方面没有遵循企业会计

准则和《企业会计制度》编制财务报表且未按乙方的建议进行调整的事项。

5. 由于测试的性质和审计的其他固有限制，以及内部控制的固有局限性，不可避免地存在着某些重大错报在审计后可能仍然未被乙方发现的风险。

6. 在审计过程中，乙方若发现甲方内部控制存在乙方认为的重要缺陷，应向甲方提交管理建议书。但乙方在管理建议书中提出的各种事项，并不代表已全面说明所有可能存在的缺陷或已提出所有可行的改善建议。甲方在实施乙方提出的改善建议前应全面评估其影响。未经乙方书面许可，甲方不得向任何第三方提供乙方出具的管理建议书。

7. 乙方的审计不能减轻甲方及甲方管理层的责任。

（二）乙方的义务

1. 按照约定时间完成审计工作，出具审计报告。乙方应于2017年3月25日前出具审计报告。

2. 除下列情况外，乙方应当对执行业务过程中知悉的甲方信息予以保密：(1) 取得甲方的授权；(2) 根据法律法规的规定，为法律诉讼准备文件或提供证据，以及向监管机构报告发现的违反法规行为；(3) 接受行业协会和监管机构依法进行的质量检查；(4) 监管机构对乙方进行行政处罚（包括监管机构处罚前的调查、听证）以及乙方对此提出行政复议。

四、审计收费

1. 审计服务的收费是以乙方各级别工作人员在本次工作中所耗费的时间为基础计算的，乙方预计本次审计服务的费用总额为人民币60万元。

2. 甲方应于业务约定书签订之日起5日内支付30%即人民币18万元审计费用；剩余款项于审计报告草稿完成日结清。

3. 如果由于无法预见的原因，致使乙方从事本约定书所涉及的审计服务实际时间较本约定书签订时预计的时间有明显的增加或减少时，甲乙双方应通过协商，相应调整本约定书第四条第1项下所述的审计费用。

4. 如果由于无法预见的原因，致使乙方人员抵达甲方的工作现场后，本约定书所涉及的审计服务不再进行，甲方不得要求退还预付的审计费用；如上述情况发生于乙方人员完成现场审计工作，并离开甲方的工作现场之后，甲方应另行向乙方支付人民币20万元的补偿费，该补偿费应于甲方收到乙方的收款通知之日起5日内支付。

5. 与本次审计有关的其他费用（包括交通费、食宿费等）由甲方承担。

五、审计报告和审计报告的使用

1. 乙方按照《中国注册会计师审计准则第1501号——审计报告》和《中国注册会计师审计准则第1502号——非标准审计报告》规定的格式和类型出具审计报告。

2. 乙方向甲方出具审计报告一式两份。

3. 甲方在提交或对外公布审计报告时,不得修改或删节乙方出具的审计报告;不得修改或删除重要的会计数据、重要的报表附注和所作的重要说明。

六、本约定书的有效期间

本约定书自签署之日起生效,并在双方履行完毕本约定书约定的所有义务后终止。但其中第三(二)2、四、五、八、九、十项并不因本约定书终止而失效。

七、约定事项的变更

如果出现不可预见的情况,影响审计工作如期完成,或需要提前出具审计报告时,甲乙双方均可要求变更约定事项,但应及时通知对方,并由双方协商解决。

八、终止条款

1. 如果根据乙方的职业道德及其他有关专业职责、适用的法律、法规或其他任何法定的要求,乙方认为已不适宜继续为甲方提供本约定书约定的审计服务时,乙方可以采取向甲方提出合理通知的方式终止履行本约定书。

2. 在终止业务约定的情况下,乙方有权就其于本约定书终止之日前对约定的审计服务项目所做的工作收取合理的审计费用。

九、违约责任

甲乙双方按照《中华人民共和国合同法》的规定承担违约责任。

十、适用法律和争议解决

本约定书的所有方面均应适用中华人民共和国法律进行解释并受其约束。本约定书履行地为乙方出具审计报告所在地,因本约定书所引起的或与本约定书有关的任何纠纷或争议(包括关于本约定书条款的存在、效力或终止,或无效之后果),双方选择第 一 种解决方式:

(1)向有管辖权的人民法院提起诉讼;

(2)提交上海市经济仲裁委员会仲裁。

十一、双方对其他有关事项的约定

本约定书一式两份,甲乙方各执一份,具有同等法律效力。

甲方:上海电气股份有限公司　　　　　乙方:大华会计师事务所
　　　　　　　　　　　　　　　　　　　　　(特殊普通合伙)

授权代表:×××(签章)　　　　　　　授权代表:×××(签章)

二〇一六年十一月五日　　　　　　　　二〇一六年十一月五日

第三节 审计策略与计划

在接受被审计单位的委托后,注册会计师下一步工作就是制订审计计划。注册会计师制订计划有两个主要目的:① 获取被审计单位的背景信息,有助于增进业务计划的效率效果;② 指出审计业务中需要特别注意的潜在问题。

审计计划分为总体审计策略和具体审计计划两个层次。计划审计工作是一项持续的过程,通常情况下总体审计策略在具体审计计划之前,但是两项计划具有内在紧密联系,对其中一项的决定可能会影响甚至改变另一项的决定。因此,项目负责人和项目组其他关键成员应当参与审计计划工作,利用其经验和见解,制定好总体审计策略和具体审计计划,以将审计风险降至可接受的水平。

一、总体审计策略

总体审计策略用以确定审计范围、时间和方向,并指导制定具体审计计划。总体审计策略的制定应当包括以下内容。

(一) 确定审计业务的特征

这包括采用的会计准则和相关会计制度、特定行业的报告要求以及被审计单位组成部分的分布等,以界定审计范围。

(二) 明确审计时间安排和所需沟通的性质

其中具体内容包括提交审计报告的时间要求,预期与管理层和治理层沟通的重要日期等。

(三) 确定项目组工作方向

注册会计师应当考虑影响审计业务的重要因素,以确定项目组工作方向,具体包括确定适当的重要性水平,初步识别可能存在较高的重大错报风险的领域,初步识别重要的组成部分和账户余额,评价是否需要针对内部控制的有效性获取审计证据,识别被审计单位、所处行业、财务报告要求及其他相关方面最近发生的重大变化等。

在制订总体审计策略时,注册会计师还应考虑初步业务活动的结果,以及为被审计单位提供其他服务时所获得的经验。

二、具体审计计划

与总体审计策略相比,具体审计计划更加详细。具体审计计划的核心在于确定审计程序的性质、时间安排和范围以获取充分、适当的审计证据,并将审计风险降至可接受的低水平。具体审计计划应包括拟实施的风险评估程序的性质、时间安排和范围;认定层次拟实施的进一步审计程序的性质、时间安排和范围;拟实施的其他审计程序。据此,具体审计计划的实施应分为风险评估程序、进一步的审计程序以及其他审计程序。

大华会计师事务所针对上海电气股份有限公司的总体审计策略

总体审计策略表

被审计单位：上海电气股份有限公司　　编制：×××　　日期：2016.11.08　　索引号：AA
报表截止日：2016 年 12 月 31 日　　　　复核：×××　　日期：2016.11.08
项目：计划阶段-总体审计策略表

审计范围	**报告要求**	
	本次审计系受公司董事会委托，对公司截至 2016 年 12 月 31 日的资产负债表及 2016 年 1—12 月的利润表、现金流量表、所有者权益变动表及其报表附注进行审计，对上述会计报表的合法性、公允性发表审计意见	
	适用的会计准则和相关会计制度	
	公司以持续经营为基础，根据实际发生的交易和事项，按照财政部 2006 年 2 月发布的《企业会计准则——基本准则》和其他各项具体会计准则及其他相关规定进行确认和计量，在此基础上编制财务报表	
	适用的审计准则	
	中国注册会计师执业准则	
	与财务报告相关的行业特别规定	
	无	
	需要阅读的含有已审计财务报表的文件中的其他信息	
	无	
审计时间安排	**报告时间安排**	
	根据审计业务约定书的约定，我所应当在 2017 年 3 月 25 日前出具审计报告	
	执行审计时间安排	
	1. 期中审计	时间
	(1) 执行风险评估程序	2016 年 11 月
	(2) 制定总体审计策略	2016 年 11 月
	(3) 制定具体审计计划	2016 年 11 月
	(4) 控制测试	2016 年 11 月
	(5) 实质性测试	2016 年 11 月
	2. 期末审计	时间
	(1) 存货监盘	2016 年 12 月 31 日
	(2) 实质性测试	2017 年 1 月

（续表）

审计时间安排	3.沟通的时间安排	时间	
	与管理层及治理层的沟通	进场前一次,外勤结束一次,如果必要出具报告前一次	
	项目组会议(包括预备和总结会)	根据进度提前通知	
	重要性		
	确定报表整体重要性	12万元(按2016年税前利润的3%计算)	索引号2-11
	实际执行的重要性	6万元(选取整体重要性水平的50%)	索引号2-11
	明显微小错报的临界值	0.6万元(选取整体重要性水平的5%)	索引号2-11
	可能存在较高重大错报风险的领域		
	实施新会计准则相关变化的内容		索引号2-12
	销售收入及销售成本		索引号2-12
	固定资产(含累计折旧)		索引号2-12
	应付职工薪酬		索引号2-12
人员安排	**项目组主要成员的责任**		
	职位	姓名	主要职责
	主任会计师	A01	项目质量控制复核人
	副主任会计师	A02	项目总负责人
	高级经理	B01	复核销售与收入循环;存货与工薪循环
	高级经理	B02	复核采购与付款循环;固定资产循环;投资循环
	项目经理	C01	销售与收入循环;存货与工薪循环
	项目经理	C02	采购与付款循环;固定资产循环;投资循环
	与项目质量控制复核人员的沟通		
	姓名	职位	主要职责
	A01	质量控制复核人	在审计过程中识别的认定层次的重大错报风险及注册会计师计划实施的进一步审计程序;审计中识别的已更正的错报的重要程度;处理情况;拟出具的审计报告类型
	沟通内容		
	沟通内容	负责沟通的项目组成员	计划沟通时间
	风险评估、对审计计划的讨论	A01	2016年11月30日
	审计调整事项	B01	2017年3月10日
	审计意见类型	B01	2017年3月10日

(续表)

对专家和内审工作的利用	对专家的利用
	根据我们对公司部分存货内部控制的了解,我们将在以下两方面利用专家的工作进行控制测试:(1)与对存货计量有关的控制活动;(2)对期末存货公允价值的确定
	对内部审计工作的利用
	不适用
	对组成部分注册会计师工作的利用
	不适用
	对被审计单位使用服务机构的考虑
	不适用

(一)风险评估程序

风险评估程序是指注册会计师为了了解被审计单位及其环境以识别和评估财务报表层次和认定层次的重大错报风险而实施的审计程序。在具体审计计划中,应当按照《中国注册会计师审计准则第1211号——通过了解被审计单位及其环境识别和评估重大错报风险》规定,注册会计师应当实施风险评估程序,为识别和评估财务报表重大错报风险提供基础。

(二)计划实施的进一步审计程序

具体审计计划包括针对评估的认定层次的重大错报风险以及注册会计师计划实施的进一步审计程序的性质、时间安排和范围。进一步审计程序包括控制测试和实质性程序。进一步审计程序是对总体方案的延伸和细化,它通常包括控制测试和实质性程序的性质、时间安排和范围。在实务中,注册会计师通常单独制定一套包括这些具体程序的"进一步审计程序表",待具体实施审计程序时,注册会计师将基于所计划的具体审计程序,进一步记录所实施的审计程序及结果,并最终形成有关进一步审计程序的审计工作底稿。

另外,完整、详细的进一步审计程序的计划既包括对各类交易、账户余额和披露实施的具体审计程序的性质、时间安排和范围,又包括抽取的样本量等。在实务中,注册会计师可以统筹安排进一步审计程序的先后顺序,如果对某类交易、账户余额或披露已经作出计划,则可以安排先行开展工作,与此同时再制定其他交易、账户余额和披露的进一步审计程序。

(三)计划其他审计程序

在具体审计计划阶段,除了按照审计准则要求的程序进行计划工作之外,注册会计师还需要兼顾其他准则中规定的、针对特定项目在审计计划阶段应执行的程序及记录要求。由于被审计单位所在行业以及被审计单位自身特点的不同,对特定项目在审计计划阶段应当执行的程序及其记录的要求也有所不同。例如,有些企业可能涉及环境事项、电子商务等。在实务中,注册会计师应根据被审计单位的具体情况确定特定项目并执行相应的审计程序。

三、审计过程中对计划的更改

在执行审计计划过程中,有时常常发生计划与实际不一致的情况。审计过程有不同的阶段,整个审计业务的环节也很多,而通常前面阶段的审计工作结果会对后面阶段的审计工作产生重大影响,后面阶段的工作过程中又可能需要对已制定的相关计划进行相应的更新和修改。一般来说,这些更新和修改可能涉及比较重要的事项。例如,对重要性水平的修改,对某类交易、账户余额和披露的重大错报风险的评估和进一步审计程序的更新和修改等,一旦审计计划发生了更改,随后的审计工作也应当随之作出调整。

四、指导、监督与复核

注册会计师还应当对项目组成员的指导、监督以及复核制定计划,以确定指导、监督及复核工作的性质、时间安排和范围。注册会计师应在评估重大错报风险的基础上,计划对项目组成员工作的指导、监督和复核的性质、时间安排和范围。随着评估的重大错报风险增加,指导和监督的范围也将扩大,复核工作的执行也会更加详细。在计划复核的性质、时间安排和范围时,注册会计师还应考虑单个项目组成员的专业素质和胜任能力。

案 例 公 司

大华会计师事务所针对上海电气股份有限公司的审计方案

大华会计师事务所针对上海电气股份有限公司的审计方案如图 5-6 所示。

图 5-6 识别的重大错报风险与拟实施的总体方案

拓展案例

中喜会计师事务所审计唯冠科技

深圳唯冠科技有限公司（以下简称唯冠科技）是一家享有14年历史的以专业电脑显示器研发、生产、销售为主的综合性国际知名IT集团企业，属下有2家分别在中国台湾和中国香港的上市公司及16家分布在中国大陆、美国、欧洲国家、南美洲国家的分支机构以及遍布全球的销售和服务网点。自1997年改制上市至2006年，深圳唯冠科技有限公司年度会计报表一直委托深圳中喜会计师事务所负责。然而，在2006年的公司年度会计报表审计过程中，中喜会计师事务所的审计人员未能发现唯冠科技的虚构利润问题，对其年度会计报表的审计出具了标准无保留意见审计报告，存在重大过失，先是没有通过2007年度证券期货相关业务许可证年检，随后于2008年2月份被政府有关主管部门给予撤销会计师事务所和吊销相关注册会计师执业资格的行政处罚。

然而据财政部披露，深圳中喜会计师事务所是一家仅有16名注册会计师的合伙制事务所，该所内部管理混乱，从2003年1月至2004年5月间共出具了4 098份审计报告，大量审计报告未履行必要的审计程序，造成了恶劣的社会影响。中喜会计师事务所对唯冠科技有限公司年报审计缺陷主要表现在以下四个方面。

1. 没有签订审计业务约定书

由于唯冠科技是中喜会计师事务所的长期客户，因而这几年的审计均没有签订审计业务约定书。据了解，双方口头约定的审计收费为人民币30万元，2006年审计费用由于唯冠科技虚构利润案受到中国证监会的稽查而没有收到。

2. 中喜会计师事务所在该项目审计人员的安排上不能满足专业胜任能力的要求

中喜会计师事务所大多数从业人员没有注册会计师资格，2006年派出的4名审计人员均非注册会计师，其中还有一名实习生，缺乏必要的专业技能、专业判断能力和外贸业务知识，更不具备识别上市公司舞弊和欺诈的能力。

3. 在质量控制上未能切实履行三级复核程序

唯冠科技的审计项目没有指定项目经理对所有工作底稿进行全面复核，分管该项目的第二合伙人也没有完全履行复核程序，仅听取第一合伙人对一些重大的审计和会计问题的口头陈述，因此，该审计项目的质量控制最终只依赖第一合伙人。

4. 会计师事务所未能严格按照审计准则执业

审计人员在对唯冠科技应收账款进行函证时，将所有询证函交由唯冠科技发出，没有要求唯冠科技的债务人将回函直接寄达会计师事务所，而是由唯冠科技直接或通过传真方式交给审计人员。对未回函的应收账款余额没有引起审计人员合理的专业怀疑，没有进行必要的跟踪和审查。

思 考 题

1. 初步业务活动具体包括哪些内容?
2. 会计师事务所初次承接业务与续聘应考虑的因素有何不同?
3. 审计业务约定书至少应当包含哪些内容?
4. 在制订总体审计策略时,注册会计师应当考虑哪些方面?
5. 具体审计计划应包括哪些内容?

第六章 重要性与审计风险

【教学目的和要求】

◇ 理解重要性的含义及其意义
◇ 掌握会计报表层次重要性水平的计算方法
◇ 理解实际执行的重要性水平的含义和作用
◇ 熟悉审计风险模型及其影响因素
◇ 理解重要性、审计风险与审计证据三者之间的关系

引导案例

亚太会计师事务所被出具警示函

中国证监会吉林监管局于 2015 年对亚太(集团)会计师事务所(特殊普通合伙)执行的吉林成城集团股份有限公司(以下简称"成城股份")2014 年年报审计项目执业质量进行了专项检查。经查,中国证监会吉林监管局发现亚太会计师事务所在执业的计划阶段存在诸多问题。

确定实际执行的重要性水平不谨慎。审计项目组选用总资产法确定重要性水平,选择的百分比为 1%,实际执行的重要性水平选择为财务报表整体重要性的 75%,明显微小错报选择为财务报表整体重要性的 5%,但底稿中未说明选定上述比例的原因和考虑因素。同时,根据《中国注册会计师审计准则问题解答第 8 号——重要性及评价错报》中关于实际执行的重要性水平的解答,项目存在总体风险较高、审计调整较多、存在或预期存在值得关注的内部控制缺陷等情形,注册会计师可能考虑选择较低的百分比来确定实际执行的重要性。成城股份 2013 年度被出具无法表示意见的审计报告、2014 年被出具无法表示意见的内部控制审计报告,同时还存在对外开出数亿元商业承兑汇票尚未收回,其中 3 000 万元已经被起诉并败诉等事项,在上述情况下,审计项目组对实际执行的重要性水平仍选择了 75%的较高比例,且无相关分析和解释说明。项目组确定实际执行的重要性水平不审慎,不符合《中国注册会计师审计准则第 1221 号——计划和执行审计工作时的重要性》第十四条的规定,以及《中国注册会计师审计准则问题解答第 8 号——重要性及评价错报》第二条的规定。

调整重要性水平后,未说明是否对应修改实际执行的重要性水平。根据审计项目组"重要性水平确定表",审计项目组基于成城股份调整后的财务报表及其他因素,

最终确定重要性水平为870万元,但审计项目组未对是否修改实际执行的重要性水平等作出分析说明,不符合《中国注册会计师审计准则第1221号——计划和执行审计工作时的重要性》第十三条的规定。

吉林证监局指出,亚太会计师事务所上述行为违反了《上市公司信息披露管理办法》(证监会令第40号)的相关规定,根据《上市公司信息披露管理办法》第六十五条的相关规定,决定对亚太会计师事务所采取出具警示函的行政监管措施。吉林证监局要求亚太会计师事务所应对存在的问题进行全面自查整改,并于30个工作日内向其提交整改情况报告,吉林证监局将视情况对整改情况进行检查验收。

第一节 审计重要性

审计重要性是现代审计理论与实务中的一个非常重要的概念。审计重要性的运用贯穿于整个审计过程,它是决定审计风险、审计范围和审计程序的直接依据之一。正确理解、科学运用审计重要性概念,对于注册会计师制订审计计划、选择审计方法、降低审计风险、提高审计效率都具有十分重要的意义。

一、重要性的含义

国际会计准则委员会(IASC)对重要性的定义是:"如果信息的错报会影响使用者根据财务报表采取的经济决策,信息就具有重要性。"

美国财务会计准则委员会(FASB)对重要性的定义是:"一项会计信息的错报是重要的,是指在特定环境下,一个理性的人依赖该信息所做的决策可能因为这一错报得以变化或修正。"

英国会计准则委员会(ASB)对重要性的定义是:"错报可能影响到财务报表使用者的决策即为重要性。重要性可能在整个财务报表范围内、单个财务报表或财务报表的单个项目中加以考虑。"

《中国注册会计师审计准则第1221号——计划和执行审计工作时的重要性》(2019年2月20日修订)中指出:"如果合理预期错报(包括漏报)单独或汇总起来可能影响财务报表使用者依据财务报表作出的经济决策,则通常认为错报是重大的。"

正确理解和运用重要性概念需要注意以下五点。

1. 重要性概念中的错报包含漏报

财务报表错报包括财务报表金额的错报和财务报表披露的错报。

2. 重要性包括对数量和性质两个方面的考虑

所谓数量方面,是指错报的金额大小,性质方面则是指错报的性质。一般而言,金额大的错报比金额小的错报更重要。在有些情况下,某些金额的错报从数量上看并不重要,但从性质上考虑,则可能是重要的;同时某些时候对于某些财务报表披露的错报,难以从数量上判断是否重要,应从性质上考虑其是否重要。

3. 重要性概念是针对财务报表使用者决策的信息需求而言的

判断一项错报重要与否,应视其对财务报表使用者依据财务报表作出经济决策的影响程度而定。如果财务报表中的某项错报或漏报足以改变或影响财务报表使用者的相关决策,则该项错报或漏报就是重要的,否则就不重要。

4. 重要性的确定离不开具体环境

不同的被审计单位面临着不同的环境,不同的报表使用者有着不同的信息需求,因而注册会计师确定的重要性也不相同。某一金额的错报对某被审计单位的财务报表来说是重要的,而对另一个被审计单位的财务报表来说可能不重要。

5. 对重要性的评估需要运用职业判断

影响重要性的因素很多,注册会计师应当根据被审计单位面临的环境,并综合考虑其他因素,合理确定重要性水平。

二、报表整体层次的重要性

由于财务报表审计的目标是注册会计师通过审计工作对财务报表发表审计意见,因此注册会计师首先应当考虑财务报表层次的重要性。确定多大错报会影响到财务报表使用者所作的决策,需要注册会计师运用自身的职业判断作出决定。

对报表层次重要性水平的设定需要注册会计师的职业判断,是注册会计师审计实务中难点之一。大型会计师事务所都积累了一定重要性水平判断方法。

国际视野

普华永道(PWC)重要性水平设定

普华永道会计师事务所曾按照以下公式判断报表层次的重要性水平:

$$M = 1.84 \times (总资产或总收益较大者)^{2/3}$$

其中,M 为报表层次的重要性水平金额;1.84 为根据普华永道某年样本推算求出的统计量。

国际视野

毕马威(KPMG)重要性水平设定

毕马威会计师事务所按总资产或收入规模的一定百分比加上速算补加数来确定报表层次的重要性水平,如下表所示。

级次	超额累进级距(元)	重要性比率	速算补加数
1	总资产或收入 100 万～300 万	0.008 3	7 700
2	总资产或收入 300 万～1 000 万	0.006	14 600
3	总资产或收入 1 000 万～3 000 万	0.004	34 600
4	总资产或收入 3 000 万～1 亿	0.002 72	73 000
5	总资产或收入 1 亿～3 亿	0.002 72	73 000
6	总资产或收入 3 亿～10 亿	0.002 72	73 000

国 际 视 野

美国注册会计师协会(AICPA)重要性水平设定

美国注册会计师协会曾提出按以下公式确定报表层次的重要性水平：

$$M = 0.038\,057 \times 总收入^{0.867\,203}$$
$$M = 0.146\,924 \times 税前利润^{0.942\,554}$$
$$M = 0.038\,057 \times 净利润^{0.894\,640}$$

一般说来，注册会计师通常先选择一个恰当的基准，再选用适当的百分比乘以该基准，进而得出财务报表层次的重要性水平。在实务中，有许多汇总性财务数据可以用作确定财务报表层次重要性水平的基准，如总资产、净资产、费用总额、销售收入、毛利润、净利润等。在选择适当的基准时，注册会计师应当考虑的因素包括：① 财务报表的要素、适用的会计准则和相关会计制度所定义的财务报表指标，以及适用的会计准则和相关会计制度提出的其他具体要求；② 财务报表使用者特别关注的财务报表项目；③ 被审计单位的性质、所处的生命周期阶段以及所在行业和经济环境；④ 被审计单位的规模、所有权性质以及融资方式；⑤ 基准的相对波动性。

为了指导注册会计师更好地运用审计准则，中国注册会计师协会制定并发布了《中国注册会计师审计准则问题解答第 8 号——重要性及评价错报》，其中列举了报表层次重要性水平的常用基准，详见表 6-1。

表 6-1 报表层次重要性水平的常用基准

被审计单位的情况	可能选择的基准
1. 企业的盈利水平保持稳定	经常性业务的税前利润
2. 企业近年来经营状况大幅度波动，盈利和亏损交替发生，或者由正常盈利变为微利或微亏，或者本年度税前利润因情况变化而出现意外增加或减少	过去 3—5 年经常性业务的平均税前利润或亏损(取绝对值)，或其他基准，例如营业收入

(续表)

被审计单位的情况	可能选择的基准
3. 企业为新设企业,处于开办期,尚未开始经营,目前正在建造厂房及购买机器设备	总资产
4. 企业处于新兴行业,目前侧重于抢占市场份额、扩大企业知名度和影响力	营业收入
5. 开放式基金,致力于优化投资组合、提高基金净值、为基金持有人创造投资价值	净资产
6. 国际企业集团设立的研发中心,主要为集团下属各企业提供研发服务,并以成本加成的方式向相关企业收取费用	成本与销售费用总额
7. 公益性质的基金会	捐赠收入或捐赠支出总额

在确定恰当的基准后,注册会计师通常运用职业判断合理选择百分比,据以确定重要性水平。表 6-2 列出了经验参考数值。

表 6-2 报表层次重要性水平的经验百分比

被审计单位	经验百分比
以营利为目的的实体	通常不超过税前利润的 5%
非营利性组织	通常不超过费用总额或营业收入的 1% 或不超过资产总额的 0.5%
基金	通常不超过净资产的 0.5%
以资产总额为基准的实体	通常不超过资产总额的 1%

根据被审计单位的特定情况,如果存在一个或多个特定类别的交易、账户余额或披露,其发生的错报金额虽然低于财务报表整体的重要性,但合理预期可能影响财务报表使用者依据财务报表作出的经济决策,注册会计师还应当确定适用于这些交易、账户余额或披露的一个或多个重要性水平。

三、实际执行的重要性水平

《中国注册会计师审计准则第 1221 号——计划和执行审计工作时的重要性》(2019 年 2 月 20 日修订)指出,实际执行的重要性是指注册会计师确定的低于财务报表整体的重要性的一个或多个金额,旨在将未更正和未发现错报的汇总数超过财务报表整体的重要性的可能性降至适当的低水平。如果适用,实际执行的重要性还指注册会计师确定的低于特定类别的交易、账户余额或披露的重要性水平的一个或多个金额。

注册会计师确定实际执行的重要性的目的,是为了评估重大错报风险并确定进一步审计程序的性质、时间安排和范围。例如,在实施实质性分析程序时,注册会计师确定的已记录金额与预期值之间的可接受差异额通常不超过实际执行的重要性;在运用审计抽样实施细节测试时,注册会计师可以将可容忍错报的金额设定为等于或低于实际执行的重要性。

通常而言,实际执行的重要性通常为财务报表整体重要性的 50%～75%。①

接近财务报表整体重要性 50% 的情况:① 非经常性审计;② 以前年度审计调整较多项目总体风险较高(如处于高风险行业,经常面临较大市场压力,首次承接的审计项目或者需要出具特殊目的报告等)。

接近财务报表整体重要性 75% 的情况:① 经常性审计,以前年度审计调整较少;② 项目总体风险较低(如处于低风险行业,市场压力较小)。

报表整体层次的重要性与实际执行的重要性两者之间的关系如图 6-1 所示。

图 6-1 报表整体层次的重要性与实际执行的重要性

案例

2011 年长江出版传媒股份有限公司的重要性水平

从长江出版传媒股份有限公司 2012 年董事会决议公告我们可以看出,审计机构天健会计师事务所定的实际执行的重要性水平为报表整体重要性水平的 80%(960÷1 200)。我们从数据库(国泰安 CSMAR 数据库)检索了长江出版传媒股份有限公司 2000—2018 年的审计情况,结果如图 6-2 所示。由此可见,天健会计师事务所针对长江出版传媒股份有限公司 2011 年的审计实际上是首次接受委托。

股票代码:600757   股票简称:长江传媒   编号:临 2012-036

长江出版传媒股份有限公司
第五届董事会第十七次会议决议公告

> 本公司董事会及全体董事保证本公告内容不存在任何虚假记载、误导性陈述或者重大遗漏,并对其内容的真实性、准确性和完整性承担个别及连带责任。

长江出版传媒股份有限公司(以下简称"公司")第五届董事会第十七次会议于 2012 年 8 月 9 日以现场表决方式在出版文化城 B 座 11 楼会议室召开。本次会议召开前,公司已于 2012 年 8 月 4 日以书面方式或邮件方式发出会议通知和会议资

---

① 中国注册会计师协会:《审计》,经济科学出版社,2013 年,第 112 页。

料。公司董事均收到会议通知和会议资料，知悉本次会议的审议事项，并充分表达意见。

公司年度审计机构天健会计师事务所在执行公司2011年度审计工作时，确定的重要性水平标准如下：整体重要性水平为1 200万元，实际执行重要性水平为960万元。公司在2011年度实际应享有的北京新世纪投资收益约684万元，占2011年度净利润的比例约为2.40%，小于960万元的重要性水平。根据公司年审会计师意见，前述事项对公司利润水平影响较小，不构成重大会计差错。

根据《企业会计准则解释(2010)》，对于不重要的前期差错，企业不需调整财务报表相关项目的期初数，但应调整发现当期与前期相同的相关项目。属于影响损益的，应直接计入本期与上期相同的净损益项目；属于不影响损益的，应调整本期与前期相同的相关项目。公司在披露2012年上半年度报告时，不调整期初财务数据，将2011年度实际应享有的投资收益约684万元计入2012年1—6月份，并调整2012年6月末的长期股权投资账面价值。

表决结果：9票同意，0票反对，0票弃权。

图6-2　长江出版传媒股份有限公司历年审计情况

四、对重要性的运用及修订

（一）对重要性的合理运用

重要性概念的运用贯穿于整个审计过程。根据《中国注册会计师审计准则第1221

号——计划和执行审计工作时的重要性》的要求,在计划审计工作时,注册会计师需要对重要性作出判断,以便为确定风险评估程序的性质、时间安排和范围,识别和评估重大错报风险以及确定进一步审计程序的性质、时间安排和范围提供基础。如果针对某一交易、账户余额或披露认定层次,"重大错报"是指高于对应的"实际执行的重要性"的错报。如果针对判断审计意见类型时,"重大错报"是指高于"财务报表整体层次的重要性"的错报。

《中国注册会计师审计准则第1251号——评价审计过程中识别出的错报》指出,注册会计师应当确定未更正错报单独或汇总起来是否重大。注册会计师在评价未更正错报是否重大时,除考虑未更正错报单独或连同其他未更正错报是否超过财务报表整体的重要性(即定量因素)外,还要考虑错报性质以及错报发生的特定环境(即定性因素),并综合评价没有对未更正错报作出调整的财务报表整体是否仍然能够实现公允反映。

对于某个单项错报包括漏报是否重要、是否需要汇总,还涉及明显微小错报临界值这一概念。《中国注册会计师审计准则第1251号——评价审计过程中识别出的错报》指出,注册会计师应当累积审计过程中识别出的错报,除非错报明显微小。注册会计师可能将低于某一金额的错报界定为明显微小的错报,对这类错报不需要累积,因为注册会计师认为这些错报的汇总数明显不会对财务报表产生重大影响。明显微小错报的临界值可能是财务报表整体重要性的3%~5%,一般不超过财务报表整体重要性的10%。明显微小的临界值不同于实际执行的重要性水平。低于实际执行的重要性水平的错报需要连同其他错报进行汇总,如果累计未更正的错报小于报表整体层次的重要性水平,那么注册会计师可以考虑出无保留意见。

(二)执业过程中对重要性的修订

如果认为运用低于最初确定的财务报表整体的重要性和特定类别的交易、账户余额或披露的一个或多个重要性水平(如果适用)是适当的,注册会计师应当确定是否有必要修改实际执行的重要性,并确定进一步审计程序的性质、时间安排和范围是否仍然适当。

如果在审计过程中获知了某项信息,而该信息可能导致注册会计师确定与原来不同的财务报表整体重要性或者特定类别的交易、账户余额或披露的一个或多个重要性水平(如果适用),注册会计师应当予以修改。

案 例 公 司 审 计 情 况

上海电气股份有限公司2016年年报审计的重要性水平

结合上海电气股份有限公司的具体情况,由于前期错报较少,利润波动幅度不大,我们以税前净利润为基数,按其3%设置报表层次的重要性水平,取整后为12万元。

重要性水平

被审计单位：上海电气股份有限公司　　编制：×××　　日期：2017年11月10日
报表截止日：2016年12月31日　　复核：×××　　日期：2017年11月12日
项目：总体审计策略-重要性索引号 BE-00

一、财务报表整体的重要性

基　　准	本期数	比率（%）	本期重要性水平参考值
总资产	146 761 856	0.50	733 809
净资产	127 446 249	0.50	637 231
收入总额	99 601 473	0.50	498 007
税前利润	3 921 133	3.00	117 634
近3年平均税前利润			—
将经常性业务税前利润调整为不含非经常性减值损失的金额			—
扣除利息、税金折旧及摊销的利润（EBITDA）			—
请选择恰当的基准	税前利润		
选择基准时考虑的因素			
计算的财务报表整体的重要性	117 634		
确定的财务报表整体的重要性	120 000		
选择此分析方法的原因	首次接受委托,被审计单位利润波动较小		

二、实际执行的重要性（可容忍错报）

占重要性的比例	50%
实际执行的重要性	60 000

三、特定类别的交易、账户余额或披露的一个或多个重要性水平

是否存在特定类别的交易、账户余额或披露,其发生的错报金额虽然低于财务报表整体的重要性,但合理预期可能影响财务报表使用者依据财务报表作出的经济决策?	是/否

如是,完成以下内容：

交易、账户余额或披露	较低的重要性水平	较低的实际执行的重要性水平	考虑的因素
不适用			

四、明显微小错报的临界值

比率(%)	明显微小错报的临界值	说　　明
5	6 000 元	

第二节　审　计　风　险

审计风险是指财务报表存在重大错报而注册会计师发表不恰当审计意见的可能性。与审计风险相对应的一个概念是可接受的审计风险（acceptable audit risk，AAR），可接受的审计风险的确定需要考虑会计师事务所对审计风险的态度、审计失败对会计师事务所可能造成的损失的大小等因素。需要注意的是，审计业务虽然不能对财务报表错报漏报提供绝对的保证，但却是一种保证程度高的鉴证业务，因此可接受的审计风险应当足够低，以使注册会计师能够合理保证所审计财务报表不含有重大错报。从理论上说来，审计风险高低取决于重大错报风险和检查风险。

一、重大错报风险（MMR）

重大错报风险（material misstatement risk，MMR）是指财务报表在审计前存在重大错报的可能性。在设计审计程序以确定财务报表整体是否存在重大错报前，注册会计师应当从财务报表层次和各类交易、账户余额、列报和披露等认定层次考虑重大错报风险。《中国注册会计师审计准则第 1211 号——了解被审计单位及其环境并评估重大错报风险》对注册会计师如何评估财务报表层次和各类交易、账户余额、列报和披露等认定层次的重大错报风险提出了详细的要求。

（一）两个层次的重大错报风险

1. 财务报表层次重大错报风险

财务报表层次重大错报风险与财务报表整体存在广泛联系，它可能影响多项认定。此类风险通常与控制环境有关，如管理层缺乏诚信、治理层形同虚设而不能对管理层进行有效监督等；但也可能与其他因素有关，如经济萧条、企业所处行业处于衰退期。此类风险难以被界定于某类交易、账户余额、列报的具体认定，相反，此类风险增大了一个或多个不同认定发生重大错报的可能性。此类风险对注册会计师考虑由舞弊引起的特别风险相关。

注册会计师评估财务报表层次重大错报风险的措施包括：考虑审计项目组承担重要责任的人员的学识、技术和能力，是否需要专家介入；考虑给予业务助理人员适当程度的监督指导；考虑是否存在怀疑被审计单位持续经营假设合理性的事项或情况。

2. 各类交易、账户余额、列报认定层次的重大错报风险

注册会计师同时考虑各类交易、账户余额、列报认定层次的重大错报风险，考虑的结果直接有利于注册会计师确定认定层次上实施的进一步审计程序的性质、时间和范围。注册会计师在各类交易、账户余额、列报认定层次获取审计证据，以便在审计工作完成时，以可接受的低审计风险水平对财务报表整体发表意见。

(二) 固有风险和控制风险

认定层次的重大错报风险又可进一步细分为固有风险和控制风险。

固有风险(inherent risk，IR)是指假设不存在相关的内部控制，无论该错报单独考虑，还是连同其他错报构成重大错报，某一认定发生重大错报风险的可能性。

控制风险(control risk，CR)是指某项认定发生了重大错报，无论该错报单独考虑，还是连同其他错报构成重大错报，而该错报没有被单位的内部控制及时防止、发现并纠正的可能性。控制风险取决于与财务报表编制有关的内部控制设计和运行的有效性。由于控制的固有局限性，某种程序的控制风险始终存在。

需要特别说明的是，由于固有风险和控制风险不可分割地交织在一起，有时无法单独进行评估，审计准则通常不再单独提到固有风险和控制风险，而只是将这两者合并称为"重大错报风险"。但这并不意味着，注册会计师不可以单独对固有风险和控制风险进行评估。相反，注册会计师既可以单独对两者进行评估，也可以对两者进行合并评估。

二、计划的检查风险

计划的检查风险(planned detection risk，PDR)是指某一认定存在错报，该错报单独或连同其他错报是重大的，但注册会计师未能发现这种错报的可能性。

检查风险取决于审计程序设计的合理性和执行的有效性。由于注册会计师通常并不对所有的交易、账户余额和列报进行检查，以及其他原因，检查风险不可能降低为零。其他原因包括注册会计师可能选择了不恰当的审计程序、审计程序执行不当，或者错误理解了审计结论。这些其他因素可以通过适当计划、在项目组成员之间进行恰当的职责分配、保持职业怀疑态度以及监督、指导和复核助理人员所执行的审计工作得以解决。检查风险与实质性程序的性质、时间和范围的关系如表6-3所示。

表6-3 检查风险与实质性程序的性质、时间和范围的关系

实质性程序 检查风险	性质	时间	范围
高	分析程序和交易测试为主	期中审计为主	较小样本 较少证据
中	分析程序、交易测试以及余额测试结合运用	期中审计、期末审计和期后审计结合运用	适中样本 适量证据
低	余额测试为主	期末审计和期后审计为主	较大样本 较多证据

三、重大错报风险与检查风险的关系

在既定的审计风险水平下,可接受的检查风险水平与认定层次重大错报风险的评估结果呈反向关系。评估的重大错报风险越高,可接受的检查风险越低;评估的重大错报风险越低,可接受的检查风险越高。检查风险与重大错报风险的反向关系用数学模型表示如下:

$$计划的检查风险 = \frac{可接受的审计风险}{重大错报风险}$$

或

$$PDR = \frac{AAR}{MMR}$$

上述模型也就是审计风险模型。假设针对某一认定,注册会计师将可接受的审计风险水平设定为 5%,注册会计师实施风险评估程序后将重大错报风险评估为 25%,则根据上述模型,可接受的检查风险为 20%。当然,在实务中,注册会计师不一定用绝对数量表达这些风险水平,而选用"高""中""低"等文字描述。

四、审计风险、审计重要性与审计证据三者之间的关系

审计风险有可接受的审计风险和面临的审计风险之分。

面临的审计风险越高,越要求注册会计师收集更多更有效的审计证据,以将审计风险降至可接受的低水平,面临的审计风险与审计证据是同向关系。可接受的审计风险越低,越要求注册会计师获取更多的审计证据,可接受的审计风险与审计证据成反向关系。审计风险与审计证据的关系如图 6-3 所示。

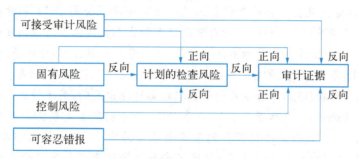

图 6-3 审计风险与审计证据的关系

面临的审计风险与重要性水平存在反向变动关系,可接受的审计风险与重要性水平存在同向变动关系。注册会计师在确定审计程序的性质、时间和范围时应当考虑面临审计风险与重要性水平之间的反向关系,保持应有的职业谨慎,合理确定重要性水平。这里,重要性水平的高低指的是金额的大小。一般来说,5 000 元的重要性水平比 2 000 元的重要性水平高。在理解两者之间的关系时,必须注意,重要性水平是注册会计师从财务报表使用者的角度进行判断的结果。如果重要性水平是 5 000 元,则意味

着低于5 000元的错报与漏报不会影响到财务报表使用者的判断与决策,注册会计师仅仅需要通过执行有关审计程序查出高于5 000元的错报与漏报;如果重要性水平是2 000元,则金额在2 000~5 000元的错报仍然会影响到财务报表使用者的判断与决策,注册会计师需要通过执行有关审计程序查出金额在2 000~5 000元的错报和漏报。显然,重要性水平为5 000元时的审计风险要比重要性水平为2 000元的审计风险低。

综上,针对可接受的审计风险和面临的审计风险,审计风险、审计重要性和审计证据这三者之间关系可以分别表示为图6-4和图6-5。

图6-4 基于可接受的审计风险角度　　　　图6-5 基于面临的审计风险角度

拓 展 案 例

中喜会计师事务所被出具警示函

内蒙古证监局于2018年3月19日对中喜会计师事务所出具警示函,因在2016年年报审计执业项目专项检查中发现,中喜会计师事务所在对上市公司银泰资源的审计中存在不当行为。具体内容如下:

一、银泰资源及其子公司内蒙古玉龙矿业股份有限公司2016年财务报表审计底稿中没有以邮寄方式函证的银行存款询证函和往来款询证函对应的发函单据。上述情况不符合《中国注册会计师审计准则第1312号——函证》第十四条规定。

二、2015年,银泰资源决定不再执行原董事会基金预提政策,结存余额1 280.29万元在其他应付款挂账,审计项目组仅获取银泰资源出具的《关于停止执行董事会基金计提政策的说明》。银泰资源2015年和2016年分别发生董事会费用208.28万元和420.65万元,冲减以前年度预提的董事会基金结存余额,未计入当期管理费用。公司2016年利润增加420.65万元,超过了中喜会计师事务所确定的银泰资源2016年母公司报表整体重要性水平(重要性水平为350万元)。年审机构未评估上述会计差错对会计报表的影响,也未再要求公司管理层更正错报。上述情况不符合《中国注册会计师审计准则第1251号——评价审计过程中识别出的错报》第九条规定。

三、截至2016年12月31日,银泰资源向上海盛蔚矿业投资有限公司提供借款,资金余额4.34亿元,上海盛蔚矿业投资有限公司用于股权收购,该笔借款的占用性质应为非经营性占用。中喜会计师事务所出具的《控股东及其他关联方占用资金情况审核报告》(中喜专审字〔2017〕第 0039 号)中,《2016 年度控股股东及其他关联方占用资金情况汇总表》披露该笔资金的占用性质为经营性,所披露的资金占用性质与实际情况不符,中喜会计师事务所未识别出该笔资金占用性质。上述情况不符合《中国注册会计师审计准则第 1231 号——针对评估的重大错报风险采取的应对措施》第二十四条及《中国注册会计师审计准则第 1323 号——关联方》第四条规定。

内蒙古证监局认定,该所的上述行为违反了《上市公司信息披露管理办法》(证监会令第 40 号)第五十二条、第五十三条的规定,依据《上市公司信息披露管理办法》第六十五条的规定,决定对其采取出具警示函的监督管理措施,要求该所严格遵照相关法律法规和《中国注册会计师执业准则》的规定,及时采取措施加强内部管理,强化质量控制,确保审计执业质量。

思 考 题

1. 在选择适当的基准确定财务报表层次的重要性水平时,注册会计师应当考虑哪些因素?
2. 什么是实际执行的重要性水平?确定实际执行的重要性水平有何作用?
3. 认定层次的重大错报风险具体包括哪些内容?
4. 如何理解审计风险模型的作用及其运用?
5. 影响计划的检查风险有哪些因素?

第七章 审计证据与审计工作底稿

【教学目的与要求】

◇ 掌握审计证据的含义、内容与特征
◇ 理解审计证据的充分性和适当性
◇ 熟悉审计程序的种类及其含义
◇ 了解审计工作底稿的作用及其复核内容
◇ 了解审计工作底稿的归整工作要求

引 导 案 例

美国证监会起诉德勤上海会计师事务所

随着中国概念股欺诈丑闻的层出不穷,美国证监会的执法部对中国注册的会计师事务所采取了调查行动。美国证券交易委员会(SEC)已经勒令50支股票退市,并且针对40家外国证券发行人和相关公司高管提起了欺诈诉讼。其中,中国概念股占了绝对的比重。2012年5月9日,美国证券交易委员会针对德勤上海会计师事务所(简称德勤上海)提起诉讼,理由是德勤上海违背了萨班斯法案(《2002上市公司会计改革与投资者保护法案》),拒绝向美国证券交易委员会提供因涉嫌财务造假而被调查的中国上市公司——东南融通的审计工作底稿。该法案要求具有审计在美上市公司资格的会计师事务所,都必须接受美国监管当局的各种审查,包括出示审计工作底稿。这也是美国证监会首次针对境外的会计师事务所发出的行政诉讼。而在一年前的2011年5月22日,德勤上海宣布与东南融通解聘,并声明不再为之前审计的财务报表负责。德勤上海向美国证监会披露说,发现了东南融通存在"一些极其严重的财务错误",其中包括伪造的银行对账单,伪造的存款余额,以及伪造的账目。

2012年7月2日,时任国务院副总理王岐山会见了美国证券交易委员会主席夏皮罗,双方就两国证券监管合作问题等交换了看法。2012年9月,中国财政部、中国证券监督管理委员会与美国公众公司会计监督委员会(PCAOB)签订了美方来华观察中方检查的协议,同意PCAOB派员工以观察员身份来华观察中方对在美注册的境内会计师事务所质量控制的检查。然而,2012年12月3日,美国证券交易委员会又提起针对包括"四大"在内的五家会计师事务所中国成员所普华永道中天、德勤华永、毕马威华振、安永华明以及全球第五大会计师事务所德豪国际会计公司中国成员所大华会计师事务所的行政诉讼,指控其拒绝提供美国证券交易委员会对在美上市中国公司涉嫌财务造假的调查提供相关审计资料及文件。如果指控成立,这些境外的会计师事务所将可能被撤销从事在美上市公司审计业务的资格。

上述案件的症结在于中美两国法律存在冲突。美国监管机构根据其本国的法律要求境外的会计师事务所提供相关审计文件资料,而位于中国境内的会计师事务所又必须遵从中国的法律法规,不得擅自向境外机构和个人提供相关审计资料。由此可见,中美两国达成审计监管合作协议才是目前困境的出路。

第一节 审 计 证 据

审计证据是审计理论的核心概念之一,实现审计目标必须以具有证明力的充分的审计证据为依据。审计的整个过程实际上就是执行审计计划,收集审计证据,根据审计证据形成审计结论和意见的过程。

一、审计证据的基本概念

(一) 审计证据的含义

审计证据是指注册会计师为了得出审计结论、形成审计意见而使用的所有信息,包括财务报表依据的会计记录中含有的信息和其他非财务信息。这些信息使注册会计师相信财务报表是否遵循可适用的企业会计准则和相关会计制度表达的说服力存在很大差异,既包括具有高度说服力的资料,如注册会计师盘点有价证券的结果;也包括说服力较弱的资料,如被审计单位员工对提问的答复。审计证据的作用在于它能支持审计结论性意见。审计意见要令人信服,就必须要以充分适当的审计证据为依据。

(二) 审计证据的决策

对任何既定审计业务,注册会计师都可以采用多种方法来收集证据,以实现审计总体目标。注册会计师在选择审计方法时,要考虑两个最关键问题:一是注册会计师履行职业责任必须收集的充分适当的证据;二是应当使收集这些证据的成本最小化。其中,第一个问题是最重要的,但是,如果会计师事务所要保持其竞争力和盈利能力,成本最小化也是必须考虑的。如果不要控制成本,则作出证据决策就非常容易。注册会计师就可以一直增加证据,而不考虑效率,直至他们可以充分肯定没有重大错报为止。

但是,注册会计师基于成本效益的考虑不可能在审计中针对所有的项目均进行详查,即不可能检查被审计单位全年所有的交易及账户余额等相关证据,而采取抽样审计的方法。因此,每个注册会计师都要就所需审计证据的质量和数量作出决策。这是一

现代审计学

个非常重要的审计判断。一般来说,审计证据的决策主要包括以下四个方面。

(1) 选用何种审计程序。

(2) 对选定的程序,应选取多大的样本规模。

(3) 应从总体中选取哪些项目。

(4) 何时执行这些程序。

以上四项内容是审计程序必不可少的内容。审计程序通常要将样本规模、选取项目和时间安排表达清楚,也就是要包括所有四项审计证据决策。

审计程序是指在审计过程中对所要获取的审计证据如何进行收集的详细指令。选用何种审计程序涉及的是用什么方法收集审计证据。一旦选取了一项审计程序,样本规模可以是所测总体中的一个项目到所有项目不等。对于每项审计程序,注册会计师都必须作出应测试多少个项目的决策。同一程序所需样本规模因具体审计对象而异。在确定审计程序的样本规模之后,就必须确定应该测试总体中的哪些项目。例如,注册会计师可以选择一定期间内的项目,可以选取金额最大的若干项目,可以随机选取项目,还可以选取注册会计师认为最有可能出现差错的项目,或者结合这些方法选取所需的项目。财务报表审计通常覆盖一定的期间,例如一年,而审计通常又要在期末后几个星期或者几个月才完成。因此,可以在会计期间早期至期末结束后的很长一段时间内任意时点执行审计程序。从某种意义上说,时间安排决策受被审计单位对审计完成时间要求的影响。另外,执行审计程序的时间安排还要考虑审计证据的有效性和审计小组的人力充足性。例如,注册会计师通常会尽可能把存货盘点的时间安排在接近于资产负债表日。

(三) 审计证据的说服力

审计准则要求注册会计师收集充分适当的证据以支持所发表的审计意见。由于受审计证据特征和执行一项审计的成本因素的影响,注册会计师不可能完全肯定其意见是正确的。但是,注册会计师又必须高度保证其意见是正确的,注册会计师只有将整个审计工作中所获证据综合起来,才能决定如何有把握地出具一份审计报告。

审计证据说服力的两个决定因素是适当性和充分性。

1. 适当性

证据的适当性是指对证据质量的一种度量,意思是证据在实现交易类别、账户余额以及相关披露等审计目标时的相关性和可靠性。如果证据被认为是高度适当的,那么它就能很好地帮助注册会计师判断财务报表的公允表达。注意,证据的适当性仅与选用的审计程序有关。扩大样本规模或选择不同的总体项目并不能提高审计证据的适当性。只有选用那些更具相关性或提供更可靠证据的审计程序才能提高审计证据的适当性。

(1) 相关性。审计证据要有说服力就必须与注册会计师正在测试的审计目标相关。例如,假设注册会计师怀疑被审计单位发了货却没有向顾客开票(完整性目标)。如果注册会计师从销售发票副本中选取一个样本,并追查每张发票至相应的发货单(真实性目标),由此所获证据与完整性目标就不相关,因而该证据并不是有助于注册会计师实现该目标的适当证据。与完整性目标相关的程序应当是追查发货单样本至相应的销售发票副本,以确定每张发货单是否均已开票。因为货物的发送是用来确定一项销售是否已经发生和是否应该记录的常用标准,所以,第二项审计程序是相关的。通过追查发货单至相应的销售发票副本,注册会计师能确定发货后是否向被审计单位开票。在第一个程序中,注册会计师是从发票追查至相应的发货单的,这不可能发现未记录的发货。

因为与某一审计目标相关的证据不见得与另一目标相关,所以,相关性只能结合具体审计目标来考虑。在前例中,当注册会计师从销售发票副本追查相应的发货单,所获得的证据与交易存在目标相关。大多数证据都与一个以上的审计目标相关,但并不是与所有审计目标都相关。

(2) 可靠性。证据的可靠性是指证据可以信赖或值得信赖的程度。与相关性一样,如果证据被认为是可靠的,那么它就能很好地帮助注册会计师判断财务报表的公允表达。证据的可靠性(乃至证据的适当性)取决于以下六个特征因素。

① 提供者的独立性。从被审计单位外部获取的证据要比从被审计单位内部获取的证据更可靠。例如,来源于被审计单位组织外部的凭证被认为比来源于被审计单位内部并且从未离开过被审计单位组织的凭证更可靠。

② 被审计单位内部控制的有效性。在被审计单位内部控制有效时,所获取的证据要比其内部控制薄弱时所获取的证据更可靠。例如,如果销售和开票业务的内部控制有效,那么注册会计师就能从销售发票和发货单中获取比相关内部控制不健全时更可靠的证据。

③ 注册会计师的直接了解。注册会计师通过执行审计程序直接获得的证据比间接获得的信息更可靠。例如,如果注册会计师计算销售毛利率,并与前期进行比较,所获得的证据就比依靠被审计单位财务人员的计算结果更可靠。

④ 信息提供者的资格。即使信息来源是独立的,但如果证据提供者不具备相应资格,那么证据也是不可靠的。因而,与律师的沟通信息和银行函证的可靠性通常高于来自不熟悉企业环境之人的应收账款函证的可靠性。

⑤ 客观程度。客观证据比那些需要经过大量主观判断才能确定其是否正确的证据更可靠。客观证据的例子包括对应收账款和银行存款余额的函证、对有价证券和现金的实物盘点。主观证据的例子包括在存货实物检查时对存货陈旧程度的观察,以及向被审计单位信用经理关于应收账款可收回性的询问。在评价主观证据的可靠性时,提供证据者的资格很重要。

⑥ 及时性。审计证据的及时性既可以指收集证据的时间,也可以指审计工作开展的期间。对资产负债表账户而言,证据越接近于资产负债表日获取,通常越可靠。例如,注册会计师在资产负债表日盘点有价证券所获得的证据就比两个月前盘点的结果更可靠。对损益表账户而言,从被审计的整个会计期间选取样本所获得的证据,比仅从其中一段期间选取样本所获得的证据更可靠。例如,从全年销售交易中随机选样,比仅从上半年销售交易中选取的样本更可靠。

2. 充分性

审计证据的充分性取决于所获证据的数量。证据的充分性主要通过注册会计师选取的样本规模来衡量。对某一特定的审计程序而言，从 200 个样本中获得的证据显然要比从 100 个样本中获得的证据更充分。

在审计中，样本规模是否适当取决于诸多因素。其中最重要的两项因素是注册会计师对错报的估计和被审计单位内部控制的有效性。例如，假设在对某公司的审计中，注册会计师认为，鉴于被审计单位所在行业的特征，存货过时的可能性相当高，那么，在这样的审计中，注册会计师就要选取比存货过时的可能性低时更多的存货样本，以确定其是否过时。类似地，如果注册会计师认为，被审计单位对记录固定资产存在有效的内部控制，那么在审计固定资产的购置时，较小的样本规模就可以了。

除了样本规模以外，所测试的单个项目也会影响证据的充分性。若样本中既包含了金额大的项目，也包含了出现错报可能性高的项目和有代表性的项目，则所获证据通常被认为是充分的。相反地，大多数注册会计师通常认为，如果样本中只包括总体中金额最大的项目，那么，除非这些项目构成了总体金额的大部分，否则，这样的样本是不充分的。

值得注意的是，只有在综合考虑了适当性和充分性以及对之发生影响的各种因素的实际影响后，才能对证据的说服力作出评价。但是，审计证据的收集是需要成本的，所以，就既定审计进行证据决策时，必须同时考虑证据的说服力和成本。只用一类证据验证信息的情况极为少见。因此，在选取最佳的某种类型或某些类型的证据之前，必须考虑各种方案的证据说服力和成本。注册会计师的目标是，以尽可能低的总成本，获取充分数量的适当证据。但是，成本永远不能成为省去一项必要程序或不收集一个充足样本的充分理由。

二、收集审计证据的方法

注册会计师在决定采用哪些审计程序收集审计证据时，有七大类程序可供其选择。这些类别也被称为审计证据的类型或收集审计证据的方法。每一项审计程序总能获得以下证据类型中的一类或多类：检查、观察、询问、函证、重新计算、重新执行、分析程序。

（一）检查

检查包括检查文件资料和检查有形资产。

检查文件资料是指注册会计师检查被审计单位的凭证和记录，以证实财务报表所包含或应包含的信息。注册会计师所检查的文件资料是被审计单位用来有条理地为其经营管理提供信息的记录，它们可能是纸质的、电子的或其他媒介，可能是被审计单位内部生成的，也可能是被审计单位外部生成的。

在实务中，按照检查文件资料的方向不同，该程序具体表现为核证（逆查）和追查（顺查）两类，两者的区别如表 7-1 所示。

表 7-1　核证与追查程序的区别

审计程序	测试方向	相关认定
核证（逆查）	报表→分类账→记账凭证→原始凭证	存在或发生
追查（顺查）	原始凭证→记账凭证→分类账→报表	完整性

检查有形资产又称为实物检查，它是注册会计师对有形资产所做的检查或盘点。这类证据通常与存货和现金有关，但也适用于有价证券、应收票据和有形固定资产的验证。审计中，诸如有价证券和现金之类资产的实物检查与诸如已核销支票和销售凭证之类的文件检查有显著差异。如果被检查的对象，如销售发票，其本身没有价值，则这种证据就是文件检查证据。例如，支票在签发前是文件；签发以后变成了资产；核销以后，又变成了文件。从正确的审计术语上看，只有在支票是一项资产时，才能对它进行实物检查。

实物检查是验证资产确实存在（真实性目标）的直接手段，但不能用于确定存在资产是否已记录（完整性目标）。一般而言，实物检查是认定资产数量和规格的一种客观手段，在某些情况下，它还是评价资产状况和质量的一种有用方法。但是，要验证存在的资产确实为被审计单位所有（权利和义务目标），仅靠实物检查证据是不充分的，并且在许多情况下，注册会计师也没有胜任能力去判断诸如陈旧或确实性（可实现价值）之类的质量因素。还有，一般也不能通过实物检查来确定为编制财务报表所作出的计价是否恰当（准确性目标）。

（二）观察

观察是指注册会计师察看被审计单位相关人员正在从事的活动或执行的程序。例如，注册会计师可以通过参观厂房获得对被审计单位设备的总体印象；通过观看雇员从事会计工作来确定其职责履行是否恰当。观察本身并不能提供充分的证据，这是因为考虑到注册会计师就在现场，被审计单位的员工很有可能会改变其平时一贯的行为。他们可能会遵守被审计单位的政策而中规中矩地履行其职责，但一旦注册会计师离开现场，又一切恢复如故。因此，有了初步印象以后，还要有其他类型的佐证证据的支持。尽管如此，在大部分审计工作中，观察仍是有用的证据。

（三）询问

询问是指注册会计师以书面或口头方式，从被审计单位内部或外部的知情人员处获取财务信息和非财务信息，并对答复进行评价的过程。尽管有相当多的证据是通过询问从被审计单位获得的，但这些证据通常不能作为结论性证据，因为它不是来自独立的来源，并且可能偏向被审计单位的意愿。因此，在注册会计师通过询问取得证据后，通常有必要通过其他程序获取进一步的佐证信息（佐证证据是支持原始证据的其他证据）。例如，当注册会计师想要获得有关被审计单位记录和控制会计业务方法的信息时，他通常要先询问被审计单位内部控制是如何运行的，然后利用文件检查和观察执行审计测试，以确定交易是否按被审计单位所述方法进行记录（完整性目标）和授权（真实性目标）。

（四）函证

函证是指注册会计师为了获取影响财务报表或相关披露认定的项目的信息，通过直接来自第三方对有关信息和现存状况的声明，获取和评价审计证据的过程。例如对应收账款或银行存款的函证。函证来自独立的第三方针对注册会计师所要求回答的信息的准确性所作出的书面或口头答复。此类要求是针对被审计单位，并且是被审计单位要求独立的第三方直接将结果反馈给注册会计师。

由于函证来自独立于被审计单位的第三方，因而是受到高度重视和经常使用的证据类型。但是，获取函证的成本相对较高，并有可能给提供者带来某些不便。因此，并不是在每一种适用函证的情况下都使用函证。由于函证具有高度的可靠性，因而实务中典型情况是只要条件允许，注册会计师都应该取得书面答复而不是口头答复。书面函证便于事务所复核人的复核工作，并且在必须证明回函确已收到时，书面函证还可提供更好的证实。

是否应当使用函证取决于在具体情况下对可靠性的要求以及替代证据的可获得性。在具体实务中，执业人员习惯性地认为，函证极少用于固定资产增加的审计，这是因为固定资产的增加，通过文件检查和实物检查便足以得到验证。同样，函证一般也不用于验证单位之间的具体交易，如销售交易，因为注册会计师能够通过检查文件达到这一目的。当然也有例外，假设注册会计师确定在年末前三天记录了金额异常大的两笔销售交易，对这两笔交易进行函证是适当的。

出于对证据可靠性的考虑，函证从编制开始到收到为止的整个过程必须由注册会计师控制。如果由被审计单位控制这一过程，那么注册会计师就会对其失去控制并丧失独立性，证据的可靠性也会因此而削弱。

（五）重新计算

重新计算是指注册会计师以人工方式或使用计算机辅助审计技术，对记录或文件中的数据计算的准确性进行核对。换而言之，所谓重新计算就是对被审计单位所作的计算予以再核对。再核对被审计单位的计算是指测试被审计单位数学计算的准确性，包括计算销售发票和存货总额、加总日记账和明细账、核对折旧费用和预付费用的计算。

（六）重新执行

重新执行是指注册会计师以人工方式或使用计算机辅助审计技术，重新独立执行作为被审计单位内部控制组成部分的程序或控制。与重新计算涉及再核对某一具体的计算不同，重新执行是检查其他程序。例如，注册会计师可能会对比销售发票上的单价和经批准的单价清单上的单价；再如，通过追查出现多处的相同信息，核对这些信息的传递以验证信息的记录是不是每次都是按相同的金额记录。具体来说，注册会计师可以利用被审计单位的银行存款日记账和银行对账单，重新编制银行存款余额调节表，并与被审计单位编制的银行存款余额调节表进行比较。

（七）分析程序

分析程序是指注册会计师通过分析不同财务数据之间以及财务数据与非财务数据

之间的内在关系，对财务信息作出评价。例如，注册会计师通过比较本年和上年的毛利率来分析销售收入或销售成本是否正常。分析程序还包括在必要时对识别出的、与其他相关信息不一致或与预期差异重大的波动或关系进行调查和分析。分析程序被广泛地应用于实务中，并且随着计算机执行计算能力的增强，其用途变得越来越广泛、效果变得越来越显著。

在现代审计实务中，注册会计师广泛使用计算机辅助审计软件（如鼎信诺审计系统、审计之星、用友审易等）开展分析程序。趋势分析（见图 7-1）、财务分析（见图 7-2）、科目月余额图形分析（见图 7-3）、科目余额比重分析（见图 7-4）和财务预警分析（见图 7-5）为注册会计师提供了更直观的分析结果，审计工作效率得到了大大提高。

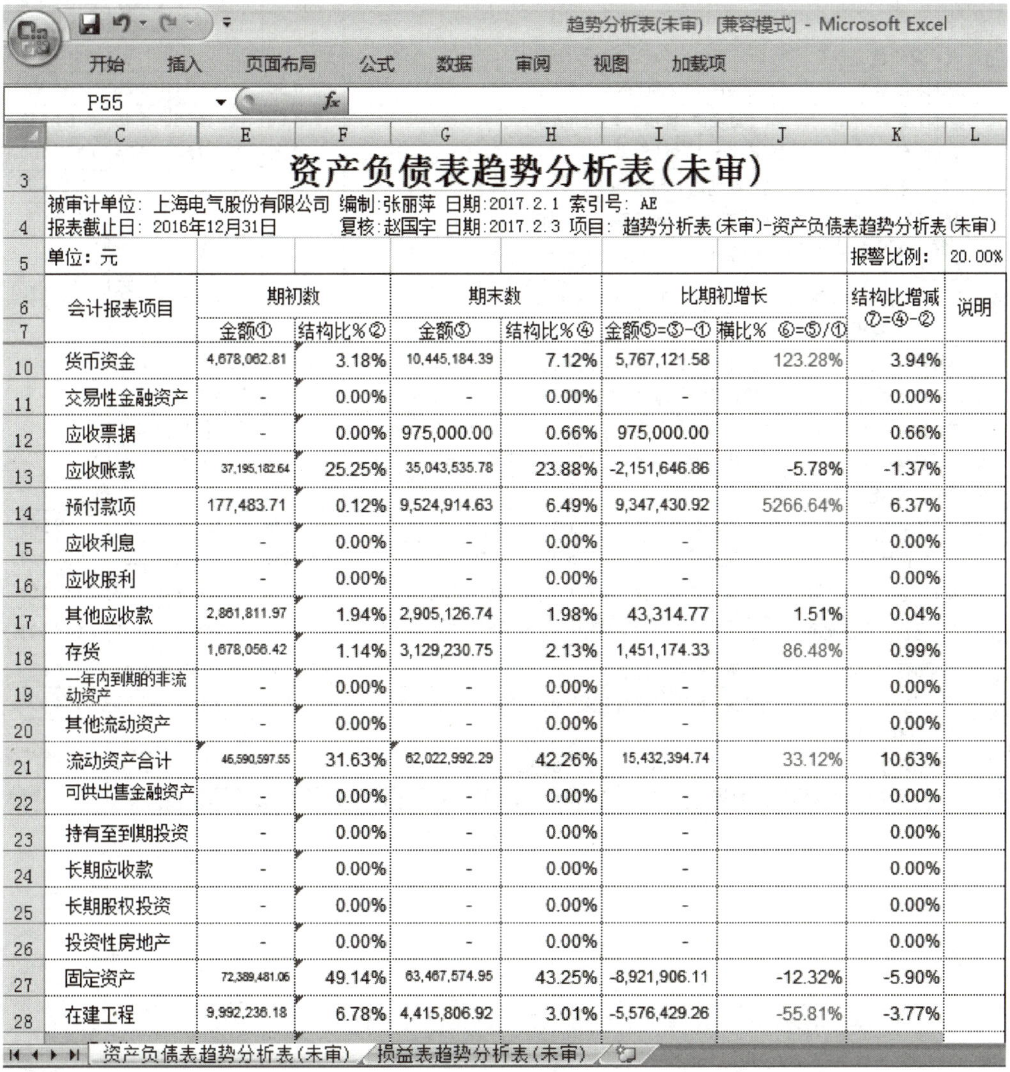

资产负债表趋势分析表（未审）

被审计单位：上海电气股份有限公司　编制：张丽萍　日期：2017.2.1　索引号：AE
报表截止日：2016年12月31日　复核：赵国宇　日期：2017.2.3　项目：趋势分析表（未审）-资产负债表趋势分析表（未审）

单位：元　　报警比例：20.00%

会计报表项目	期初数 金额①	期初数 结构比%②	期末数 金额③	期末数 结构比%④	比期初增长 金额⑤=③-①	比期初增长 横比% ⑥=⑤/①	结构比增减 ⑦=④-②	说明
货币资金	4,678,062.81	3.18%	10,445,184.39	7.12%	5,767,121.58	123.28%	3.94%	
交易性金融资产	-	0.00%	-	0.00%	-		0.00%	
应收票据	-	0.00%	975,000.00	0.66%	975,000.00		0.66%	
应收账款	37,195,182.64	25.25%	35,043,535.78	23.88%	-2,151,646.86	-5.78%	-1.37%	
预付款项	177,483.71	0.12%	9,524,914.63	6.49%	9,347,430.92	5266.64%	6.37%	
应收利息	-	0.00%	-	0.00%	-		0.00%	
应收股利	-	0.00%	-	0.00%	-		0.00%	
其他应收款	2,861,811.97	1.94%	2,905,126.74	1.98%	43,314.77	1.51%	0.04%	
存货	1,678,056.42	1.14%	3,129,230.75	2.13%	1,451,174.33	86.48%	0.99%	
一年内到期的非流动资产	-	0.00%	-	0.00%	-		0.00%	
其他流动资产	-	0.00%	-	0.00%	-		0.00%	
流动资产合计	46,590,597.55	31.63%	62,022,992.29	42.26%	15,432,394.74	33.12%	10.63%	
可供出售金融资产	-	0.00%	-	0.00%	-		0.00%	
持有至到期投资	-	0.00%	-	0.00%	-		0.00%	
长期应收款	-	0.00%	-	0.00%	-		0.00%	
长期股权投资	-	0.00%	-	0.00%	-		0.00%	
投资性房地产	-	0.00%	-	0.00%	-		0.00%	
固定资产	72,389,481.06	49.14%	63,467,574.95	43.25%	-8,921,906.11	-12.32%	-5.90%	
在建工程	9,992,236.18	6.78%	4,415,806.92	3.01%	-5,576,429.26	-55.81%	-3.77%	

图 7-1　趋势分析

比率指标	计算公式	上期数 ①	本期数 ②	差异数 ③=②-①	差异率 ④=③/①
一、流动性					
流动比率	流动资产÷流动负债	1.96	3.21	1.25	64.02%
速动比率	（流动资产-存货）÷流动负债	1.89	3.05	1.16	61.56%
现金比率	货币资金÷流动负债	0.20	0.54	0.34	175.10%
已获利息倍数	息税前利润÷利息费用				
固定支出保障倍数	（税前利润+固定支出）÷固定支出				
经营活动现金流量与固定支出比率	经营活动净现金流量÷固定支出				
利息与长期负债比率	利息费用÷长期负债×100%	0.00%	0.00%	0.00	
二、资产管理比率					
存货周转率	主营业务成本÷存货平均余额×100%	0.00%	3762.11%	37.62	
应收账款周转率	主营业务收入净额÷应收账款平均余额×100%	0.00%	275.76%	2.76	
营运资金周转率	主营业务收入净额÷（流动资产-流动负债）×100%	0.00%	233.22%	2.33	
总资产周转率	主营业务收入净额÷平均资产总额×100%	0.00%	67.74%	0.68	
三、负债比率					
资产负债率	负债总额÷资产总额×100%	16.16%	13.16%	-0.03	-18.54%
负债权益比率	（负债总额÷所有者（股东）权益总额）×100%	6.68%	15.16%	0.08	126.84%
长期负债与权益比率	长期负债÷所有者（股东）权益总额×100%	28.28%	66.49%	0.38	135.15%
负债与有形净值比率	负债总额÷[所有者（股东）权益总额-无形资产]×100%	7.01%	17.28%	0.10	146.59%
长期负债与总资产比率	长期负债÷资产总额×100%	68.37%	57.74%	-0.11	-15.55%
资产权益率	所有者（股东）权益总额÷资产总额×100%	241.81%	86.84%	-1.55	-64.09%
四、盈利能力比率					
销售毛利率	[（销售收入-销售成本）÷销售收入]×100%		9.21%	0.09	

图 7-2 财务分析

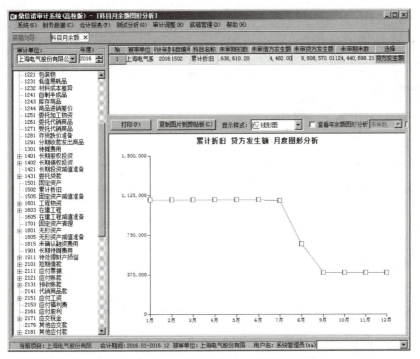

图 7-3　科目月余额图形分析

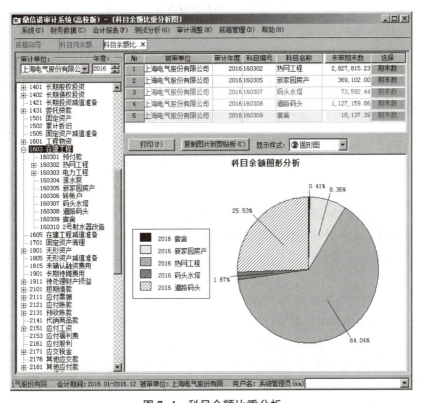

图 7-4　科目余额比重分析

现代审计学

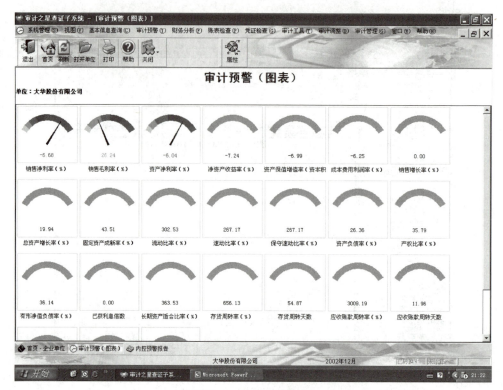

图 7-5 财务预警分析

第二节 审计工作底稿

一、审计工作底稿的含义与作用

（一）审计工作底稿的含义

审计工作底稿是指注册会计师对制定的审计计划、实施的审计程序、获取的相关审计证据，以及得出的审计结论作出的记录。审计工作底稿是审计证据的载体，是注册会计师在审计过程中形成的审计工作记录和获取的资料。它形成于审计过程，也反映整个审计过程。

（二）编制审计工作底稿的作用

注册会计师应当及时编制审计工作底稿，以实现下列四个作用。

1. 提供充分、适当的记录，作为审计报告的基础

审计工作底稿是注册会计师形成审计结论、发表审计意见的直接依据。及时编制审计工作底稿有助于提高审计工作的质量，便于在出具审计报告之前，对取得的审计证据和得出的审计结论进行有效复核和评价。

2. 证明注册会计师已按照审计准则的规定执业

在会计师事务所因执业质量而涉及诉讼或有关监管机构进行执业质量检查时,审计工作底稿能够提供证据,证明会计师事务所是否按照审计准则的规定执行了审计工作。

3. 审计工作底稿是联结整个审计工作的纽带

审计项目小组一般由多人组成,项目小组内要进行合理分工,不同的审计程序、不同的会计账项的审计往往由不同人员执行。而最终形成审计结论和发表审计意见时,则主要针对被审计单位的会计报表进行。因此,必须把不同人员的审计工作有机地联结起来,以便对整体会计报表发表意见,而这种联结必须借助于审计工作底稿。

4. 审计工作底稿对未来的审计业务具有参考备查价值

审计业务有一定的连续性,同一个被审计单位前后年度的审计业务具有众多联系或共同点,因此,本年度的审计工作底稿对以后年度审计业务具有很大的参考或备查作用。

(三) 审计工作底稿使用的保密性

为了获取充分、适当的审计证据,注册会计师必须能自由获得被审计单位经营的各种信息,其中许多信息是保密性的,如单位产品的边际利润、与其他公司合并经营的暂时计划及高级员工、关键雇员的薪酬等。被审计单位公司的管理人员通常不愿意向注册会计师提供那些不愿让竞争对手、雇员或其他人员知晓的信息,除非他们相信注册会计师能够在这些事项上保持沉默。因此,正如《注册会计师职业道德守则第 1 号——职业道德基本原则》(2009 年)所指出的,注册会计师应当履行保密义务,对职业活动中获知的涉密信息保密。

二、审计工作底稿的内容与要素

(一) 审计工作底稿的内容

审计工作底稿按性质和作用可分为综合类工作底稿、业务类工作底稿和备查类工作底稿。

1. 综合类工作底稿

综合类工作底稿是指审计人员在审计计划阶段和审计报告阶段为规划、控制和总结整个审计工作,并为最终发表审计意见所形成的审计工作底稿。主要包括审计业务约定书、审计计划、审计总结、未审财务报表、试算平衡表、审计差异调整表、审计报告、管理建议书、被审计单位声明书以及注册会计师对整个审计工作进行组织管理的所有记录和资料等。

2. 业务类工作底稿

业务类工作底稿是指审计人员在审计实施阶段为执行具体审计程序而形成的工作底稿。常见的业务类工作底稿有原材料盘点表、函证的回函、各种明细表和核对表、各种凭证的复印件、分析计算表、具体内部控制测试底稿等。

3. 备查类工作底稿

备查类工作底稿是指对审计工作仅有备查作用的审计工作底稿。如法律性文件、营业执照、公司章程、原始资料的复印件等。

需要注意的是,审计工作底稿通常不包括已被取代的审计工作底稿的草稿或财务报表的草稿、反映不全或初步思考的记录、存在印刷错误或其他错误而作废的文本,以及重复的文件记录等。由于这些内容不直接构成审计结论和审计意见的支持性证据,因此,注册会计师通常无须保留这些记录。

(二) 审计工作底稿的要素

一般来说,审计工作底稿包括下列全部或部分要素:被审计单位名称、审计项目名称、审计项目时点或期间、审计过程及其说明、审计标识及其说明、审计结论、索引号及页次、编制者姓名及编制日期、复核者姓名及复核日期、其他应说明的事项。

案例公司审计情况

大华会计师事务所货币资金的审计工作底稿

大华会计师事务所针对上海电气股份有限公司货币资金审计的工作底稿目录如图 7-6 所示,其中,货币资金收支检查情况表如图 7-7 所示。

编号	科目名称	工作底稿名称	索引号	是否显示
1	货币资金	审计程序	ZA	是
2	货币资金	审定表	ZA001	是
3	货币资金	账项明细表	ZA002	是
4	货币资金	银行存款(其他货币资金)明细表	ZA003	是
5	货币资金	披露表(上市)	ZA004	是
6	货币资金	披露表(标准)	ZA005	是
7	货币资金	披露表(国资)	ZA006	是
8	货币资金	库存现金监盘表	ZA007	是
9	货币资金	外币货币资金核查表	ZA008	是
10	货币资金	银行存单检查表	ZA009	是
11	货币资金	对银行存款余额调节表的检查	ZA010	是
12	货币资金	对其他货币资金余额调节表的检查	ZA011	是
13	货币资金	银行存款大额未达账项检查表	ZA012	是
14	货币资金	发函清单	ZA013	是
15	货币资金	银行存款(其他货币资金)函证结果汇总表	ZA014	是
16	货币资金	函证结果调节表	ZA015	是
17	货币资金	截止测试	ZA016	是
18	货币资金	收支检查情况表	ZA017	是

图 7-6 审计工作底稿目录

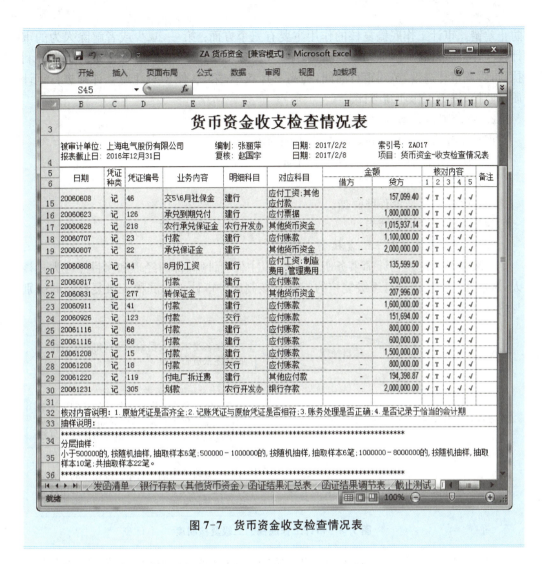

图 7-7 货币资金收支检查情况表

值得注意的是，审计工作底稿可以以纸质、电子或其他介质形式存在。在实务中，许多审计工作底稿由注册会计师在工作现场用计算机审计软件编制。随着信息技术的广泛运用，审计工作底稿的形式从传统的纸质形式逐渐扩展到电子或其他介质形式。但是，为便于会计师事务所内部进行质量控制和外部执业质量检查或调查，以电子或其他介质形式存在的审计工作底稿，应与其他纸质形式的审计工作底稿一并归档，并应能通过打印等方式，转换成纸质形式的审计工作底稿。

三、审计工作底稿的复核与归档

（一）审计工作底稿的复核

1. 审计工作底稿复核的作用

审计工作底稿是注册会计师发表审计意见、出具审计报告的依据，必须进行复核以防止差错。审计工作底稿复核的作用主要有三个方面：第一，减少或者解除人为的审计误差，降低审计风险，提高审计质量；第二，及时发现和解决问题，保证审计计划顺利执行，协调审计进度，节约审计时间，提高审计效率；第三，便于对注册会计师进行审计质量监控，进行工作业绩考评。

2. 审计工作底稿复核的内容

审计工作底稿复核的内容包括以下四项内容。

（1）所引用的有关资料是否翔实可靠。

（2）所获取的审计证据是否充分、适当。

（3）审计判断是否有理有据。

（4）审计结论是否恰当。

3. 审计工作底稿的三级复核制

三级复核制度是会计师事务所制定的，以主任会计师、部门经理和项目经理为复核人，对审计工作底稿进行逐级复核的一种复核制度。审计工作底稿三级复核制的级别与内容如图7-8所示。

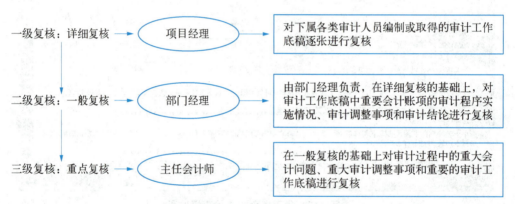

图7-8　审计工作底稿的三级复核制度

（1）项目经理复核是三级复核制度中的第一级复核，称为详细复核。它要求项目经理对下属审计人员形成的工作底稿逐张复核。

（2）部门经理复核是三级复核制度中的第二级复核，称为一般复核。它是对工作底稿重要会计账项的审计、重要审计程序的执行以及审计调整事项进行复核，也称重点把关。

（3）主任会计师复核是三级复核中的最后一级复核，又称重点复核。它是对审计过程中的重大会计审计问题、重大审计调整事项及重要的审计工作底稿进行的复核，是对整个审计工作的计划、进度和质量的重点把握。

如果部门经理是某一审计项目的负责人，该项目不论是否有项目经理参加，则该部门经理的复核应视为项目经理复核，主任会计师应另行指定人员代为执行部门经理的复核工作，以保证三级复核的贯彻执行。

（二）审计工作底稿的归档

1. 审计工作底稿归档的期限

对每项具体审计业务，注册会计师应当将审计工作底稿归整为审计档案。在审计过程中所编制的审计记录,包括由被审计单位为注册会计师编制的明细表,都是注册会计师的财产,任何其他人,包括被审计单位在内,只有在法庭将审计记录作为法律证据传唤时,才有法定权力审查审计记录。在审计完成后,审计档案保存在会计师事务所,以供将来参考。

根据《中国注册会计师审计准则第 1131 号——审计工作底稿》(2010 年 11 月 10 日修订)的相关规定,注册会计师应当在审计报告日后及时将审计工作底稿归整为审计档案,并完成归整最终审计档案过程中的事务性工作。审计工作底稿的归档期限为审计报告日后 60 天内。如果注册会计师未能完成审计业务,审计工作底稿的归档期限为审计业务中止后的 60 天内。

在完成最终审计档案的归整工作后,注册会计师不应在规定的保存期限届满前删除或废弃任何性质的审计工作底稿。

2. 审计工作底稿的保存期限

根据《质量控制准则第 5101 号——会计师事务所对执行财务报表审计和审阅、其他鉴证和相关服务业务实施的质量控制》(2019 年 2 月 20 日修订)的规定,对历史财务信息审计和审阅业务、其他鉴证业务,会计师事务所应当自业务报告日起对业务工作底稿至少保存 10 年。如果组成部分业务报告日早于集团业务报告日,会计师事务所应当自集团业务报告日起对组成部分业务工作底稿至少保存 10 年。根据《中国注册会计师审计准则第 1131 号——审计工作底稿》(2010 年 11 月 10 日修订)的规定,会计师事务所应当自审计报告日起,对审计工作底稿至少保存 10 年。如果注册会计师未能完成审计业务,会计师事务所应当自审计业务中止日起,对审计工作底稿至少保存 10 年。

3. 审计工作底稿归档后的变动

(1) 需要变动审计工作底稿的情形。在完成最终审计档案的归整工作后,注册会计师不应在规定的保存期限届满前删除或废弃任何性质的审计工作底稿。在以下两种情形下,注册会计师认为有必要可以修改现有审计工作底稿或增加新的审计工作底稿。

① 注册会计师已实施了必要的审计程序,获取了充分、适当的审计证据并得出了恰当的审计结论,但审计工作底稿的记录不够充分。

② 审计报告日后发现与已审计财务信息相关,且在审计报告日已经存在的事实,该事实如果被注册会计师在审计报告日前获知,可能影响审计报告。例如,注册会计师在审计报告日后才获知法院在审计报告日前已对被审计单位的诉讼、索赔事项作出最终判决结果。例外情况可能在审计报告日后发现,也可能在财务报表报出日后发现,注册会计师应当按照《中国注册会计师审计准则第 1332 号——期后事项》(2010 年)第三章"注册会计师在财务报表报出后知悉的事实"的相关规定,对例外事项实施新的或追加的审计程序。

(2) 变动审计工作底稿后的记录要求。在完成最终审计档案的归整工作后,如果发现有必要修改现有审计工作底稿或增加新的审计工作底稿,无论修改或增加的性质如何,注册会计师均应当记录下列事项。

① 修改或增加审计工作底稿的理由。

② 修改或增加审计工作底稿的时间和人员,以及复核的时间和人员。

拓展案例

博达科技舞弊案

博达科技是一家成立于1991年的经营计算机外设产品的贸易公司,最初规模很小,资本额为500万新台币。1996年开始涉足砷化镓化合物生产领域,进行砷化镓磊芯片的生产。该公司于2000年12月在台湾证券交易所挂牌上市,其后共进行了四次现金增资与发债,从市场筹资111.04亿新台币。在2004年6月15日的事件发生后,台湾证券管理部门对该公司进行财务调查,就此引发了由博达科技开始的一连串会计舞弊案的曝光。

博达科技的作弊手法十分隐蔽和复杂。从1999年开始,在几年的时间里,博达科技以假原料真进口,假成品真出口的方式,建立了一整套的进出口账,并随时发布获利良好的财务报告,同时根据粉饰的财务报告,发行海外可转债,最终达到掏空投资人和公司资产的目的。博达科技具体的作假手法如下。

1. 假原料真进口,假成品真出口。为了创造假销货,博达科技首先在美国、中国香港等地注册公司,作为自己的客户,如 DVD 公司、Dynamic(在美国加州注册)、Marksman Trading Ltd 等,然后买通上游的光电原料厂商配合造假,如恩雅公司、麟达公司、Commerce Tech 等。具体步骤是:① 博达科技先开立客户基本资料表、客户信用条件评估表、估价单、工单、发票及装货单,其上均有博达科技相关人员签名,再拿真实商品(下脚料、废品等)报关出口给假客户,即自己设立的人头公司,并支付关税及运费,而成品则寄放在第三国仓库;② 假顾客支付货款给博达,并汇入博达科技的指定账户;③ 博达科技向共谋厂商下订单,买入原料;④ 共谋厂商从博达科技假客户仓库提领先前博达寄放的存货;⑤ 共谋厂商把领来的存货作为博达科技要购买的原料发货给博达科技,并开立发票,向博达科技收款;⑥ 博达科技支付货款给共谋厂商。

2. 假应收账款转化为折现票据(一种约当现金),但其动用受到限制,财务报告中并未对此事实进行披露,从而粉饰了财务报表。具体方式:① 博达科技先找到两个关系金融公司(AM 全球融资公司和 CTB Australia, LtD);② 把款项拨到 AM,以备 AM 付给 CTB;③ 博达科技把来自五大虚假客户的应收账款卖给 CTB;④ CTB 再把应收账款卖给 AM;⑤ AM 付钱给 CTB;⑥ CTB 再把现金付给博达科技;⑦ AM 发行折现票据给博达科技,并存入博达科技的银行户头,博达科技对此折现票据的动用受到限制。

3. 应收账款转化为信用连接票据,造成报表不实,同时通过关联公司侵吞公司资产。具体方式:① 找到合作金融机构 M 银行(Matro Bank)、S.G. 银行(法国兴业银行)、S.G. Acceptance(法国兴业银行的子公司),设立博达科技的人头公司 NFactor 公司;② 博达科技把假应收账款卖给 NFactor 公司(在法国);③ NFactor 公司把应收账款送给 S.G. 银行作担保;④ S.G. Acceptance 向 NFactor 公司买入应收账款,再凭以发行信用连接票据;⑤博达科技与菲律宾 M 银行签订存款协议,博达科技支付 0.85 亿美元给该银行,委托其购买指定资产的连接票据,并代为保管;⑥ S.G. Acceptance 把连接票据卖给 M 银行,收取现金,M 银行代博达科技保管连接票据,直到信用条件启动为止;⑦ S.G. Acceptance 把现金付给 NFactor;⑧ 2004年6月18日博达科技申请重整后,M 银行中止与博达科技签订的存款协议,将连接票据转给博达科技。

4. 发行海外可转换公司债(Europe — convertible bond,ECB),所获资金使用受到限制,未进行披露,致使财务报表不实及通过关联公司侵吞公司资产,同时通过融券交易谋取不当得利。具体方式:① 找到关系银行 R 银行(Rabo Bank)和 M 银行(Matro Bank),设立人头公司 B 公司、F 公司;② 博达科技与 R 银行、M 银行签约,为 B 公司、F 公司担保;③ 博达科技发行可转换公司债收到现金 0.5 亿美元,款项存入 R 银行、M 银行作为 B 公司、F 公司的担保;④ B 公司、F 公司分别向 R 银行、M 银行借款 0.5 亿美元,买入博达科技海外可转换公司债,支付 0.5 亿美金给博达科技;⑤ B 公司、F 公司融券放空,把海外可转换公司债转化为博达科技股票;⑥ 用换来的股票偿还先前的融券;⑦ 博达科技买入库藏股 3 亿美元,B 公司、F 公司不偿还 R 银行、M 银行的债务;⑧ R 银行、M 银行把 B 公司、F 公司之债权转给博达科技,并解除博达科技的存款合约。

在上述做法中,博达科技在香港设立五大人头客户,将一般产品或残次品按高于正常价格的售价卖给它们,虚增营业收入。同时,博达科技派人常驻香港收货并集中于同一仓库,于一段时间后再卖给在台湾的其他配合公司,这些配合公司再将货物卖回博达科技。博达科技将这些买回的货物又再次卖给香港的五大人头客户,由此不断轮回操作,以使博达科技的经营业绩可以自由控制。

由于是虚假销售,将会产生巨额应收账款,容易使人对报表产生怀疑,因此博达科技用海外人头公司向国外银行借款买下这些应收账款或所衍生的信用连接票据。这样,博达科技就巧妙地将应收账款转化为账上的现金。但是,博达科技获得的这些现金必须存在这些国外银行,并被限制使用,由此,这些存款便成了海外人头公司的抵押担保,一旦博达科技发生财务风险,将用这些限制存款予以抵偿。博达科技通过以上手法虚增应收账款 141 亿元新台币,造成新台币 70 亿元的损失。

博达科技不仅虚构了信息流、资金流,还构造了真的货物流,以达到虚构收入的目的。其特点是在虚构交易过程中,不仅伪造各种交易文件,同时还要形成货物的实际流动、缴纳运费、出口关税,设置专门人员负责货物运输、存储的管理,整个造假过程环节多、程序复杂,因此这种手法的隐蔽性很强。在会计师只重点审查交易凭证情况下,很难识别。同时它的舞弊成本也相当高,要实际缴纳物流过程中各个环节的费用,要负担物流管理人员以及协同舞弊者的费用。如果企业的财务状况不好,这种方式将造成资金周转更加困难,因此其难度也就更大。因此,在鉴证会计信息的客观性、公允性与会计信息披露的监管过程中,审计师不仅要鉴证信息流表面的真实性,还要对信息流赖以存在的基础即实际交易业务本身的真实性予以关注。

思 考 题

1. 收集审计证据的方法有哪些？并从成本与效益方面指出其区别。
2. 为什么说分析程序在审计过程中被高度重视并经常使用？
3. 在计算机辅助审计技术环境下，电子化审计工作底稿有哪些优势？
4. 何谓审计工作底稿的三级复核制度？具体内容分别是什么？
5. 简述审计工作底稿按其作用和性质可以分为哪几类？

第八章 风险评估

【教学目的和要求】

◇ 了解风险评估程序的含义及其具体内容
◇ 理解注册会计师了解被审计单位及其环境的作用
◇ 掌握注册会计师了解被审计单位内部控制的内容
◇ 熟悉注册会计师识别和评估重大错报风险的审计程序
◇ 识别注册会计师评估重大错报风险的影响因素

中航油事件与风险评估

在新加坡上市的航空燃料供应商中国航油(新加坡)股份有限公司(以下简称中航油新加坡公司),是中国航油集团公司的海外控股子公司,其总裁陈久霖兼任集团公司副总经理。在陈久霖的管理下,中航油新加坡公司一举扭转了连年亏损的局面,并于2001年在新加坡交易所挂牌上市。

在陈久霖的推动下,中航油新加坡公司从2001年上市就开始涉足石油期货。在取得初步成功之后,中航油新加坡公司管理层在没有向董事会报告并取得批准的情况下,无视国家法律法规的禁止,擅自将企业战略目标移位于投机性期货交易。身兼公司总裁和集团副总经理两大权力于一身,陈久霖一直独立于中国航油集团公司班子的领导之外,集团公司派出的财务经理两次被换,集团公司对其缺乏有效的约束力。

中航油新加坡公司曾聘请安永会计师事务所为其编制《风险管理手册》,设有专门的七人风险管理委员会及软件监控系统。实施了交易员、风险控制委员会、审计部、总裁、董事会层层上报、交叉控制的制度,规定每名交易员损失20万美元时要向风险控制委员会报告和征求意见;当损失达到35万美元时要向总裁报告和征求意见,在得到总裁同意后才能继续交易;任何导致损失50万美元以上的交易将自动平仓。但在实际风险控制机制中,陈久霖一手遮天,在获悉2004年第一季度出现580万美元的账面亏损后,没有按照风险控制程序进行斩仓止损,而是继续孤注一掷,继续扩大仓位。中航油新加坡公司管理层在期货交易中,根本没有意识到风险,而是相信自己"油价冲高后必然回落"的判断。在事情败露以后,陈久霖还认为"只要再有一笔钱,就能挺过去,就能翻身",就一直未向中国航油集团公司报告,中国航油集团公司也没有发现。直到保证金支付问题难以解决、经营难以为继时,中航油新加坡公司才向集团公司紧急报告,但仍没有说明多达5亿多美元的损失实情。

中航油新加坡公司通过做假账欺骗上级。在其上报的2004年6月份的财务报表中,中航油新加坡公司当月的总资产为42.6亿元人民币,净资产为11亿元人民币,资产负债率为73%。长期应收账款为11.7亿元人民币,应付款也是这么多。从账面上看,不但没有问题,而且经营状况很好。但实际上,2004年6月,中航油新加坡公司就已经在石油期货交易上面临3580万美元的潜在亏损,仍追加了错误方向"做空"的资金,但在财务账面上没有任何显示。由于陈久霖在场外进行交易,集团通过正常的财务报表没有发现陈久霖的秘密。新加坡当地的监督机构也没有发现,中航油新加坡公司还被评为2004年新加坡最具透明度的上市公司。这么大的一个漏洞就被陈久霖以做假账的方式瞒天过海般的掩盖了这么久,以至于事情的发生毫无征兆。由此可见,企业内部控制和风险管理的成效不仅仅取决于制定的合理性,更取决于实施的有效性。

第一节 风险评估程序

《中国注册会计师审计准则第1211号——通过了解被审计单位及其环境识别和评估重大错报风险》(2019年2月20日修订)作为专门规范风险评估的准则,规定注册会计师应当了解被审计单位及其环境,以充分识别和评估财务报表重大错报风险,设计和实施进一步审计程序。

了解被审计单位及其环境是必要程序,特别是为注册会计师在下列关键环节作出职业判断提供重要基础。

(1) 确定重要性水平,并随着审计工作的进程评估对重要性水平的判断是否仍然适当。

(2) 考虑会计政策的选择和运用是否恰当,以及财务报表的列报是否适当。

(3) 识别需要特别考虑的领域,包括关联方交易、管理层运用持续经营假设的合理性,或交易是否具有合理的商业目的等。

(4) 确定在实施分析程序时所使用的预期值。

(5) 设计和实施进一步审计程序,以将审计风险降至可接受的低水平。

(6) 评价所获取审计证据的充分性和适当性。

了解被审计单位及其环境是一个连续和动态地收集、更新与分析信息的过程,贯穿于整个审计过程的始终。注册会计师应当运用职业判断确定需要了解被审计单位及其环境的程度。

评价对被审计单位及其环境了解的程度是否恰当,关键是看注册会计师对被审计单位及其环境的了解是否足以识别和评估财务报表的重大错报风险。如果了解被审计单位及其环境获得的信息足以识别和评估财务报表的重大错报风险、设计和实施进一步审计程序,那么了解的程度就是恰当的。当然,要求注册会计师对被审计单位及其环境了解的程度,要低于管理层为经营管理企业而对被审计单位及其环境需要了解的程度。

注册会计师为了解被审计单位及其环境应当实施的风险评估程序主要包括:询问被审计单位管理层和内部其他相关人员、分析程序、观察和检查以及其他审计程序和信息来源。

一、询问被审计单位管理层和内部其他相关人员

询问被审计单位管理层和内部其他相关人员是注册会计师了解被审计单位及其环境的一个重要信息来源。有经验的注册会计师通常会针对公司内部的不同人员询问不同的问题,以提升风险评估程序的效率和效果。询问被审计单位内部其他相关人员可以为注册会计师提供不同的信息来源。

视不同的情况,注册会计师可能询问的人员主要有:内部注册会计师;有关产品的生产、营销、销售或其他的相关人员;不同授权层次的员工;参与生产、处理或记录复杂或异常的员工;内部法律顾问;治理层或审计委员会。

一般说来,询问治理层,有助于注册会计师理解财务报表编制的环境;询问内部审计师,有助于注册会计师了解其针对被审计单位内部控制设计和运行有效性而实施的工作,以及管理层对内部审计发现的问题是否采取适当的措施;询问参与生成、处理或记录复杂或异常交易的员工,有助于注册会计师评估被审计单位选择和运用某项会计政策的适当性;询问采购人员和生产人员,有助于注册会计师了解被审计单位的原材料采购和产品生产等情况;询问仓库人员,有助于注册会计师了解原材料、产成品等存货的进出、保管和盘点等情况。

二、分析程序

(一)分析程序概述

分析程序是指注册会计师通过研究不同财务数据之间以及财务数据与非财务数据之间的内在关系,对财务信息作出评价。分析程序还包括调查识别出的、与其他相关信息不一致或与预期数据严重偏离的波动和关系。分析程序既可用作风险评估程序和实质性程序,也可用于对财务报表的总体复核。

(二)审计计划阶段分析程序的实施

注册会计师在计划审计工作时,应当实施分析程序。审计计划阶段实施分析程序有助于注册会计师了解被审计单位及其环境,识别可能存在重大错报的特定领域。

在实施分析程序时,注册会计师应当预期可能存在的合理关系,并与依据历史和同期数据计算的比率或趋势相比较,如果发现异常波动,注册会计师应当在询问管理当局有关解释的基础上,推断异常波动产生的原因,并在识别重大错报风险时考虑这些比较

结果。例如,注册会计师通过实施分析程序发现,两个会计期间的销售毛利率相当,注册会计师通过对被审计单位的了解,如获知在生产成本中占较大比例的原材料成本在相关期间内上升,注册会计师预期销售成本也应相应上升,而毛利率应相应下降。透过上述分析,注册会计师得出的一个推论是:销售成本可能存在重大错报风险,应对其给予足够的重视。

此外,分析程序还可以借助汇总数据和非汇总数据展开分析。如果使用的是高度汇总的数据,实施分析程序的结果仅可能初步显示财务报表存在重大错报风险,注册会计师应当将分析结果连同识别重大错报风险时获取的其他信息一并考虑。

三、观察和检查

在询问和执行分析程序的基础上,进一步实施观察和检查程序,不但可以印证对管理层和其他相关人员的询问结果、提供有关被审计单位及其环境的信息,而且可以在一定程度上验证注册会计师使用分析程序所推断的重点风险领域。具体而言,注册会计师应当实施下列观察和检查程序。

(一) 观察被审计单位的生产经营活动

通过观察被审计单位生产活动和内部控制活动,可以增加注册会计师对被审计单位人员如何进行生产经营活动及实施内部控制的了解。

(二) 检查文件、记录和内部控制手册

通过检查被审计单位的章程、与其他单位签订的合同、协议,各业务流程操作指引和内部控制手册等,可以了解被审计单位组织结构和内部控制制度的建立健全情况。

(三) 阅读由管理层和治理层编制的报告

具体包括:阅读被审计单位年度和中期财务报告,股东大会、董事会会议、高级管理层的会议记录或纪要,管理层的讨论和分析资料,经营计划和战略,对重要经营环节和外部因素的评价,被审计单位内部管理报告以及其他特殊目的报告等。通过阅读由管理层和治理层编制的报告可以了解自上一审计结束至本期审计期间被审计单位发生的重大事项。

(四) 实地察看被审计单位的生产经营场所和设备

通过现场访问和实地察看被审计单位的生产经营场所和设备,可以帮助注册会计师了解被审计单位的性质及其经营活动。在实地察看被审计单位厂房和办公场所的过程中,注册会计师可以有机会与被审计单位的管理层和担任不同职责的员工进行交流,从而可以进一步了解被审计单位的经营活动及其重大影响因素。

(五) 追踪交易在财务报告信息系统中的处理过程(穿行测试)

这是注册会计师了解被审计单位业务流程及其相关控制时经常使用的审计程序。通过追踪某笔或某几笔交易在业务流程中如何生成、记录、处理和报告,以及相关内部控制如何执行,注册会计师可以确定被审计单位的交易流程和相关控制是否与之前通过其他程序所获得的了解一致,并确定相关内部控制是否得到执行。

四、其他审计程序和信息来源

(一)其他审计程序

除了采用上述程序从被审计单位内部获取信息以外,如果根据职业判断认为从被审计单位外部获取的信息将有助于识别重大错报风险,注册会计师还应当实施其他审计程序以获取这些信息。外部背景信息包括证券分析师、银行、评级机构出具的有关被审计单位及其所处行业的经济或市场环境等状况的报告,贸易与经济方面的期刊,法规或金融出版物,以及政府部门或民间组织发布的行业报告和统计数据等。注册会计师可以通过询问被审计单位聘请的外部法律顾问、专业评估师、投资顾问和财务顾问等有关人士获取进一步的证据,但在询问过程中应当注意使用恰当方式和策略。

(二)其他信息来源

在评估重大错报风险时,注册会计师还应当考虑在承接客户或续约过程中获取的信息并充分利用向被审计单位提供其他服务所获得的经验。

通常对新的审计业务而言,注册会计师应在业务承接阶段对被审计单位及其环境有一个初步的了解,以确定是否承接该业务。而对连续审计业务,也应在每年的续约过程中对上年审计作出总体评价,并更新对被审计单位的了解和风险评估结果,以确定是否续约。

对于连续审计业务,如果拟利用在以前期间获取的信息,注册会计师应当确定被审计单位及其环境是否已发生变化,以及该变化是否可能影响以前期间获取的证据和信息在本期的适用性。

第二节 了解被审计单位及其环境

审计过程的起点就是获得对被审计单位及其环境的了解,包括对其内部控制的了解。对被审计单位及其环境的了解是一个连续动态收集、更新、分析信息的过程,它贯穿于整个审计过程,其目的在于评估被审计单位面临的经营风险。按照《中国注册会计师审计准则第1211号——通过了解被审计单位及其环境识别和评估重大错报风险》的要求,注册会计师对被审计单位及其环境的了解(不含内部控制)应包括以下方面:① 行业、监管和其他外部因素;② 被审计单位的性质;③ 企业的目标、战略和相关经营风险;④ 被审计单位对会计政策的选择和运用;⑤ 被审计单位财务业绩的衡量和评价。

一、行业、监管和其他外部因素

了解行业状况有助于注册会计师识别与被审计单位所处行业有关的重大错报风险。注册会计师应当了解被审计单位的行业状况,主要包括:① 所处行业的市场与竞争,包括市场需求、生产能力和价格竞争;② 生产经营的季节性和周期性;③ 与被审计单位产品相关的生产技术;④ 能源供应与成本;⑤ 行业的关键指标和统计数据。

注册会计师应当了解被审计单位所处的法律环境与监管环境,主要包括:① 会计原则和行业特定惯例;② 受管制行业的法规框架;③ 对被审计单位经营活动产生重大影响的法律法规,包括直接的监管活动;④ 税收政策(关于企业所得税和其他税种的政策);⑤ 目前对被审计单位开展经营活动产生影响的政府政策,如货币政策(包括外汇管制)、财政政策、财政刺激措施(如政府援助项目)、关税或贸易限制政策等;⑥ 影响行业和被审计单位经营活动的环保要求。

注册会计师应当了解影响被审计单位经营的其他外部因素,主要包括总体经济情况、利率、融资的可获得性、通货膨胀水平或币值变动等。具体而言,注册会计师可能需要了解以下情况:① 当前的宏观经济状况以及未来的发展趋势如何?② 目前国内或本地区的经济状况(如增长率、通货膨胀率、失业率、利率等)如何影响被审计单位的经营活动?③ 被审计单位的经营活动是否受到汇率波动或全球市场力量的影响?

二、被审计单位的性质

被审计单位的性质指的是被审计单位的经营活动、所有权、正在和计划进行的投资种类、企业结构和融资结构。了解被审计单位的性质可以使注册会计师对财务报表内容有一个更好的认识。例如,一个有着复杂结构的公司,可能会由于其合资企业、分支机构、权益投资的会计处理的复杂性,孳生财务报表中的重大错报,注册会计师应了解包括行业一般会计惯例在内的会计原则的运用。

三、企业的目标、战略和相关的经营风险

战略是管理层为了完成目标而采取的经营方法。例如,公司管理层为了达到企业目标,可能采取诸如提供低成本或高质量产品的企业战略。典型的企业目标包括增加市场份额、一流的声誉、理想的工作氛围和一流的服务等。

经营风险是管理层能否能实现这些目标所可能遇到的威胁。这些风险产生于重大的情况、事件、环境、企业的行为或不作为等,它们会对管理层能否执行战略,从而完成目标产生不利的影响。企业的行为、战略、目标和经营环境时刻处于变化之中,经营本身的动态性和复杂性必然会导致经营风险。例如,新产品的开发可能会面临失败,也有可能因新产品的一些瑕疵引起诉讼或损坏公司声誉。管理层有责任识别此类风险并作出相应的反应。

注册会计师必须识别并了解被审计单位的目标和完成其目标的战略,还有与目标、战略有关的经营风险。管理层的一般做法是执行一套风险评估程序来识别和控制由产业、经济、监管或其他因素引发的经营风险。注册会计师应该对这一套风险评估程序获取了解,包括管理层如何识别风险、估计这些风险的重大程度、评估这些风险发生的概率以及采取相应行动以管理这些风险。

四、被审计单位对会计政策的选择和运用

了解被审计单位对会计政策的选择和运用是否适当时,注册会计师应该关注下列

事项：① 重大和异常交易的会计处理方法。例如，本期发生的企业合并的会计处理方法。某些被审计单位可能存在与其所处行业相关的重大交易，例如，银行向客户发放贷款、证券公司对外投资、医药企业的研究与开发活动等。注册会计师应当考虑对重大的和不经常发生的交易的会计处理方法是否适当。② 在缺乏权威性标准或共识、有争议的或新兴领域采用重要会计政策产生的影响。③ 会计政策的变更。即考虑会计政策变更是否因法律、行政法规或者适用的会计准则和相关会计制度要求而变更；会计政策变更是否能够提供更可靠、更相关的会计信息；会计政策的变更是否得到恰当处理和充分披露。④ 新颁布的财务报告准则、法律法规，以及被审计单位何时采用、如何采用这些规定。

五、被审计单位财务业绩的衡量和评价

管理层用来衡量和评价其财务业绩的内部信息可能包括关键业绩指标、预算、差异分析、分部信息和分支机构、部门或其他层次的业绩报告，以及被审计单位与其竞争对手的业绩对比。外部团体与个人（如分析师和贷款评级机构）也会衡量和评价被审计单位的财务业绩。

被审计单位对其财务业绩的内部评价可以为管理层提供经营目标实现程度的信息，因此，业绩衡量中的偏差可能暗示着在相关的财务报表信息中存在错报风险。如果注册会计师拟在其审计业务中利用被审计单位的业绩衡量，则必须考虑所获信息是否可靠、是否充分详细或准确。

案例公司审计情况

大华会计师事务所对上海电气股份有限公司及其环境的了解

了解被审计单位及其环境
（不包括内部控制）

被审计单位：上海电气股份有限公司　　　编制：×××　　　日期：2016 年 11 月 20 日
报表截止日：2016 年 12 月 31 日　　　　复核：×××　　　日期：2016 年 11 月 22 日
项目：了解被审计单位及其环境(不包括内部控制)-行业状况、法律环境及监管环境以及其他外部因素
索引号：BA-00

二、行业状况、法律环境与监管环境以及其他外部因素
（一）实施的风险评估程序

风险评估程序	执行人	执行时间	索引号
向被审计单位销售总监询问主要产品、行业发展状况等信息	张丽萍	2017.2.11	BA-001
查阅关于被审计单位及其所处行业的研究报告	张丽萍	2017.2.11	BA-001
将被审计单位的关键业绩指标（销售毛利率、市场占有率等）与同行业中规模相近的企业进行比较	张丽萍	2017.2.11	BA-001
……			

(二) 了解的内容和评估出的风险
1. 行业状况
(1) 所在行业的市场供求与竞争

> 普通装备制造竞争相对激烈，大型、特种、承压重型装备制造无竞争可言——大量设备购置资本投入与历史累积的制造经验使得中大型企业无法与特大型制造集团展开全面竞争。
> 竞争对手只能从单个产品，或者单项产能/技术上对上海电气构成威胁，我们认为，随着上海电气内部重点项目的逐步达产，其内部企业相互协作、配套能力，加上规模效应将使得新旧竞争对手在短期内无法匹敌。

(2) 生产经营的季节性和周期性

> 供电、供气具有一定的季节性和周期性。一般来说，每年的 7 月—9 月、11 月—次年 2 月份是民用、工业用电用气的高峰时期。

(3) 与被审计单位产品相关的生产技术

> 在产品替代方面，供电、供气没有替代品，除非人类社会基础能源利用方式发生改变。
> 在产品需求方面，民用工业用电用气、电力系统、船舶制造行业、石化企业、民用建筑、交通运输部门均有大量需求。
> 公司是高效清洁能源的最大供应商，上海电气作为全球最大的火电设备供应商，积极探索高效、清洁的火力发电方式，大概占总业务量的 87%。

(4) 能源供应与成本

> 供应商行业分布广泛，各细分原材料和器件子行业内竞争相对激烈，除个别核心原材料之外，供应商相对零散。

(5) 行业的关键指标和统计数据

> 不适用

2. 法律环境及监管环境
(1) 适用的财务报告编制基础和行业特定惯例

> 不适用

(2) 对被审计单位经营活动产生重大影响的法律法规，包括直接的监管活动

> 不适用

(3) 对开展业务产生重大影响的政府政策，如货币政策(包括外汇管制)、财政政策、财政刺激措施(如政府援助项目)、关税或贸易限制政策

> 全球正处于"高碳经济"向"低碳经济"的历史性转变时期，新能源产业已成为世界经济下一轮发展的亮点，公司不得不继续加大在新能源产业领域的投入，抓住核电设备、风电设备、高效清洁火电设备等核心业务的发展契机。

(4) 影响被审计单位所处行业和所从事经营活动的环保要求

> 国家环保部门对火力发电的监管要求越来越严格,上海电气股份有限公司的生产技术指标均符合国家相关标准。

3. 其他外部因素
(1) 宏观经济的景气度
　　未来一段时间内投资的大方向和总体路径逐渐清晰,消费、战略性新兴产业、区域振兴规划、节能减排等领域将蕴含巨大的投资机会。且在初步观测,核电、水电将成为主角,其中,核电的装机容量在 2017 年将超过 5 000 万千瓦。
(2) 利率和资金供求状况
(3) 通货膨胀水平及币值变动
(4) 国际经济环境和汇率变动

第三节　了解被审计单位的内部控制

一、内部控制的含义与要素

　　内部控制是被审计单位为了合理保证财务报告的可靠性、经营的效率和效果以及对法律法规的遵守,由治理层、管理层和其他人员设计与执行的政策及程序。由此可见,企业建立内部控制的目标是为了合理保证:① 财务报告的可靠性,这一目标与管理层履行财务报告编制责任密切相关;② 经营的效率与效果,即经济有效地使用企业资源,以最优方式实现企业的目标;③ 在所有经营活动中遵守法律法规的要求,即在法律法规的框架下从事经营活动。
　　美国 COSO 委员会①发布的《内部控制——整合框架》要求,企业所建立与实施的内部控制应当包括五大要素:控制环境、风险评估、信息系统与沟通、控制活动、对控制的监督。

(一) 控制环境

　　控制环境包括治理职能和管理职能,以及治理层和管理层对内部控制及其重要性的态度、认识和措施。控制环境设定了被审计单位的内部控制基调,影响员工对内部控制的认识和态度。良好的控制环境是实施有效内部控制的基础。控制环境主要包括以下六个要素。

1. 对诚信和道德价值观念的沟通与落实
　　诚信和道德价值观念是控制环境的重要组成部分,影响到重要业务流程的设计和

---

① 1985 年,为应对财务报表舞弊的频繁发生,由美国注册会计师协会、美国会计协会、财务经理人协会、内部审计师协会、管理会计师协会联合创建了反舞弊性财务报告委员会,后来转变为发起组织委员会(Committee of Sponsoring Organizations of Treadway Commission, COSO)。1992 年 9 月,COSO 委员会发布《内部控制——整合框架》,简称 COSO 报告,1994 年进行了增补。

运行。内部控制的有效性直接依赖于负责创建、管理和监控内部控制的人员的诚信和道德价值观念。

被审计单位是否存在道德行为规范,以及这些规范如何在被审计单位内部得到沟通和落实,决定了是否能产生诚信和道德的行为。对诚信和道德价值观念的沟通与落实既包括管理层如何处理不诚实、非法或不道德行为,也包括在被审计单位内部,通过行为规范以及高层管理人员的身体力行,对诚信和道德价值观念的营造和保持。

2. 对胜任能力的重视

胜任能力是指具备完成某一职位的工作所应有的知识和能力。管理层对胜任能力的重视包括对于特定工作所需的胜任能力水平的设定,以及对达到该水平所必需的知识和能力的要求。

注册会计师应当考虑主要管理人员和其他相关人员是否能够胜任承担的工作和职责,例如,财会人员是否对编报财务报表所适用的会计准则和相关会计制度有足够的了解并能正确运用。

3. 治理层的参与程度

被审计单位的控制环境在很大程度上受治理层的影响。治理层的职责应在被审计单位的章程和政策中予以规定。治理层(董事会)通常通过其自身的活动,并在审计委员会或类似机构的支持下,监督被审计单位的财务报告政策和程序。因此,董事会、审计委员会或类似机构应关注被审计单位的财务报告,并监督被审计单位的会计政策以及内部、外部的审计工作和结果。治理层的职责还包括监督用于复核内部控制有效性的政策和程序设计是否合理,执行是否有效。

治理层对控制环境影响的要素有:治理层相对于管理层的独立性、成员的经验和品德、对被审计单位业务活动的参与程度、治理层行为的适当性、治理层所获得的信息、管理层对治理层所提出问题的追踪程度,以及治理层与内部注册会计师和注册会计师的联系程度等。

4. 管理层的理念和经营风格

管理层负责企业的运作以及经营策略和程序的制定、执行与监督。控制环境的每个方面在很大程度上都受管理层采取的措施和作出决策的影响,或在某些情况下受管理层不采取某些措施或不作出某种决策的影响。

在有效的控制环境中,管理层的理念和经营风格可以创造一个积极的氛围,促进业务流程和内部控制的有效运行,同时创造一个减少错报发生可能性的环境。在管理层以一个或少数几个人为主时,管理层的理念和经营风格对内部控制的影响尤为突出。

管理层的理念包括管理层对内部控制的理念,即管理层对内部控制以及对具体控制实施环境的重视程度。管理层对内部控制的重视,将有助于控制的有效执行,并减少特定控制被忽视或规避的可能性。控制理念反映在管理层制定的政策、程序及所采取的措施中,而不是反映在形式上。因此,要使控制理念成为控制环境的一个重要特质,管理层必须告知员工内部控制的重要性。同时,只有建立适当的管理层控制机制,控制理念才能产生预期的效果。

衡量管理层对内部控制重视程度的重要标准,是管理层收到有关内部控制弱点及违规事件的报告时是否作出适当反应。管理层及时地下达纠弊措施,表明其对内部控制的重视,也有利于加强企业内部的控制意识。

5.组织结构及职权与责任的分配

被审计单位的组织结构为计划、运作、控制及监督经营活动提供了一个整体框架。通过集权或分权决策,可在不同部门间进行适当的职责划分、建立适当层次的报告体系。组织结构将影响权利、责任和工作任务在组织成员中的分配。被审计单位的组织结构将在一定程度上取决于被审计单位的规模和经营活动的性质。

注册会计师应当考虑被审计单位组织结构中是否采用向个人或小组分配控制职责的方法,是否建立了执行特定职能(包括交易授权)的授权机制,是否确保每个人都清楚地了解报告关系和责任。注册会计师还需审查对分散经营活动的监督是否充分。有效的权责分配制度有助于形成整体的控制意识。

注册会计师应当关注组织结构及权责分配方法的实质,而不是仅仅关注其形式。相应地,注册会计师应当考虑相关人员对政策与程序的整体认识水平和遵守程度,以及管理层对其实施监督的程度。

6.人力资源政策与实务

政策与程序(包括内部控制)的有效性,通常取决于执行人。因此,被审计单位员工的能力与诚信是控制环境中不可缺少的因素。

人力资源政策与实务涉及招聘、培训、考核、晋升和薪酬等方面。被审计单位是否有能力招聘并保留一定数量既有能力又有责任心的员工,在很大程度上取决于其人事政策与实务。例如,如果招聘录用标准要求录用最合适的员工,包括强调员工的学历、经验、诚信和道德,这表明被审计单位希望录用有能力并值得信赖的人员。被审计单位有关培训方面的政策应显示员工应达到的工作表现和业绩水准。通过定期考核的晋升政策表明被审计单位希望具备相应资格的人员承担更多的职责。

(二) 风险评估

风险评估是企业确认和分析与其目标实现相关风险的过程,它形成了如何管理风险的基础。风险评估过程的作用是识别、评估和管理影响被审计单位实现经营目标能力的各种风险。风险评估要对与按照适用的会计准则编制的财务报表有关的风险进行确认、分析和管理,要考虑可能发生的外部和内部事件以及对管理层在财务报表中的认定有影响的记录处理、汇总、报告的环境。

导致风险产生和变化的事项和情形包括:监管及经营环境的变化、新员工的加入、新信息系统的使用或对原系统进行升级、业务快速发展、新技术、新产品新作业、企业重组、发展海外经营,以及可适用会计准则的变化等。

针对财务报告目标的风险评估过程则包括识别与财务报告相关的经营风险,评估风险的重大性和发生的可能性,以及采取措施管理这些风险。例如,风险评估可能会涉及被审计单位如何考虑对某些交易未予记录的可能性,或者识别和分析财务报告中的重大会计估计发生错报的可能性。与财务报告相关的风险也可能与特定事项和交易有关。

(三) 信息系统与沟通

一个组织的信息系统应当包括用以生成、记录、处理和报告交易、事项和情况，对相关资产、负债和所有者权益履行经营管理责任的程序和记录。交易可能通过人工或自动化程序生成；记录包括识别和收集与交易、事项有关的信息；处理包括编辑、核对、计量、估价、汇总和调节活动，可能由人工或自动化程序来执行；报告是指用电子或书面形式编制财务报告和其他信息，供组织用于衡量和考核财务及其他方面的业绩。信息与沟通系统围绕在控制活动的周围，这些系统使企业内部的员工能取得他们执行、管理和控制企业经营过程中所需的信息，并交换这些信息。

对于财务报表审计来说，注册会计师关注的是与财务报告相关的信息系统和沟通，其中的信息系统又应当与业务流程相适应。业务流程是指被审计单位开发、采购、生产、销售、发送产品和提供服务、保证遵守法律法规、记录信息等一系列活动。与财务报告相关的信息系统通常包括下列职能。

(1) 识别与记录所有的有效交易。

(2) 及时、详细地描述交易，以便在财务报告中对交易作出恰当分类。

(3) 恰当计量交易，以便在财务报告中对交易的金额作出准确记录。

(4) 恰当确定交易生成的会计期间。

(5) 在财务报表中恰当列报交易。

与财务报告相关的沟通包括使员工了解各自在与财务报告有关的内部控制方面的角色和职责、员工之间的工作联系，以及向适当级别的管理层报告例外事项的方式。公开的沟通渠道有助于确保例外情况得到报告和处理。沟通可以采用政策手册、会计和财务报告手册和备忘录等形式进行，也可以通过发送电子邮件、口头沟通和管理层的行动来进行。

(四) 控制活动

控制活动是指为了确保管理层的指令得以实施而制定并执行的政策和程序，它主要包括与授权、业绩评价、信息处理、实物控制和职责分离等相关的活动。

1. 授权

注册会计师应当了解与授权有关的控制活动，包括一般授权和特别授权。

授权的目的在于保证交易在管理层授权范围内进行。一般授权是指管理层制定的要求组织内部遵守的普遍适用于某类交易或活动的政策。特别授权是指管理层针对特定类别的交易或活动逐一设置的授权，如重大资本支出和股票发行等。特别授权也可能用于超过一般授权限制的常规交易。例如，同意因某些特别原因，对某个不符合一般信用条件的客户赊购商品。

2. 业绩评价

注册会计师应当了解与业绩评价有关的控制活动，主要包括被审计单位分析评价实际业绩与预算（或预测、前期业绩）的差异，综合分析财务数据与经营数据的内在关系，将内部数据与外部信息来源相比较，评价职能部门、分支机构或项目活动的业绩（如银行客户信贷经理复核各分行、地区和各种贷款类型的审批和收回），以及对发现的异常差异或关系采取必要的调查与纠正措施。

通过调查非预期的结果和非正常的趋势,管理层可以识别可能影响经营目标实现的情形。管理层对业绩信息的使用(如将这些信息用于经营决策,还是同时用于对财务报告系统报告的非预期结果进行追踪),决定了业绩指标的分析是只用于经营目的,还是同时用于财务报告目的。

3. 信息处理

注册会计师应当了解与信息处理有关的控制活动,包括信息技术的一般控制和应用控制。被审计单位通常执行各种措施,检查各种类型信息处理环境下的交易的准确性、完整性和授权。信息处理控制可以是人工的、自动化的,或是基于自动流程的人工控制。

信息处理控制分为两类,即信息技术的一般控制和应用控制。

信息技术一般控制是指与多个应用系统有关的政策和程序,有助于保证信息系统持续恰当地运行(包括信息的完整性和数据的安全性),支持应用控制作用的有效发挥,通常包括数据中心和网络运行控制,系统软件的购置、修改及维护控制,接触或访问权限控制,应用系统的购置、开发及维护控制。例如,程序改变的控制、限制接触程序和数据的控制、与新版应用软件包实施有关的控制等都属于信息系统一般控制。

信息技术应用控制是指主要在业务流程层次运行的人工或自动化程序,与用于生成、记录、处理、报告交易或其他财务数据的程序相关,通常包括检查数据计算的准确性,审核账户和试算平衡表,设置对输入数据和数字序号的自动检查,以及对例外报告进行人工干预。

4. 实物控制

注册会计师应当了解实物控制,主要包括了解对资产和记录采取适当的安全保护措施,对访问计算机程序和数据文件设置授权,以及定期盘点并将盘点记录与会计记录相核对。例如,现金、有价证券和存货的定期盘点控制。实物控制的效果影响资产的安全,从而对财务报表的可靠性及审计产生影响。

5. 职责分离

注册会计师应当了解职责分离,主要包括了解被审计单位如何将交易授权、交易记录以及资产保管等职责分配给不同员工,以防范同一员工在履行多项职责时可能发生的舞弊或错误。当信息技术运用于信息系统时,职责分离可以通过设置安全控制来实现。不相容职务分离的内容如图8-1所示,包括授权批准与业务经办相分离、业务经办与审核监督相分离、业务经办与会计记录相分离、业务经办与财产保管相分离、财产保管与会计记录相分离。

图8-1 不相容职务分离

（五）对控制的监督

对控制的监督是指被审计单位评价内部控制在一段时间内运行有效性的过程，该过程包括及时评价控制的设计和运行，以及根据情况的变化采取必要的纠正措施。例如，管理层对是否定期编制银行存款余额调节表进行复核，内部审计师评价销售人员是否遵守公司关于销售合同条款的政策，法律部门定期监控公司的道德规范和商务行为准则是否得以遵循等。

监督对控制的持续有效运行十分重要。例如，没有对银行存款余额调节表是否得到及时和准确的编制进行监督，该项控制可能无法得到持续的执行。

通常，被审计单位通过持续的监督活动、专门的评价活动或两者相结合，来实现对控制的监督。持续的监督活动通常贯穿于被审计单位的日常经营活动与常规管理工作中。例如，管理层在履行其日常管理活动时，取得内部控制持续发挥功能的信息。当业务报告、财务报告与他们获取的信息有较大差异时，会对有重大差异的报告提出疑问，并作必要的追踪调查和处理。

被审计单位可能使用内部审计人员或具有类似职能的人员对内部控制的设计和执行进行专门的评价，以找出内部控制的优点和不足，并提出改进建议。

关于内部审计人员在内部控制方面的职责，被审计单位也可能利用与外部有关各方沟通或交流所获取的信息监督相关的控制活动。在某些情况下，外部信息可能显示内部控制存在的问题和需要改进之处。例如，客户通过付款来表示其同意发票金额，或者认为发票金额有误而不付款。

监管机构（如银行监管机构）可能会对影响内部控制运行的问题与被审计单位沟通。管理层可能也会考虑与注册会计师就内部控制问题进行沟通，通过与外部信息的沟通，可以发现内部控制存在的问题，以便采取纠正措施。

▶▶ 二、内部控制的局限性

内部控制存在固有局限性，无论如何设计和执行，只能对财务报告的可靠性提供合理的保证。内部控制存在固有局限性的主要原因有以下四点。

（1）在决策时，人为判断可能出现错误，以及由于人为失误而导致内部控制失效。例如，被审计单位信息技术工作人员没有完全理解系统如何处理销售交易，为使系统能够处理新型产品的销售，可能错误地对系统进行更改；或者对系统的更改是正确的，但是程序员没能把此次更改转化为正确的程序代码。

（2）可能由于两个或更多的人员进行串通或管理层凌驾于内部控制之上而被规避。例如，管理层可能与客户签订背后协议，对标准的销售合同作出变动，从而导致收入确认发生错误。再如，软件中的编辑控制旨在发现和报告超过赊销信用额度的交易，但这一控制可能被逾越或规避。

（3）如果被审计单位内部行使控制职能的人员素质不适应岗位要求，也会影响内部控制功能的正常发挥。

（4）被审计单位实施内部控制的成本效益问题也会影响其职能，当实施某项控制成本大于控制效果而发生损失时,就没有必要设置控制环节或控制措施。内部控制一般都是针对经常而重复发生的业务而设置的,如果出现不经常发生或未预期到的业务,原有控制就可能不适用。

三、对被审计单位内部控制的了解

注册会计师应当对被审计单位内部控制的有效性进行了解和评估,应当利用其对被审计单位内部控制的了解来识别潜在错报的类型、考虑影响重大错报风险的因素,并恰当设计审计程序。对于被审计单位的内部控制,注册会计师可以就内部控制各要素,考虑其与审计的相关性和应了解的深度进行了解。

(一)对被审计单位控制环境的了解

注册会计师应当对控制环境的构成要素获取足够的了解,并考虑内部控制的实质及其综合效果,以了解管理层和治理层对内部控制及其重要性的态度、认识以及所采取的措施。在评价控制环境各个要素时,注册会计师应当考虑控制环境各个要素是否得到执行。

1. 了解和评估被审计单位诚信和道德价值观念的沟通与落实时应考虑的因素

注册会计师在了解和评估被审计单位诚信和道德价值观念的沟通与落实时,考虑的主要因素可能包括以下四点。

(1) 被审计单位是否有书面的行为规范并向所有员工传达。

(2) 被审计单位的企业文化是否强调诚信和道德价值观念的重要性。

(3) 管理层是否身体力行,高级管理人员是否起表率作用。

(4) 对违反有关政策和行为规范的情况,管理层是否采取适当的惩罚措施。

2. 了解和评估被审计单位对胜任能力的重视情况时应考虑的因素

注册会计师在就被审计单位对胜任能力的重视情况进行了解和评估时,考虑的主要因素可能包括以下三点。

(1) 财会人员以及信息管理人员是否具备与被审计单位业务性质和复杂程度相称的足够的胜任能力和培训,在发生错误时,是否通过调整人员或系统来加以处理。

(2) 管理层是否配备足够的财会人员以适应业务发展和有关方面的需要。

(3) 财会人员是否具备理解和运用会计准则所需的技能。

3. 了解和评估被审计单位治理层的参与程度时应考虑的因素

注册会计师在对被审计单位治理层的参与程度进行了解和评估时,考虑的主要因素可能包括以下八点。

(1) 董事会是否建立了审计委员会或类似机构。

(2) 董事会、审计委员会或类似机构是否与内部审计人员以及注册会计师有联系和沟通,联系和沟通的性质以及频率是否与被审计单位的规模和业务复杂程度相匹配。

(3) 董事会、审计委员会或类似机构的成员是否具备适当的经验和资历。

(4) 董事会、审计委员会或类似机构是否独立于管理层。

(5) 审计委员会或类似机构会议的数量和时间是否与被审计单位的规模和业务复杂程度相匹配。

(6) 董事会、审计委员会或类似机构是否充分地参与了财务报告的过程。

(7) 董事会、审计委员会或类似机构是否对经营风险的监控有足够的关注,进而影响被审计单位和管理层的风险评估进程(包括舞弊风险)。

(8) 董事会成员是否保持相对的稳定性。

4. 了解和评估被审计单位管理层的理念和经营风格时应考虑的因素

注册会计师在了解和评估被审计单位管理层的理念和经营风格时,考虑的主要因素可能包括以下六点。

(1) 管理层是否对内部控制,包括信息技术的控制,给予了适当的关注。

(2) 管理层是否由一个或几个人所控制,而董事会、审计委员会或类似机构对其是否实施有效监督。

(3) 管理层在承担和监控经营风险方面是风险偏好者还是风险规避者。

(4) 管理层在选择会计政策和作出会计估计时是倾向于激进还是保守。

(5) 管理层对于信息管理人员以及财会人员是否给予了适当关注。

(6) 对于重大的内部控制和会计事项,管理层是否征询注册会计师的意见,或者经常在这些方面与注册会计师存在不同意见。

5. 了解和评估被审计单位组织结构和职权与责任分配时应考虑的因素

注册会计师在对被审计单位组织结构和职权与责任的分配进行了解和评估时,主要考虑以下三点。

(1) 在被审计单位内部是否有明确的职责划分,是否将业务授权、业务记录、资产保管和维护,以及业务执行的责任尽可能地分离。

(2) 数据的所有权划分是否合理。

(3) 是否已针对授权交易建立适当的政策和程序。

6. 了解和评估被审计单位人力资源政策与实务时应考虑的因素

注册会计师在对被审计单位人力资源政策与实务进行了解和评估时,考虑的主要因素可能包括以下四点。

(1) 被审计单位是否在招聘、培训、考核、晋升、薪酬、调动和辞退员工方面是否都有适当的政策和程序(特别是在会计、财务和信息系统方面)。

(2) 是否有书面的员工岗位职责手册,或者在没有书面文件的情况下,对于工作职责和期望是否作了适当的沟通和交流。

(3) 人力资源政策与程序是否清晰,并且定期发布和更新。

(4) 是否对分散在各地区和海外的经营人员建立和沟通人力资源政策与程序。

在确定构成以上控制环境的要素是否得到执行时,注册会计师应当考虑将询问与其他风险评估程序相结合以获取审计证据。通过询问管理层和员工,注册会计师可能了解管理层如何就业务规程和道德价值观念与员工进行沟通;通过观察和检查,注册会计师可能了解管理层是否建立了正式的行为守则,在日常工作中行为守则是否得到遵守,以及管理层如何处理违反行为守则的情形。

控制环境对重大错报风险的评估具有广泛影响,注册会计师应当考虑控制环境的总体优势是否为内部控制的其他要素提供了适当的基础,并且未被控制环境中存在的缺陷所削弱。

(二) 对被审计单位风险评估过程的了解

在评价被审计单位风险评估过程的设计和执行时,注册会计师应当确定管理层如何识别与财务报告相关的经营风险,如何估计该风险的重要性,如何评估风险发生的可能性,以及如何采取措施管理这些风险。如果被审计单位的风险评估过程符合其具体情况,了解被审计单位的风险评估过程和结果有助于注册会计师识别财务报表重大错报的风险。

1. 了解和评估被审计单位整体层面的风险评估过程时应考虑的因素

注册会计师在对被审计单位整体层面的风险评估过程进行了解和评估时,考虑的主要因素可能包括以下六点。

(1) 被审计单位是否已建立并沟通其整体目标,并辅以具体策略和业务流程层面的计划。

(2) 被审计单位是否已建立风险评估过程,包括识别风险,估计风险的重大性,评估风险发生的可能性以及确定需要采取的应对措施。

(3) 被审计单位是否已建立某种机制,识别和应对可能对被审计单位产生重大且普遍影响的变化,如在金融机构中建立资产负债管理委员会,在制造型企业中建立期货交易风险管理组等。

(4) 会计部门是否建立了某种流程,以识别会计准则的重大变化。

(5) 当被审计单位业务操作发生变化并影响交易记录的流程时,是否存在沟通渠道以通知会计部门。

(6) 风险管理部门是否建立了某种流程,以识别经营环境包括监管环境发生的重大变化。

2. 对被审计单位进行了解时其他方面信息对风险评估的作用

注册会计师可以通过了解被审计单位及其环境的其他方面信息,评价被审计单位风险评估过程的有效性。例如,在了解被审计单位的业务情况时,发现了某些经营风险,注册会计师应当了解管理层是否也意识到这些风险以及如何应对。

在对业务流程的了解中,注册会计师还可能进一步地获得被审计单位有关业务流程的风险评估过程的信息。例如,在销售循环中,如果发现了销售的截止性错报的风险,注册会计师应当考虑管理层是否也识别了该错报风险以及如何应对该风险。在审计过程中,如果发现与财务报表有关的风险因素,注册会计师可通过向管理层询问和检查有关文件确定被审计单位的风险评估过程是否也发现了该风险。

(三) 对被审计单位控制活动的了解

1. 被审计单位控制活动了解的工作重点

在了解被审计单位控制活动时,注册会计师应当重点考虑一项控制活动单独或连同其他控制活动,是否能够以及如何防止或发现并纠正各类交易、账户余额、列报存在的重大错报。

注册会计师的工作重点是识别和了解针对重大错报可能发生的领域的控制活动。如果多项控制活动能够实现同一目标,注册会计师不必了解与该目标相关的每项控制活动。

2. 了解和评估被审计单位控制活动时应考虑的因素

注册会计师对被审计单位整体层面的控制活动进行的了解和评估,主要是针对被审计单位的一般控制活动,特别是信息技术的一般控制。在了解和评估一般控制活动时考虑的主要因素可能包括以下八点。

(1) 对被审计单位的主要经营活动是否都有必要的控制政策和程序。

(2) 管理层对预算、利润和其他财务和经营业绩方面是否都有清晰的目标,在被审计单位内部,是否对这些目标加以清晰的记录和沟通,并且积极地对其进行监控。

(3) 是否存在计划和报告系统,以识别与目标业绩的差异,并向适当层次的管理层报告该差异。

(4) 是否由适当层次的管理层对差异进行调查,并及时采取适当的纠正措施。

(5) 不同员工的职责应在何种程度上相分离,以降低舞弊和不当行为发生的风险。

(6) 会计系统中的数据是否与实物资产定期核对。

(7) 是否建立了适当的保护措施,以防止未经授权接触文件、记录和资产。

(8) 是否存在信息安全职能部门负责监控信息安全政策和程序。

(四) 对被审计单位信息系统与沟通的了解

1. 了解被审计单位与财务报告相关的信息系统

注册会计师应当从下列六个方面了解被审计单位与财务报告相关的信息系统。

(1) 在被审计单位经营过程中,对财务报表具有重大影响的各类交易。

(2) 在信息技术和人工系统中,交易生成、记录、处理和报告的程序。在获取了解时,注册会计师应当同时考虑被审计单位将交易处理系统中的数据过入总分类账和财务报告的程序。

(3) 与交易生成、记录、处理和报告有关的会计记录、支持性信息和财务报表中的特定项目。企业信息系统通常包括使用标准的会计分录,以记录销售、购货和现金付款等重复发生的交易,或记录管理层定期作出的会计估计,如应收账款可回收金额的变化。信息系统还包括使用非标准的分录,以记录不重复发生的、异常的交易或调整事项,如企业合并、资产减值等。

(4) 信息系统如何获取除各类交易之外的对财务报表具有重大影响的事项和情况,如对固定资产和长期资产计提折旧或摊销、对应收账款计提坏账准备等。

(5) 被审计单位编制财务报告的过程,包括作出的重大会计估计和披露。编制财务报告的程序应当同时确保适用的会计准则和相关会计制度要求披露的信息得以收集、记录、处理和汇总,并在财务报告中得到充分披露。

(6)管理层凌驾于账户记录控制之上的风险。在了解与财务报告相关的信息系统时,注册会计师应当特别关注由于管理层凌驾于账户记录控制之上,或规避控制行为而产生的重大错报风险,并考虑被审计单位如何纠正不正确的交易处理。自动化程序和控制可能降低了发生无意错误的风险,但是并没有消除个人凌驾于控制之上的风险,例如,某些高级管理人员可能篡改自动过入总分类账和财务报告系统的数据金额。当被审计单位运用信息技术进行数据的传递时,发生篡改可能不会留下痕迹或证据。

2. 了解财务报告相关重大事项的沟通

注册会计师应当了解被审计单位内部如何对财务报告的岗位职责,以及与财务报告相关的重大事项进行沟通。注册会计师还应当了解管理层与治理层(特别是审计委员会)之间的沟通,以及被审计单位与外部(包括与监管部门)的沟通。具体包括以下六点。

(1)管理层就员工的职责和控制责任是否进行了有效沟通。

(2)针对可疑的不恰当事项和行为是否建立了沟通渠道。

(3)组织内部沟通的充分性是否能够使员工有效地履行职责。

(4)对于与客户、供应商、监管者和其他外部人士的沟通,管理层是否及时采取适当的进一步行动。

(5)被审计单位是否受到某些监管机构发布的监管要求的约束。

(6)外部人士如客户和供应商在多大程度上获知被审计单位的行为守则。

(五)了解被审计单位对内部控制的监督

1. 了解和评估被审计单位整体层面的监督时应考虑的因素

注册会计师在对被审计单位整体层面的监督进行了解和评估时,考虑的主要因素可能包括以下七点。

(1)被审计单位是否定期评价内部控制。

(2)被审计单位员工在履行正常职责时,能够在多大程度上获得内部控制是否有效运行的证据。

(3)与外部的沟通能够在多大程度上证实内部产生的信息或者指出存在的问题。

(4)管理层是否采纳内部注册会计师和注册会计师有关内部控制的建议。

(5)管理层是否及时纠正控制运行中的偏差。

(6)管理层根据监管机构的报告及建议是否及时采取纠正措施。

(7)是否存在协助管理层监督内部控制的职能部门(如内部审计部门)。

2. 了解被审计单位内部审计职能时应考虑的因素

如被审计单位有内部审计部门,那么注册会计师对被审计单位内部审计职能的了解和评估还需进一步考虑以下七个因素。

(1)独立性和权威性。

(2)向谁报告。

(3)是否有足够的员工、培训和特殊技能。

(4)是否坚持适用的专业准则。

(5) 活动的范围。
(6) 计划、风险评估和执行工作的记录和形成结论的适当性。
(7) 是否不承担经营管理责任。

案例 公司 审计 情况

上海电气股份有限公司内部控制情况①

上海电气股份有限公司（以下简称"公司"）是我国综合性装备制造企业集团，2005年4月在香港发行境外上市外资股，2008年12月在上海发行人民币普通股，实现A股+H股上市。2010年合并财务报表的子公司共81家，核心业务有新能源、高效清洁能源、工业装备和现代服务业。

从2006年起，公司根据香港联交所《企业管制常规守则》和财政部等五部委《企业内部控制基本规范》及配套指引等文件规定，借助安永华明、普华永道等会计师事务所的先进经验，编制公司《内部控制手册》，统一公司内部控制标准，梳理完善管理制度和业务流程，提高公司内部控制设计有效性。同时，公司建立内部控制监督机制，每年开展内部控制自评估并委托中介机构进行独立审计，提高内部控制执行力度，确保内部控制符合外部监管要求。

2009年，针对业务流程中存在的风险，公司参照《内部控制应用指引》和国内外先进企业实践，结合公司实际，列出流程中的关键控制点，制定相应控制措施，形成公司《内部控制手册》，统一内部控制标准，规范日常业务操作。《内部控制手册》包含29个流程、333个关键控制点、256项授权审批和294个职责分离，基本覆盖公司经营管理各个领域和关键控制环节。《内部控制手册》主要包括标准控制、授权审批、职责分离三部分内容。

根据《内部控制评价指引》要求，结合公司内部控制资源情况，每年开展风险评估工作，识别出那些影响公司实现内部控制目标的高风险领域和风险点，据此确定内部控制自评估范围。2009年，在总结以往年度风险评估工作的基础上，编制《风险管理手册》，对公司风险管理组织架构、职责分工、工作流程和方法进行标准化和书面化。2010年，在市国资委指导下，公司开发风险预警信息系统，对总部及下属72家子公司的40多个风险指标实施风险预警，依据预警结果落实应对措施，及时防范可能存在的风险。

公司内部控制检查小组开展后续审计，及时跟踪内部控制缺陷的整改情况，督促企业和部门落实整改措施，建立完善管理制度，提高内部控制工作效果。据统计，2007—2009年公司共发现内部控制缺陷548个，至2010年年末已完成缺陷整改477个，整改完成率达到87%，整改效果良好。

---

① 程刚峰："上海电气是如何开展内部控制的"，《新会计》，2011年第12期，第14—16页。

案例公司审计情况

上海电气股份有限公司2016年内部控制自我评价报告

上海电气股份有限公司全体股东：

根据《企业内部控制基本规范》及其配套指引的规定和其他内部控制监管要求（以下简称企业内部控制规范体系），结合本公司（以下简称公司）内部控制制度和评价办法，在内部控制日常监督和专项监督的基础上，我们对公司2016年12月31日（内部控制评价报告基准日）的内部控制有效性进行了评价。

一、重要声明

按照企业内部控制规范体系的规定，建立健全和有效实施内部控制，评价其有效性，并如实披露内部控制评价报告是公司董事会的责任。监事会对董事会建立和实施内部控制进行监督。经理层负责组织领导企业内部控制的日常运行。公司董事会、监事会及董事、监事、高级管理人员保证本报告内容不存在任何虚假记载、误导性陈述或重大遗漏，并对报告内容的真实性、准确性和完整性承担个别及连带法律责任。

公司内部控制的目标是合理保证经营管理合法合规、资产安全、财务报告及相关信息真实完整，提高经营效率和效果，促进实现发展战略。由于内部控制存在的固有局限性，故仅能为实现上述目标提供合理保证。此外，由于情况的变化可能导致内部控制变得不恰当，或对控制政策和程序遵循的程度降低，根据内部控制评价结果推测未来内部控制的有效性具有一定的风险。

二、内部控制评价结论

1. 公司于内部控制评价报告基准日，是否存在财务报告内部控制重大缺陷

□是 ☑否

2. 财务报告内部控制评价结论

☑有效 □无效

根据公司财务报告内部控制重大缺陷的认定情况，于内部控制评价报告基准日，不存在财务报告内部控制重大缺陷，董事会认为，公司已按照企业内部控制规范体系和相关规定的要求在所有重大方面保持了有效的财务报告内部控制。

3. 是否发现非财务报告内部控制重大缺陷

□是 ☑否

根据公司非财务报告内部控制重大缺陷认定情况，于内部控制评价报告基准日，公司未发现非财务报告内部控制重大缺陷。

4. 自内部控制评价报告基准日至内部控制评价报告发出日之间影响内部控制有效性评价结论的因素

□适用 ☑不适用

自内部控制评价报告基准日至内部控制评价报告发出日之间未发生影响内部控制有效性评价结论的因素。

5. 内部控制审计意见是否与公司对财务报告内部控制有效性的评价结论一致

☑是 □否

6. 内部控制审计报告对非财务报告内部控制重大缺陷的披露是否与公司内部控制评价报告披露一致

☑是 □否

三、内部控制评价工作情况

（一）内部控制评价范围

公司按照风险导向原则确定纳入评价范围的主要单位、业务和事项以及高风险领域。

1. 纳入评价范围的单位

纳入评价范围的主要单位包括：母公司、电站设备、电站工程、风能风电、分布式能源、机械基础件、电梯设备、输配电设备、环保设备、金融业务、自动化设备、重工设备等板块和企业。

2. 纳入评价范围的单位占比

指　　标	占比(%)
纳入评价范围单位的资产总额占公司合并财务报表资产总额之比	81
纳入评价范围单位的营业收入合计占公司合并财务报表营业收入总额之比	55

3. 纳入评价范围的主要业务和事项包括：资金、存货、应收账款、采购、销售、合同管理、固定资产、EPC 项目、研发、业务外包、费用、成本、担保、税务管理等业务和事项

4. 重点关注的高风险领域主要包括：销售与收入确认和收款风险、采购与付款风险、成本核算风险、存货风险、资金风险等领域

5. 上述纳入评价范围的单位、业务和事项以及高风险领域涵盖了公司经营管理的主要方面，是否存在重大遗漏

□是 ☑否

6. 是否存在法定豁免

□是 ☑否

7. 其他说明事项

无

（二）内部控制评价工作依据及内部控制缺陷认定标准

公司依据企业内部控制规范体系及公司《内部控制自评价操作细则》与《内部控制自评价》流程，组织开展内部控制评价工作。

1. 内部控制缺陷具体认定标准是否与以前年度存在调整

□是 ☑否

公司董事会根据企业内部控制规范体系对重大缺陷、重要缺陷和一般缺陷的认定要求,结合公司规模、行业特征、风险偏好和风险承受度等因素,区分财务报告内部控制和非财务报告内部控制,研究确定了适用于本公司的内部控制缺陷具体认定标准,并与以前年度保持一致。

2. 财务报告内部控制缺陷认定标准

公司确定的财务报告内部控制缺陷评价的定量标准如下:

指标名称	重大缺陷定量标准	重要缺陷定量标准	一般缺陷定量标准
错报金额	税前利润的5%以上	税前利润的2.5%~5%	税前利润的2.5%以下

公司确定的财务报告内部控制缺陷评价的定性标准如下:

缺陷性质	定性标准
重大缺陷	当财务报告存在重大错报,而对应的内部控制未能识别该错报,或需要更正已经公告的财务报告;重要业务缺乏内部控制或控制系统性失效;重大或重要内部控制缺陷未能在合理的时间内得到整改;审核委员会和内审部门对财务报告内部控制的监督无效
重要缺陷	未依照公认会计准则选择和应用会计政策,造成较大会计差错;对非常规或特殊交易的账务处理,没有建立相应的内部控制或者实施无效;对于期末财务报告过程的控制,存在一项或多项缺陷且不能合理保证编制的财务报告达到真实、完整的目标
一般缺陷	除上述重大缺陷、重要缺陷之外的其他控制缺陷

3. 非财务报告内部控制缺陷认定标准

公司确定的非财务报告内部控制缺陷评价的定量标准如下:

指标名称	重大缺陷定量标准	重要缺陷定量标准	一般缺陷定量标准
直接经济损失金额	税前利润的5%以上	税前利润的2.5%~5%	税前利润的2.5%以下

公司确定的非财务报告内部控制缺陷评价的定性标准如下:

缺陷性质	定性标准
重大缺陷	董事、监事和高级管理人员舞弊并给公司造成重大损失和不利影响;违犯国家法律法规,或者未按规定履行决策程序,导致重大经济损失;重要业务缺乏内部控制或控制系统性失效;重大或重要内部控制缺陷未能在合理的时间内得到整改;审核委员会和内审部门对非财务报告内部控制的监督无效;关键管理、技术骨干人员纷纷流失;媒体负面新闻频现,涉及面广且负面影响长期无法消除;其他对公司产生重大负面影响的情形

(续表)

缺陷性质	定 性 标 准
重要缺陷	未按规定履行决策程序,导致较大经济损失;反舞弊程序和控制无效;重要内部控制缺陷未能在合理的时间内得到整改;其他对公司产生较大负面影响的情形
一般缺陷	除上述重大缺陷、重要缺陷之外的其他控制缺陷

(三)内部控制缺陷认定及整改情况

1. 财务报告内部控制缺陷认定及整改情况

1.1. 重大缺陷

报告期内公司是否存在财务报告内部控制重大缺陷。

□是 ☑否

1.2. 重要缺陷

报告期内公司是否存在财务报告内部控制重要缺陷。

□是 ☑否

1.3. 一般缺陷

报告期内发现部分下属企业存在财务报告内部控制一般缺陷,内部控制设计缺陷和执行缺陷均有,小规模低级次企业缺陷相对较多。除部分尚在整改期限内的一般缺陷外,绝大部分一般缺陷均已按照整改计划在当年度完成了整改。

1.4. 经过上述整改,于内部控制评价报告基准日,公司是否存在未完成整改的财务报告内部控制重大缺陷。

□是 ☑否

1.5. 经过上述整改,于内部控制评价报告基准日,公司是否存在未完成整改的财务报告内部控制重要缺陷。

□是 ☑否

2. 非财务报告内部控制缺陷认定及整改情况

2.1. 重大缺陷

报告期内公司是否发现非财务报告内部控制重大缺陷。

□是 ☑否

2.2. 重要缺陷

报告期内公司是否发现非财务报告内部控制重要缺陷。

□是 ☑否

2.3. 一般缺陷

报告期内发现部分下属企业存在财务报告内部控制一般缺陷,内部控制设计缺陷和执行缺陷均有,小规模低级次企业缺陷相对较多。除部分尚在整改期限内的一般缺陷外,绝大部分一般缺陷均已按照整改计划在当年度完成了整改。

2.4. 经过上述整改,于内部控制评价报告基准日,公司是否发现未完成整改的非财务报告内部控制重大缺陷。

□是 ☑否

2.5. 经过上述整改,于内部控制评价报告基准日,公司是否发现未完成整改的非财务报告内部控制重要缺陷。

□是 ☑否

四、其他内部控制相关重大事项说明

1. 上一年度内部控制缺陷整改情况

☑适用 □不适用

对上一年度遗留的内部控制缺陷,公司分析整改中的突出问题和矛盾,进一步明确整改要求。相关企业按照整改计划,落实整改责任人,积极采取措施实施整改。公司内审部门联合相关业务部门,对企业整改计划进行审核,并定期跟踪企业整改情况,对企业整改结果进行复核和考核。报告期内,除个别一般缺陷外,上年度遗留的内部控制缺陷均已得到整改。

2. 本年度内部控制运行情况及下一年度改进方向

☑适用 □不适用

报告期内,公司按计划推进企业内部控制制度建设,组织开展内部控制自我评价、会计师事务所内部控制审计等,并积极推进整改,持续推动企业建立完善内部控制并强化执行。2017 年,公司将继续强化内部控制管理部门的独立性,加大内部控制自我评价的覆盖面,加强整改跟踪和检查,提高公司内部控制的有效性。

3. 其他重大事项说明

□适用 ☑不适用

董事长(已经董事会授权):×××

上海电气股份有限公司

2017 年 2 月 28 日

四、记录对内部控制的了解

在对内部控制进行了解之后,应该把了解的结果记录在工作底稿上,以供下一步的控制风险评价及控制测试之用,也是以后年度审计的重要参考。

描述内部控制主要有三种方法。它们分别是:文字说明书、调查问卷表、交易流程图。这几种方法可以单独使用,也可以结合使用。

1. 内部控制文字说明书

文字说明书是将调查到的内部控制情况用文字叙述的方式记录下来,形成内部控制说明书。文字说明书一般可以按不同的交易循环或业务经营环节,逐项记述各环节所完成的工作,产生的各种文件记录,员工的不同分工等。

文字说明书必须恰当地反映内部控制及关键的控制点,一般应具备以下四个特征:① 说明每一份文件和记录的来源;② 说明已发生的所有的程序和步骤;③ 说明对每份文件和记录的处置情况;④ 指出与控制风险评价有关的控制点。

内部控制文字说明书比较灵活,内容可根据实际情况详略适当,适用面广,可以充分揭露内部控制中存在的问题。但是,文字说明书也有其局限性,篇幅一般较长,使阅读时难以把握重点,一旦内部控制某些方面发生变动,原先的文字说明不再合适,那么必须重新描述内部控制的整个系统。

案 例 公 司 审 计 情 况

上海电气股份有限公司有价证券投资的内部控制说明书

大华会计师事务所对上海电气股份有限公司的有价证券投资的内部控制进行调查之后,形成的内部控制说明书如下。

内部控制说明书-有价证券投资

被审计单位:上海电气股份公司	财务报表日:2016年12月31日
编制:×××	日期:2016年12月10日
复核:×××	日期:2016年12月12日
项目:有价证券投资内部控制说明书	索引号:P-2

公司有价证券投资由管理当局或董事会批准,通常是由管理当局的领导和董事组成一个投资委员会,并聘请一位投资顾问,而后授权该顾问制定有价证券投资决策。

有价证券往往是通过专门从事买卖证券的银行和经纪人经手购置,上海电气股份有限公司设立了核定购置单制度,这种购置单包括最高价格和最低收益、证券数量和付款等,核定购置单由人工填制。

有价证券放在保管库内,并且保管员与接触证券的其他人员如证券的审批人员、现金出纳人员、总分类账记账人员等是相互独立的。

在会计处理上,对有价证券的利息,按应计基础定期应付;对股利在收到时就及时入账。在会计期末,对账目进行检查和核对。

为了确定财务会计报告上的公允价值,上海电气股份有限公司指定负责投资的主管人员对有价证券进行估价,并且是每隔半年估价一次。在估价时,根据影响投资价值的基本情况,诸如公司内部的发展情况、销售趋势、财务状况等编写简要的、真实的说明书。

对有价证券投资,按其投资种类设置相应的分类进行会计核算,并且定期将明细分类账和总分类账相核对调节。

2. 内部控制调查问卷表

内部控制调查问卷表是把每一个审计中关注的内部控制的必要事项，特别是与确保会计记录可靠性有关的事项作为调查项目，系统地列示出来，反映在一张表格上。一般是按照交易来设计表格。表格中设计"是""否""不合适""备注"等栏目。注册会计师将该表交给被审计单位有关员工，让他们按要求填写回答有关问题，或者注册会计师自行根据调查结果填写，根据回答情况注册会计师判断内部控制的强弱。

不同的企业对同样或类似的经济业务交易可能具有相同或类似的内部控制措施。因此，注册会计师在审计实务中往往采用标准格式的调查问卷表，这样可以避免注册会计师遗漏重要的内部控制情况。采用科学可靠的事先根据职业经验与其他资料制定出来的调查问卷表，可以帮助缺乏经验的初级注册会计师调查和评价内部控制。同时，这种方法能一并对内部控制进行调查与描述，所以提高了审计效率。但是，标准格式的调查表由于没有充分考虑到企业的实际情况，对于一些企业来说，会出现许多"不适用"的回答，无法涵盖这些企业的所有情况。同时，表格形式容易使注册会计师孤立地看待每一个项目，而不是整体考虑内部控制系统。有时也会使注册会计师机械地按照表格所提出的问题作出回答，忽略了专业判断的重要性。

3. 内部控制流程图

内部控制流程图是运用符号和图形来反映企业的凭证及其在组织内部有序流动过程的图表。通过专用的符号和线条图形，注册会计师可以将企业的组织结构、职责分工、权限范围、凭证编制及顺序、会计记录、业务处理流程等内部控制各个组成展现在高度概括的一张图之中。

内部控制流程图的最大优点在于形象直观，简明地把企业的某类交易的内部控制全过程展现出来，并且对关键控制点一目了然，容易使人了解内部控制的薄弱环节。另外，流程图的更新比文字说明书更容易，因此在后续年度的审计中可以提高审计效率。但是，流程图的编制需要一定的技术，如果企业业务复杂程度加大，那么流程图就会变得很复杂。

一般说来，注册会计师同时运用流程图和内部控制调查问卷表是比较有效的调查方法。因为，流程图可以反映出内部控制的总体概况，而调查表则可以提醒注册会计师各种应当存在的控制点。两者结合可以给注册会计师提供比较完备的内部控制描述。

五、内部控制审计

(一) 内部控制审计的目的

2010年4月26日，财政部、证监会、审计署、银监会、保监会等五部委联合并发布了《企业内部控制配套指引》，具体包括《企业内部控制应用指引》《企业内部控制评价指引》和《企业内部控制审计指引》，连同2008年发布的《企业内部控制基本规范》，构成了我国企业内部控制规范体系。其中，《企业内部控制审计指引》要求，注册会计师应当对财务报告内部控制的有效性发表审计意见，并对内部控制审计过程中注意到的非财务报告内部控制的重大缺陷，在内部控制审计报告中增加"非财务报告内部控制重大缺陷描述段"予以披露。注册会计师可以单独进行内部控制审计,也可以将内部控制审计与财务报表审计整合进行。

内部控制审计的目的是通过审查企业内部控制制度建立及执行情况,评价企业内部控制制度的健全性、有效性,提出审计意见和建议,敦促企业认真贯彻落实内部控制程序和控制办法,修改完善内部控制流程和控制文件,建立健全内部控制制度,规避企业经营风险,保证企业遵循国家有关法律法规和内部控制制度,保证企业资产的安全完整,保证企业经济有效地使用资源,保证企业信息的真实可靠,提高企业的经营效率和效果。

（二）内部控制审计的内容

企业内部控制审计主要包括三个方面的内容。

1. 企业内部控制制度建立情况,即企业内部控制制度的建设性

它主要审查企业建立内部控制程序和控制办法的基本情况,包括应有的控制环节是否都制定了内部控制程序和控制办法,各项内部控制程序和控制办法是否具有很强的可操作性等。

2. 企业内部控制制度执行情况,即企业内部控制制度的有效性

它主要审查企业已建立的内部控制程序和控制办法在日常的运营活动中是否得到贯彻执行,并成为企业员工的行为规范内部控制程序和控制办法的执行效果如何,存在什么缺陷,特别是有无凌驾于内部控制程序和控制办法之上或游离于内部控制程序和控制办法之外的情况。

3. 企业内部控制制度是否满足企业内部控制需要,即企业内部控制制度健全性

它主要评价企业内部控制制度是否满足企业内部控制需要,企业经营活动的全过程是否都有内部控制程序和控制办法,已过时的内部控制程序和控制办法是否得到及时修订和完善。

案 例 公 司 审 计 情 况

上海电气股份有限公司2016年内部控制审计报告

内部控制审计报告
大华审字第〔2017〕0851号

上海电气股份有限公司全体股东：

按照《企业内部控制审计指引》及中国注册会计师执业准则的相关要求,我们审计了上海电气股份有限公司(以下简称"上海电气")2016年12月31日的财务报告内部控制的有效性。

一、企业对内部控制的责任

按照《企业内部控制基本规范》《企业内部控制应用指引》和《企业内部控制评价指引》的规定,建立健全和有效实施内部控制,并评价其有效性是企业董事会的责任。

二、注册会计师的责任

我们的责任是在实施审计工作的基础上,对财务报告内部控制的有效性发表审计意见,并对注意到的非财务报告内部控制的重大缺陷进行披露。

三、内部控制的固有局限

内部控制具有固有局限性,存在不能防止和发现错报的可能性。此外,由于情况的变化可能导致内部控制变得不恰当,或对控制政策和程序遵循的程度降低,根据内部控制审计结果推测未来内部控制的有效性具有一定风险。

四、财务报告内部控制审计意见

我们认为,上海电气于 2016 年 12 月 31 日按照《企业内部控制基本规范》和相关规定在所有重大方面保持了有效的财务报告内部控制。

大华会计师事务所(特殊普通合伙)

中国·上海市

注册会计师:×××

(签名并盖章)

注册会计师:×××

(签名并盖章)

二〇一七年三月十七日

第四节 评估重大错报风险

在了解被审计单位及其环境的基础上,注册会计师在设计和实施审计测试前必须适当地评估重大错报风险,而不能不评估重大错报风险就直接进行审计测试,也不能简单地直接将重大错报风险设定为最高水平,进而实施更广泛的实质性测试。因为不弄清认定层次的重大错报风险,实施实质性测试很难查出财务报表中的重大错报。因此,评估财务报表的重大错报风险是审计工作的起点,风险评价的结果将影响实质性测试审计程序的性质、时间和范围。

注册会计师在计划阶段应初步评估重大错报风险,实施阶段应在实质性测试的基础上修订初步评估水平,检查认定层次的重大错报风险,进而设计和执行审计程序以最终实现合理保证财务报表整体不存在重大错报。

一、识别和评估财务报表层次和认定层次的重大错报风险

(一)识别和评估重大错报风险的审计程序

在获得被审计单位及其环境的了解后,注册会计师应当评估重大错报风险,并根据风险评估的结果确定必要的审计程序。在识别和评估重大错报风险时,注册会计师应

当按步骤实施下列审计程序。

1. 识别风险并考虑其对认定层次的影响

在了解被审计单位及其环境的整个过程中识别风险,并考虑对各类交易、账户余额、列报等认定层次的影响。注册会计师应当运用各项风险评估程序,在了解被审计单位及其环境的整个过程中识别风险,并将识别的风险与各类交易、账户余额和列报相联系。

例如,被审计单位因相关环境法规的实施需要更新设备,可能面临原有设备闲置或贬值的风险;宏观经济的低迷可能预示应收账款的回收存在问题;竞争者开发的新产品上市,可能导致被审计单位的主要产品在短期内过时,预示将出现存货跌价和长期资产的减值。

2. 联系已识别风险与潜在错报领域

注册会计师应当将识别的风险与认定层次可能发生错报的领域相联系。例如,销售困难使产品的市场价格下降,可能导致年末存货成本高于其可变现净值而需要计提存货跌价准备,这显示存货的计价认定可能发生错报。

3. 考虑识别的风险是否重大

风险是否重大是指风险造成后果的严重程度。销售困难使产品的市场价格下降,可能导致年末存货成本高于其可变现净值而需要计提存货跌价准备,这显示存货的计价认定可能发生错报。除考虑产品市场价格下降因素外,注册会计师还应当考虑产品市场价格下降的幅度、该产品在被审计单位产品中的比重等,以确定识别的风险对财务报表的影响是否重大。

4. 考虑已识别风险导致财务报表重大错报的可能性

在某些情况下,尽管识别的风险重大,但仍不至于导致财务报表发生重大错报。例如,期末财务报表中存货的余额较低,尽管识别的风险重大,但不至于导致存货的计价认定发生重大错报风险。

注册会计师应当利用实施风险评估程序获取的信息,包括在评价控制设计和确定其是否得到执行时获取的审计证据,作为支持风险评估结果的审计证据。

如果注册会计师在进行风险评估时,预期被审计单位的内部控制运行是有效的,那么就必须执行控制测试,以获得控制运行有效的证据。注册会计师应当根据风险评估结果,确定实施进一步审计程序的性质、时间和范围。

(二) 可能表明被审计单位存在重大错报风险的事项和情况

当存在以下事项和情况时,注册会计师应当关注被审计单位是否存在重大错报风险,具体包括:在经济不稳定的国家或地区开展业务;在高度波动的市场开展业务;在严厉、复杂的监管环境中开展业务;持续经营和资产流动性出现问题,包括重要客户流失;融资能力受到限制;行业环境发生变化;供应链发生变化;开发新产品或提供新服务,或进入新的业务领域;开辟新的经营场所;发生重大收购、重组或其他非经常性事项;拟出售分支机构或业务分部;复杂的联营或合资;运用表外融资、特殊目的实体以及其他复杂的融资协议;存在未决诉讼和或有负债等。注册会计师应当充分关注可能表明被审计单位存在重大错报风险的上述事项和情况,并考虑由于上述事项和情况导致的风险是否重大,以及该风险导致财务报表发生重大错报的可能性。

(三) 关注两个层次的重大错报风险

在对重大错报风险进行识别和评估后,注册会计师应当确定,识别的重大错报风险是与特定的某类交易、账户余额、列报的认定相关,还是与财务报表整体广泛相关,进而影响多项认定。

某些重大错报风险可能与特定的某类交易、账户余额、列报的认定相关。例如,被审计单位存在复杂的联营或合资,这一事项表明长期股权投资账户的认定可能存在重大错报风险。又如,被审计单位存在重大的关联方交易,该事项表明关联方及关联方交易的披露认定可能存在重大错报风险。

某些重大错报风险可能与财务报表整体广泛相关,进而影响多项认定。例如,在经济不稳定的国家和地区开展业务、资产的流动性出现问题、重要客户流失、融资能力受到限制等,可能导致注册会计师对被审计单位的持续经营能力产生重大疑虑。又如,管理层缺乏诚信或承受异常的压力可能引发舞弊风险,这些风险与财务报表整体相关。

(四) 内部控制与重大错报风险

财务报表层次的重大错报风险很可能源于薄弱的控制环境。薄弱的控制环境带来的风险可能对财务报表产生广泛影响,而且很难将此类影响界定划分于交易、账户余额或列报层次。因此,注册会计师应当采取总体应对措施。

例如,如果被审计单位治理层、管理层对内部控制的重要性缺乏认识,认为没有建立必要的制度和程序;或管理层经营理念偏于激进,又缺乏实现激进目标的人力资源等,薄弱的控制环境所造成的缺陷可能对财务报表产生广泛影响,需要注册会计师采取总体应对措施。

在评估重大错报风险时,注册会计师还应当将所了解的控制与特定认定相联系。这是因为控制有助于防止或发现并纠正认定层次的重大错报。在评估重大错报发生的可能性时,除了考虑可能的风险外,还要考虑控制对风险的抵消和遏制作用。有效的控制会减少错报发生的可能性,而控制不当或缺乏控制,错报就会由可能变成现实。

控制可能与某一认定直接相关,也可能与某一认定间接相关。关系越间接,控制在防止或发现并纠正认定中错报的作用越小。注册会计师应当识别出有助于防止或发现并纠正特定认定发生重大错报的控制。

在确定这些控制是否能够实现上述目标时,注册会计师应当将控制活动和其他要素综合考虑。例如,将销售和收款的控制置身于其所在的流程和系统中考虑,以确定其能否实现控制目标。因为单个的控制活动本身并不足以控制重大错报风险,只有多种控制活动和内部控制的其他要素综合作用才足以控制重大错报风险。

二、需要特别考虑的重大错报风险

(一) 判断需要特别考虑的重大错报风险

注册会计师应当在考虑识别出的控制对相关风险的抵消效果前,根据风险的性质、潜在错报的重要程度(包括该风险是否可能导致多项错报)和发生的可能性,判断风险是否属于特别风险。在确定风险的性质时,注册会计师应当考虑下列事项。

(1) 风险是否属于舞弊风险。
(2) 风险是否与近期经济环境、会计处理方法和其他方面的重大变化有关。
(3) 交易的复杂程度。
(4) 风险是否涉及重大的关联方交易。
(5) 财务信息计量的主观程度,特别是对不确定事项的计量。
(6) 风险是否涉及异常或超出正常经营过程的重大交易。

日常的、不复杂的、经正规处理的交易不太可能产生特别风险,特别风险通常与重大的非常规交易和判断事项有关。非常规交易是指由于金额或性质异常而不经常发生的交易。例如,企业购并、债务重组、重大或有事项等。对于非常规交易,管理层会更多地介入会计处理;数据收集和处理涉及更多的人工成分;需要复杂的计算或会计处理方法;非常规交易的性质可能使被审计单位难以对由此产生的特别风险实施有效控制。由于非常规交易具有上述特征,与重大非常规交易相关的特别风险可能导致更高的重大错报风险。

2. 考虑针对特别风险的控制设计及其执行

针对特别风险,注册会计师应当评价相关控制的设计情况,并确定其是否已经得到执行。由于与重大非常规交易或判断事项相关的风险很少受到日常控制的约束,注册会计师应当了解被审计单位是否针对该特别风险设计和实施了控制。

例如,作出会计估计所依据的假设是否由管理层或专家进行复核,是否建立作出会计估计的正规程序,重大会计估计结果是否由治理层批准等。再如,管理层在收到重大诉讼事项的通知时采取的措施,包括这类事项是否提交适当的专家(如内部或外部的法律顾问)处理,是否对该事项的潜在影响作出评估,是否确定该事项在财务报表中的披露问题以及如何确定等。

如果管理层未能实施控制以恰当应对特别风险,注册会计师应当认为内部控制存在重大缺陷,并考虑其对风险评估的影响。在此情况下,注册会计师应当考虑就此类事项与治理层沟通。

巴林银行破产与风险管控

1995年2月26日,一条消息震惊了整个世界金融市场。具有230多年历史,在世界1 000家大银行中按核心资本排名第489位的英国巴林银行,因进行巨额金融期货投机交易,造成9.16亿英镑的巨额亏损,在经过国家中央银行英格兰银行先前一个周末的拯救失败之后,被迫宣布破产。

有着两个多世纪辉煌的巴林银行却毁于其新加坡分行的一名年仅28岁的交易员——巴克·里森之手。里森既直接从事交易又担任交易负责人。1992年夏天,伦敦总部要求里森另设立一个"错误账户",记录较小的错误,并自行在新加坡处理,于是里森建立了账号为"88888"的"错误账户"。几周之后,伦敦总部又要求所有的错误记录仍由"99905"账户直接向伦敦报告。1992年7月里森手下一名加入巴林仅一星期的交易员犯了一个错误,其损失为2万英镑,应报告伦敦总公司。但在种种考虑下,里森决定利用"错误账户"以掩盖这个失误,在月底将自己的佣金收入转入该账户以应付巴林总部的定期审查。此后,里森便一发而不可收,频频利用"错误账户"吸收下属的交易差错,损失逐步攀升到600万英镑,以致无法用个人收入予以填平。在这种情况下,为了赚回足够的钱来补偿所有损失,里森承担愈来愈大的风险,他当时从事大量跨式部位交易,因为当时日经指数稳定,里森从此交易中赚取期权权利金。假若这次交易成功,理森将会从中获得巨大的收益,但阪神地震后,日本债券市场一直下跌,里森所持的多头头寸遭受重创。1994年,里森对损失的金额已经麻木了,"错误账户"的损失,由2 000万、3 000万英镑,到7月已达5 000万英镑。在无路可走的情况下,里森决定继续隐藏这些失误。为了应付查账的需要,里森伪造了花旗银行5 000万英镑的存款。其间,巴林总部虽曾派人花了1个月的时间调查里森的账目,但却无人去核实花旗银行是否真有这样一笔存款。

据不完全统计,巴林银行因里森而损失10多亿美元,这一数字已经超过了该行当时8.6亿美元的总价值。最后,尽管英格兰银行采取了一系列的拯救措施,但都失败了。更具有讽刺意味的是,在巴林破产的两个月前,巴林金融成果会议上,还将里森当成巴林的英雄;1995年2月23日,在巴林期货的最后一日,里森对影响市场走向的努力彻底失败,终于达到了86 000万英镑的高点,造成了世界上最老牌的巴林银行终结的命运。

思 考 题

1. 风险评估程序的目的是什么?风险评估程序主要包括哪些?
2. 注册会计师在了解被审计单位及其环境时,应了解哪些方面的内容?
3. 根据COSO发布的《内部控制——整合框架》,内部控制包括哪五大要素?内部控制存在哪些局限性?
4. 识别和评估重大错报风险的审计程序有哪些?
5. 在确定风险是否属于特别风险时,注册会计师应当考虑的事项有哪些?

第九章 风险应对

【教学目的和要求】

◇ 了解财务报表层次重大错报风险的总体应对措施
◇ 理解对风险评估结果应对措施的类别
◇ 熟悉设计进一步审计程序时的考虑因素
◇ 掌握控制测试的内涵、性质、时间和范围
◇ 掌握实质性程序的内涵、性质、时间和范围

普华永道对印度萨蒂扬软件公司的审计

2009年当孟买连环爆炸案的硝烟散去仅数月余,另一场"爆炸"又使印度陷入了恐慌与不安。2010年1月7日,印度第四大IT公司萨蒂扬(Satyam)软件公司(简称萨蒂扬)的董事长兼首席执行官拉马林加·拉贾(B. Ramalinga Raju)宣布辞职。他在辞职信中承认曾操纵公司账户,夸大了过去"几年"的公司利润和债权规模,少报了公司负债,事情最终发展到无法收场的地步,自己骑虎难下。事发之后,普华永道印度三家分公司接受了印度的监管机构的调查,涉嫌参与萨蒂扬丑闻的两名审计人员被印度警方逮捕。2011年4月5日,美国证券交易委员会(SEC)与普华永道印度分公司和萨蒂扬达成和解协议,此事终告结束。

萨蒂扬主要通过两种手段进行财务造假:其一,以股票抵押贷款。从2006年开始,拉贾用自己和其他股东所持的股票作抵押进行贷款,可是这些贷款并未在公司的资产负债表中公布,而是直接注入公司的账户,以帮助其弥补公司收入上的不足。金融危机的爆发导致萨蒂扬收入不足,无力偿还贷款,银行开始拍卖拉贾的抵押品,最终导致该公司的财务漏洞浮出水面。其二,粉饰报表。萨蒂扬向外界公布的销售额低于实际销售额,公布的可用现金也远低于实际现金流,基本上到了支付不了工资的地步。

印度特许会计师协会认为,两名普华永道印度公司的签字注册会计师之所以身陷囹圄,是因为他们没能识破萨蒂扬创始人兼董事长拉马林加·拉贾所使的"障眼法",而一味偏听偏信,糊里糊涂地在其出具的虚假账目上签署审计意见。印度会计准则没有具体要求上市公司披露控股股东和实际控制人的信息,拉贾用股票作为抵

押向银行取得的贷款并不需要进行披露。在外部监督缺失的情形下,审计人员没有重点关注那些没有披露但又非常重要的交易和业务,最终导致发表了错误的审计意见。2008年金融海啸爆发后,印度的软件外包出口行业受到了严重的影响,截至2009年1月,行业整体盈利能力下降了6%。在全行业经济形势持续走低的情况下,萨蒂扬却能够独善其身,维持其增长的业绩,这不符合行业发展趋势,审计师通过分析程序本应该发现这个问题。普华永道印度分公司在对萨蒂扬长达六年的审计中,未发现总额超过10亿美元的巨额造假事实,让人不得不怀疑普华永道是否保持了审计独立性。萨蒂扬的前高管以及部分前审计人员承认伪造了客户身份,并以这些伪造客户的姓名开出了虚假发票,从而将该公司的营业收入夸大9 217万美元。基于夸大的营业收入数据,萨蒂扬已经发放了价值约合4 930万美元的股息。萨蒂扬还在收购商业程序外包公司Nipuna时伪造了价值高达约合3 858万美元的银行账户。负责萨蒂扬审计工作的普华永道印度分公司合伙人和员工未能坚持执行有关现金、现金等价物余额和萨蒂扬应收账款的函证程序。未能适当执行第三方确认程序,导致萨蒂扬的欺诈行为直到其原首席执行官在2009年1月公开承认的时候才被发觉。此外,自2002年以来,普华永道会计师事务所加速拓展了其亚洲市场的业务,期间还曾全面接收了破产的安达信会计师事务所的员工及各成员所。然而,盲目扩张使得普华永道对各个事务所的监管显得力不从心。

根据美国证券交易委员会与普华永道印度分公司和萨蒂扬达成的和解协议,普华永道印度分公司应向美国证券交易委员会和美国上市公司会计监督委员会分别支付600万美元和150万美元罚金。这已经是针对境外会计师事务所开出的最高罚金。

第一节 风险评估结果的应对

《中国注册会计师审计准则第1231号——针对评估的重大错报风险采取的应对措施》(2019年2月20日修订)规定,注册会计师应针对评估的重大错报风险确定总体应对措施,设计和实施进一步审计程序。因此,注册会计师应当针对评估的重大错报风险实施程序,即针对评估的财务报表层次重大错报风险确定总体应对措施,并针对评估的认定层次重大错报风险设计和实施进一步审计程序,以将审计风险降至可接受的低水平。

一、财务报表层次重大错报风险的总体应对措施

在财务报表重大错报风险的评估过程中,注册会计师应当确定,识别的重大错报风险是与特定的某类交易、账户余额和披露的认定相关,还是与财务报表整体广泛相关,

进而影响多项认定。如果是后者,则属于财务报表层次的重大错报风险。为此,注册会计师应当针对评估的财务报表层次重大错报风险确定下列总体应对措施。

（1）向项目组强调在收集和评价审计证据过程中保持职业怀疑态度的必要性。

（2）分派更有经验或具有特殊技能的注册会计师或利用专家的工作。由于各行业在经营业务、经营风险、财务报告、法规要求等方面具有特殊性,注册会计师的专业分工细化成为一种趋势。审计项目组成员中应有一定比例的人员曾经参与被审计单位以前年度的审计,或具有被审单位所处特定行业的相关审计经验。必要时,要考虑利用信息技术、税务、评估、精算等方面专家的工作。

（3）提供更多的督导。对于财务报表层次重大错报风险较高的审计项目,项目组的高级别成员,如项目负责人、项目经理等要对其他成员提供更详细、更经常、更及时的指导和监督,并加强项目质量复核。

（4）提醒项目组注意使某些程序不被管理层预见或事先了解。被审计单位人员,尤其是管理层,如果熟悉注册会计师的审计套路,就可能采取各种规避手段,掩盖财务报告中的舞弊行为。因此,在设计拟实施的审计程序的性质、时间和范围时,为了避免既定思维对审计方案的限制,避免对审计效果的人为干涉,注册会计师应当提高某些审计程序的不可预见性。

（5）对拟实施审计程序的性质、时间和范围作出总体修改。一般说来,财务报表层次的重大错报风险很可能源于薄弱的控制环境。薄弱的控制环境带来的风险可能对财务报表产生广泛影响,难以限于某类交易、账户余额、列报,因此注册会计师应当采取总体应对措施。如果控制环境存在缺陷,注册会计师在对拟实施审计程序的性质、时间和范围作出总体修改时应当考虑。

① 在期末而非期中实施更多的审计程序。控制环境的缺陷通常会削弱期中获得的审计证据的可信赖程度。

② 主要依赖实质性程序获取审计证据。良好的控制环境是其他控制要素发挥作用的基础。控制环境存在缺陷通常会削弱其他控制要素的作用,导致注册会计师无法信赖内部控制,而主要依赖实施实质性程序获取审计证据。

③ 修改审计程序的性质,获取更具说服力的审计证据。修改审计程序的性质主要是指调整拟实施审计程序的类别及组合,比如原先可能主要限于检查某项资产的账面记录或相关文件,而调整审计程序的性质后可能意味着更加重视实地检查该项资产。

④ 扩大审计程序的范围。例如,扩大样本规模,或采用更详细的数据实施分析程序;增加拟纳入审计范围的经营地点的数量。

二、增加审计程序不可预见性的方法

（一）增加审计程序不可预见性的思路

（1）对某些以前未测试的低于设定的重要性水平或风险较小的账户余额和认定实施实质性程序。注册会计师可以关注以前未曾关注过的审计领域,尽管这些领域可能重要程度比较低。如果这些领域有可能被用于掩盖舞弊行为,注册会计师就要针对这些领域实施一些具有不可预见性的测试。

（2）调整实施审计程序的时间，使其超出被审计单位的预期。例如，注册会计师在以前年度的大多数审计工作都围绕着12月或在年底前后进行，那么被审计单位就会了解注册会计师这一审计习惯，因此可能会把一些不适当的会计调整放在年度的9月、10月或11月等，以避免引起注册会计师的注意。因此，注册会计师可以考虑调整实施审计程序时测试项目的时间，从测试12月的项目调整到测试9月、10月或11月的项目。

（3）采取不同的审计抽样方法，使当年抽取的测试样本与以前有所不同。

（4）选取不同的地点实施审计程序，或预先不告知所选定的测试地点。例如，在存货监盘程序中，注册会计师可以到未事先通知被审计单位的盘点现场进行监盘，使被审计单位没有机会事先清理现场，隐藏一些不想让注册会计师知道的情况。

（二）增加审计程序不可预见性的实施要点

（1）注册会计师需要与被审计单位的高层管理人员事先沟通，要求实施具有不可预见性的审计程序，但不能告知其具体内容。注册会计师可以在签订审计业务约定书时明确提出这一要求。

（2）虽然对于不可预见性程度没有量化的规定，但审计项目组可根据对舞弊风险的评估结果确定具有不可预见性的审计程序。审计项目组可以汇总那些具有不可预见性的审计程序，并记录在审计工作底稿中。

（3）项目合伙人需要安排项目组成员有效地实施具有不可预见性的审计程序，但同时要避免使项目组成员处于困难境地。

三、认定层次重大错报风险的应对

（一）进一步审计程序的含义

进一步审计程序相对于风险评估程序而言，是指注册会计师针对评估的各类交易、账户余额和披露认定层次重大错报风险实施的审计程序，包括控制测试和实质性程序。

注册会计师应当针对所评估的认定层次重大错报风险来设计和实施进一步审计程序，包括审计程序的性质、时间和范围。注册会计师设计和实施的进一步审计程序的性质、时间安排和范围，应当与评估的认定层次重大错报风险具备明确的对应关系。注册会计师实施的审计程序应具有目的性和针对性，有的放矢地配置审计资源，有利于提高审计效率和效果。

注册会计师在设计进一步审计的性质、时间和范围时，最重要的是进一步审计程序的性质。例如，注册会计师评估的重大错报风险越高，实施进一步审计程序的范围通常越大；但是只有首先确保进一步审计程序的性质与特定风险相关时，扩大审计程序的范围才是有效的。

（二）设计进一步审计程序时应考虑的因素

在设计进一步审计程序时，注册会计师应当考虑下列因素。

1. 风险的重要性

风险的重要性是指风险造成的后果的严重程度。风险的后果越严重，就越需要注册会计师关注和重视，越需要精心设计有针对性的进一步审计程序。

2. 重大错报发生的可能性

重大错报发生的可能性越大，同样越需要注册会计师精心设计进一步审计程序。

3. 涉及的各类交易、账户余额和列报的特征

不同的交易、账户余额和列报产生的认定层次的重大错报风险也会存在差异，适用的审计程序也有差别，这需要注册会计师区别对待，并设计具有针对性的进一步审计程序予以应对。

4. 被审计单位采用的特定控制的性质

不同性质的内部控制对注册会计师设计进一步的审计程序具有重要影响。

5. 注册会计师是否拟获取审计证据，以确定内部控制在防止、发现并纠正重大错报方面的有效性

如果注册会计师在风险评估时预期内部控制运行有效，随后拟实施的进一步审计程序必须包括控制测试，而且实质性程序也会受到之前控制测试结果的影响。

综合上述多方面因素，注册会计师对认定层次重大错报风险的评估为确定进一步审计程序的总体方案奠定了基础。因此，注册会计师应当根据对认定层次重大错报风险的评估结果，恰当选用实质性方案或综合性方案。

通常情况下，注册会计师出于成本效益的考虑可以采用综合性方案设计进一步审计程序，即将测试控制运行的有效性与实质性程序结合使用。

在某些情况下，例如仅通过实质性程序无法应对重大错报风险时，注册会计师必须通过实施控制测试，才可能有效应对并评估出的某一认定的重大错报风险；而在另一些情况下，例如注册会计师的风险评估程序未能识别出与认定相关的任何控制，或注册会计师认为控制测试很可能不符合成本效益原则时，注册会计师可能认为仅实施实质性程序就是适当的。

需要特别说明的是，注册会计师对重大错报风险的评估毕竟是一种主观判断，可能无法充分识别所有的重大错报风险，同时内部控制存在固有局限性，因此，无论选择何种方案，注册会计师都应当对所有重大的各类交易、账户余额和披露设计和实施实质性程序。

（三）进一步审计程序的性质

1. 进一步审计程序性质的含义

进一步审计程序的性质是指进一步审计程序的目的和类型。

进一步审计程序的目的包括：通过实施控制测试以确定内部控制运行的有效性、通过实施实质性程序以发现认定层次的重大错报。

进一步审计程序的类型包括：检查、观察、询问、函证、重新计算、重新执行、分析程序。

由于不同的审计程序应对特定认定错报风险的效力不同，因此，在应对评估的风险时，合理确定审计程序的性质是最重要的。

例如，对于与收入完整性认定相关的重大错报风险，控制测试通常能更有效应对；对于与收入发生认定相关的重大错报风险，实质性程序通常能更有效应对。再如，实施应收账款的函证程序可以为应收账款在某一时点存在的认定提供审计证据，但通常不能为应收账款的计价认定提供审计证据。对应收账款的计价认定，注册会计师通常需要实施其他更为有效的审计程序，如审查应收账款账龄和期后收款情况，了解欠款客户的信用情况等。

2. 进一步审计程序性质的选择

在确定进一步审计程序的性质时，注册会计师首先需要考虑的是认定层次重大错报风险的评估结果。因此，注册会计师应当根据认定层次重大错报风险的评估结果选择审计程序。评估的认定层次重大错报风险越高，对通过实质性程序获取的审计证据的相关性和可靠性的要求也就越高，从而可能影响进一步审计程序的类型及其综合运用。

除了从总体上把握认定层次重大错报风险的评估结果对选择进一步审计程序的影响外，在选择拟实施的审计程序时，注册会计师还应当考虑评估的认定层次重大错报风险产生的原因，包括考虑各类交易、账户余额、列报的具体特征以及内部控制等。

需要说明的是，如果在实施进一步审计程序时拟利用被审计单位信息系统生成的信息，则要求注册会计师应当就信息的准确性和完整性获取审计证据。

（四）进一步审计程序的时间

1. 进一步审计程序时间的含义

进一步审计程序的时间，是指注册会计师何时实施进一步审计程序，或审计证据适用的期间或时点。因此，当提及进一步审计程序的时间时，在某些情况下指的是审计程序的实施时间，在另一些情况下是指需要获取的审计证据适用的期间或时点。

2. 进一步审计程序时间的选择

有关进一步审计程序的时间的选择问题，有两个层面的含义：第一个层面是注册会计师选择在何时实施进一步审计程序，这个层面的选择问题主要集中在如何权衡期中与期末实施审计程序的关系。第二个层面是选择获取什么期间或时点的审计证据，这个层面的选择问题分别集中在如何权衡期中审计证据与期末审计证据的关系，以及如何权衡以前审计获取的审计证据和本期审计获取的审计证据的关系。这两个层面的最终落脚点都是如何确保获取审计证据的效率和效果。

在选择实施审计程序的时间时，一项基本的考虑便是注册会计师评估的重大错报风险。因此，当重大错报风险较高时，注册会计师应当考虑在期末或接近期末实施实质性程序，或采用不通知的方式或在管理层不能预见的时间实施审计程序。

（1）期中实施进一步审计程序的优点。虽然在期末实施审计程序很多情况下非常必要，但仍然不排除注册会计师在期中实施审计程序可能发挥的积极作用。在期中实施进一步审计程序，可能有助于注册会计师在审计工作初期识别重大事项，并在管理层的协助下及时解决这些事项，并针对这些事项制定有效的实质性方案或综合性方案。

（2）期中实施进一步审计程序的局限性。在期中实施进一步审计程序也存在很大的局限:① 注册会计师往往难以仅凭在期中实施的进一步审计程序获取有关期中以前的充分、适当的审计证据;② 即使注册会计师在期中实施的进一步审计程序能够获取有关期中以前的充分、适当的审计证据,但从期中到期末这段剩余期间还往往会发生重大的交易或事项,从而对所审计期间的财务报表认定产生重大影响;③ 被审计单位管理层也完全有可能在注册会计师于期中实施了进一步审计程序之后对期中以前的相关会计记录作出调整甚至篡改,使得注册会计师在期中通过实施进一步审计程序所获取的审计证据发生了变化。因此,注册会计师如果在期中实施了进一步审计程序,那么还应当针对剩余期间获取审计证据。

3. 进一步审计程序时间选择的影响因素

(1) 控制环境。良好的控制环境可以抵消在期中实施进一步审计程序的局限性,使注册会计师在确定实施进一步审计程序的时间时有更大的灵活度。

(2) 何时能得到相关信息。例如,某些控制活动可能仅在期中(或期中以前)发生,而之后可能难以再被观察到。再如,某些电子化的交易和账户文档如未能及时取得,可能被覆盖。在这些情况下,注册会计师如果希望获取相关信息,则需要考虑能够获取相关信息的时间。

(3) 错报风险的性质。例如,被审计单位可能为了保证盈利目标的实现,而在会计期末以后伪造销售合同以虚增收入,此时注册会计师需要考虑在期末(即资产负债表日)这个特定时点获取被审计单位截至期末所能提供的所有销售合同及相关资料,以防范被审计单位在资产负债表日后伪造销售合同虚增收入的做法。

(4) 审计证据适用的期间或时点。注册会计师应当根据需要获取的特定审计证据确定何时实施进一步审计程序。例如,为了获取资产负债表日的存货余额证据,显然不宜在与资产负债表日间隔过长的期中时点或期末以后时点实施存货监盘等相关审计程序。

(五) 进一步审计程序的范围

1. 进一步审计程序的范围的含义

进一步审计程序的范围是指实施进一步审计程序的数量,包括抽取的样本量、对某项控制活动的观察次数等。

2. 进一步审计程序范围选择的考虑因素

(1) 确定的重要性水平。确定的重要性水平越低,注册会计师实施进一步审计程序的范围越广。

(2) 评估的重大错报风险。评估的重大错报风险越高,对拟获取审计证据的相关性、可靠性的要求越高,因此注册会计师实施的进一步审计程序的范围也越广。

(3) 计划获取的保证程度。计划获取的保证程度,是指注册会计师计划通过所实施的审计程序对测试结果可靠性所获取的信心。计划获取的保证程度越高,对测试结果可靠性要求越高,注册会计师实施的进一步审计程序的范围就越广。例如,注册会计师判断财务报表是否存在重大错报的信心可能来自控制测试和实质性程序,如果注册会计师计划从控制测试中获取更高的保证程度,则控制测试的范围就更广。

案例公司审计情况

上海电气股份有限公司重要账户和交易的进一步审计程序方案

重要账户和交易进一步审计程序方案（计划矩阵）

被审计单位：上海电气股份有限公司　　　编制：×××　　　日期：2016 年 11 月 20 日
报表截止日：2016 年 12 月 31 日　　　　复核：×××　　　日期：2016 年 11 月 22 日
项目：对重要账户和交易采取的进一步审计程序方案　　　索引号：JHB-002

重要账户或列报	识别的重大错报风险							相关控制预期是否有效	拟实施的总体方案			实质性程序索引号
	相关认定（注）								总体方案	控制测试	实质性程序	
	存在	发生	完整性	权利和义务	计价和分摊	准确性	截止	分类	列报				
预付款项	低	低	低	低	低	低	低	是	综合性方案	是	否	ZE
应付账款	低	低	低	低	低	低	低	是	综合性方案	是	否	FD
销售费用	低	低	低	低	低	低	低	是	综合性方案	是	否	SD
管理费用	低	低	低	低	低	低	低	是	综合性方案	是	否	SE
应付职工薪酬	低	低	低	低	低	低	低	是	综合性方案	是	否	FF
存货	低	低	低	低	低	低	低	是	综合性方案	是	否	ZI
营业成本	低	低	高	高	高	高	低	是	实质性方案	否	是	SB
应收账款	高	高	低	高	高	高	低	否	实质性方案	否	是	ZD
预收款项	低	低	低	低	低	低	低	是	综合性方案	是	否	FE
应交税费	低	低	低	低	低	低	低	是	综合性方案	是	否	FG
营业收入	高	高	低	高	高	高	低	否	实质性方案	否	是	SA
交易性金融资产	低	低	低	低	低	低	低	是	综合性方案	是	否	ZB
持有至到期投资	低	低	低	低	低	低	低	是	综合性方案	是	否	ZK
可供出售金融资产	低	低	低	低	低	低	低	是	综合性方案	是	否	ZJ
长期股权投资	低	低	低	低	低	低	低	是	综合性方案	是	否	ZM
长期借款	低	低	低	低	低	低	低	是	综合性方案	是	否	FK
预计负债	低	低	低	低	低	低	低	是	综合性方案	是	否	F0
实收资本（股本）	低	低	低	低	低	低	低	是	综合性方案	是	否	QA
资本公积	低	低	低	低	低	低	低	是	综合性方案	是	否	QB
盈余公积	低	低	低	低	低	低	低	是	综合性方案	是	否	QC

(续表)

重要账户或列报	识别的重大错报风险								相关控制预期是否有效	拟实施的总体方案			
	相关认定（注）									总体方案	控制测试	实质性程序	实质性程序索引号
	存在	发生	完整性	权利和义务	计价和分摊	准确性	截止	分类	列报					
未分配利润	低	低	低	低	低	低	低	低	低	是	综合性方案	是	否	QD
公允价值变动损益	低	低	低	低	低	低	低	低	低	是	综合性方案	是	否	SH
投资收益	低	低	低	低	低	低	低	低	低	是	综合性方案	是	否	SI
财务费用	低	低	低	低	低	低	低	低	低	是	综合性方案	是	否	SF
固定资产	低	低	低	低	低	低	低	低	低	是	综合性方案	是	否	ZO
在建工程	低	低	低	低	低	低	低	低	低	是	综合性方案	是	否	ZP
无形资产	低	低	低	低	低	低	低	低	低	是	综合性方案	是	否	ZU
资产减值损失	低	低	低	低	低	低	低	低	低	是	综合性方案	是	否	SG
货币资金	低	低	低	低	低	低	低	低	低	是	综合性方案	是	否	Z
营业外收入	低	低	低	低	低	低	低	低	低	是	综合性方案	是	否	SJ
营业外支出	低	低	低	低	低	低	低	低	低	是	综合性方案	是	否	SK

注：根据账户余额、各类交易和列报选择适用的认定。

第二节 控制测试

一、控制测试的内涵

（一）控制测试的含义

控制测试，是指用于评价内部控制在防止或发现并纠正认定层次重大错报方面的运行有效性的审计程序，这一概念需要与"了解内部控制"进行区分。"了解内部控制"包含两层含义：一是评价控制的设计；二是确定控制是否得到执行。测试控制运行的有效性与确定控制是否得到执行所需获取的审计证据是不同的。

"了解内部控制"，主要是指在实施风险评估程序以获取控制是否得到执行的审计证据时，注册会计师应当确定某项内部控制是否存在，被审计单位是否正在使用。

"测试内部控制",则主要是指注册会计师在调查和了解内部控制的阶段,可能已经收集了一些能够证明内部控制设计和运行的证据。但是,为了使具体控制政策和措施能够作为支持评估认定控制风险水平的依据,还必须取得一些证明这些控制政策和措施在整个或至少大部分被审计期间内有效运行的具体证据。控制测试就是为了确定内部控制是否在整个或至少大部分被审计期间内有效运行的审计测试。

(二)控制测试的关注点

控制测试通常有三个关注点:① 该项内部控制是否有切实应用?② 该项内部控制是否在被审计期间内一贯地应用?③ 该项内部控制由谁来应用?

如果某项内部控制在被审计期间内是由被授权的人员适当且一贯应用,那么该项控制政策或措施就得到了有效的运行。相反,如果未能适当和一贯地应用,或由未被授权的人员来应用,则说明内部控制执行失效。

我们把这种内部控制运行的失效或不当,习惯称为"偏差""偶发事件"或"例外",而不称为"错报"。因为某些控制运行失效或不当,只意味着会计记录中有可能出错,但并不是一定会出错。例如,被审计单位的一些销售发票没有由第二个人独立验证其正确性,属于一项控制偏差,但如果第一个经办人员已经正确地填写了发票,那么会计记录仍然可能是正确的。

二、控制测试的要求

控制测试并非在任何情况下都需要实施,当存在下列情形之一时,注册会计师必须实施控制测试。

1. 在评估认定层次重大错报风险时,预期控制的运行是有效的

如果在评估认定层次重大错报风险时,预期控制的运行是有效的,则注册会计师应当实施控制测试,就控制在相关期间或时点的运行有效性获取充分、适当的审计证据。

注册会计师通过实施风险评估程序,可能发现某项控制的设计是存在的,也是合理的,同时得到了执行。在这种情况下,出于成本效益的考虑,注册会计师可能预期,如果相关控制在不同时点都得到了一贯执行,与该项控制有关的财务报表认定发生重大错报的可能性就不会很大,也就不需要实施很多的实质性程序。为此,注册会计师可能会认为值得对相关控制在不同时点是否得到了一贯执行进行测试,即实施控制测试。这种测试主要是出于成本效益的考虑,其前提是注册会计师通过了解内部控制以后认为某项控制存在着被信赖和利用的可能。

因此,只有认为控制设计合理、能够防止或发现和纠正认定层次的重大错报,注册会计师才有必要对控制运行的有效性实施测试。

2. 仅实施实质性程序不足以提供认定层次充分、适当的审计证据

如果认为仅实施实质性程序获取的审计证据无法将认定层次重大错报风险降至可接受的低水平,注册会计师应当实施相关的控制测试,以获取控制运行有效性的审计证据。

三、控制测试的性质

当拟实施的进一步审计程序主要以控制测试为主,尤其是仅实施实质性程序获取的审计证据无法将认定层次重大错报风险降至可接受的低水平时,注册会计师应当获取有关控制运行有效性的更高的保证水平。控制测试采用的审计程序包括询问、观察、检查、重新执行和穿行测试。

(一) 询问

注册会计师可以向被审计单位适当员工询问,获取与内部控制运行情况相关的信息。例如,询问信息系统管理人员有无未经授权接触计算机硬件和软件,向负责复核银行存款余额调节表的人员询问如何进行复核,包括复核的要点是什么、发现不符事项如何处理等。

然而,仅通过询问不能为控制运行的有效性提供充分的证据,注册会计师通常需要印证被询问者的答复,如向其他人员询问和检查执行控制时所使用的报告、手册或其他文件等。虽然询问是一种有用的手段,但它必须和其他测试手段结合使用才能发挥作用。在询问过程中,注册会计师应当保持职业怀疑态度。

必须指出的是,询问本身并不足以测试控制运行的有效性,注册会计师应将询问与其他审计程序结合使用,以获取有关内部控制运行有效性的审计证据。

(二) 观察

观察是测试不留下书面记录的控制(如职责分离)的运行情况的有效方法。例如,观察存货盘点控制的执行情况。观察也可运用于实物控制,例如查看仓库门是否锁好;空白支票是否妥善保管。

通常情况下,注册会计师通过观察直接获取的证据比间接获取的证据更可靠。但是,注册会计师还要考虑其所观察到的控制在注册会计师不在场时可能未被执行的情况。

(三) 检查

对运行情况留有书面证据的控制,检查这一审计程序非常适用。书面说明、复核时留下的记号,或其他记录在偏差报告中的标志都可以被当作控制运行情况的证据。例如,检查销售发票是否有复核人员签字,检查销售发票是否附有客户订购单和出库单等。

(四) 重新执行

通常只有当询问、观察和检查程序结合在一起仍无法获得充分的证据时,注册会计师才考虑通过重新执行来证实控制是否有效运行。

例如,为了合理保证计价认定的准确性,被审计单位的一项控制是由复核人员核对销售发票上的价格与"商品价目表"上的价格是否一致。但是,要检查复核人员有没有认真执行核对,仅仅检查复核人员是否在相关文件上签字是不够的,注册会计师还需要自己选取一部分销售发票进行核对,这就是重新执行程序。

重新执行程序是需要成本的,因此如果需要进行大量的重新执行,注册会计师就要考虑通过实施控制测试以缩小实质性程序的范围是否有效率。

(五) 穿行测试

除了上述四类控制测试常用的审计程序以外,实施穿行测试也是一种重要的审计程序。穿行测试是通过追踪交易在财务报告信息系统中的处理过程,来证实注册会计师对控制的了解、评价控制设计的有效性以及确定控制是否得到执行。可见,穿行测试更多地在了解内部控制时运用。但在执行穿行测试时,注册会计师可能获取部分控制运行有效性的审计证据。

四、控制测试的时间

(一) 控制测试时间的含义

控制测试的时间有两层含义:一是何时实施控制测试;二是测试所针对的控制适用的时点或期间。

一个基本的原理是,如果测试特定时点的控制,注册会计师仅得到该时点控制运行有效性的审计证据;如果测试某一期间的控制,注册会计师可获取控制在该期间有效运行的审计证据。因此,注册会计师应当根据控制测试的目的确定控制测试的时间,并确定拟信赖的相关控制的时点或期间。

控制测试的目的在一定程度上可以用以确定控制测试的时间。

(1) 如果仅需要测试控制在特定时点的运行有效性(如对被审计单位期末存货盘点进行控制测试),注册会计师只需要获取该时点的审计证据。

(2) 如果需要获取控制在某一期间有效运行的审计证据,仅获取与时点相关的审计证据是不充分的,注册会计师应当辅以其他控制测试,包括测试被审计单位对控制的监督。

需要注意的是,关于控制在多个不同时点的运行有效性的审计证据的简单累加并不能构成控制在某期间的运行有效性的充分、适当的审计证据。因此,"其他控制测试"应当具备的功能是,能提供相关控制在所有相关时点都运行有效的审计证据。例如,被审计单位对控制的监督起到的就是一种检验相关控制在所有相关时点是否都有效运行的作用,因此,"其他控制测试"在此就体现为,注册会计师测试这类活动能够强化控制在某期间运行有效性的审计证据效力。

(二) 期中审计证据的考虑

注册会计师可能在期中实施进一步审计程序。对于控制测试而言,注册会计师在期中实施此类程序具有更积极的作用。需要注意的是,即使注册会计师已获取有关控制在期中运行有效性的审计证据,仍然需要考虑如何能够将控制在期中运行有效性的审计证据合理延伸至期末,一个基本的考虑是针对期中至期末这段剩余期间获取充分、适当的审计证据。

如果已获取有关控制在期中运行有效性的审计证据,并拟利用该证据,那么注册会计师应当实施下列审计程序:① 获取这些控制在剩余期间变化情况的审计证据;② 确定针对剩余期间还需获取的补充审计证据。

上述第一项审计程序是针对期中已获取审计证据的控制,考察这些控制在剩余期间的变化情况,如果这些控制在剩余期间没有发生变化,注册会计师可能决定信赖期中获取的审计证据;如果这些控制在剩余期间发生了变化,注册会计师需要了解并测试控制的变化对期中审计证据的影响。

上述第二项审计程序是针对期中证据以外的、剩余期间的补充证据。在执行该项规定时,注册会计师应当考虑的因素包括以下五点。

(1)评估的认定层次重大错报风险的重大程度。评估的重大错报风险对财务报表的影响越大,注册会计师需要获取的剩余期间的补充证据越多。

(2)在期中测试的特定控制,在期中对有关控制运行有效性获取的审计证据的程度。如果注册会计师在期中对有关控制运行有效性获取的审计证据比较充分,可以考虑适当减少需要获取的剩余期间的补充证据。

(3)剩余期间的长度。一般说来剩余期间越长,注册会计师需要获取的剩余期间的补充证据越多。

(4)在信赖控制的基础上拟减少缩小进一步实质性程序的范围。注册会计师对相关控制的信赖程度越高,通常在信赖控制的基础上拟缩小进一步实质性程序的范围就越大,在这种情况下,注册会计师需要获取的剩余期间的补充证据越多。

(5)控制环境。在注册会计师总体上拟信赖控制的前提下,控制环境越薄弱(或把握程度越低),注册会计师需要获取的剩余期间的补充证据越多。

除了上述的测试剩余期间控制的运行有效性,测试被审计单位对控制的监督也能够作为一项有益的补充证据,以便更有把握地将控制在期中运行有效性的审计证据延伸至期末。

(三)以前审计获取审计证据的考虑

1. 考虑以前审计获取的审计证据的意义

内部控制中的诸多要素对于被审计单位往往是相对来说稳定的(相对于具体的交易、账户余额和披露),因此,注册会计师在本期审计时还是可以适当考虑利用以前审计获取的有关控制运行有效性的审计证据。

此外,内部控制在不同期间可能发生重大变化,注册会计师在利用以前审计获取的有关控制运行有效性的审计证据时需要格外慎重,充分考虑各种因素。

2. 考虑以前审计获取的审计证据的思路

基本思路:考虑拟信赖的以前审计中测试的控制在本期是否发生变化。如果拟信赖以前审计获取的有关控制运行有效性的审计证据,注册会计师应当通过实施询问并结合观察或检查程序,获取这些控制是否已经发生变化的审计证据。例如,在以前审计中,注册会计师可能确定被审计单位某项自动控制能够发挥预期作用,那么在本期审计中,注册会计师需要获取审计证据以确定是否发生了影响该自动控制持续有效发挥作用的变化。因此,注册会计师可以通过询问管理层或检查日志,确定哪些控制已经发生变化。

3. 考虑以前审计获取的审计证据的做法

在按照规定实施了有关审计程序后,注册会计师可能面临两种结果:控制在本期发生变化;控制在本期没有发生变化。

（1）控制在本期发生变化。如果控制在本期发生变化,注册会计师应当考虑以前审计获取的有关控制运行有效性的审计证据是否与本期审计相关。例如,如果系统的变化仅仅使被审计单位从中获取新的报告,这种变化通常不影响以前审计所获取证据的相关性。如果系统的变化引起数据累积或计算发生改变,这种变化可能影响以前审计所获取证据的相关性。如果拟信赖的控制自上次测试后已发生变化,注册会计师应当在本期审计中测试这些控制的运行有效性。

（2）控制在本期未发生变化。如果拟信赖的控制自上次测试后未发生变化,且不属于旨在减轻特别风险的控制,注册会计师应当运用职业判断确定是否在本期审计中测试其运行有效性,以及本次测试与上次测试的时间间隔,但每三年至少对控制测试一次。

4. 考虑以前审计获取的审计证据的影响因素

在确定利用以前审计获取的有关控制运行有效性的审计证据是否适当以及再次测试控制的时间间隔时,注册会计师应当考虑的因素或情况包括以下六点。

（1）内部控制其他要素的有效性,包括控制环境、对控制的监督以及被审计单位的风险评估过程。例如,当被审计单位控制环境薄弱或对控制的监督薄弱时,注册会计师应当缩短再次测试控制的时间间隔或完全不信赖以前审计获取的审计证据。

（2）控制特征（人工控制还是自动化控制）产生的风险。当相关控制中人工控制的成分较大时,考虑到人工控制一般稳定性较差,注册会计师可能决定在本期审计中继续测试该控制的运行有效性。

（3）信息技术一般控制的有效性。当信息技术一般控制薄弱时,注册会计师可能更少地依赖以前审计获取的审计证据。

（4）控制设计及其运行的有效性,包括在以前审计中测试控制运行有效性时发现的控制运行偏差的性质和程度。例如,当所审计期间发生了对控制运行产生重大影响的人事变动时,注册会计师可能决定在本期审计中不依赖以前审计获取的审计证据。

（5）由于环境发生变化而特定控制缺乏相应变化导致的风险。当环境的变化表明需要对控制作出相应的变动,但控制却没有作出相应变动时,注册会计师应当充分意识到控制不再有效,从而导致本期财务报表发生重大错报的可能,此时不应再依赖以前审计获取的有关控制运行有效性的审计证据。

（6）重大错报的风险和对控制的信赖程度。如果重大错报风险较大或对控制的信赖程度较高,注册会计师应当缩短再次测试控制的时间间隔或完全不信赖以前审计获取的审计证据。

5. 不得依赖以前审计所获取证据的情形

鉴于特别风险的特殊性,对于旨在减轻特别风险的控制,不论该控制在本期是否发生变化,注册会计师都不应依赖以前审计获取的证据。

因此,如果确定评估的认定层次重大错报风险是特别风险,并拟信赖旨在减轻特别风险的控制,注册会计师不应依赖以前审计获取的审计证据,而应在本期审计中测试这些控制的运行有效性。也就是说,如果注册会计师拟信赖针对特别风险的控制,那么所有关于该控制运行有效性的审计证据必须来自当年的控制测试。相应地，注册会计师应当在每次审计中都应测试这类控制。

五、控制测试的范围

对于控制测试的范围，其含义主要是指某项控制活动的测试次数。注册会计师应当设计控制测试，以获取控制在整个拟信赖的期间有效运行的充分、适当的审计证据。

（一）确定控制测试范围的一般考虑因素

注册会计师在确定某项控制的测试范围时通常考虑的一系列因素有以下六点。

（1）在整个拟信赖的期间，被审计单位执行控制的频率。控制执行的频率越高、控制测试的范围越大。

（2）在所审计期间，注册会计师拟信赖控制运行有效性的时间长度。拟信赖控制运行有效性的时间长度不同，在该时间长度内发生的控制活动次数也不同。注册会计师需要根据拟信赖控制的时间长度确定控制测试的范围。拟信赖期间越长，控制测试的范围越大。

（3）为证实控制能够防止或发现并纠正认定层次重大错报，所需获取审计证据的相关性和可靠性。对审计证据的相关性和可靠性要求越高，控制测试的范围越大。

（4）通过测试与认定相关的其他控制获取的审计证据的范围。针对同一认定，可能存在不同的控制。当针对其他控制获取审计证据的充分性和适当性较高时，测试该控制的范围可适当缩小。

（5）在风险评估时拟信赖控制运行有效性的程度。注册会计师在风险评估时，对控制运行有效性的拟信赖程度越高，需要实施控制测试的范围越大。

（6）控制的预期偏差。预期偏差可以用控制未得到执行的预期次数占控制应当得到执行次数的比率加以衡量。考虑该因素，是因为在考虑测试结果是否可以得出控制运行有效性的结论时，不可能只要出现任何控制执行偏差就认定控制运行无效，所以需要确定一个合理水平的预期偏差率。控制的预期偏差率越高，需要实施控制测试的范围越大。如果控制的预期偏差率过高，注册会计师应当考虑控制可能不足以将认定层次的重大错报风险降至可接受的低水平，从而针对某一认定实施的控制测试可能是无效的。

（二）对自动化控制的测试范围的特别考虑

一般说来，除非系统（包括系统使用的表格、文档或其他永久性数据）发生变动，注册会计师通常不需要增加自动化控制的测试范围。

信息技术处理具有内在一贯性，除非系统发生变动，一项自动化应用控制应当一贯运行。对于一项自动化应用控制，一旦确定被审计单位正在执行该控制，注册会计师通常无须扩大控制测试的范围，但需要考虑执行下列测试以确定该控制持续有效运行：① 测试与该应用控制有关的一般控制的运行有效性；② 确定系统是否发生变动，如果发生变动，是否存在适当的系统变动控制；③ 确定对交易的处理是否使用授权批准的软件版本。

(三) 测试两个层次控制时的注意事项

控制测试可用于被审计单位每个层次的内部控制。整体层次控制测试通常更加主观(如管理层对胜任能力的重视)。对整体层次控制进行测试,通常比业务流程层次控制(如检查付款是否得到授权)更难以记录。因此,整体层次控制和信息技术一般控制的评价通常记录的是文件备忘录和支持性证据。

注册会计师最好在审计的早期测试整体层次控制,原因在于对这些控制测试的结果会影响其他计划审计程序的性质和范围。

第三节 实质性程序

一、实质性程序的内涵

(一) 实质性程序的含义

实质性程序是指注册会计师针对评估的重大错报风险实施的直接用以发现认定层次重大错报的审计程序。具体说来,实质性程序包括对各类交易、账户余额、列报的细节测试以及实质性分析程序。

注册会计师应当针对评估的重大错报风险设计和实施实质性程序,以发现认定层次的重大错报。由于注册会计师对重大错报风险的评估是一种判断,可能无法充分识别所有的重大错报风险,并且由于内部控制存在固有局限性,无论评估的重大错报风险结果如何,注册会计师都必须针对所有重大的各类交易、账户余额、列报实施实质性程序。

注册会计师实施的实质性程序应当包括下列与财务报表编制完成阶段相关的审计程序:① 将财务报表与其所依据的会计记录相核对;② 检查财务报表编制过程中作出的重大会计分录和其他会计调整。

注册会计师对会计分录和其他会计调整检查的性质和范围,取决于被审计单位财务报告过程的性质和复杂程度以及由此产生的重大错报风险。

(二) 针对特别风险实施的实质性程序

如果认为评估的认定层次重大错报风险是特别风险,注册会计师应当专门针对该风险实施实质性程序。例如,如果认为管理层面临实现盈利指标的压力而可能提前确认收入,注册会计师在设计询证函时不仅应当考虑函证应收账款的账户余额,还应当考虑询证销售协议的细节条款(如交货、结算及退货条款);注册会计师还可考虑在实施函证的基础上针对销售协议及其变动情况询问被审计单位的非财务人员。

如果针对特别风险仅实施实质性程序,注册会计师应当使用细节测试,或将细节测试和实质性分析程序结合使用,以获取充分、适当的审计证据。不能单纯依赖实质性分析程序应对特别风险的原因在于,为应对特别风险需要获取具有高度相关性和可靠性的审计证据,仅实施实质性分析程序不足以获取有关特别风险的充分、适当的审计证据。

(三) 实质性分析程序

分析程序通常更适合那些往往在期间上可以预测的大容量交易。在设计实质性分析程序时,注册会计师应该考虑以下事项:① 对给定认定使用实质性分析程序的适当性;② 形成已记录金额或比率的期望值中所采用数据的可靠性,无论是从内部还是从外部取得该数据;③ 期望值是否足够准确以便在希望的保证水平上识别重大错报;④ 已记录金额与期望值之间可以接受的差额。

分析程序通过分析被审计单位重要的比率和趋势,包括调查这些比率或趋势的异常变动及其与预期数额和相关信息的差异,有助于查找那些需要在实质性测试中进一步调查的异常事项。例如,如果存在应收账款显著下降的趋势,可能暗示着被审计单位当期在货款回收方面存在问题。相应地,这将影响应收账款的可变现净值,因此,注册会计师应扩大对应收账款明细账的审查,并扩大对资产负债表日后资金收回情况的分析,或增加对坏账准备的充分性的关注。

注册会计师应当将分析程序运用于审计计划和审计报告阶段,也可运用于审计实施阶段。尤其需要注意的是,审计报告阶段运用分析程序,将帮助注册会计师得出审计结论并确定审计证据的充分性。

值得注意的是,根据审计准则的规定,分析程序在所有会计报表审计的计划和报告阶段都要求必须使用,但在审计实施阶段则是任意选择的,这是因为在审计实施阶段,虽然分析程序是直接作为一种实质性测试程序的,它可以提高审计的效率和效果,但是,分析程序的有效性取决于分析数据之间的预期关系、相关信息的可靠性等多方面的因素。所以,如果分析性测试使用的是内部控制生成的信息,而内部控制失效,注册会计师不应信赖这些信息及分析程序的结果。因此,当风险评估的结果显示被审计单位的重大错报风险较高时,注册会计师应更多地依靠实质性测试中的交易、余额以及列报和披露测试的结果,而较少依赖分析性测试的结果。

(四) 实质性分析程序与细节测试的组合

细节测试更适合于对某些账户余额上的认定取得审计证据,包括存在性和计价。在一些情况下,注册会计师可能确定只执行实质性分析程序就足以将重大错报风险降至可接受的低水平。例如,当注册会计师的风险评估结果被从执行控制的运行有效性测试中取得的审计证据所支持时,注册会计师可能确定只执行实质性分析程序就足以对某种交易所评估出的重大错报风险作出反应。

在其他情况下,注册会计师可能确定只有细节测试才是适当的,或者实质性分析程序和细节测试的组合对所评估出的风险最具有针对性。例如,为了取得充分适当的审计证据,从而在认定水平上实现计划的保证水平这一目标,注册会计师需针对所评估出的风险设计详细测试。在设计与存在或发生认定有关的实质性程序时,注册会计师在财务报表中包含的项目中进行选择并且取得相关的审计证据。

此外,在设计与完整性认定有关的审计程序时,注册会计师可能从表明一个项目应当纳入相关财务报表金额的审计证据中进行选择并且调查该项目是否已被纳入。例如,注册会计师可能检查后续的现金支出以确定某一采购是否从应付账款中遗漏掉。

二、实质性程序的性质

(一) 实质性程序的性质

实质性程序的性质,是指实质性程序的类型及其组合。实质性程序的两种基本类型包括细节测试和实质性分析程序。

细节测试是对各类交易、账户余额和披露的具体细节进行测试,目的在于直接识别财务报表认定是否存在错报。细节测试被用于获取与某些认定相关的审计证据,如存在、准确性、计价等。

实质性分析程序从技术特征上讲仍然是分析程序,主要是通过研究数据间关系评价信息,只是将该技术方法用作实质性程序,即用以识别各类交易、账户余额和披露及相关认定是否存在错报。实质性分析程序通常更适用于在一段时间内存在可预期关系的大量交易。

(二) 细节测试和实质性分析程序的适用性

一般而言,由于细节测试和实质性分析程序的目的和技术手段存在一定差异,因此,细节测试和实质性分析程序各自有不同的适用领域。细节测试适用于对各类交易、账户余额和披露认定的测试,尤其是对存在或发生、计价认定的测试;对在一段时间内存在可预期关系的大量交易,注册会计师可以考虑实施实质性分析程序。

三、实质性程序的时间

(一) 实质性程序时间的含义

在进行实质性测试前,注册会计师必须在对审计风险、重要性水平和成本效益原则等考虑基础上作出职业判断,确定实质性测试的性质、时间和范围。

虽然大部分的实质性审计测试是在资产负债表日后进行,但为了节约期后审计的时间,部分实质性测试可能在期中审计阶段进行。

一般而言,注册会计师应在资产负债表日后进行余额的实质性测试,例如函证应收账款、监盘存货和复核银行存款余额调节表等;在期中审计和期后审计阶段进行交易实质性测试,例如对固定资产的新增和处置、研究开发支出、经营收入和费用、有价证券的购买和销售等交易的测试。

只有当某个交易循环的内部控制非常完善时,注册会计师可能会决定在资产负债表日前进行一定的余额测试。例如,如果与销售过程、开出发票和收款相关的内部控制被认为是完善的,注册会计师可以选择在期中审计阶段对被审计单位的应收账款进行函证。

(二) 期中执行实质性程序的考虑

当实质性程序在期中执行时,注册会计师应当执行进一步的实质性程序或者执行结合控制测试的实质性程序以涵盖剩余期间,从而为将审计结论从中期延伸到期末提供合理的依据。

在一些情况下,实质性程序可能在中期执行,这增大了错报在期末可能存在未被注册会计师发现的风险。当剩余期间变长时,注册会计师应考虑包括以下内在的因素:① 控制环境和其他相关控制;② 在以后日期对审计而言所必需的信息的可获得性;③ 实质性程序的目标;④ 所评估的重大错报风险;⑤ 交易种类或账户余额及相关认定的性质;⑥ 注册会计师执行恰当实质性程序或结合控制程序以涵盖剩余期间,从而降低错报在期末存在而未被发现的风险。

(三) 期中审计证据的考虑

如果在期中实施了实质性程序,注册会计师应当针对剩余期间实施进一步的实质性程序,或将实质性程序和控制测试结合使用,以将期中测试得出的结论合理延伸至期末。

在将期中实施的实质性程序得出的结论合理延伸至期末时,注册会计师有两种选择:① 针对剩余期间实施进一步的实质性程序;② 将实质性程序和控制测试结合使用。

如果拟将期中测试得出的结论延伸至期末,注册会计师应当考虑针对剩余期间仅实施实质性程序是否足够。如果认为实施实质性程序本身不充分,注册会计师还应测试剩余期间相关控制运行的有效性或针对期末实施实质性程序。

对于舞弊导致的重大错报风险(作为一类重要的特别风险),被审计单位存在故意错报或操纵的可能性,那么注册会计师更应慎重考虑能否将期中测试得出的结论延伸至期末。因此,如果已识别出由于舞弊导致的重大错报风险,为将期中得出的结论延伸至期末而实施的审计程序通常是无效的,注册会计师应当考虑在期末或者接近期末实施实质性程序。

(四) 以前审计获取的审计证据的考虑

在以前审计中实施实质性程序获取的审计证据,通常对本期只有很弱的证据效力或没有证据效力,不足以应对本期的重大错报风险。只有当以前获取的审计证据及其相关事项未发生重大变动时,以前获取的审计证据才可能用做本期的有效审计证据。但即便如此,如果拟利用以前审计中实施实质性程序获取的审计证据,注册会计师应当在本期实施审计程序,以确定这些审计证据是否具有持续相关性。

四、实质性程序的范围

评估的认定层次重大错报风险和实施控制测试的结果是注册会计师在确定实质性程序的范围时的重要考虑因素。因此,注册会计师在确定实质性程序的范围时,应当考虑评估的认定层次重大错报风险和实施控制测试的结果。注册会计师评估的认定层次的重大错报风险越高,需要实施实质性程序的范围越广。如果对控制测试结果不满意,注册会计师应当考虑扩大实质性程序的范围。

在设计细节测试时,注册会计师除了从样本量的角度考虑测试范围外,还要考虑选样方法的有效性等因素。例如,从总体中选取大额或异常项目,而不是进行代表性抽样或分层抽样。

实质性分析程序的范围有以下两层含义。

第一层含义是对什么层次上的数据进行分析。注册会计师可以选择在高度汇总的财务数据层次进行分析,也可以根据重大错报风险的性质和水平调整分析层次。例如,按照不同产品线、不同季节或月份、不同经营地点或存货存放地点等实施实质性分析程序。

第二层含义是需要对什么幅度或性质的偏差展开进一步调查。实施分析程序可能发现偏差,但并非所有的偏差都值得展开进一步调查。可容忍或可接受的偏差(即预期偏差)越大,作为实质性分析程序一部分的进一步调查的范围就越小。确定适当的预期偏差幅度同样属于实质性分析程序的范畴,因此,在设计实质性分析程序时,注册会计师应到确定已记录金额与预期值之间可接受的差异额。在确定该差异额时,注册会计师应当主要考虑各类交易、账户余额和披露及相关认定的重要性和计划的保证水平。

拓展案例

洪良国际 IPO 造假与毕马威的审计风险管控

2010年3月30日,由于招股说明书涉嫌存在重大的虚假或误导性资料、严重夸大财务状况,上市仅三个月余的洪良国际控股有限公司(以下简称"洪良国际")在公布上市后的首份财务报告前夕,被香港证券及期货事务监察委员会(以下简称"香港证监会")勒令停牌。洪良国际1993年创立于福建福清,生产基地在中国大陆,董事会设在中国台湾,而注册地在离岸金融中心开曼群岛,公司主要生产综合化纤类针织布料,为李宁及安踏、迪卡侬、Kappa、美津浓等运动品牌供应商。

洪良国际上市招股书显示,金融危机影响依然深重的2009年上半年,其营业额同比增加56.6%,至8.17亿元;净利润同比增加93.4%,至1.83亿元,令人难以置信。事实上,香港证监会调查发现,洪良国际的营业额虚报超过20亿元人民币,盈利夸大近6亿元人民币,招股章程内载有多项不实及严重夸大陈述。洪良国际承认,其首次公开招股章程所载有关其截至2006年、2007年及2008年年底各年度营业额的数字、税前利润以及各期末现金及现金等价物的价值,均属虚假,并具有误导性。2012年6月20日,因招股书资料造假被香港证监会勒令停牌超过两年的洪良国际宣布,与香港证监会达成协议,同意按被香港证监会勒令停牌时每股报价2.06港元,回购公司股份,涉及7 700名小股东,最多赔偿10.3亿港元。作为洪良国际2009年12月在港交所上市的唯一账簿管理人、牵头经办人及保荐人的兆丰资本被香港证监会于2012年4月22日以尽职审查不足及未达标、不当地依赖发行人、审核线索不足、没有充分监督员工,以及违反保荐人承诺及向联交所申报不实声明等五宗罪,认定存在重大过失,处以4 200万港元的罚金,相当于其作为洪良国际保荐人所获得的全部收入;并撤销了其保荐牌照,禁止其再为机构融资提供意见。

洪良国际IPO造假案的另一焦点——审计机构毕马威会计师事务所(简称毕马威),由于率先发现洪良国际IPO造假,不仅没有隐瞒,还马上举报,躲过了被香港证监会惩罚的厄运,甚至被认为在及时挽回投资者损失方面功不可没。此次事件能顺利解决与其特殊性有关,由于洪良国际财务造假被揭露得早,香港证监会对其上市募集的资金及时冻结,投资者的损失尚能被追回。毕马威职员(高级经理、非执业会计师梁思哲等)卷入的受贿、行贿案件,审讯后因主要证人的证词矛盾,法官未能确定被告的犯罪意图,于2011年4月28日被判无罪。香港会计界的法定自律监管机构——香港会计师公会表示,由于法院已宣判会计师无罪,不会对该会计师或其雇主毕马威追究责任。

毕马威在审计洪良国际截至2009年12月31日会计年度的财务报表时,发现了差异和问题,也关注到负责该核数项目的某些成员可能曾经收取现金礼物。毕马威的高级经理、非执业会计师梁思哲被女下属刘淑婷通过内部热线举报,梁思哲在洪良国际首次公开募股(IPO)交易中,伙同"中间人"陈秋云向刘淑婷提供10万港元贿赂,作为就洪良国际IPO招股书拟备会计师报告的报酬。此外,梁思哲还涉嫌于2010年2月20日接受30万港元,作为洪良国际全球发售股份招股书拟备会计师报告的报酬。由于内部规则和程序明确禁止任何人士向会计师事务所的员工作出任何馈赠,毕马威宣布暂停梁思哲的职务。在内部调查后,毕马威主动向监管机构举报其内部成员在为洪良国际全球发售股份招股书拟备会计师报告时可能曾经收取现金礼物。毕马威还表示,由于与客户的关系已经受损,无法独立完成审计洪良国际截至2009年12月31日年度的财务报表,于2010年5月10日请辞审计师职务并生效。

尽管发生了审计失败并伴有职员受贿、行贿等恶劣情节,但由于在发现客户财务异常和审计职员卷入贿赂事件时,不是心存侥幸,而是主动举报;不是抓住蝇头小利不放,而是主动请辞以洁身自好,毕马威的声誉和形象不仅没有受损,反而因其诚实和坦率赢得社会公众的信任和尊重,不失为一种值得推崇的审计风险管理和质量控制的做法。

思 考 题

1. 在设计进一步审计程序时,注册会计师应当考虑哪些因素?
2. 简述了解内部控制程序与控制测试程序之间的联系与区别?
3. 识别和评估重大错报风险的审计程序有哪些?
4. 在确定风险是否属于特别风险时,注册会计师应当考虑的事项有哪些?
5. 什么是实质性程序?在设计实质性程序时,注册会计师应当考虑哪些因素?

第十章 审计抽样

【教学目的和要求】

◇ 了解审计抽样的理论基础、现实依据和适用情形
◇ 辨析抽样风险、非抽样风险、统计抽样与非统计抽样
◇ 掌握属性抽样的概念与主要方法
◇ 掌握变量抽样的概念与主要方法
◇ 比较并区分传统变量抽样与PPS抽样

引导案例

多家会计师事务所因审计抽样执行不当被出具警示函

2013年4月22日,中国证监会对中瑞岳华会计师事务所及其注册会计师采取了出具警示函的行政监管措施,其中指出中瑞岳华会计师事务所在审计中天证券有限责任公司2007年和2008年年度报告中,经纪业务审计抽样选取的样本不能反映业务的整体风险特征,同时未以全年数据为抽样范围。

2015年7月30日,中国证监会河南证监局对立信会计师事务所(特殊普通合伙)出具警示函,指出其湖北分所在新开普电子股份有限公司2014年年报审计中存在违规行为。在对销售收入进行细节测试中,未对抽样结果进行谨慎评价,未获取适当审计证据,违反了《中国注册会计师审计准则第1301号——审计证据》第十条和《中国注册会计师审计准则第1314号——审计抽样》第二十四条规定。未根据监盘结果推断总体特征,违反《中国注册会计师审计准则第1314号——审计抽样》第二十四条规定;对分子公司存货如何执行盘点程序,未做计划安排,违反《中国注册会计师审计准则第1301号——审计证据》第十条规定。

2017年8月14日,中国证监会深圳证监局对众华会计师事务所及其注册会计师采取出具警示函,指出该所在2015年年报审计中,执行存货减值测试的样本选取标准未能完全覆盖存在减值迹象的存货范围,存货减值测试程序执行不到位。上述情况不符合《中国注册会计师审计准则第1314号——审计抽样》第十五条、第十六条和第十七条的规定。

2018年1月16日,中国证监会黑龙江证监局对中审亚太会计师事务所(特殊普通合伙)出具了警示函。其中指出,该所的执行宝泰隆新材料股份有限公司(以下简

现代审计学

称宝泰隆)2016年财务报表审计项目时,存在审计质量问题。宝泰隆毛利率、运费波动较大,缺乏必要的分析说明;测试宝泰隆收入、费用是否跨期时,选取的样本不恰当;对于宝泰隆在建工程转固定资产部分未见执行相应的检查程序等。

第一节 审计抽样概述

20世纪30年代,由于股份公司的发展壮大,经营活动日趋复杂,会计记录繁杂,传统的详细审计工作量极大,于是审计实务中逐渐出现抽查方法。20世纪60年代以来,随着基于概率统计原理的抽样技术的引进,抽样审计方法逐步成为现代审计中的一个基本程序。当然,还有一些审计程序不需要应用抽样,如询问、观察和分析程序以及阅读会议记录和合同等,都无须采用抽样。

一、审计抽样的含义

审计抽样是指注册会计师对某类交易或账户余额中低于百分之百的项目实施审计程序,使所有抽样单元都有被选取的机会。

审计抽样应当具备三个基本特征:① 对某类交易或账户余额中低于百分之百的项目实施审计程序;② 所有抽样单元都有被选取的机会;③ 审计测试的目的是为了评价该账户余额或交易类型的某一特征。

例如,如果注册会计师知道某些账户余额和交易类型更可能发生错报,则应在计划审计程序时加以考虑。对于这些账户余额或交易类型,注册会计师可以使用选取全部项目或选取特定项目的方法。但对于为实现审计目标需要进行测试的其他账户余额或交易类型,注册会计师通常缺乏特别的了解。在这种情形下,审计抽样特别有用。

随着被审计单位的规模不断扩大和经营复杂程度不断提高,为了控制审计成本、提高审计效率和保证审计效果,注册会计师在审计业务中使用审计抽样愈加普遍。

二、审计抽样的适用情形

注册会计师获取审计证据时可能使用三种目的的审计程序:风险评估、控制测试和实质性程序。注册会计师拟实施的审计程序将对运用审计抽样产生重要影响。有些审计程序可以使用审计抽样,有些审计程序则不宜使用审计抽样。

(一) 风险评估程序

一方面,注册会计师实施风险评估程序的目的是了解被审计单位及其环境,识别和评估程序实施的范围较为广泛,且不需要对总体取得结论性证据;另一方面,风险评估程序实施的范围较为广泛,且根据所获取的信息形成的证据通常是说服性的,而非结论性的,具有较强的主观色彩,因此通常不设计使用审计抽样和其他选取测试项目的方法。

(二) 控制测试

如果显示控制有效运行的特征留下了书面证据,即控制的运行留下了轨迹,对这些留下了运行轨迹的控制,注册会计师应当考虑检查这些文件记录,以获取控制运行有效性的审计证据,此时可以使用审计抽样来选取测试项目。

某些控制可能不存在文件记录,或文件记录与证实控制运行有效性不相关。对这些未留下运行轨迹的控制实施测试时,注册会计师应当考虑实施询问、观察等审计程序,以获取有关控制运行有效性的审计证据,此时不涉及审计抽样。

(三) 实质性程序

实质性程序包括对各类交易、账户余额、列报的细节测试,以及实质性分析程序。在实施细节测试时,注册会计师可以使用审计抽样获取审计证据,以验证有关财务报表金额的一项或多项认定(如应收账款的存在性),或对某些金额作出独立估计(如陈旧存货的价值)。在实施实质性分析程序时,注册会计师不宜使用审计抽样和其他选取测试项目的方法。

综上所述,在审计过程中,只有对留下了运行轨迹的控制实施的控制测试和对各类交易、账户余额、列报的细节测试才可能涉及审计抽样。

三、统计抽样与非统计抽样

在对某类交易或账户余额使用审计抽样时,注册会计师可以使用统计抽样方法,也可以使用非统计抽样方法。统计抽样与非统计抽样的步骤如图 10-1 所示。

统计抽样是指同时具备下列特征的抽样方法:一是随机选取样本;二是运用概率论评价样本结果,包括计量抽样风险。不同时具备上述两个特征的抽样方法为非统计抽样。

注册会计师在统计抽样和非统计抽样方法之间进行选择时主要考虑成本效益。统计抽样的优点在于能够客观地计量抽样风险,并通过调整样本规模精确地控制风险,这是与非统计抽样最重要的区别。另外,统计抽样还有助于注册会计师高效地设计样本、计量所获取证据的充分性以及定量评价样本结果。注册会计师使用非统计抽样时,必须考虑抽样风险并将其降至可接受水平,但不能精确地测定出抽样风险。不管统计抽样还是非统计抽样,两种方法都要求注册会计师在设计、实施抽样和评价样本时运用职业判断。统计抽样与非统计抽样的联系与区别如表 10-1 所示。

四、审计抽样与抽样风险

在获取审计证据时,注册会计师应当运用职业判断,评估重大错报风险,并设计进一步的审计程序,以确保将审计风险降至可接受的低水平。抽样风险和非抽样风险可能影响重大错报风险的评估和检查风险的确定。例如,在抽样测试中,当总体实际偏差

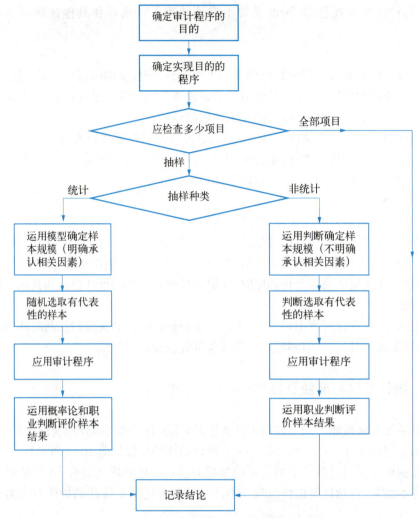

图 10-1 统计抽样与非统计抽样的步骤

表 10-1 统计抽样与非统计抽样的联系与区别

类型	区别				联　系
	量化风险	理论依据	效果与成本	误差概率	
统计抽样	利用概率法则来量化控制抽样风险	数学依据	效果比非统计抽样好	可确定误差的概率	① 都需合理运用专业判断； ② 都可以提供充分且适当的证据； ③ 都存在某种程度的抽样风险和非抽样风险； ④ 不影响审计程序的选择； ⑤ 不影响获取单个证据的适当性； ⑥ 不影响对样本错误的反映； ⑦ 统计抽样的产生并不意味着非统计抽样的消亡
非统计抽样	不能量化控制抽样风险	利用主观标准和个人经验	成本比统计抽样小	不能确定误差的概率	

率非常高时,如果注册会计师实施了不适当的审计程序而未能发现样本中的错误,重大错报风险评估水平就会受到非抽样风险的影响。如果注册会计师实施了适当的审计程序而在样本中未发现偏差或仅发现少量偏差,并作出控制运行有效的结论,重大错报风险评估水平则会受到抽样风险的影响。

(一) 抽样风险

抽样风险是指注册会计师根据样本得出的结论,与对总体全部项目实施与样本同样的审计程序得出的结论存在差异的可能性。

当对某类交易或账户余额中选取的样本实施控制测试或实质性程序时,注册会计师的结论可能与对全部项目实施同样的程序得出的结论不同,由此产生了抽样风险。也就是说,样本中包含的金额错报或对设定控制的偏差,可能不能代表某类交易或账户余额总体中存在的错报或控制偏差。例如,实施控制测试时,注册会计师在 100 个样本项目中发现 2 个偏差,并由此认为控制运行有效。但实际上,该总体的实际偏差率为 8%,注册会计师本该作出控制未有效运行的结论。注册会计师错误地接受总体,是因为样本特征与总体实际特征不一致。只要注册会计师没有对总体中的全部项目实施审计程序,抽样风险就可能产生。

无论是在控制测试还是在细节测试中,抽样风险都可以分为两种类型:一类是影响审计效果的抽样风险;另一类是影响审计效率的抽样风险。但在控制测试和细节测试中,这两类抽样风险的表现形式有所不同。

在控制测试中,注册会计师要关注的两类抽样风险:信赖过度风险和信赖不足风险。

信赖过度风险是指推断的控制有效性高于其实际有效性的风险。信赖过度风险与审计的效果有关。如果注册会计师评估的控制有效性高于其实际有效性,从而导致评估的重大错报风险水平偏低,注册会计师可能不适当地减少从实质性程序中获取的证据,造成审计的有效性下降。对于注册会计师而言,信赖过度风险更容易导致注册会计师发表不恰当的审计意见,因而更应予以关注。

信赖不足风险是指推断的控制有效性低于其实际有效性的风险。信赖不足风险与审计的效率有关。当注册会计师评估的控制有效性低于其实际有效性时,评估的重大错报风险水平偏高,注册会计师可能会增加不必要的实质性程序。在这种情况下,审计效率可能会降低。

在细节测试中,注册会计师也要关注两类抽样风险:误受风险和误拒风险。

误受风险是指注册会计师推断某一重大错报不存在而实际上存在的风险。如果账面金额实际上存在重大错报而注册会计师认为其不存在重大错报,注册会计师通常会停止对该账面金额继续进行测试,并根据样本结果得出账面金额无重大错报的结论,与信赖过度风险类似,误受风险影响审计效果,容易导致注册会计师发表不恰当的审计意见,因此注册会计师更应予以关注。

误拒风险是指注册会计师推断某一重大错报存在而实际上不存在的风险,与信赖不足风险类似,误拒风险影响审计效率。如果账面金额不存在重大错报而注册会计师认为其存在重大错报,注册会计师会扩大细节测试的范围并考虑获取其他审计证据,最终注册会计师会得到恰当的结论。在这种情况下,审计效率可能会降低。

只要进行审计抽样,抽样风险总会存在。在统计抽样时,注册会计师可以准确地计量和控制抽样风险。在非统计抽样时,注册会计师无法量化抽样风险,只能根据职业判断对其进行定性的评价和控制。

对特定样本而言,抽样风险与样本规模反向变动。既然抽样风险只与被检查项目的数量有关,那么控制抽样风险的唯一途径就是控制样本规模。无论是控制测试还是细节测试,注册会计师都可以通过扩大样本规模降低抽样风险。如果对总体中的所有项目都实施检查,就不存在抽样风险,此时审计风险完全由非抽样风险产生。

(二)非抽样风险

非抽样风险是指由于某些与样本规模无关的因素而导致注册会计师得出错误结论的可能性。非抽样风险包括审计风险中不是由抽样所导致的所有风险。注册会计师即使对某类交易或账户余额的所有项目实施某种审计程序,也可能仍未能发现重大错报或控制失效。

在审计过程中,可能导致非抽样风险的原因有以下四点。

(1)注册会计师选择的总体不适于测试目标。

(2)注册会计师未能适当地定义控制偏差或错报,导致注册会计师未能发现样本中存在的偏差或错报。

(3)注册会计师选择了不适于实现特定目标的审计程序。如注册会计师依赖应收账款函证来揭露未入账的应收账款。

(4)注册会计师未能适当地评价审计发现的情况。如注册会计师错误解读审计证据可能导致没有发现误差。注册会计师对所发现误差的重要性的判断有误,从而忽略了性质十分重要的误差,也可能导致得出不恰当的结论。

非抽样风险是由人为错误造成的,因而可以降低、消除或防范。虽然在任何一种抽样方法中注册会计师都不能量化非抽样风险,但通过采取适当的质量控制政策和程序,对审计工作进行适当的指导、监督和复核,以及对注册会计师实务的适当改进,可以将非抽样风险降至可接受的水平。注册会计师也可以通过合理设计其审计程序尽量降低非抽样风险。

五、审计抽样的步骤

(一)样本设计

注册会计师围绕样本的性质、样本量、抽样组织方式和抽样工作质量要求所进行的计划工作,称为样本设计。样本设计阶段的中心问题和难点是在确定抽样组织方式的前提下如何确定样本量。

1. 基本要求

在设计审计样本时,注册会计师应当考虑审计程序的目标和抽样总体的属性。换言之,注册会计师首先应考虑拟实现的具体目标,并根据目标和总体的特点确定能够最好地实现该目标的审计程序组合,以及如何在实施审计程序时运用审计抽样。

2. 总体

注册会计师应当根据所获取的审计证据的性质,以及与该审计证据相关的可能的误差情况或其他特征,界定误差构成条件和抽样总体。在实施抽样之前,注册会计师必须仔细定义总体,确定抽样总体的范围。总体可以包括构成某类交易或账户余额的所有项目,也可以只包括某类交易或账户余额中的部分项目。

例如,如果应收账款中没有个别重大项目,注册会计师直接对应收账款账面余额进行抽样,则总体包括构成应收账款期末余额的所有项目。如果注册会计师已使用选取特定项目的方法将应收账款中的个别重大项目挑选出来单独测试,只对剩余的应收账款余额进行抽样,则总体只包括构成应收账款期末余额的部分项目。

注册会计师应当确保总体的适当性和完整性。也就是说,注册会计师所定义的总体应具备下列两个特征:① 适当性。注册会计师应确定总体适合于特定的审计目标,包括适合于测试的方向。② 完整性。注册会计师应当从总体项目内容和涉及时间等方面确定总体的完整性。

3. 分层

如果总体项目存在重大变异性,注册会计师应当考虑分层。分层是指将一个总体划分为多个子总体的过程,每个子总体由一组具有相同特征(通常为货币金额)的抽样单元组成。分层可以降低每一层中项目的变异性,从而在抽样风险没有成比例增加的前提下减少样本规模。

例如,在对被审计单位的财务报表进行审计时,为了函证应收账款,注册会计师可以将应收账款账户按其金额大小分为3层,即账户金额在20 000元以上的,账户金额为5 000~20 000元的,账户金额在5 000元以下的。然后,根据各层的重要性分别采取不同的选择方法。对于金额在20 000元以上的应收账款账户,应进行全部函证;对于金额在5 000~20 000元及5 000元以下的应收账款账户,则可采用适当的选样方法选取进行函证的样本。

4. 样本规模的确定

样本规模是指从总体中选取样本项目的数量。在确定样本规模时,注册会计师应当考虑能否将抽样风险降至可接受的低水平,样本规模的影响因素如下。

(1) 可接受的抽样风险。样本规模受注册会计师可接受的抽样风险水平的影响:可接受的风险水平越低,需要的样本规模越大。

(2) 可容忍误差。可容忍误差是指注册会计师能够容忍的最大误差。在其他因素既定的条件下,可容忍误差越大,所需的样本规模越小。

(3) 预计总体误差。预计总体误差即注册会计师预期在审计过程中发现的误差。控制测试中,预计总体误差是指预计总体偏差率。在细节测试中,预计总体误差是指预计总体错报额。预计总体误差越大,可容忍误差也应当越大。在既定的可容忍误差下,当预计总体误差增加时,所需的样本规模更大。

(4) 总体变异性。总体变异性是指总体的某一特征(如金额)在各项目之间的差异程度。在控制测试中,注册会计师在确定样本规模时一般不考虑总体变异性。在细节测试中,注册会计师确定适当的样本规模时要考虑特征的变异性。

总体项目的变异性越低,样本规模越小。注册会计师可以通过分层,将总体分为相对同质的组,以尽可能降低每一组中变异性的影响,从而减少样本规模。未分层总体具有高度变异性,其样本规模通常很大。最有效的方法是根据预期会降低变异性的总体项目特征进行分层。

在实质性测试中分层的依据通常包括项目的账面金额,与项目处理有关的控制的性质,或与特定项目(如更可能包含错报的那部分总体项目)有关的特殊考虑等。分组后的每一组总体被称为一层,每层分别独立选取样本。

(5)总体规模。除非总体非常小,一般而言总体规模对样本规模的影响几乎为零。注册会计师通常将抽样单元超过5 000个的总体视为大规模总体。对大规模总体而言,总体的实际容量对样本规模几乎没有影响。对小规模总体而言,审计抽样比其他选择测试项目的效率低。

综上,各影响因素与样本规模之间的关系如表10-2所示。

表10-2 影响样本规模的因素

影响因素	控制测试	细节测试	与样本规模的关系
可接受的抽样风险	可接受的信赖过度风险	可接受的误受风险	反向变动
可容忍误差	可容忍偏差率	可容忍错报	反向变动
预计总体误差	预计总体偏差率	预计总体错报	同向变动
总体变异性	—	总体变异性	同向变动
总体规模	总体规模	总体规模	影响很小

(二) 样本选取

1. 基本要求

在选取样本项目时,注册会计师应当使总体中的所有抽样单元均有被选取的机会,这是审计抽样的基本特征之一。因此,不管使用统计抽样或非统计抽样方法,所有的审计抽样均要求注册会计师选取的样本对总体来讲具有代表性。否则,就无法根据样本结果推断总体。

2. 确定样本选取方法

样本选取方法有多种,注册会计师应根据审计的目的和要求,被审计单位实际情况,审计资源条件的限制及已选定的审计抽样方法等因素进行综合考虑,并具体进行选择,以期达到预定的审计质量与效率。以下介绍四种常见的样本选取方法。

(1)随机选样。在计算机辅助审计环境下,注册会计师可以利用审计软件系统进行随机选样,如图10-2所示。

(2)系统选样。系统选样也称等距选样,是指首先计算选样间距,再随机确定一个(或多个)选样起点,然后按照间距,自动顺序选取样本。这里的选样间距可用总体规模除以样本量得出。如总体规模为1 500,样本量为60,则选择间距为25。在计算机辅助审计环境下,注册会计师可以利用审计软件系统进行系统选样,如图10-3所示。

第十章 审计抽样

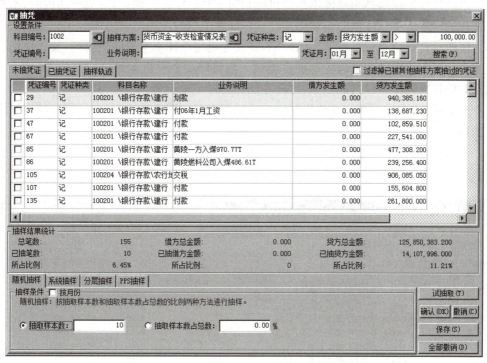

图 10-2 随机抽样

图 10-3 系统抽样

系统选样的缺陷是当总体不是随机排列时容易产生较大偏见,造成非随机的,不具代表性的样本。如总体里的循环周期与选样间距成倍数关系时就可能产生非随机的样本。注册会计师应警觉系统选样的缺陷,要么先确定总体确实是随机排列,要么使用设立多个随机起点的办法来减少这种可能性。当使用多个随机起点时,其间距等于一个起点时的选样间距乘以其起点数,这样才能保持样本量不变。

一般认为,在采用概率性选样时应当尽量考虑采用随机选样,只在不得已的情况下才采用系统选样。

值得注意的是,在进行随机选样或系统选样之前,注册会计师可以先对样本进行分层,以减少总体的变异性,然后再在选择随机选样或系统选样,如图10-4所示。

图10-4 总体分层

(3)整群选样。整群选样的特征是按顺序选取一群样本,只要选中了一个,紧挨着的几个就会作为一群,也被选取作为样本。例如,要选取100个样本,可以选5群,每群20个,也可以选10群,每群10个,还可以选50群,每群2个等。整群选样属于非概率性选样。

整群选样要注意的问题是,划分的群数不可太少。若群数太少,则选出的样本不具有代表性的可能性会过大,以至于不可接受。实务界要求划分群数达到"合理数量",但尚未就多大数目才算"合理数量"形成一致意见。一般认为,至少该划分10群以上才可能"合理"。

(4)判断选样。判断选样完全依靠注册会计师的专业判断,属于非概率性选样。判断选样常被用来测试交易,而且在审计对象总体中抽样单位的数目较少时,采用判断选样往往会比采用随机选样的效果更好。当然,在运用专业判断时要注意以下三点。

① 每类交易都应选取一些作为样本。
② 交易可由多人处理时,应在每人处理的交易中选取一些作为样本。
③ 金额大的交易(或账户余额大的账户)应重点考虑。

以上提到的各种选样方法在特定情况下都可能成为最有效的方式,因此注册会计师应辩明各种选择方法的用法和范围,在可能的情况下选用适当的选样方法,节省时间和成本。

(三) 对样本实施审计程序

注册会计师应当针对选取的每个项目,实施适合于具体审计目标的审计程序。对选取的样本项目实施审计程序旨在发现并记录样本中存在的误差。

如果选取的项目不适合实施审计程序,注册会计师通常使用替代项目。例如,注册会计师在测试付款是否得到授权时,选取的付款单据中可能包括一个空白的付款单。如果注册会计师确信该空白付款单是合理的且不构成误差,可以适当选择一个替代项目进行检查。

注册会计师通常对每一样本项目实施适合于特定审计目标的审计程序。有时,注册会计师可能无法对选取的抽样单元实施计划的审计程序(如由于原始单据丢失等原因)。注册会计师对未检查项目的处理取决于未检查项目对评价样本结果的影响。

(1) 如果注册会计师对样本结果的评价不会因为未检查项目可能存在错报而改变,就不需对这些项目进行检查。

(2) 如果未检查项目可能存在的错报会导致该类交易或账户余额存在重大错报,注册会计师就要考虑实施替代程序,为形成结论提供充分的证据。

例如,对应收账款的积极式函证没有收到回函时,注册会计师必须审查期后收款的情况,以证实应收账款的余额。注册会计师也要考虑无法对这些项目实施检查的原因是否会影响计划的重大错报风险评估水平或对舞弊风险的评估。如果注册会计师无法或者没有执行替代审计程序,则应将该项目视为一项误差。

(四) 样本结果评价

注册会计师在对样本实施必要的审计程序后,要按以下步骤评价抽样结果。

1. 分析样本误差

注册会计师应当考虑样本的结果,已识别的所有误差的性质和原因,以及其对具体审计目标和审计的其他方法可能产生的影响。

无论是统计抽样还是非统计抽样,对样本结果的定性评估和定量评估一样重要。即使样本的统计评价结果在可以接受的范围内,注册会计师也应对样本中的所有误差(包括控制测试中的控制偏差和细节测试中的金额错报)进行定性分析。

2. 推断总体误差

在实施控制测试时,由于样本的误差率就是整个总体的推断误差率,注册会计师无须推断总体误差率。在控制测试中,注册会计师将样本中发现的偏差数量除以样本规模,就计算出样本偏差率。无论使用统计抽样还是非统计抽样方法,样本偏差率都是注册会计师对总体偏差率的最佳估计,但注册会计师必须考虑抽样风险。

当实施细节测试时,注册会计师应当根据样本中发现的误差金额推断总体误差金额,并考虑推断误差对特定审计目标及审计的其他方面的影响。

3. 形成审计结论

注册会计师应根据抽样结果的评价,确定审计证据是否足以证实某一审计对象的总体特征,从而得出审计结论。

(1) 控制测试中的样本结果评价。在控制测试中,注册会计师应当将总体偏差率与可容忍偏差率比较,但必须考虑抽样风险。

在统计抽样中,注册会计师通常使用表格或计算机程序计算抽样风险。经量化的抽样风险被称为抽样风险允许限度,它代表抽样风险对样本评价结果的影响,用来对推断的总体误差进行调整。在控制测试中,抽样风险允许限度用百分数表示。用以评价抽样结果的大多数计算机程序都能根据样本规模和样本结果,计算在注册会计师确定的信赖过度风险条件下可能发生的偏差率上限的估计值。该偏差率上限的估计值即总体偏差率与抽样风险允许限度之和。具体原则如下:

① 如果估计的总体偏差率上限低于可容忍偏差率,则总体可以接受。此时注册会计师对总体得出结论,样本结果支持计划评估的控制有效性,从而支持计划的重大错报风险评估水平。

② 如果估计的总体偏差率上限大于或等于可容忍偏差率,则总体不能接受。此时注册会计师对总体作出评价,样本结果不支持计划评估的控制有效性,从而不支持计划的重大错报风险评估水平。注册会计师应当修正重大错报风险评估水平,并增加实质性程序的数量。注册会计师也可以对影响重大错报风险评估水平的其他控制进行测试,以支持计划的重大错报风险评估水平。

③ 如果估计的总体偏差率低于但接近可容忍偏差率,注册会计师应当结合其他审计程序的结果,考虑是否接受总体,并考虑是否需要扩大测试范围,以进一步证实计划评估的控制有效性和重大错报风险水平。

在非统计抽样中,抽样风险无法直接计量。注册会计师通常将样本偏差率(即估计的总体偏差率)与可容忍偏差率相比较,以判断总体是否可以接受。具体规则如下。

① 如果样本偏差率大于可容忍偏差率,则总体不能接受。这时注册会计师对总体作出评价,样本结果不支持计划评估的控制有效性,从而不支持计划的重大错报风险评估水平。因此,注册会计师应当修正重大错报风险评估水平,并增加实质性程序的数量。注册会计师也可以对影响重大错报风险评估水平的其他控制进行测试,以支持计划的重大错报风险评估水平。

② 如果样本偏差率低于总体的可容忍偏差率,注册会计师要考虑即便总体实际偏差率高于可容忍偏差时仍出现这种结果的风险。如果样本偏差率大大低于可容忍偏差率,注册会计师通常认为总体可以接受。如果样本偏差率虽然低于可容忍偏差率,但两者很接近,注册会计师通常认为总体实际偏差率高于可容忍偏差率的抽样风险很高,因而总体不可接受。如果样本偏差率与可容忍偏差率之间的差额不是很大也不是很小,以至于不能认定总体是否可以接受时,注册会计师则要考虑扩大样本规模,以进一步收集证据。

(2) 在细节测试中的样本结果评价。在细节测试中,注册会计师首先必须根据样本中发现的实际错报要求被审计单位调整账面记录金额。将被审计单位已更正的错报从推断的总体错报金额中减掉后,注册会计师应当将调整后的推断总体错报与该类交易或账户余额的可容忍错报相比较,但必须考虑抽样风险。

在统计抽样中,注册会计师利用计算机程序或数学公式计算出总体错报上限,并将计算的总体错报上限与可容忍错报比较。计算的总体错报上限等于推断的总体错报(调整后)与抽样风险允许限度之和。具体规则如下:

① 如果计算的总体错报上限低于可容忍错报,则总体可以接受。这时注册会计师对总体作出评价,所测试的交易或账户余额不存在重大错报。

② 如果计算的总体错报上限大于或等于可容忍错报,则总体不能接受。这时注册会计师对总体作出评价,所测试的交易或账户余额存在重大错报。

在非统计抽样中,注册会计师运用其经验和职业判断评价抽样结果。

① 如果调整后的总体错报大于可容忍错报,或虽小于可容忍错报但两者很接近,注册会计师通常作出总体实际错报大于可容忍错报的评价。也就是说,该类交易或账户余额存在重大错报,因而总体不能接受。

② 如果对样本结果的评价显示,对总体相关特征的评估需要修正,注册会计师可以单独或综合采取下列措施:提请管理层对已识别的误差和存在更多误差的可能性进行调查,并在必要时予以调整;修改进一步审计程序的性质、时间和范围;考虑对审计报告的影响。具体规则如下:

③ 如果调整后的总体错报远远小于可容忍错报,注册会计师可以作出总体实际错报小于可容忍错报的评价,即该类交易或账户余额不存在重大错报,因而总体可以接受。

④ 如果调整后的总体错报小于可容忍错报但两者之间的差距很接近(既不很小又不很大),注册会计师必须特别仔细地考虑,总体实际错报超过可容忍错报的风险是否能够接受,并考虑是否需要扩大细节测试的范围,以获取进一步的证据。

第二节 属 性 抽 样

一、属性抽样的基本原理

属性抽样法是一种用来推断总体中具有某一特征的项目所占比率的统计抽样方法。在控制测试中,注册会计师要对内部控制是否健全或没有被有效执行的例外情况的发生率进行测试,也就是注册会计师只需作出总体错误率是多少,被审查对象能否接受的结论,而不必对总体错误的金额大小作出估计。属性抽样法正是满足了这一需求,将重点放在对被审计对象总体的质量特征进行定性评价之上,因此比较适用于对内部控制的测试。

二、属性抽样的基本方法

(一)固定样本量抽样

固定样本量抽样是使用广泛的属性抽样方法,常用于估计审计对象总体中某种误差发生的比例,通常用"多大比例"来衡量误差发生的频率。例如,用这种方法估计没有授权签字的付款凭单数,注册会计师就可以得出这样的结论:"有95%的可信赖程度说明没有制授权签字的付款凭单数占总体的1%~3%。"固定样本量抽样的基本步骤如下。

1. 确定审计目标

例如,注册会计师准备审查被审计单位核准支付采购货款这一内部控制程序,他们就会关注该程序设计的有效性和执行的准确性。

2. 定义"误差"

例如,在审查核对支付采购货款这一内部控制程序时,注册会计师如果发现下列问题都应定义为"误差":① 付款凭单没有适当的授权签字;② 付款凭单后附的单据不全,后附的单据应该包括请购单、订购单、验收报告、入库单、采购发票等;③ 付款凭单后附的单据存在不一致的情况,或者后附的单据之间存在不一致的情况等。

3. 定义审计对象总体

在该项测试中,审计对象总体可以确定为连续编号的所有付款凭单,每张凭单就构成一个抽样单位。

4. 确定样本规模

在统计抽样中,样本规模的确定受三个指标的影响。假定预期总体误差率为2%,可容忍误差率为5%,可信赖程度为95%,因此,根据统计抽样样本量表(见表10-3)查出应选取的样本量为181个。同时,样本中的预期误差数为4,这就意味着如果在样本中发现5个或以上的误差,就说明抽样结果不能支持注册会计师对内部控制的预期信赖程度。

表 10-3 95%的可信赖程度下统计抽样的样本量表

预期总体误差(%)	可容忍误差(%)						
	2	3	4	5	6	7	8
0.00	149(0)	99(0)	74(0)	59(0)	49(0)	42(0)	36(0)
0.25	236(1)	157(1)	117(1)	93(1)	78(1)	66(1)	58(1)
0.50	*	157(1)	117(1)	93(1)	78(1)	66(1)	58(1)
0.75	*	208(1)	117(1)	93(1)	78(1)	66(1)	58(1)
1.00	*	*	156(1)	124(1)	78(1)	66(1)	58(1)
1.25	*	*	156(1)	124(2)	78(1)	66(1)	58(1)
1.50	*	*	192(3)	124(2)	103(2)	88(2)	77(2)
1.75	*	*	227(4)	153(3)	103(2)	88(2)	77(2)
2.00	*	*	*	181(4)	127(3)	88(2)	77(2)
2.25	*	*	*	208(5)	127(3)	88(2)	77(2)
2.50	*	*	*	*	150(4)	109(3)	77(2)

(续表)

预期总体误差(%)	可容忍误差(%)						
	2	3	4	5	6	7	8
2.75	*	*	*	*	173(5)	109(3)	95(3)
3.00	*	*	*	*	195(6)	129(4)	95(3)

5. 确定样本选取方法

因为凭单具有连续编号,所有注册会计师决定采用随机选样方法。

6. 选取样本并进行审查

例如,在确定了样本量为181个之后,注册会计师就可以根据随机数表在所有的付款凭单中选取181张凭单,并对这181张凭单执行详细审查,以发现是否存在上述所定义的误差。

7. 评价抽样结果

注册会计师在对所有的样本进行审查之后,应将发现的误差进行汇总,并评价抽样结果。注册会计师的评价抽样结果时,不仅需要考虑误差发生的次数,还需考虑误差的性质。具体评价结果如下。

(1) 如果注册会计师在样本中没有发现误差或者发现的误差数为4个,且不存在由于欺诈、舞弊或超越内部控制而造成的误差,那么由于发现的误差数没有超过预期误差数,注册会计师可以得出总体误差率未超过4%的可信赖程度为95%的结论。

(2) 如果注册会计师的样本中发现5个或更多的误差,且不存在由于欺诈、舞弊或超越内部控制而造成的误差,那么由于样本中误差数已经超过预期误差数,注册会计师就不能得出总体误差率未超过4%的可信赖程度为95%的结论。这时注册会计师应该减少对这一内部控制的信赖程度,同时需要根据样本误差数调整预期误差数,并相应增加样本量直至代之以详细审计。比如样本中发现的误差数如果是5,根据统计抽样样本量表预期总体误差应调整为2.25%,样本量也应该增加至208个。

(3) 如果注册会计师在样本中发现由于欺诈、舞弊或超越内部控制而造成的误差,则不论其误差率是高还是低,均应认为是性质十分严重的误差。此时,注册会计师需要评价其对财务报表的影响,采用更有效的审计程序进一步揭示这类误差,并采取适当的方式与被审计单位进行沟通。

(二) 停-走抽样

停-走抽样是固定样本量抽样的一种特殊形式。采用固定样本量抽样时,如果预期总体误差大大高于实际误差,其结果将是选取了过多的样本,降低了审计工作的效率。停-走抽样从预期总体误差为零开始,通过边抽样边评估来完成抽样审计工作,注册会计师先抽取一定量的样本进行审查,如果结果可以接受就停止抽样得出结论,如果结果不能接受就扩大样本量继续审查直至得出结论。因此,注册会计师采用停-走抽样方法就能够比采用固定样本量抽样更加有效地提高审计效率、降低审计成本。具体步骤如下。

1. 确定可容忍误差和风险水平。

例如,注册会计师确定可容忍误差为 3%,风险水平为 5%。

2. 确定初始样本量

根据既定的可容忍误差和风险水平,通过查停-走抽样初始样本量表(见表 10-4),得出初始样本量为 100 个。

表 10-4　停-走抽样初始样本量表(预期总体误差率为 0)

可容忍误差(%) \ 风险水平(%)	10	5	2.5
10	24	30	37
9	27	34	42
8	30	38	47
7	35	43	53
6	40	50	62
5	48	60	74
4	60	75	93
3	80	100	124
2	120	150	185
1	240	300	270

3. 进行停-走抽样决策

注册会计师先选取 100 个样本进行审查,如果在初始样本中没有发现误差,就可以停止抽样并得出在 95% 的可信赖程度下保证总体差不超过 3% 的结论。如果在初始样本中发现了误差,就应该根据样本中发现的误差数的风险水平,查停-走抽样样本量扩展及总体误差评估表(见表 10-5)确定风险系数。根据风险系数计算总体误差,总体误差的计算公式是:

$$总体误差 = \frac{风险系数}{样本量}$$

表 10-5　控制测试中常用的风险系数表

预期发生偏差的数量	信赖过度风险(%)	
	5.0	10.0
0	3.0	2.3
1	4.8	3.9
2	6.3	5.3
3	7.8	6.7
4	9.2	8.0

（续表）

预期发生偏差的数量	信赖过度风险(%)	
	5.0	10.0
5	10.5	9.3
6	11.9	10.6
7	13.2	11.8
8	14.5	13.0
9	15.7	14.2
10	17.0	15.4

4. 总体误差与可容忍误差的比较

注册会计师应将总体误差与原先确定的可容忍误差进行比较，如果总体误差超过可容忍误差，就应该扩大样本量继续抽样。需要增加的样本量应该按照下列公式进行计算：

$$需增加的样本量 = \frac{风险系数}{可容忍误差} - 已抽取的样本量$$

例如，如果注册会计师在 100 个样本中发现 2 个误差，则查表得出此时的风险系数为 6.3，计算出的总体误差是 6.3%，超过可容忍误差 3%，所以需要增加的样本量为 110，即将样本量扩大到 210 个。在对新增的样本进行审查后，如果没有发现误差，注册会计师就可以停止抽样并得出在 95% 的可信赖程度下保证总体误差不超过 3% 的结论。如果在新增加的样本中发现了误差，则应重复上述的抽样过程，继续增加样本量，但增加的样本量不宜超过初始样本量的 3 倍。例如，注册会计师在新增的 110 个样本中又发现了 1 个误差，刚查表得出此时的风险系数应为 7.8，计算出的总体误差是 3.7%，超过可容忍误差 3%，所以需要增加的样本量为 50，即将样本量扩大到 260 个，由此可见，运用停-走抽样时，注册会计师需要依据上述步骤根据每次对样本的审查结果在停止抽样或增加样本量继续抽样之间进行决策，这一决策过程可以通过表 10-6 的停-走抽样决策表予以体现。

表 10-6 停-走抽样决策表

步骤	累计样本量	如果累计误差等于以下数量就停止抽样	如果累计误差等于以下数量就增加样本量	如果累计误差等于以下数量就转到第 5 步
1	60	0	1～4	4
2	96	1	2～4	4
3	126	2	3～4	4
4	156	3	4	4
5		以样本误差作为预期总体误差采用固定样本量抽样		

(三) 发现抽样

发现抽样是固定样本量抽样的另一种特殊形式,与固定样本量抽样的不同之处在于发现抽样将预期总体误差率直接定为零,并根据可信赖程度和可容忍误差率一起确定样本量,在对选出的样本进行审查时,一旦发现一个误差就立即停止抽样。如果在样本中没有发现误差,则可以得出总体误差率可以接受的结论。发现抽样适合于查找重大舞弊或非法行为。

例如,如果注册会计师怀疑被审计单位存在依据虚假销售发票确认销售收入的情况,就必须在全部销售发票中发现虚构的销售发票。注册会计师确定可信赖程度为95%,可容忍误差率为5%,然后将预期总体误差率直接定为0%,根据统计抽样样本量表(见表10-3)确定样本量为59个。注册会计师在对选取的59张销售发票进行审查的过程中,如果没有发现任何的虚假发票,就可以得出总体误差率未超过5%的可信赖程度为95%的结论。相反,注册会计师在对59个样本进行审查时,一旦发现一张虚假发票就应立即停止抽样,并对总体进行全面的检查。

第三节 变量抽样

变量抽样法是一种能够对总体的数量余额作出估计的统计抽样方法。在实质性测试中,审查工作主要涉及数额、余额,需要对总体中的数额、余额是否存在错误及错误数额的大小进行定量测试和分析评价,而变量抽样法是直接针对总体中的数额、余额实施抽样,并从样本审查结果推断总体结果,从而对总体进行定量估计,这就为在实质性测试中对被审计对象总体数量特征的审查提供了简便而有效的方法,因而变量抽样法被广泛运用于实质性测试之中。变量抽样主要有单位平均数(mean per unit)抽样,简称MPU抽样和概率比率规模抽样(porbablity-proprotional-to-size sampling),简称PPS抽样等方法。

一、单位平均数抽样

(一) 确定审计目标

变量抽样法一般用于测试账户余额记录的正确性。现假定注册会计师拟测试某被审计单位应收账款总账余额的正确性。假设被审计单位应收账款余额为1 340 000元(账面价值),由3 000个顾客的账户余额合计构成。

(二) 确定总体和抽样单位

变量抽样法下的总体一般由构成某一账户余额的各单个记录组成,相应地,各单个记录则成为抽样单位。本例中的总体是被审计单位应收账款明细账是3 000个余额记录,各明细账记录是抽样单位。

(三) 确定样本规模

采用单位均值法时,样本规模的大小受总体规模、预期总体误差率、可容忍误差率和可信赖程度等因素的影响。总体标准差是衡量总体中个别项目值在总体平均值周围变异或离散程度的尺度。其计算公式如下：

$$总体标准差 = \sqrt{\frac{\sum_{i=1}^{n}(X_i - \bar{X})}{N}}$$

其中：X_i 为第 i 个项目的数值；$\bar{X}$ 为总体的平均值；N 为总体规模。

总体中各项目之间差异越大，总体标准差越大；反之亦然。在单位均值法中，预计的总体标准差越大，则要求的样本规模越大。在实际工作中，通常可以在正式抽样之前预先选取 30~50 个较小的样本，并以这些样本的实际值为基础计算出这些样本的标准差，作为预计的总体标准差。

可容忍误差是注册会计师认为抽样结果可以达到审计目的所愿意接受的审计总体的最大误差，可容忍误差受重要性判断的影响。可容忍误差与预期总体误差的差额称为计划的抽样误差。计划的抽样误差越大，所需的样本规模越小。由此可知，其他条件不变的情况下，可容忍误差越小、预期总体误差越大，则所需的样本规模也越大；可信赖程度超高，所需样本规模就越大。

单位均值法下的样本规模可采用如下公式计算：

$$n' = \left(\frac{U_r \times S \times N}{P}\right)^2 \qquad n = \frac{n'}{1 + \frac{n'}{N}}$$

其中：U_r 为可信赖程度系数；S 为预计总体标准差；N 为总体规模；P 为计划的抽样误差（即可容忍误差减去预期总体误差）；n' 为放回抽样时的样本规模；n 为不放回抽样时的样本规模。

所谓放回抽样是指样本选取后将其放回总体之中，还有被选取的机会。审计工作中，通常采用不放回抽样。可信赖程度系数可从表 10-7 中查出。

表 10-7 可信赖程度系数表

可信水平	α 风险	可靠系数 U_r
0.99	0.01	2.58
0.95	0.05	1.96
0.90	0.10	1.65

假定注册会计师通过预先选取 30 个样本计算出其预期总体标准差为 100，可容忍误差确定为 60 000 元；根据以往经验，预计应收账款总账余额记录的误差，即预期总体误差为 18 000 元，则可知计划的抽样误差为 42 000（60 000－18 000）。注册会计师要求的可信赖程度为 95%，从表 10-7 中可知相应的可信赖程度系数为 1.96，则有 $n' = (1.96 \times 100 \times 3\,000 \div 42\,000)^2 = 196$，而 $n = \dfrac{196}{1 + \dfrac{196}{3\,000}} = 184$，因此，所需的样本规模为 184 个。

(四) 选取样本并对样本进行测试

选取样本并对样本进行测试,得出各样本的实际值(即经审计确定的正确数值)以及样本实际值的平均值和标准差。假定注册会计师对样本进行测试后计算出样本实际值合计为 81 328 元,实际值的平均值为 442 元(81 324÷184)。样本实际值的标准差的计算结果假定为 90 元。

(五) 评价抽样结果

采用单位均值法时,对抽样结果的评价首先要根据样本平均值与总体规模得出总体的点估计值,然后再根据实际抽样误差得出总体的区间估计值。实际抽样误差和总体的区间估计值采用下式计算:

$$P_1 = U_r \times \frac{S_1}{\sqrt{n_1}} \times N \times \sqrt{1 - \frac{n_1}{N}}$$
$$I = E \pm P_1$$
$$E = N \times \bar{V}$$

其中:P_1 为实际抽样误差;S_1 为样本的标准差;n_1 为样本规模;N 为总体规模;I 为总体的区间估计值;E 为总体的点估计值;$\bar{V}$ 为样本审计值的平均值。

在本例中,通过抽样推断总体值应在 1 288 197~1 363 863 元,本例中应收账款账面价值为 1 340 000 元,处于总体区间估计值之内,说明账面记录值可以接受。如果账面记录没有落在总体的区间估计值之内,则注册会计师应分析原因,采取扩大样本量或要求被审计单位调整账面值并重新评价抽样结果等措施。

二、概率比例规模抽样

概率比例规模抽样(PPS)是一种运用属性抽样原理对货币金额而不是对发生率得出结论的统计抽样方法。PPS 抽样以货币单元(也就是 1 元)作为抽样单元,总体中的每个货币单位被选中的机会相同,所以总体中某一项目被选中的概率等于该项目的金额与总体金额的比率。项目金额越大,被选中的概率就越大,这种方法有助于注册会计师将审计重点放在较大的余额或交易。在运用 PPS 抽样时,注册会计师并不是对总体中的货币单位实施检查,而是对包含在被选取货币单位中对应的某个账户余额或交易金额(称为逻辑单元或实物单元)实施检查。

例如,假定注册会计师拟从 9 张销售发票组成的总体中选择 4 张进行测试,已知 9 张发票总计金额为 5 000 元,总体项目单位的累计金额如表 10-8 所示。

表 10-8 总体项目单位的累计金额

项目序号	账面金额(元)	累计金额(元)	货币单位关系
1	524	524	1~524
2	1 176	1 700	525~1 700

(续表)

项 目 序 号	账面金额(元)	累计金额(元)	货币单位关系
3	416	2 116	1 701～2 116
4	215	2 331	2 117～2 331
5	604	2 935	2 332～2 935
6	965	3 900	2 936～3 900
7	404	4 304	3 901～4 304
8	340	4 644	4 305～4 644
9	356	5 000	4 645～5 000

如果采用随机选样法,利用计算机审计软件生成 4 个随机数字,比如 0504、1200、3708 和 1695。这 4 数字分别包含在第 1、2、6、2 张销售发票的累计金额以内,选择样本即为这 4 张发票。我们可以看出,上述的第二个和第四个随机数所在的是属同一项目,不能将其视为同一样本,应作为两个样本处理。

如果采用系统选样法,首先要将总体分为几个有同样的货币单位构成的组,并从每一组中选择一个逻辑单元(即实际单位)。每组的货币单位数量就是抽样间隔。本例中拟抽取 4 个样本,则抽样间隔＝5 000(总体账面金额)÷4(样本数)＝1 250。在第一个间距内选择随机数 0517(计算机辅助审计软件产生的随机数)作为随机起点,则选出的 4 个样本数额为 0517、1767、3017、4267,这 4 数字分别包含在第 1、3、6、7 张销售发票的累计金额以内,选择的样本即为这 4 张发票。

注册会计师进行 PPS 抽样必须同时满足两个条件:① 总体的错报率很低(低于 10%),且总体规模在 2 000 以上。这是 PPS 抽样使用的泊松分布的要求。② 总体中任一项目的错报金额不能超过该项目的账面金额。例如,虚构 30 000 元应收账款,该错报金额为 30 000 元,未超过账面金额 30 000 元,适用 PPS 抽样;将贷方 100 元高估为借方 50 元,错报金额为 100＋50＝150 元,超过了账面金额 50 元,不适用 PPS 抽样;将 200 元应收账款低估成 20 元,错报金额为 200－20＝180 元,超过了账面金额 20 元,也不适用 PPS 抽样。

PPS 抽样的优点:PPS 抽样通过将少量大额实物单元拆成数量众多、金额很小的货币单元,从而赋予大额项目更多的机会被选入样本。PPS 抽样中项目被选取的概率与其货币金额大小成比例,因而生成的样本自动分层。在 PPS 抽样中,如果项目金额超过选样间距,PPS 系统选样自动识别所有单个重大项目。例如,若选样间隔为 1 000 元,某项目的账面金额超过 100 元,则必然抽中这个项目。

PPS 抽样的缺点:① PPS 抽样要求总体每一实物单元的错报金额不能超出其账面金额,从而限制了其应用范围。② 在 PPS 抽样中,被低估的实物单元被选取的概率更低。PPS 抽样不适用于测试低估和零余额或负余额的抽样审计。③ 当发现错报时,如果风险水平一定,PPS 抽样在评价样本时可能高估抽样风险的影响,从而导致注册会计师更可能拒绝一个可接受的总体账面金额。

(一) 确定样本规模

在 PPS 抽样中,注册会计师通常根据下列公式计算样本规模

$$n = \frac{BV \times R}{TM - r \times E^*}$$

其中:n 为样本规模;BV 为总体账面价值;R 为风险系数;TM 为可容忍错报;r 为扩张系数;E^* 为预计总体错报。相关数据通过计算机审计软件或查表得到。

(二) 样本的选取与审查

PPS 样本可以通过运用计算机软件、随机数表等随机选样或系统选样法来获取。若采用系统选样方法抽取样本,抽样间隔的计算公式如下:

$$I = \frac{BV}{n}$$

其中:n 为样本规模;BV 为总体账面价值;随机起点 RS 在 0 和 I 之间随机选取,选取的货币单元为 RS,$RS+I$,$RS+2I$,$RS+3I$,…,$RS+(n-1)I$。

(三) 抽样结果的评价

1. 计算错报比例

如果在实物单元中发现了错报,注册会计师要计算该实物单元错报的比例(用 t 表示)。

$$t = \frac{错报金额}{项目账面金额}$$

2. 推断总体

完成排序后,注册会计师可使用泊松分布评价特定抽样风险水平下货币单元的抽样结果。注册会计师应当计算在一定的保证水平下总体中的错报上限,并判断总体是否存在重大错报。

假设某总体包含 N 个抽样单元,如果在样本的 n 个货币单元中发现了 x 个错报,那么计算的既定风险水平下每个抽样单元存在错报的最大比率就是 MF_x/n。注册会计师可以推断,总体中存在高估错报的抽样单元的数量不超过

$$总体高估错报的最大数量(MNM) = N \cdot \frac{MF_x}{n}$$

如果这些抽样单元中的错报金额最大是 X,那么估计总体高估错报最大金额为

$$总体高估错报的最大金额(MDM) = N \cdot \frac{MF_x}{n} \cdot X$$

对 PPS 样本而言,账面金额(BV)就是总体中包含的货币单元数量,每一货币单元可能发生的最大高估错报是 1 元(PPS 抽样要求任一项目错报金额不能超过账面金额)。既然 $N=BV$,$X=1$,则估计的总体高估错报上限为

$$总体高估错报上限(UML) = BV \cdot \frac{MF_x}{n} \cdot 1$$

但是，这样计算出来的总体高估错报上限假设总体中每一错报的错报比例均为100%（即实际金额为0），而在许多抽样中，并非所有错报的错报比例都是100%。为了提高预计总体错报上限的准确度，注册会计师可以利用从样本中发现的其他信息和泊松分布中 MF_x 累积增加的特点，对上述总体高估错报上限的点估计值进行修正。

首先，如果样本中没有发现错报，注册会计师估计的总体错报上限（当没有错报时称为"基本界限"）为

$$基本界限 = BV \cdot \frac{MF_0}{n} \cdot 1$$

"基本界限"意味着注册会计师在给定的风险水平下估计的总体错报上限总是高于这个"基本界限"。当预计总体错报为0时，"基本界限"实际上等于可容忍错报。如果在样本中发现了 i 个错报，估计的总体错报上限就会大于这个"基本界限"。实际上，由于发现了 i 个错报而增加的总体错报上限点估计值是

$$发现1个错报所增加的错报上限 = BV \cdot \frac{MF_1 - MF_0}{n} \cdot 1$$

此时，总体错报上限的点估计值等于基本界限与样本中发现1个错报所增加的错报上限之和，即

$$总体错报上限 = BV \cdot \frac{MF_1}{n} \cdot 1 = \left(BV \cdot \frac{MF_0}{n} \cdot 1\right) + \left(BV \cdot \frac{MF_1 - MF_0}{n} \cdot 1\right)$$

注册会计师可以利用按相对大小排序的高估错报比例（t）来估计总体高估错报上限。由于高估错报不超过1元，基本界限仍然同上。但是，如果发现1个错报的错报比例是 t，发现这个错报的额外影响就是：

$$发现1个错报所增加的错报上限 = BV \cdot \frac{MF_1 - MF_0}{n} \cdot t$$

如果发现了2个错报，它们的排序会影响其对总体错报上限点估计值的额外影响。令 t_1 表示排在第一（从高到低）的错报比例，t_2 表示排在第二的错报比例。

$$第一个错报的影响 = BV \cdot \frac{MF_1 - MF_0}{n} \cdot t_1$$

$$第二个错报的影响 = BV \cdot \frac{MF_2 - MF_1}{n} \cdot t_2$$

以此类推，计算修正后的总体错报上限

$$总体错报上限 = \left(BV \cdot \frac{MF_0}{n} \cdot 1\right) + \left(BV \cdot \frac{MF_1 - MF_0}{n} \cdot 1\right) \\ + \left(BV \cdot \frac{MF_2 - MF_1}{n} \cdot t_2\right) + \cdots$$

使用错报比例 t 计算的总体错报上限点估计值将是特定风险水平下最保守的估计值。注册会计师可将计算的总体错报上限与可容忍错报比较，决定是否接受账面金额。

案例公司审计情况

PPS 抽样在应收账款函证程序中的应用

上海电气股份有限公司 2016 年应收账款包含 2 317 个明细账户，借方余额为 115 436 034.37 元。注册会计师确定的可接受误受风险为 5%，可容忍错报为 500 000 元，预计错报为 0，则高估错报的可靠性系数为 3.00，如图 10-5 所示，预计错报的扩张系数为 1.60，如图 10-6 所示。

高估错报的可靠性系数表

高估错报数量	误受风险								
	1%	5%	10%	15%	20%	25%	30%	37%	50%
0	4.61	3.00	2.31	1.90	1.61	1.39	1.21	1.00	0.70
1	6.64	4.75	3.89	3.38	3.00	2.70	2.44	2.14	1.68
2	8.41	6.30	5.33	4.72	4.28	3.93	3.62	3.25	2.68
3	10.05	7.76	6.69	6.02	5.52	5.11	4.77	4.34	3.68
4	11.61	9.16	8.00	7.27	6.73	6.28	5.90	5.43	4.68
5	13.11	10.52	9.28	8.50	7.91	7.43	7.01	6.49	5.68
6	14.57	11.85	10.54	9.71	9.08	8.56	8.12	7.56	6.67
7	16.00	13.15	11.78	10.90	10.24	9.69	9.21	8.63	7.67
8	17.41	14.44	13.00	12.08	11.38	10.81	10.31	9.68	8.67
9	18.79	15.71	14.21	13.25	12.52	11.92	11.39	10.74	9.67
10	20.15	16.97	15.41	14.42	13.66	13.02	12.47	11.79	10.67
11	21.49	18.21	16.60	15.57	14.78	14.13	13.55	12.84	11.67
12	22.83	19.45	17.79	16.72	15.90	15.22	14.63	13.89	12.67
13	24.14	20.67	18.96	17.86	17.02	16.32	15.70	14.93	13.67
14	25.45	21.89	20.13	19.00	18.13	17.40	16.77	15.97	14.67
15	26.75	23.10	21.30	20.13	19.24	18.49	17.84	17.02	15.67
16	28.03	24.31	22.46	21.26	20.34	19.58	18.90	18.06	16.67
17	29.31	25.50	23.61	22.39	21.44	20.66	19.97	19.10	17.67
18	30.59	26.70	24.76	23.51	22.54	21.74	21.03	20.14	18.67
19	31.85	27.88	25.91	24.63	23.64	22.81	22.09	21.18	19.67
20	33.11	33.11	27.05	25.74	24.73	23.89	23.15	22.22	20.67

双击鼠标左键选择需要的值!!!

预计存在错报时，PPS抽样中的"预计错报"和"扩张系数"两个参数是必须填写的。

图 10-5 高估错报的可靠性系数

预计错报的扩张系数表

误受风险(%)	系数
1	1.90
5	1.60
10	1.50
15	1.40
20	1.30
25	1.25
30	1.20
37	1.15
50	1.10

双击鼠标左键选择需要的值!!!

图 10-6 预计错报的扩张系数

按照前述 PPS 抽样原理，注册会计师根据相关参数，确定样本的规模。

$$样本规模 = 3.00 \times 11\ 5436\ 034.37/500\ 000 = 692.62$$

$$抽样间隔 = 115\ 436\ 034.37/692.62 = 166\ 666.67$$

在本例中，所有应收账款明细账余额均小于 166 666.67 元，即没有超过抽样间隔的实物单元。如果有实物单元超出抽样间隔，则应当对这些实物单元进行 100% 的检查。

注册会计师利用计算机辅助审计软件(鼎信诺审计系统),输入相关数据并选择相关系数,最终得到选样结果如图10-7所示。

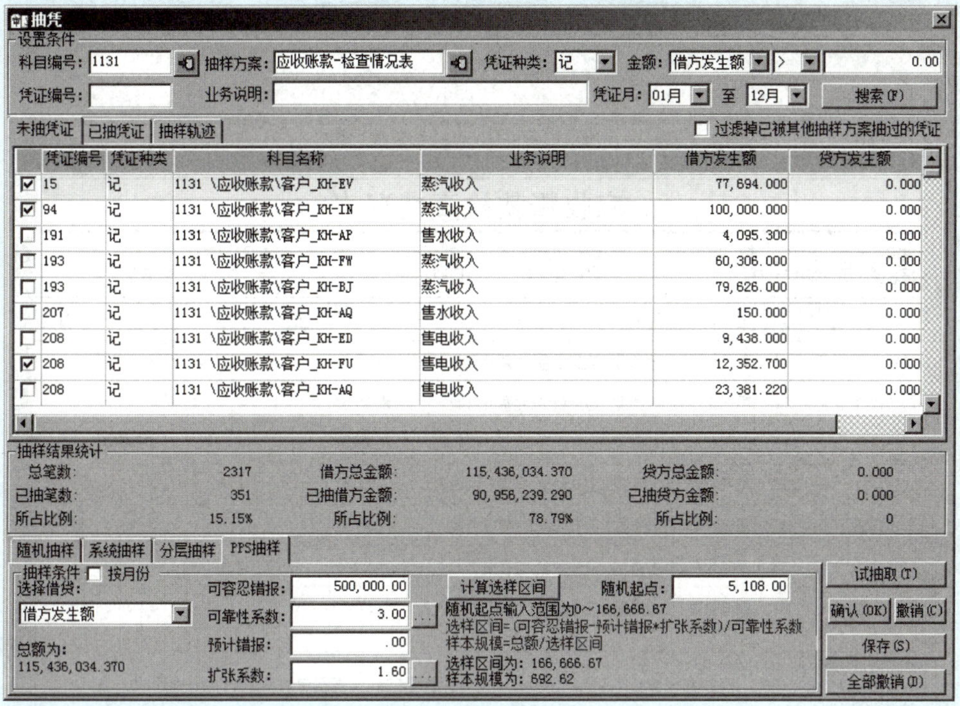

图 10-7 选样结果

然后,注册会计师对审计软件已选取的样本进行详细检查,并在审计工作底稿中作出相应记录,如图10-8所示。接下来,注册会计师针对检查的具体情况作出判断,得出相应结论。

情况一:假设注册会计师对抽取的实物单元即某应收账款明细账户分别发出积极式询证函,并都收到了回函,在进行测试后没有发现错报。这表明应收账款不存在重大错报,注册会计师可以接受应收账款的账面金额,不需要进行进一步检查。

情况二:假设回函测试后,注册会计师仅发现一个账面金额为 139 500 元的项目有 100 元的高估错报。注册会计师利用样本错报的相关信息计算总体错报上限的步骤如下:

$$T = 100/139\ 500 = 0.000\ 7$$

基本界限 $= 115\ 436\ 034.37 \times 3.00/692.62 \times 1 = 500\ 000(元)$

错报所增加的错报上限 $= 115\ 436\ 034.37 \times (4.75 - 3.00)/692.62 \times 0.000\ 7$
$= 204.17(元)$

总体错报上限 $= 500\ 000 + 204.17 = 500\ 204.17(元)$

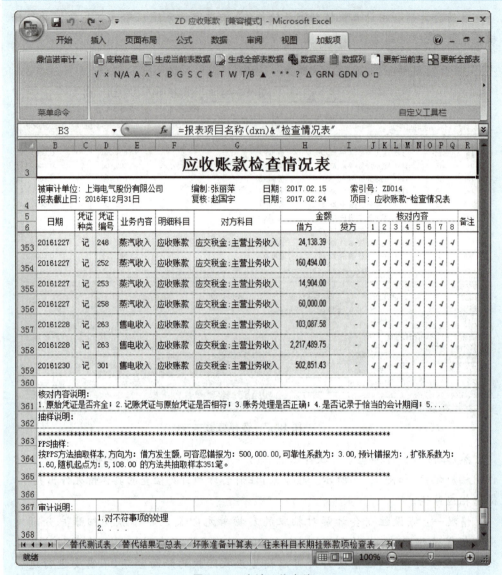

图 10-8　审计工作底稿

由于计算的总体错报上限 500 204.17 元高于应收账款认定层次的可容忍错报 500 000 元,表明应收账款存在重大错报,注册会计师不能接受应收账款的账面金额,需要进行进一步的检查。

情况三：假设回函测试后,注册会计师发现了两个错报。第一个是账面金额为 100 000 元的项目有 50 000 元的高估错报,第二个是账面金额为 139 500 元的项目有 80 000 元的高估错报。

在可接受误受风险为 5% 的情况下,泊松分布的 MF_x 分别为：$MF_0 = 3.00$,$MF_1 = 4.75$,$MF_2 = 6.30$。

$$T_1 = 50\,000/10\,000 = 0.5$$
$$T_2 = 80\,000/139\,500 = 0.573\,5$$

总体错报上限＝基本界限＋第一个错报所增加的错报上限＋第二个错报所增加的错报上限。

$$基本界限 = 115\,436\,034.37 \times 3.00/692.62 \times 1 = 499\,997.26(元)$$

$$第一个错报所增加的错报上限 = 115\,436\,034.37 \times (4.75 - 3.00)/692.62 \times 0.5$$
$$= 145\,832.53(元)$$

$$第二个错报所增加的错报上限 = 115\,436\,034.37 \times (6.30 - 4.75)/692.62 \times 0.573\,5$$
$$= 166\,665.61(元)$$

$$总体错报上限 = 499\,997.26 + 145\,832.53 + 166\,665.61 = 812\,495.40(元)$$

由于计算的总体错报上限812 495.40元超过了应收账款认定层次的可容忍错报500 000元，表明应收账款存在重大错报，注册会计师不能接受应收账款的账面金额，应当扩大样本的规模，进行进一步的检查。

由以上分析可知，在运用PPS审计抽样时，如果事先设定预计错报为零，那么只要注册会计师发现了错报（一个或两个），而不论错报的金额，计算的总体错报上限一定会超过可容忍错报金额，最后，注册会计师都将不能接受应收账款的账面金额，都需要扩大样本的规模，进行进一步的检查。所以，PPS审计抽样主要适用于预计错报数量很低的报表项目，通过对抽取的样本进行详细审计，确认错报数量不超过预计错报数量，则可以接受审计项目的金额，或者说在一定保证程度下，审计项目的金额不超过可容忍错报；一旦抽样后发现错报数量超过预计错报数量，则不接受审计项目的金额。

国 际 视 野

四大会计师事务所引入智能财务机器人

2016年3月10日，德勤与Kira Systems联手，正式将人工智能引入财务工作中，开发出智能机器人——"小勤人"。它可以帮助企业共享财务中心在节省人力和时间的情况下更高效地完成任务。某餐饮集团，以前200家门店的盘点数据必须在每个月的1号完成录入、过账和差异分摊，最快的成本会计完成一家门店操作也需要40分钟，但自从引入"小勤人"之后，5分钟后就可以完成一家门店的转账，15分钟后被标识这家门店已完成盘点，并在工作日结束时会发出邮件告知任务结果，附件包含所有生成的凭证，这一举措大大节省了餐饮集团财务共享中心的人力和时间。通过实施"小勤人"自动化，企业相对应地减少了门店向共享服务中心提交审核的相关流程，缩短了财务处理周期，还可以及时发现账实不符等现象并进行及时处理，实现了门店的统一管理，优化了财务处理流程，更重要的是提高了整体财务服务水平。

普华永道财务智能机器人方案使用智能软件完成原本由人工执行的重复性任务和工作流程，不需改变现有应用系统或技术，使原先那些耗时、操作规范化、重复性强的手工作业，以更低的成本和更快的速度实现自动化。相比较德勤财务智能机器人只针对财务领域，普华永道机器人解决方案扩展到了其他领域，包含人力资源、供应链以及信息技术。普华永道智能机器人在企业运营方面的优势主要有八项：快速上线，仅需2周（视流程的复杂程度而定）；非侵入性，机器人配置在当前系统和引用程序之外，无须改变当前的任何应用和技术；释放生产力，机器人可完成耗时及重复的任务，释放人力执行更为增值的任务；合规遵从，机器人减少错误，提供审计跟踪数据，更好地满足合规控制要求；高度可拓展性，轻松可拓展，立即培训和部署；提高质量，避免出现因人为错误而导致的返工，速度和准确率近100%；全天候待命；降低成本，降至原人工执行的1/9。

安永财务智能机器人主要应用于关账和开立账项、账项审核请求、外汇支付、理赔流程、订单管理、物料需求计划系统、能源消耗和采购、付款保护措施、舞弊调查、时间表管理、职能变化、修改地址详情、入离职手续、密码重置、系统维护、数据清洗、数据分析等。安永财务智能机器人向AI（人工智能）方向升级，特点如下：机器人的机能越来越精细且智能；落实成本更低，耗时更短；能够应用的理论流程量递减；未来可供科技发展的空间更大；机器人的应用越来越专业；机器人能够实现更大的定性效益而非财务效益。安永通过四个主要代系机器人RPA传统（重复性、基于规则的大量活动）、RPA认知（通过机器学习和自然语言处理，管理非结构化数据）、智能聊天机器人（与使用者互动）、AI（数据分析，洞察和决策）的强强联合，来实现最大的效益。

毕马威作为国际四大会计师事务所之一，是最后一家明确提供机器人流程自动化服务的，与之前的几款全自动流程化智能机器人相比，它更多地关注于数字化劳动力。KPMG智能机器人运用了自动化的同时，数字化劳动力使企业减少了40%～75%的成本；不依赖于工作量大小的可扩展模型；变革后业务处理方式变得更简便；认知技术也能够减少人工流程；收益与人的素质无关。KPMG智能机器人流程自动化转型为企业提供了一站式的服务，它可以确定高级自动化的优先领域；为未来的员工制定一个多方面的战略和路线图；为客户的独特需求选择合适的供应商和合作伙伴；建立治理计划，帮助客户实现先进自动化的预期价；通过试点或多个流程领域实施首选的自动化解决方案。

思 考 题

1. 抽样风险具体表现为哪几种形式？其对审计结果有何影响？
2. 什么是非抽样风险？非抽样风险具体表现为哪几种形式？
3. 属性抽样最适合在哪类审计测试中使用？简述属性抽样的基本类型。
4. 变量抽样最适合在哪类审计测试中使用？简述变量抽样的基本类型。
5. 与传统变量抽样相比，概率规模比率抽样有哪些优缺点？

第十一章 销售与收款循环审计

【教学目的和要求】

◇ 了解销售与收款循环的业务活动及所涉及的凭证和记录
◇ 理解销售与收款循环的内部控制及其测试的内容
◇ 熟悉销售与收款循环重大错报风险的识别与评估内容
◇ 掌握营业收入的实质性测试程序
◇ 掌握应收账款的实质性测试程序

引导案例

"银广夏事件"中函证审计程序失效

2001年8月,《财经》杂志发表《银广夏陷阱》一文,银广夏虚构财务报表事件被曝光。专家意见认为,天津广夏出口德国诚信贸易公司存在"不可能的产量、不可能的价格、不可能的产品"。2002年5月,中国证监会对银广夏的行政处罚决定书认定,公司1998—2001年累计虚增利润77 156.70万元。从原料购进到生产、销售、出口等环节,公司伪造了全部单据,包括销售合同、发票、银行票据、海关出口报关单和所得税免税文件。

银广夏编制合并报表时,未抵销与子公司之间的关联交易,也未按股权协议的比例合并子公司,从而虚增巨额资产和利润。年末应收账款占本年销售额的近70%,其中应收账款的最大客户是德国诚信贸易公司,2000年年底余额为2.67亿元,尽管账龄在一年以内,但数额巨大。为其提供审计服务的深圳中天勤会计师事务所未能有效执行应收账款函证程序,在对天津广夏的审计过程中,将所有询证函交由公司发出,而并未要求公司债务人将回函直接寄达注册会计师处。2000年,中天勤发出14封询证函,没有收到一封回函,这一异常现象却没有引起重视;对于无法执行函证程序的应收账款,审计人员在运用替代程序时,未取得海关报关单、运单、提单等外部证据,仅根据公司内部证据便确认公司应收账款。

事后发现,天津广夏审计项目负责人由非注册会计师担任,审计人员普遍缺乏外贸业务知识,不具备专业胜任能力,严重违反当时应遵守的《独立审计基本准则》和《独立审计具体准则第3号——审计计划》的相关要求,对银行存款余额,未实施有效检查及函证程序;确认出口产品收款金额和购买原材料付款金额,没有向银行询证;

> 确认虚假出口产品收入时,也没有向海关询证。
> 　　2001年9月后,因涉及银广夏利润造假案,深圳中天勤这家审计最多上市公司财务报表的会计师事务所实际上已经解体。财政部于2001年9月初宣布,拟吊销签字注册会计师刘加荣、徐林文的注册会计师资格;吊销中天勤会计师事务所的执业资格,并会同证监会吊销其证券、期货相关业务许可证,同时,将追究中天勤会计师事务所负责人的责任。

　　在审计实务中,注册会计师通常将财务报表分成若干个循环进行审计,即把紧密联系的交易种类和账户余额归入同一循环,这种做法与被审计单位的业务流程和内部控制设计的实际情况紧密切合,不仅可以加深审计人员对被审计单位经济业务的理解,而且由于将特定业务循环所涉及的财务报表项目分配给一个小组,从而增强了审计人员分工的合理性,有助于提高审计工作的效率与效果。

　　划分审计业务循环的类型和数量,应考虑被审计单位的企业性质、生产特点和会计师事务所的员工分工等情况,对于劳动密集型企业或高科技企业,注册会计师可能单独设置人力资源或工薪循环;对于大型工业制造业,可能单独设置固定资产循环。一般工业企业涉及的主要审计循环及其关系如图11-1所示。

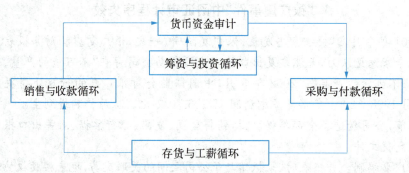

图11-1　各交易循环之间的关系

　　按照各财务报表项目与业务循环的相关程度,可以建立起各业务循环与其所涉及的主要财务报表项目之间的对应关系,如表11-1所示。

表11-1　业务循环与主要财务报表项目对照表

业务循环	资产负债表项目	利润表项目
销售与收款循环	应收票据、应收账款、长期应收款、预收款项、应交税费	主营业务收入、其他业务收入、营业税金及附加
采购与付款循环	预付款项、固定资产、在建工程、工程物资、固定资产清理、无形资产、商誉、长期待摊费用、应付票据、应付账款、长期应付款	销售费用、管理费用

(续表)

业务循环	资产负债表项目	利润表项目
存货与工薪循环	应付职工薪酬、存货(包括材料采购或在途物资、原材料、材料成本差异、库存商品、发出商品、商品进销差价、委托加工物资、委托代销商品、受托代销商品、周转材料、生产成本、制造费用、劳务成本、存货跌价准备、受托代销商品款等)	主营业务成本、其他业务成本、销售费用、管理费用
筹资与投资循环	交易性金融资产、应收利息、应收股利、其他应收款、其他流动资产、可供出售金融资产、持有至到期投资、长期股权投资、投资性房地产、递延所得税资产、其他非流动资产、短期借款、交易性金融负债、应付利息、应付股利、其他应付款、其他流动负债、长期借款、应付债券、专项应付款、预计负债、递延所得税负债、其他非流动负债、实收资本(或股本)、资本公积、盈余公积、未分配利润	财务费用、资产减值损失、公允价值变动损益、投资收益、营业外收入、营业外支出、所得税费用

从本章起至后续章节，我们将以执行企业会计准则的上海电气股份有限公司2016年财务报表审计为例，主要介绍销售与收款循环、采购与付款循环、存货与工薪循环以及货币资金审计的具体内容，以及对这些业务循环中重要财务报表项目的审计测试。

第一节 销售与收款循环的内部控制

一、销售与收款循环的主要业务活动

销售与收款业务是指企业对外销售商品、产品或提供劳务等收取货币资金的经营业务活动。销售分为现销和赊销两种形式，在此，主要阐述赊销业务活动。

(一) 接受客户订购单

接受客户订购单是整个销售与收款循环的起点。客户的订购单只有在符合企业管理层的授权标准时才能被接受，例如企业在收到客户的订单后，须经销售管理部门审核是否列入企业管理层批准销售的客户名单范围。只有经过批准的订单，才能作为销售的依据。订单批准后，需编制一式多联的销售单。

销售单是证明管理层有关销售交易"发生"认定的凭证之一，也是此笔销售交易轨迹的起点之一。

(二) 批准赊销信用

信用管理部门接到销售管理部门的销售单后，根据管理当局的赊销政策和授权决定是否批准赊销。信用管理部门应根据管理层的赊销政策，在每个客户的已授权的信用额度内进行赊销业务的批准。执行人工赊销信用审批时，应合理划分工作职责，以避免销售人员为增加销售而使企业承受不适当的信用风险。

设计信用批准控制的目的是为了降低坏账风险，这些控制与应收账款账面余额的"计价和分摊"认定有关。

(三) 按销售单供货

经过信用管理部门批准的销售单将传递至仓储部门，仓储部门根据经过批准的销售单发货。设立这项控制程序的目的是为了防止仓库在未经授权的情况下擅自发货。销售单既是运输部门发运的依据，也是登记存货账和开具发票的依据。

(四) 按销售单装运货物

当产品由仓储部门转交给运输部门时，运输部门必须负责安排货物的装运。运输部门根据经过批准的销售单装运货物，填制提货单等货运文件，并将其送往开具发票的部门。

(五) 给客户开具账单

开具账单是指开具并向客户寄送事先连续编号的销售发票。销售发票一般由会计部门开具。开具发票的员工首先应核对以下文件：批准的客户订购单、销售单、提货单。

(六) 记录销售业务

开具发票后，会计部门根据销售发票等原始凭证编制记账凭证，再据以登记销售收入、应收账款等明细账和总账，以及库存商品明细账和总账。

(七) 办理及记录收款业务

在办理收到客户的货款后，会计部门应编制相应的收款凭证，并及时、完整地予以记录，以确保回收货款的完整性。

(八) 处理销售退回与折让

发生销售退回、销售折扣与折让时，必须经授权批准，并分别控制实物流和会计处理。所有销售折让与退回以及应收账款的注销的调整账项，都必须填制连续编号的、并由一名无权接触现金或保管账户的负责人签字的贷项通知单。在记录销售退回之前，必须确保商品已经收回并验收入库。

(九) 注销坏账

销售企业若认为某项货款再也无法收回，就必须注销这笔货款。对这些坏账，正确的处理方法应该是获取货款无法收回的确凿证据，经适当审批后及时作会计调整。

(十) 提取坏账准备

企业应根据以前坏账发生的情况以及应收账款的账龄合理地估计应该计提的坏账准备数。坏账准备提取的数额必须能够抵补企业以后无法收回的销货款。

二、销售与收款循环涉及的主要凭证和会计记录

(一) 涉及的主要凭证

销售与收款循环涉及的主要凭证有：客户订购单、销售单、发运凭证、销售发票、商品价目表、贷项通知单、应收账款账龄分析表、坏账审批表等。

(二) 涉及的会计记录

销售与收款循环涉及的会计记录有：应收账款明细账、营业收入明细账、现金和银

行存款日记账、折扣与折让明细账、汇款通知书、客户月末对账单、转账凭证、收款凭证等。

三、销售与收款循环内部控制的主要内容

(一) 销售与收款循环的关键控制点

销售与收款循环内部控制应关注的关键控制点主要包括以下四个方面。

1. 授权审批

(1) 销售发票和发货单须经企业有关负责部门和人员审批。

(2) 由信用管理部门或专门的人员负责建立并及时更新有关客户信用的记录；授信额度内的信用管理部门有权批准；超过这一限额则应由更高级别的主管人员来负责决策。

(3) 销售价格的确定，销售方式、结算方式的选择，销售折扣与折让制度的制定、调整，销售退回等均须经企业有关负责部门和人员审批。

(4) 坏账损失的处理须经授权批准。

2. 职责分离

适当的职责分离有助于防止各种有意或无意的错误，因此企业应建立销售与收款业务的不相容职务相分离制度，具体如下。

(1) 开票、发货、收款、记账职务应分离。

(2) 应由独立于销售和收款的其他人员确认坏账是否发生。

3. 会计记录

充分的会计记录是实现其他控制目标的有效手段。

(1) 销售通知单、发票和出库单应事先编号，并按顺序填列签发。

(2) 所有的销售发票都开具出库单并交给客户，经客户签字确认。

(3) 建立并及时登记应收账款总账、明细账，营业收入总账、明细账等账簿。

(4) 使用事先编号的退货凭证，退回的货物经检验入库后退款给客户。

(5) 使用事先编号的凭证来记录坏账的核销，并保留坏账的有关记录，以便冲销的应收账款以后又收回时进行会计处理。

(6) 采用适当的方法记录收入、应收账款以及估计坏账准备的金额。

4. 定期核对

(1) 应收账款的总账和明细账、营业收入的总账和明细账等应定期进行核对。

(2) 应收账款有核对、催收制度，每月由独立的人员负责向客户寄送对账单，并定期检查确定账龄较长的欠款，在必要的情况下，调整此类客户的信用限额。

(二) 销售与收款循环内部控制的主要内容

销售与收款循环的内部控制主要有以下方面：合同订货制度、开票与结算制度、仓库发货制度、销售价格审批制度、销售退回与折让制度以及营业收入的核算和报告制度。

销售与收款循环内部控制的内容与风险点如表11-2所示。

表 11-2　销售与收款循环内部控制的内容与风险点

业务内容	可能的错误	必要的控制	可能的控制测试
1. 接受顾客订单	可能将商品销售给未经批准的顾客	(1) 确定顾客名单已列在已批准顾客清单上 (2) 新顾客由主管批准 (3) 每次销售都有已批准的销售单	(1) 观察接受顾客订单的程序 (2) 询问主管人员,审查记录批准的证据 (3) 审查已批准的销售单
2. 批准赊销信用	赊销可能未经信用批准	(1) 信用部门需对所有新顾客作信用调查 (2) 在每次销售前检查顾客的信用额度	(1) 询问对新顾客作信用调查的程序 (2) 审查记录销售前执行信用额度检查的证据
3. 按销售单供货	仓库可能根据未经批准的销售单发出商品	发货给装运部门必须有已批准的销售单	观察仓库人员供货
4. 按销售单装货	所装运的货物可能和被订购的货物不符	(1) 按销售单供货和装运的职能应分离 (2) 由装运部门职员根据已批准销售单独立检查从仓库收到的商品 (3) 每次装运货物都编制装运凭证	(1) 观察责任分工情况 (2) 审查记录独立检查的证据 (3) 审查装运凭证
5. 向顾客开具账单	(1) 可能重复开单或对虚构交易开单 (2) 有些已装运货物可能未开账单 (3) 销售发票可能计价有误	(1) 每张销售发票须附有相应的装运凭证和已批准的销售单 (2) 每张装运凭证需附有相应的销售发票 (3) 独立检查销售发票计价和计算的正确性	(1) 将销售发票核证至装运凭证和已批准的销售单 (2) 追查装运凭证至销售发票 (3) 重新执行计价正确性的检查
6. 记录销售	(1) 销售发票可能未记入主营(或其他)业务收入账户、应收账款总账和明细账 (2) 销售发票记入应收账款明细账可能出错	(1) 独立检查销售发票的合计数与销售账户和应收账款账户记录的金额的一致性 (2) 是否每月寄出对账单给顾客	(1) 复核独立检查证据,重新执行检查 (2) 观察寄出月末对账单的情况
7. 收到现金	(1) 现销可能未被记录 (2) 邮寄收款可能遗失或收款后被盗用	(1) 使用收银机 (2) 定期监督现销程序 (3) 支票收到立即限制背书 (4) 及时检查邮寄收款,收款后立即编制清单	(1) 观察现销程序 (2) 询问主管有关监督的成果 (3) 审查所收支票是否限制背书 (4) 观察清单的编制过程

(续表)

业务内容	可能的错误	必要的控制	可能的控制测试
8. 将现金送存银行	所收到的现金和支票可能与现金盘点表和清单不一致	(1) 独立检查现金和支票与现金盘点表和清单的一致性 (2) 独立检查经确认的存款单与每日现金汇总表的一致性	(1) 审查记录独立检查的证据 (2) 重新执行独立检查
9. 记录收款	(1) 汇款通知书可能与清单不一致 (2) 有些收款可能没有记账 (3) 将收款记入日记账可能出错 (4) 将收款记入应收账款明细账可能出错	(1) 独立检查汇款通知书与清单的一致性 (2) 独立检查记账、过账的金额与每日现金汇总表的一致性 (3) 定期编制银行存款余额调节表 (4) 每月寄送对账单给顾客	(1) 审查记录独立检查的证据 (2) 重新执行独立检查 (3) 审查银行存款余额调节表 (4) 查阅收发的每月对账单
10. 销售调整	(1) 可能出现未经批准的销售退回 (2) 可能漏记退货、退款 (3) 可能捏造退货、退款 (4) 坏账冲销数可能有错 (5) 可能侵吞顾客支付的现金	(1) 销售退回、折扣和折让须经过有关人员批准 (2) 销售退回和折让须采用事先连续编号的贷款通知单 (3) 销售退回、折让的批准与贷款通知单的签发的职能应分离 (4) 所有的坏账冲销都有符合程序的坏账审批表 (5) 坏账冲销的批准与收取账款和职能实行分离	(1) 询问审批人员,查阅证明商品实际退回的验收报告(验收单) (2) 审阅贷项通知单存根 (3) 观察分工情况 (4) 审查坏账审批表和有关支持性凭证 (5) 观察分工情况

四、销售与收款循环内部控制的记录

了解销售与收款循环内部控制是初步评估销售与收款业务重大错报风险的基础,也是后续开展测试销售与收款内部控制的前提,因此注册会计师首先应对内部控制进行了解。注册会计师可以运用询问、观察、审查凭证和查阅文件等审计程序对销售与收款循环的内部控制进行了解。

注册会计师应将了解的过程和结果以适当的形式记录于审计工作底稿中。描述内部控制的方法通常有三种:文字表述法、调查表法和流程图法。销售与收款循环内部控制调查表如表 11-3 所示,销售与收款循环内部控制流程图如图 11-2 所示。

表 11-3　销售与收款循环内部控制调查表

问　　题	是	否	不适用	备注
1. 所有的销货行为是否都有合同并经主管核准？				
2. 签订合同前是否核准客户信用？				
3. 产品的单价及销货折扣的制定、调整是否经授权核准？				
4. 销售发票是否以审核后的销售合同为依据？				
5. 发票是否顺序填列签发？				
6. 是否所有的销售发票都开出提货单并交给客户？				
7. 提货单是否经顾客签字确认？				
8. 发货前是否核对客户已付款？				
9. 产品发货时是否核对发票的装箱单？				
10. 销售日记账是否根据提货单及发票的入账联登记？				
11. 销售退回是否经审核批准？				
12. 销售退回是否开出红字发票及产品入库单？				
13. 退货是否经检验入库后退款？				
14. 应收账款是否有核对、催收制度？				
15. 坏账损失的处理是否经授权批准？				

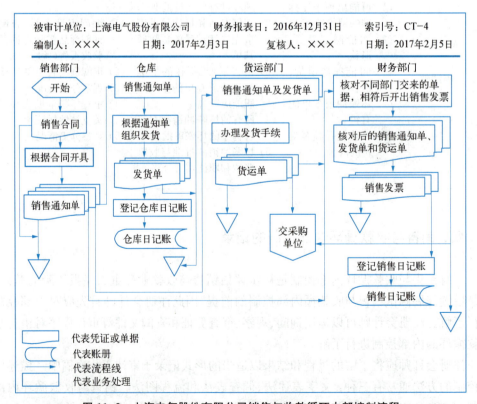

图 11-2　上海电气股份有限公司销售与收款循环内部控制流程

五、销售与收款循环内部控制的初步评价

注册会计师在对销售与收款循环的内部控制进行了解之后,应根据所收集的审计证据作出初步评价。

注册会计师应对销售与收款循环相关内部控制的设计有效性和是否得到执行(即执行有效性)两方面进行评价。由于对内部控制的了解和初步评价是在穿行测试完成后,但又在测试控制运行有效性,也即是内部控制运行的一贯有效性之前进行的,因此,上述评价只是初步结论,仍可能随着控制测试和实质性程序的结果而发生变化。

注册会计师在了解内部控制后,只对那些拟信赖的内部控制实施控制测试。注册会计师在风险评估时对内部控制的设计与执行有效性的拟信赖程度越高,需要实施控制测试的范围越大。内部控制的预期偏差率越高,需要实施控制测试的范围越大。

第二节 销售与收款循环的重大错报风险评估

被审计单位可能存在多种收入来源,处于不同的控制环境,存在复杂的合同安排,这些情况对收入交易的会计核算可能存在较大影响,例如不同交易安排下的收入确认的时间和依据可能不尽相同。注册会计师应结合对销售与收款循环中相关内部控制的了解,考虑在销售与收款循环中发生错报的可能性以及潜在错报的重大程度是否足以导致重大错报,从而评估销售与收款循环的相关交易和余额存在的重大错报风险,以为设计和实施进一步的审计程序提供基础。

一、销售与收款循环存在的重大错报风险

以一般制造业的赊销为例,相关交易和余额存在的重大错报风险通常包括以下内容。

(一) 收入确认的舞弊风险

收入是利润的来源,直接关系到企业的财务状况和经营成果。某些企业往往为了达到粉饰财务报表的目的而采用虚增(发生认定)或隐瞒收入(完整性认定)等方式实施舞弊。在财务报表舞弊案件中,涉及收入确认的舞弊占很大比例,收入确认已成为注册会计师审计的高风险领域。

(二) 收入复杂性可能导致的错误

被审计单位可能针对一些特定的产品或者服务提供一些特殊的交易安排(例如特殊的退货约定、特殊的服务期限安排等),但管理层可能对这些不同安排下所涉及的交易风险的判断缺乏经验,收入确认就容易发生错误。

(三) 收入截止的错误

收入截止的错误主要包括:发生的收入交易未能得到准确记录;期末收入交易和收款交易可能未计入正确的期间;销售退回交易的截止错误。例如,如果被审计单位预

案例 公司审计情况

被审计单位：上海电气股份有限公司　　**报表截止日**：2016年12月31　　**编制**：×××　　**日期**：2017年2月11日

项目：销售与收款循环-评价控制的设计并确定控制是否得到执行　　**复核**：×××　　**日期**：2017年2月18日　　**索引号**：XSL-004

销售与收款循环内部控制的初步评价结果

子流程	控制序号	控制目标	被审计单位的控制活动	受影响的相关交易、账户余额和披露	认定	控制的性质	控制频率	控制活动对实现控制目标是否有效	控制是否得到执行	是否测试控制运行有效性及理由	理由
订单/合同审批	#S1	客户采购订单经过适当审批	销售业务员对新客户进行背景调查，获取包括信用评审机构对客户信用等级的评定报告等，填写"新客户基本情况表"，并附相关资料交至销售经理和信用管理经理审批。销售经理在"新客户基本情况表"上注明是否同意接受该新客户，信用管理经理注明是否同意赊销及信用额度。给予新客户的信用额度不超过人民币10万元，若高于该标准，须经总经理审批	应收账款	存在	人工	不定期	是	否	否	已获知内部控制未有效执行，故不对其进行测试
同上	#S1	同上	同上	营业收入	发生	人工	不定期	是	否	否	同上
订单/合同审批	#S2	客户采购订单经过适当审批	收到客户的采购订单后，销售业务员将订单全额与该客户已被授权的信用额度以及至今尚欠的账款余额进行检查，经销售经理审批后，交至信用管理经理复核。如果超过信用额度的采购订单，须由总经理审批	应收账款	存在	包含自动化成分的人工控制	每天一次	是	是	是	

(续表)

子流程	控制序号	控制目标	被审计单位的控制活动	受影响的相关交易、账户余额和披露	认定	控制的性质	控制频率	控制活动对实现控制目标是否有效	控制是否得到执行	是否测试控制运行有效性及理由	
										是否测试	理由
同上	#S2	同上	同上	营业收入	发生	包含自动化成分的人工控制	每年一次	是	是	是	
订单/合同审批	#S3	销售合同经审批和签署	销售合同经销售经理复核后提交总经理签署	应收账款	存在	人工	每周一次	是	是	是	
同上	#S3	同上	同上	同上	发生	人工	每周一次	是	是	是	
订单/合同审批	#S4	录入的销售合同信息正确	销售经理审核批准信息管理员录入系统的销售信息，系统自动生成连续编号的销售订单	应收账款	准确性	自动	每天一次	是	是	是	
同上	#S4	同上	同上	营业收入	准确性	自动	每天一次	是	是	是	
记录应收账款	#S5	发出货物得到准确记录且仅记录实际发出的货物	应收账款记账员根据系统显示的"已出库"的销售订单信息开具销售发票，经会计主管审核无误后在系统中进行批准，系统内销售订单的状态更新为"已开票"，自动生成记账凭证，记入相应的应收账款明细账和营业收入明细账	应收账款	计价和分摊	包含自动化成分的人工控制	每周一次	是	是	是	
同上	#S5	同上	同上	营业收入	发生、准确性	包含自动化成分的人工控制	每周一次	是	是	是	

217

现代审计学

(续表)

子流程	控制序号	控制目标	被审计单位的控制活动	受影响的相关交易、账户余额和披露	认定	控制的性质	控制频率	控制活动对实现控制目标是否有效	控制是否得到执行	是否测试控制运行有效性及理由	
										是否测试	理由
记录应收账款	#S6	所有发出商品均确认销售	每月末，销售信息管理员从系统中导出尚处于"已工入库"状态和"已出库"的销售订单汇总报告，提交销售经理复核。对于"已出库"的销售订单，销售经理联系会计主管进一步调整并作出相应处理(包括账务处理)	应收账款	完整性	人工	每月一次	是	是	是	
同上	#S6	同上	同上	营业收入	完整性	人工	每月一次	是	是	是	
收款	#S7	已收到的款项记录正确	出纳员检查收到的票据后，应收账款记账员将收款通知单上签字确认，银行收款回单等凭证进行核对并提交及相关主管的复核。在完成对收款凭证在系统中批准的复核后，会计主管在打印收款凭证后附单证上加盖"核销"印戳	应收账款	准确性	人工	每月一次	是	是	是	
对账与调节	#S8	已记录的应收账款和销售收入是正确的	每月末，应收账款记账员向主要客户发送对账单。如有对账差异，应收账款经销售员联系对账情况，应收账款记账员根据报告和销售建议(如有)，交给会计主管复核。经复核，记账员进行必要的会计调整	应收账款	存在、权利与义务	人工	每月一次	是	是	是	

218

(续表)

子流程	控制序号	控制目标	被审计单位的控制活动	受影响的相关交易、账户余额和披露	认定	控制的性质	控制频率	控制活动对实现控制目标是否有效	控制是否得到执行	是否测试运行有效性	测试控制运行有效性及理由
同上	#S8	同上	每季度末,销售经理根据客户应收账款的账龄分析报告、客户实际财务状况以及所了解的其他信息,编写应收账款可收回性分析报告。销售经理、财务经理和总经理在季度管理会议上讨论该报告,财务经理根据讨论结果,按照公司会计政策计算并计提坏账准备,经总经理复核后入账	营业收入	完整性、发生、截止	人工	每月一次	是	是	是	
计提坏账准备	#S9	准确计提坏账准备并经授权		应收账款	计价和分摊	人工	每季一次	是	是	是	

期难以达到下一年度的销售目标,而已经超额实现了本年度的销售目标,就可能倾向于将本期的收入推迟至下一年度确认。

(四)应收账款坏账准备的计提不充分

应收账款计提坏账准备是否充分涉及管理层计价和分摊认定。注册会计师通常应分析近几年应收账款余额的增长情况,以此判断坏账准备计提是否充分。例如,审计当年度应收账款余额增长了40%,而坏账准备仅增长10%,大大低于应收账款增长幅度。增长幅度异常,意味着应收账款的计价和分摊认定存在着特别的风险,即坏账准备的计提很可能不充分。

二、收入确认舞弊风险的识别

注册会计师在识别和评估与收入确认相关的重大错报风险时,应当基于收入确认存在舞弊风险的假定,评价哪些类型的收入、收入交易或认定导致舞弊风险。

(一)常见的收入确认舞弊手段

1. 为了达到粉饰财务报表的目的而虚增收入或提前确认收入

(1)利用与未披露关联方之间的资金循环虚构交易。

(2)通过未披露的关联方进行显失公允的交易。例如,以明显高于其他客户的价格向未披露的关联方销售商品。

(3)通过出售关联方的股权,使之从形式上不再构成关联方,但仍与之进行显失公允的交易,或与未来或潜在的关联方进行显失公允的交易。

(4)通过虚开商品销售发票虚增收入而将货款挂在应收账款中,并可能在以后期间计提坏账准备,或在期后冲销。

(5)为了虚构销售收入,将商品从某一地点转移至另一地点,以出库单和运输单据为依据记录销售收入。

(6)在与商品相关的风险和报酬尚未全部转移给客户之前确认销售收入。例如,销售合同中约定被审计单位的客户在一定时间内有权无条件退货,而被审计单位隐瞒退货条款,在发货时全额确认销售收入。

(7)通过隐瞒售后回购或售后租回协议,将以售后回购或售后租回方式发出的商品作为销售商品确认收入。

(8)采用完工百分比法确认劳务收入且采用已经发生的成本占估计总成本的比例确定完工进度时,故意低估预计总成本或多计实际发生的成本,以通过高估完工百分比的方法实现当期多确认收入。

(9)在采用代理商的销售模式时,在代理商仅向购销双方提供帮助接洽、磋商等中介代理服务的情况下,按照相关购销交易的总额而非净额(扣除佣金和代理费等)确认收入。

(10)当存在多种可供选择的收入确认会计政策或会计估计方法时,随意变更所选择的会计政策或会计估计方法。

(11)选择与销售模式不匹配的收入确认会计政策。

2. 为了报告期内降低税负或转移利润而少计收入或延后确认收入

（1）被审计单位将商品发出、收到货款并满足收入确认条件后，不确认收入，而将收到的货款作为负债挂账，或转入本单位以外的其他账户。

（2）被审计单位采用以旧换新的方式销售商品时，以新旧商品的差价确认收入。

（3）在提供劳务或建造合同的结果能够可靠估计的情况下，不在资产负债表日按完工百分比法确认收入，而推迟到劳务结束或工程完工时确认收入。

（二）收入确认可能存在舞弊风险的迹象

舞弊风险迹象，是注册会计师在实施审计过程中发现的、需要引起对舞弊风险警觉的事实或情况。存在舞弊风险迹象并不必然表明发生了舞弊，但了解舞弊风险迹象，有助于注册会计师对审计过程中发现的异常情况产生警觉，从而更有针对性地采取应对措施。

通常表明被审计单位在收入确认方面可能存在舞弊风险的迹象举例如下。

（1）注册会计师发现，被审计单位的客户是否付款取决于能否从第三方取得融资、能否转售给第三方（如经销商）或被审计单位能否满足特定的重要条件等。

（2）未经客户同意，在销售合同约定的发货期之前发送商品。

（3）未经客户同意，将商品运送到销售合同约定地点以外的其他地点。

（4）被审计单位的销售记录表明，已将商品发往外部仓库或货运代理人，却未指明任何客户。

（5）在实际发货之前开具销售发票，或实际未发货而开具销售发票。

（6）对于期末之后的发货，在本期确认相关收入。

（7）实际销售情况与订单不符，或者根据已取消的订单发货或重复发货。

（8）已经销售给货运代理人的商品，在期后有大量退回。

（9）销售合同或发运单上的日期被更改，或者销售合同上加盖的公章并不属于合同所指定的客户。

（10）在接近期末时发生了大量或大额的交易。

（11）交易之后长期不进行结算。

（12）在被审计单位业务或其他相关事项未发生重大变化的情况下，询证函回函相符比例明显异于以前年度。

（13）发生异常大量的现金交易，或被审计单位有非正常的资金流转及往来，特别是有非正常现金收付的情况。

（14）应收款项收回时，付款单位与购买方不一致，存在较多代付款的情况。

（15）交易标的对交易对手而言不具有合理用途。

（16）主要客户自身规模与其交易规模不匹配。

（三）针对收入确认舞弊风险的风险评估程序

实施风险评估程序对注册会计师识别与收入确认相关的舞弊风险至关重要，例如，注册会计师通过了解被审计单位生产经营的基本情况、销售模式和业务流程、与收入相关的生产技术条件、收入的来源和构成、收入交易的特性、收入确认的具体原则、所在行业的特殊事项、重大异常交易的商业理由、被审计单位的业绩衡量等，有助于其考虑收入虚假错报可能采取的方式，从而设计恰当的审计程序以发现此类错报。

注册会计师应当评价通过实施风险评估程序和执行其他相关活动获取的信息是否表明存在舞弊风险因素。例如,如果注册会计师通过实施风险评估程序了解到,被审计单位所处行业竞争激烈并伴随着利润率的下降,而管理层过于强调提高被审计单位利润水平的目标,则注册会计师需要警惕管理层通过实施舞弊高估收入,从而高估利润的风险。

(四) 对收入确认实施分析程序

分析程序是一种识别收入确认舞弊风险的较为有效的方法,注册会计师需要重视并充分利用分析程序,发挥其在识别收入确认舞弊中的作用。

针对收入确认可能存在的重大错报风险,注册会计师可以利用计算机审计软件从以下六个方面实施的分析程序。

(1) 将本期销售收入金额与以前可比期间的对应数据或预算数进行比较。

(2) 分析月度或季度销售量变动趋势。

(3) 将销售收入变动幅度与销售商品及提供劳务收到的现金、应收账款、存货、税金等项目的变动幅度进行比较。

(4) 将销售毛利率、应收账款周转率、存货周转率等关键财务指标与可比期间数据、预算数或同行业其他企业数据进行比较。

(5) 分析销售收入等财务信息与投入产出率、劳动生产率、产能、水电能耗、运输数量等非财务信息之间的关系。

(6) 分析销售收入与销售费用之间的关系,包括销售人员的人均业绩指标、销售人员薪酬、差旅费用、运费,以及销售机构的设置、规模、数量、分布等。

三、根据重大错报风险评估结果设计进一步审计程序

注册会计师在评估销售与收款循环重大错报风险时,应当将所了解的控制与特定认定相联系,并考虑对识别的销售与收款交易、账户余额和披露认定层次的重大错报风险予以汇总和评估,以确定进一步审计程序的性质、时间安排和范围。

注册会计师基于销售与收款循环的重大错报风险评估结果,制定实施进一步审计程序的总体方案(包括综合性方案和实质性方案,如表 11-4 所示),继而实施控制测试和实质性程序,以应对识别出的认定层次的重大错报风险。注册会计师通过控制测试和实质性程序获取的审计证据综合起来应足以应对识别出的认定层次的重大错报风险。

表 11-4 销售与收款循环的重大错报风险和进一步审计程序总体方案

重大错报风险描述	相关财务报表项目及认定	风险程度	是否信赖控制	进一步审计程序的总体方案	拟从控制测试中获取的保证程度	拟从实质性程序中获取的保证程度
销售收入可能未真实发生	收入:发生 应收账款:存在	特别	是	综合性方案	高	中
销售收入记录可能不完整	收入/应收账款:完整性	一般	否	实质性方案	无	低

（续表）

重大错报 风险描述	相关财务报表 项目及认定	风险 程度	是否信 赖控制	进一步审计 程序的 总体方案	拟从控制 测试中获取 的保证程度	拟从实质性 程序中获取 的保证程度
期末收入交易可能未计入正确的期间	收入：截止 应收账款：存在/完整性	特别	否	实质性方案	无	高
发生的收入交易未能得到准确记录	收入：准确性 应收账款：计价和分摊	一般	是	综合性方案	部分	低
应收账款坏账准备的计提不准确	应收账款：计价和分摊	一般	否	实质性方案	无	中

第三节　销售与收款循环的控制测试

一、销售与收款循环内部控制测试的条件与方式

（一）销售与收款循环内部控制测试的条件

注册会计师如果在评估销售与收款循环相关的认定层次重大错报风险时，预期内部控制运行是有效的，注册会计师应当实施控制测试，就控制在相关期间或时点的运行有效性获取充分、适当的审计证据。

注册会计师无须测试针对销售与收款交易的所有控制活动。只有认为控制设计合理、能够防止或发现并纠正认定层次的重大错报，也即拟信赖销售与收款循环中的某项内部控制，注册会计师才有必要对控制运行的有效性实施测试。

（二）销售与收款循环内部控制测试的方式

1. 以内部控制目标为起点的控制测试

由于内部控制程序和活动是企业针对需要实现的内部控制目标而设计和执行的，控制测试则是注册会计师针对企业的内部控制程序和活动而实施的，因此注册会计师可以考虑以被审计单位的内部控制目标为起点实施控制测试。

2. 以风险为起点的控制测试

为提高注册会计师审计工作效率及质量，在审计实务中，注册会计师也可以考虑以识别的重大错报风险为起点实施控制测试。

二、销售与收款循环内部控制测试的主要内容

销售与收款循环内部控制的测试包括以下内容。

(一) 抽取一定数量的销售发票做检查

对销售发票检查的内容具体包括以下五点。

(1) 检查发票是否连续编号，作废发票的处理是否正确。

(2) 核对销售发票与销售订单、销售通知单、出库单所载明的品名、规格、数量、价格是否一致。

(3) 检查销售通知单上是否有信用部门的有关人员批准赊销的签字。

(4) 复核销售发票中所列的数量、单价和金额是否正确。包括：将销售发票中所列商品的单价与商品价目表的价格进行核对；验算发票金额的正确性。

(5) 从销售发票追查至有关的记账凭证、应收账款明细账及营业收入明细账，确定被审计单位是否正确、及时地登记有关的凭证、账簿。

(二) 抽取一定数量的出库单或提货单做检查

抽取一定数量的出库单或提货单，并与相关的销售发票核对，检查已发出的商品是否均已向顾客开出发票。

(三) 抽取一定数量的会计记录做检查

从营业收入明细账中抽取一定数量的会计记录，并与有关的记账凭证、销售发票进行核对，以确定是否存在收入高估或低估的情况。

(四) 抽取一定数量的销售调整业务的会计凭证做检查

抽取一定数量的销售调整业务的会计凭证，检查销售退回、折让和折扣的核准与会计核算。

检查的内容具体包括以下五点。

(1) 确定销售退回与折让的批准与贷项通知单的签发职责是否分离。

(2) 确定现金折扣是否经过适当授权，授权人与收款人的职责是否分离。

(3) 检查销售退回和折让是否附有按顺序编号并经主管人员核准的贷项通知单。

(4) 检查退回的商品是否具有仓库签发的退货验收报告，并将验收报告的数量、金额与贷项通知单等进行核对。

(5) 确定退货、折扣和折让的会计记录是否正确。

(五) 抽取一定数量的记账凭证、应收账款明细账做检查

(1) 从应收账款明细账中抽取一定数量的记录并与相应的记账凭证进行核对，比较两者登记的时间、金额是否一致。

(2) 从应收账款明细账中抽查一定数量坏账注销的业务，并与相应的记账凭证、原始凭证进行核对，确定坏账的注销是否符合有关法规的规定、企业主管人员是否核准等。

(3) 确定企业是否定期与顾客对账，在可能的情况下，将企业一定期间的对账单与相应的应收账款明细账的余额进行核对，如有差异，则应进行追查。

(六) 观察员工和内部控制执行

注册会计师应当观察职员获得或接触资产、凭证和记录(包括存货、销售通知单、出库单、销售发票、凭证与账簿、现金及支票等)的途径，并观察职员在执行授权、发货和开票等职责时的表现，确定企业是否存在必要的职务分离、内部控制的执行过程中是否存在弊端。

销售交易的内部控制与主要测试如表 11-5 所示。

表 11-5　销售交易的内部控制与主要测试

内部控制目标	关键内部控制	常用的内部控制测试	常用的交易实质性测试程序
登记入账的销售交易确实已发货给真实的客户（发生）	(1) 销售交易是以经过审核的发运凭证以及经过批准的客户订购单为依据登记入账的 (2) 在发货前，客户的赊购已经被授权批准 (3) 每月向客户寄送对账单，对客户提出的意见专门追查	(1) 检查销售发票副联是否附有发运凭证或提货单，以及销售单或客户订购单 (2) 检查客户的赊购是否经授权批准 (3) 询问是否寄发对账单，并检查客户回函档案	(1) 复核营业收入总账、明细账及应收账款明细账中的大额或异常项目 (2) 追查营业收入明细账中的会计分录至销售单、销售发票副联及发运凭证 (3) 将发运凭证与存货永续记录中的发运记录进行核对
所有销售交易均已登记入账（完整性）	(1) 发运凭证或提货单均经事先编号，并已经登记入账 (2) 销售发票均经事先编号，并已经登记入账	(1) 检查发运凭证连续编号的完整性 (2) 检查销售发票连续编号的完整性	将发运凭证与相关的销售发票和营业收入明细账中的会计分录进行核对
登记入账的销售数量确实是已发货的数量，已正确开具账单并登记入账（计价和分摊）	(1) 销售有经批准的装运凭证和顾客订货单，将装运数量与开具账单的数量进行对比 (2) 从价格清单中获取销售单价	(1) 检查销售发票有无支持凭证 (2) 检查比对留下的证据 (3) 检查价格清单的准确性及是否经恰当批准	(1) 复核销售发票上的数据 (2) 追查营业收入明细账中的记录至销售发票 (3) 追查销售发票上的详细信息至发运凭证、经批准的商品价目表和顾客订货单
销售交易的分类恰当（分类）	(1) 采用适当的会计科目表 (2) 内部复核和核查	(1) 检查会计科目表是否适当 (2) 检查有关凭证上内部复核和核查的标记	检查证明销售交易分类账正确的原始证据，如销售合同等
销售交易的记录及时（截止）	采用在销售发生时开具收款账单和登记入账的控制方法	(1) 检查尚未开具收款账单的发货和尚未登记入账的销售交易 (2) 检查有关凭证上内部核查的标记	比较核对销售交易登记入账的日期与发运凭证的日期
销售交易已经正确地记入明细账，并经正确汇总（准确性、计价和分摊）	(1) 每月定期给顾客寄送对账单 (2) 由独立人员对应收账款明细账做内部核查 (3) 将应收账款明细账余额合计数与其总账余额进行比较	(1) 观察对账单是否经寄出 (2) 检查内部核查标记 (3) 检查将应收账款明细账余额合计数与其总账余额进行比较的标记	汇总营业收入明细账，并追查其至总账的过账

现代审计学

案例公司审计情况

上海电气股份有限公司销售与收款循环的控制测试汇总表

注册会计师结合对上海电气股份有限公司销售与收款循环的重大错报风险评估结果,编制控制测试汇总如下,注册会计师将根据控制测试结果设计相关交易、账户余额和披露的审计方案。

销售与收款循环-控制测试汇总表

被审计单位：上海电气股份有限公司　　编制：×××　　日期：2017年2月11日
报表截止日：2016年12月31日　　　　　复核：×××　　日期：2017年2月19日
项目：销售与收款循环-控制测试汇总表　　　　　　　　　索引号：XSC-003

1. 识别的相关缺陷

是否识别出控制缺陷？如果已识别出控制缺陷,应考虑对审计计划产生的影响,汇总至控制缺陷汇总表确定该缺陷单独或连同其他缺陷是否已构成值得关注的缺陷,并与管理层或治理层进行适当沟通。

缺陷描述 （控制运行无效）	对审计计划的影响	汇总至控制缺陷汇总表 进行评价并考虑沟通

2. 对相关交易、账户余额和披露的审计方案

交易、账户余额和披露	项目	相关认定							
		存在	发生	完整性	权利和义务	计价和分摊	准确性	截止	分类	列报和披露
应收票据	控制测试结果是否支持风险评估结论	是	是	是	是	是	是	是	是
应收票据	需从实质性程序获取的保证程度	低	低	低	低	低	低	低	低
应收账款	控制测试结果是否支持风险评估结论	否	否	否	否	否	否	否	否
应收账款	需从实质性程序获取的保证程度	高	高	高	高	高	高	高	高
预收款项	控制测试结果是否支持风险评估结论	是	是	是	是	是	是	是	是
预收款项	需从实质性程序获取的保证程度	低	低	低	低	低	低	低	低
应交税费	控制测试结果是否支持风险评估结论	是	是	是	是	是	是	是	是

(续表)

交易、账户余额和披露	项目	存在	发生	完整性	权利和义务	计价和分摊	准确性	截止	分类	列报和披露
应交税费	需从实质性程序获取的保证程度	低	低	低	低	低	低	低	低	低
营业收入	控制测试结果是否支持风险评估结论	否	否	否	否	否	否	否	否	否
营业收入	需从实质性程序获取的保证程度	高	高	高	高	高	高	高	高	高
营业税金及附加	控制测试结果是否支持风险评估结论	是	是	是	是	是	是	是	是	是
营业税金及附加	需从实质性程序获取的保证程度	低	低	低	低	低	低	低	低	低

第四节　销售与收款循环的实质性程序

销售与收款循环的实质性测试审计程序分为实质性分析程序与细节测试程序。通常注册会计师在保证审计质量前提下，依据成本效益原则，在对交易和余额实施细节测试前实施实质性分析程序。根据销售与收款循环涉及的主要会计报表项目及其披露，注册会计师需对包括营业收入、应收账款及其相关账户进行实质性测试。

一、营业收入审计

（一）营业收入审计的目标

营业收入的审计目标一般包括：确定营业收入的内容、数额是否正确完整；确定营业务收入的确认是否符合收入实现原则，即本期已实现的收入是否均已入账，已记录的收入是否均已获得；确定被审计单位的销售退回、销售折扣与折让是否存在，所有收入抵减的处理是否恰当；确定营业收入的会计处理是否正确；确定营业收入的披露是否恰当。

审计目标决定了注册会计师所采用的审计程序。营业收入审计目标的确定与审计程序的选择两者之间的关系如图11-3所示。

现代审计学

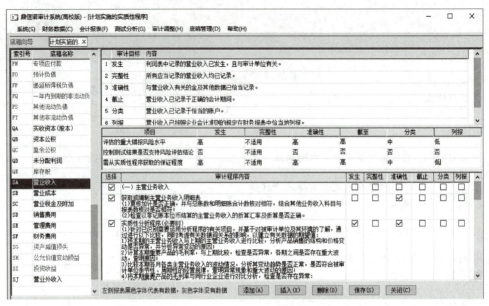

图 11-3 营业收入审计目标与审计程序之间的关系

（二）营业收入的实质性程序

1. 利用计算机审计软件获得营业收入项目明细表，与报表数、总账数和明细账合计数核对相符，以实现营业收入总体合理性审计目标

案 例 公 司 审 计 情 况

上海电气股份有限公司营业收入明细表

上海电气股份有限公司"营业收入明细表"审计工作底稿如图 11-4 所示。

图 11-4 营业收入明细表

2. 审查营业收入的确认和计量是否符合企业会计准则和会计制度规定的收入实现原则,并且前后期是否一致

企业采用不同的销售方式销售产品,其销售收入确认时点不尽相同。销售收入确认时点与审计注意事项详见表 11-6。

表 11-6　销售收入确认时点与审计关注点

销售方式	销售收入确认时点	审计关注点
交款提货销售	货款已收到或取得收取货款的权利,同时已将发票账单和提货单交给购货单位	有无扣压结算凭证,将当期收入转入下期入账的现象,或者虚记收入、开具假发票、虚列购货单位,将当期未实现的收入虚转为收入记账,在下期予以冲销的现象
预收账款销售	商品已经发出	是否存在对已收货款并已将商品发出的交易不入账,转为下期收入,或开具虚假出库凭证、虚增收入等现象
托收承付结算销售	商品已经发出,劳务已经提供,并已将发票账单提交银行、办妥收款手续	被审计单位是否发货,托收手续是否办妥,货物发运凭证是否真实,托收承付结算回单是否正确
委托代销	受到代销单位代销清单	有无商品未出售、编制虚假代销清单、虚增本期收入的现象
递延销售	在合同或协议约定的日期	在合同或协议期间内是否采用实际利率法进行摊销,计入当期损益
工程合同	完工进度	收入的计算、确认方法是否符合规定,并核对应计收入与实际收入是否一致,注意查明有无随意确认收入、虚增或虚减本期收入的情况
委托外贸企业代理出口	收到外贸企业代办的发运凭证和银行交款凭证	有无商品未销售、编制虚假代销清单、虚增本期收入的现象
转让土地使用权和销售商品房	土地使用权和商品房已经移交并将发票结算账单提交对方	已办理的移交手续是否符合规定要求,发票账单是否已交对方,注意查明被审计单位有无编造虚假移交手续,采用"分层套写"、开具虚假发票的行为,防止其高价出售、低价入账,从中贪污货款

3. 实施分析程序

针对营业收入实施的分析程序通常包括以下五点。

(1) 将本期与上期的营业收入进行比较,分析营业收入的结构和价格的变动是否正常,并分析异常变动的原因。

(2) 计算本期重要产品的毛利率,分析比较本期与上期各类产品毛利率的变化情况,注意收入与成本是否配比,并检查重大波动和异常的原因。

(3) 比较本期各月营业收入的波动情况,分析其变动趋势是否正常,并查明异常现象和重大波动的原因。

(4) 将本期重要产品的毛利率与同行业企业进行对比分析,检查是否存在异常。

(5) 根据增值税发票申报表或普通发票,估算全年收入,与实际收入金额比较。

案例公司审计情况

上海电气股份有限公司营业收入与营业成本配比分析

注册会计师利用计算机审计软件(鼎信诺审计系统)生成上海电气股份有限公司营业收入与主营业务成本发生额的趋势分析图,如图11-5所示。通过对比该公司2016年度营业收入的贷方发生额和主营业务成本的借方发生额各月之间的差异,注册会计师发现前3个月(1月至3月)企业的收入高于成本,但从4月份开始到8月份,企业的成本高于收入,而后4个月(9月至12月)收入高于成本,因此,注册会计师认为该公司2016年度营业收入波动幅度异常,营业收入或主营业务成本可能存在高估或低估错报,主营收入的真实性将结合应收账款函证进行审计,而主营业务成本是否存在重大错报还应结合生产成本计算结果的审计。

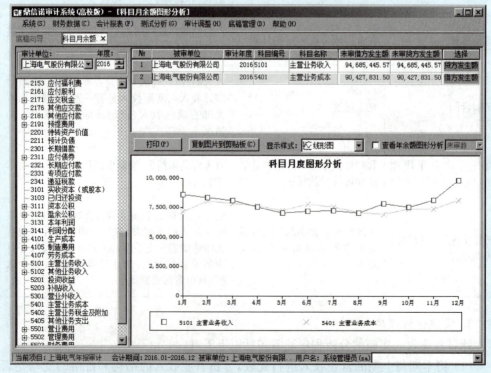

图11-5 营业收入与主营业务成本的发生额趋势分析

4. 确定营业收入销售价格的合理性

注册会计师应当获取商品价格目录,抽查销售价格是否合理,特别要注意销售给集团内所属企业、关联方和关系密切的重要客户的产品价格是否合理,查明有无低价结算、转移收入的现象。

5. 抽取本期一定数量的发运凭证进行检查

审查发运凭证的存货出库日期、品名、数量等是否与销售发票、销售合同、记账凭证等一致。

6. 抽取本期一定数量的记账凭证进行检查

审查记账凭证入账日期、品名、数量、单价、金额等是否与销售发票、发运凭证、销售合同等一致。

7. 函证主要客户营业收入

结合对应收账款实施的函证程序,选择主要客户函证本期销售额。

8. 实施销售的截止测试

截止测试是实质性审计测试中常用的一种具体审计技术,被广泛运用于货币资金、往来账项、存货、股权投资、营业收入和期间费用等项目的审计,尤以在营业收入和存货项目中的运用最为典型。对营业收入项目实施截止测试,其目的主要在于确定被审计单位营业收入的会计记录归属期是否正确;应计入本期或下期的营业收入是否被推迟至下期或提前至本期。

注册会计师在审计中应该注意把握三个主要与主营收入确认有密切关系的日期:一是发票开具日期或者收款日期;二是记账日期;三是发货日期(或提供劳务日期)。这里的发票开具日期是指开具增值税专用发票或普通发票的日期;记账日期是指被审计单位确认营业收入实现,并将该笔经济业务计入营业收入账户的日期;发货日期是指仓库开具出库单并发出库存商品的日期。检查三者是否归属于同一适当会计期间是主营业收入截止测试的关键所在。围绕上述三个重要日期,在审计实务中,注册会计师可以考虑选择三条审计路线实施主营业收入的截止测试。

(1) 以账簿记录为起点。从报表日前后若干天的账簿记录追查至记账凭证,检查发票账单存根与装运凭证,目的是证实已入账收入是否在同一期间已开具发票并发货,有无多记收入。这种方法主要是为了防止高估营业收入(真实性)。

(2) 以销售发票为起点。从报表日前后若干天的发票存根追查至装运凭证与账簿记录,确定已开具发票的货物是否已发货并于同一会计期间确认收入。这种方法主要是为了防止低估营业收入(完整性)。

(3) 以装运凭证为起点。从报表日前后若干天的装运凭证追查至发票开具情况与账簿记录,确认营业收入是否已记入恰当的会计期间。这种方法主要也是为了防止低估营业收入(完整性)。

上述三条审计路线在实务中均被广泛采用。为提高审计效率,注册会计师应当借助专业经验和所掌握的信息、资料作出正确判断,选择其中的一条或两条审计路线实施更有效的营业收入截止测试。

案例公司审计情况

上海电气股份有限公司主营业务收入截止测试

在对上海电气股份有限公司主营业务收入真实性截止测试时，注册会计师选择“主营业务收入截止测试(从明细账到发货单)”，修改审计软件中相应日期和金额等检索条件，得到所有满足条件的明细账，如图 11-6 所示。注册会计师对这些明细账对应的记账凭证和原始凭证进行详细检查，然后发现，2016 年 12 月 27 日第 223 号凭证所对应的发运凭证与出库单的日期均为 2017 年 1 月 8 日，这说明该笔业务收入的截止错误，即提前确认了收入。

审计工作底稿-主营业务收入截止测试 - Microsoft Excel

开始 插入 页面布局 公式 数据 审阅 视图 加载项

S25

主营业务收入截止测试

被审计单位：上海电气股份有限公司　编制：张丽萍　日期：2017.2.6　索引号：SA015
报表期间：2016年01月—2016年12月　复核：赵国宇　日期：2017.2.9　项目：营业收入-主营业务收入截止测试(从明细账到发货单)

截止日前天数	10	截止日前测试开始日期	2016/12/21	截止日前测试金额绝	100,000.00
截止日后天数	10	截止日后测试结束日期	2017/01/10	截止日后测试金额绝	100,000.00

编号	明细账							发票内容					发货单		是否跨期
	日期	凭证种类	凭证号	内容	对应科目	金额	应交税金	日期	客户名称	货物名称	销售额	税额	日期	号码	√(×)
	记账时间	凭证种类	凭证编号	业务说明	对方科目名称	贷方发生额									否
1															否
2	20161225	记	147	售电收入	应收账款	334,597.16									否
3	20161225	记	148	售电收入	应收账款	170,905.20									否
4	20161225	记	151	售电收入	应收账款	222,532.55									否
5	20161225	记	154	售电收入	应收账款	487,717.44									否
6	20161225	记	156	售电收入	应收账款	298,847.12									否
7	20161225	记	175	售电收入	应收账款	1,763,760.68									否
8	20161227	记	223	售电收入	应收账款	150,000.00							2017-01-08	8815541	是
9	20161227	记	208	蒸汽收入	应收账款	414,284.07									否
10	20161227	记	209	蒸汽收入	应收账款	121,908.43									否
															否

截止日前

截止日期：2016年12月31日

截止日后

图 11-6　营业收入截止测试

接下来，注册会计师提请被审计单位进行审计调整，上海电气公司同意调整。冲销应收账款与主营业务收入的审计调整分录如图 11-7 所示，同时，还要冲销对应的库存商品和主营业务成本，如图 11-8 所示。

第十一章 销售与收款循环审计

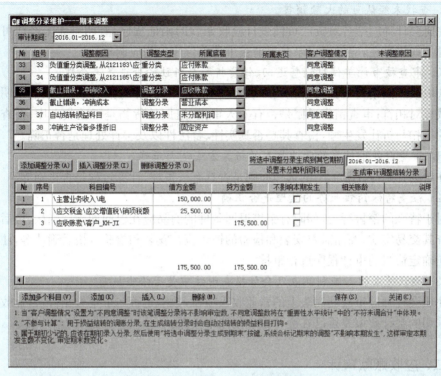

图 11-7　冲销收入的审计调整分录

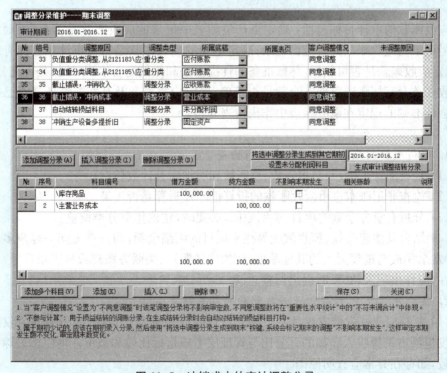

图 11-8　冲销成本的审计调整分录

9. 查找未经认可的大额销售

注册会计师应结合对资产负债表日应收账款的函证程序,查明有无未经认可的大额销售。如果存在,应作出记录并提请被审计单位作出相应调整。

10. 审查被审计单位对销售退回、销货折扣与折让的处理是否合理

获取或编制销售折扣与折让明细表,复核加计正确,并与报表数、总账数及明细账合计数核对相符;审查销售退回是否有专人审批,退回的货物是否验收入库;抽查金额较大的折扣与折让发生额,检查其是否真实性、合法性以及会计处理是否正确。

11. 审查以外币结算的营业收入的折算方法是否正确

注册会计师应注意汇率的选择原则是否具有一贯性、计算过程是否正确等。

12. 检查特殊销售业务的处理是否正确

对于特殊的销售行为,如附有销售退回条件的商品应在退回期满后确认、售后回购应审查其交易实质、商品需要安装和检验的销售应在安装和检验合格后确认等,注册会计师应确定恰当的审计程序进行审核。

13. 确认营业收入在利润表及会计报表附注中是否恰当披露

注册会计师应审查利润表上的营业收入项目,数字是否与审定数相符,营业收入确认所采用的会计政策是否已在会计报表附注中披露。

二、应收账款审计

(一) 应收账款的审计目标

应收账款的审计目标包括:确定资产负债表中记录的应收账款是否存在;确定所有应当记录的应收账款是否均已记录;确定记录的应收账款是否被审计单位拥有或控制;确定应收账款是否可收回,坏账准备的计提方法和比例是否恰当,计提是否充分;确定应收账款及其坏账准备期末余额是否正确;确定应收账款及其坏账准备是否已按照企业会计准则的规定在财务报表中作出恰当列报。

(二) 应收账款审计的实质性程序

1. 取得或编制应收账款明细表进行检查

(1) 复核加计正确,并与报表数、总账数和明细账合计数核对相符。

(2) 检查非记账本位币应收账款的折算汇率及折算是否正确。

(3) 分析有贷方余额的项目,查明原因,必要时,建议作重分类调整。

(4) 结合其他应收款、预收款项等往来项目的明细余额,调查有无同一客户多处挂账、异常余额或与销售无关的其他款项(例如代销账户、关联方账户或员工账户等)。如果存在,应作出记录,必要时提出调整建议。

2. 实施分析程序,检查涉及应收账款的相关财务指标

(1) 复核应收账款借方累计发生额与营业收入关系是否合理,并将当期应收账款借方发生额占销售收入净额的百分比与管理层考核指标比较和被审计单位相关赊销政策比较,如存在异常应查明原因。

(2) 计算应收账款周转率、应收账款周转天数等指标,并与被审计单位相关赊销政

策、被审计单位以前年度指标、同行业同期相关指标对比分析,检查是否存在重大异常。

上海电气股份有限公司应收账款与营业收入的趋势配比分析

注册会计师利用计算机审计软件(鼎信诺审计系统)中科目月余额图形分析功能,对上海电气股份有限公司 2016 年应收账款与营业收入的趋势进行配比分析,如图 11-9 所示。

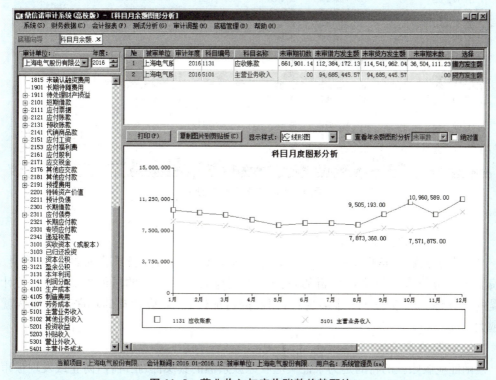

图 11-9　营业收入与应收账款趋势配比

从图 11-9 来看,2016 年 1—12 月每个月的营业收入趋势平稳,营业收入与应收账款的趋势总体上一致,趋势图中上下两点的差距体现为增值税销项税额。此外,注册会计师还注意到,公司 2016 年 10 月份应收账款和营业收入之间的间距较大,应收账款增长而营业收入下降,因此,注册会计师查阅了 10 月份应收账款的明细账,如图 11-10 所示,发现有一笔调账会计分录,金额为 2 171 470 元,将 10 月份应收账款的借方发生额 10 960 589 元扣除该调账金额 2 171 470 元,然后与 10 月份营业收入的贷方发生额 7 571 875 元进行配比,其比率为 16.08%[(10 960 589－2 171 470－7 571 875)/7 571 875],接近当时适用的增值税税率 17%。因此,注册会计师认为,2016 年应收账款与营业收入的趋势配比是正常的,如果后续应收账款的函证结果表明应收账款余额不存在重大错报,那么主营业务收入也不存在重大错报。

图 11-10 应收账款明细账

3. 编制应收账款账龄分析表

应收账款账龄是指从赊销业务发生时开始至资产负债表日止所经历的期间。编制账龄分析表进行账龄分析的目的是确定应收账款收回的可能性、坏账准备计提的充分性。应收账款的账龄越长,回收的可能性越小,应计提的坏账准备比例就越大。

4. 函证应收账款

函证应收账款的目的是为了证实应收账款余额的真实性、正确性,防止或发现被审计单位及其有关人员在销售业务中发生的差错或弄虚作假、营私舞弊行为。

(1) 函证范围和对象。除非有充分的证据表明应收账款对被审计单位财务报表而言是不重要的,或者函证很可能是无效的,否则,注册会计师应当对应收账款进行函证。影响函证范围的主要因素有:① 应收账款在全部资产中的重要性;② 被审计单位内部控制的强弱;③ 以前年度的函证结果;④ 函证方式的选择。

一般情况下,注册会计师应选择以下项目作为函证对象:① 大额或账龄较长的项目;② 与债务人发生纠纷的项目;③ 关联方项目;④ 主要客户(包括关系密切的客户)项目;⑤ 交易频繁但期末余额较小甚至为零的项目;⑥ 可能产生重大错报或舞弊的非正常项目。

(2) 函证方式与适用范围。函证分为两种方式:肯定式函证和否定式函证。肯定式函证,也称积极式函证,是指无论函证的内容与被函证人的记录是否一致,都要予以回复的函证方式。

肯定式函证的结果比较可靠,能为注册会计师提供较高的保证,但肯定式函证成本较高。肯定式函证适用于以下情况:① 欠款金额较大的客户;② 可能存在差错、争议等问题的账户。

否定式函证也称消极式函证,是指只有在函证的内容与被函证对象的记录不一致时,才予以回复的函证方式。采用否定式函证的成本较低,但是否定式函证结果的可靠性较差。否定式函证适用于以下情况:① 重大错报风险评估为低水平;② 预计错误率比较低;③ 欠款金额小的债务人数量很多;④ 没有理由认为被函证对象对不一致的情况不予以回复。

案例公司审计情况

上海电气股份有限公司向其客户发出的企业询证函(肯定式)

编号:WL0139

企业询证函

上海高压电器公司:

　　本公司聘请的大华会计师事务所(特殊普通合伙)正在对本公司2016年年度财务报表进行审计,按照中国注册会计师审计准则的要求,应当询证本公司与贵公司的往来账项等事项。下列信息出自本公司账簿记录,如与贵公司记录相符,请在本函下端"信息证明无误"处签章证明;如有不符,请在"信息不符"处列出这些项目的金额及详细资料。**回函请直接寄至大华会计师事务所。**

回函地址:上海市黄浦区金陵东路2号10楼　邮编:200002
电话:(021)63238588　　传真:(021)63238599　　联系人:×××

1. 本公司与贵公司的往来账项列示如下:

单位:元

截止日期	贵公司欠	欠贵公司	备注
2016-12-31	12 225 795.84	—	—
(以下空白)			

2. 其他事项

(以下空白)

本函仅为复核账目之用,并非催款结算。若款项在上述日期之后已经付清,仍请及时函复为盼。

（盖章）
年 月 日

结论:

1. 信息证明无误。	2. 信息不符,请列明不符项目及具体内容。
（公司盖章） 年 月 日 经办人:	（公司盖章） 年 月 日 经办人:

　　(3) 函证时间的选择。注册会计师通常以资产负债表日为截止日,在期后适当时间内实施函证。如果重大错报风险评估为低水平,注册会计师可选择资产负债表日前适当日期为截止日实施函证,并对所函证项目自该截止日起至资产负债表日止发生的变动实施实质性测试程序。

　　(4) 函证的控制。注册会计师应直接控制询证函的发送和回收。对于无法投递退回的信函要进行分析、研究和处理,查明是由于被函证者地址迁移、差错而致信函无法投递,还是该笔应收账款本来就是一笔假账。

　　对于肯定式函证,注册会计师未能收到回函时,应当考虑是否再次函证,或实施替代审计程序。例如检查与销售有关的文件,包括销售合同、出库单、发运凭证以及销售发票副本,以验证这些应收账款的真实性。

　　需要注意的是如果被询证者以传真、电子邮件等方式回函,注册会计师应当直接接收,并要求被询证者寄回询证函原件。

　　(5) 函证结果不符事项的处理。函证出现了不符事项,注册会计师应当首先提请被审计单位查明原因,并作进一步分析和核实,不符事项是由于双方登记入账的时间不一致,还是由于一方或双方记账错误,还是属于被审计单位的舞弊行为。

　　(6) 对函证结果的总结和评价。

　　注册会计师对函证结果可进行如下评价:① 重新考虑对内部控制的原有评价是否适当,控制测试的结果是否适当;分析程序的结果是否适当;相关的风险评价是否适当等;② 如果函证结果表明没有审计差异,则可以合理地推论,全部应收账款总体是正确的;③ 如果函证结果表明存在审计差异,则应当估算应收账款总额中可能出现的累计差错是多少,估算未被选中进行函证的应收账款的累计差错是多少,为取得对应收账款累计差错更加准确的估计,也可以进一步扩大函证范围。

上海电气股份有限公司应收账款函证结果分析工作底稿

针对上海电气股份有限公司,注册会计师对应收账款函证结果的分析与评价表如11-7所示,回函不符金额28 000元,低于可容忍错报,注册会计师得出结论:应收账款得到公允反映。

表11-7 应收账款函证结果分析工作底稿

上海电气股份有限公司应收账款函证分析工作底稿 资产负债日:2016年12月31日		索引号		B-3	
		编制人	张丽萍	日期	2017.2.6
		复核人	赵国宇	日期	2017.2.9
一、函证		笔数	金额(元)		百分比
2016年12月31日应收账款		4 000	4 000 000		100%
其中:积极凭证		108	520 000		13%
消极凭证		280	40 000		1%
寄发询证函小计		388	560 000		14%
选定函证但客户不同意函证的应收账款		12	80 000		2%
选择函证合计		400	640 000		16%
二、结果						
(一) 函证未发现不符						
积极函证:确认无误部分 W/P B-4		88C/	360 000		9%
消极函证:未回函或回函确认无误部分 W/P B-4		240C/	32 000		0.8%
函证未发现不符小计		328	392 000		9.8%
(二) 函证发现不符						
积极函证 W/P B-5		4CX	20 000		0.5%
消极函证 W/P B-5		40CX	8 000		0.2%
函证发现不符小计		44	28 000		0.7%
(三) 选定函证但客户不同意函证的应收账款		12	8 000		2%
(四) 积极函证而未回函		16	140 000		3.5%
标识说明: S 与应收账款明细账核对相符 G 与应收账款总账核对相符 C/ 回函相符 CX 回函不符					
总体结论:回函不符金额28 000元,低于可容忍错报,应收账款得到公允反映。					

5. 确定已收回的应收账款金额

注册会计师应提请被审计单位协助,在应收账款明细表上标出至审计时已收回的应收账款金额。对已回收金额较大的款项进行检查,如核对收款凭证、银行对账单、销售发票副本等,并注意凭证发生的日期的合理性,分析收款时间是否与合同相关要素一致。

6. 检查未函证的应收账款

对于未函证的应收账款,注册会计师应抽查有关原始凭证,如销售合同、出库单、发运凭证以及销售发票副本等,以验证这些应收账款的真实性。

7. 抽查有无不属于结算业务的债权

不属于结算业务的债权,不应在应收账款中核算。如有,应作出记录或建议被审计单位作适当调整。

8. 审查坏账损失的处理

(1) 检查应收账款中有无债务人破产或者死亡的,以及破产财产或者遗产清偿后仍无法收回的,或者债务人长期未履行偿债义务的情况。

(2) 检查年度内发生的坏账损失有无授权批准、有无已作坏账损失处理后又收回的账款。

(3) 按照计提坏账准备的范围、标准测算已提坏账准备是否充分,并核对坏账准备总账余额与报表数是否相符。

(4) 确定坏账准备在资产负债表上的披露是否恰当。

9. 确定应收账款是否已在资产负债表上恰当披露

如果被审计单位设立"预收账款"账户,应注意资产负债表中"应收账款"项目的数额是否根据"应收账款"和"预收账款"账户所属的明细账户的期末借方余额的合计数填列。

拓展案例

南方保健审计失败案例

2003 年 3 月 18 日,美国最大的医疗保健公司——南方保健会计造假丑闻败露。该公司在 1997 年至 2002 年上半年期间,虚构了 24.69 亿美元的利润,虚假利润相当于该期间实际利润(亏损 1 000 万美元)的 247 倍。这是萨班斯-奥克斯利法案颁布后,美国上市公司曝光的第一大舞弊案,倍受各界瞩目。为其财务报表进行审计、并连续多年签发"干净"审计意见的安永会计师事务所(以下简称安永),也将自己置于风口浪尖上。

南方保健使用的最主要造假手段是通过"契约调整"这一收入备抵账户进行利润操纵。"契约调整"是营业收入的一个备抵账户,用于估算南方保健向病人投保的医疗保险机构开出的账单与医疗保险机构预计将实际支付的账款之间的差额,营业收入总额减去"契约调整"的借方余额,在南方保健的收益表上反映为营业收入净额。

这一账户的数字需要南方保健高管人员进行估计和判断,具有很大的不确定性。南方保健的高管人员恰恰利用这一特点,通过毫无根据地贷记"契约调整"账户,虚增收入,蓄意调节利润。而为了不使虚增的收入露出破绽,南方保健又专门设立了"AP汇总"这一科目以配合收入的调整。"AP汇总"作为固定资产和无形资产的次级明细账户存在,用以记录"契约调整"对应的资产增加额。

早在安永为南方保健2001年度的财务报告签发无保留审计意见之前,就有许多迹象表明南方保健可能存在欺诈和舞弊行为。安永本应根据这些迹象,保持应有的职业审慎,对南方保健管理当局是否诚信,其提供的财务报表是否存在因舞弊而导致重大错报和漏报,予以充分关注。甚至在接到雇员关于财务舞弊的举报后,安永的注册会计师仍然没有采取必要措施。据《华尔街日报》报道,安永参与南方保健审计的多位注册会计师明显缺乏应有的职业审慎,例如未发现报表中最敏感的项目——现金虚增3亿美元。安永的主审合伙人 Miller 证实,在南方保健执行审计时,审计小组需要的资料只能向南方保健指定的两名现已认罪的财务主管 Emery Harris 和 Rebecca K. Morgan 索要。审计小组几乎不与其他会计人员进行交谈、询问或索要资料。对于南方保健这种不合理的限制,安永竟然屈从。

思 考 题

1. 销售与收款循环的主要业务活动包括哪些?
2. 销售与收款循环的内部控制包括哪些内容?
3. 销售与收款循环可能存在哪些重大错报风险?应如何识别?
4. 执行应收账款函证程序时,如何确定函证的范围、对象和方式?
5. 注册会计师如何实施销售的截止测试?

第十二章　采购与付款循环审计

【教学目的和要求】

◇ 了解采购与付款循环的业务活动和所涉及的凭证和记录
◇ 熟悉采购与付款循环的内部控制及其测试的内容
◇ 理解采购与付款循环重大错报风险的识别与评估内容
◇ 掌握应付账款的实质性程序
◇ 掌握固定资产和累计折旧的实质性程序

巨人零售批发公司舞弊事件

巨人公司是一家美国大型零售批发公司,于1959年建立,总部设在马萨诸塞州的詹姆斯福特。在20世纪60年代中期,巨人公司的销售增长速度,令人震惊。直至1972年,巨人已经拥有了112家零售批发商店。但就在那一年,巨人公司的管理部门面临着历史中第一次重大经营损失。为了掩盖这一真相,他们决定篡改公司的会计记录。管理当局将1971年发生的250万美元的经营损失,篡改成了150万美元的盈利,并且提高了与之有关的流动比率和周转率。案情暴露后,巨人公司的四名官员,被大陪审团提起舞弊起诉,经联邦法院审判后,被定为有罪。

根据美国证券交易委员会(SEC)的调查结果,在1972年1月29日结束的会计年度中,巨人零售公司的财务副总裁伪造了28个假的贷项通知单(红字发票),以此来抵减外发的应付给供应商米尔布鲁克公司的款项。罗斯会计师事务所为了查明米尔布鲁克公司给出的25.7万美元折让优惠是否属实,要求向米尔布鲁克公司的高级行政人员求证。为了满足这个要求,巨人公司的财务副总裁当着注册会计师的面,打电话给一个听起来像是米尔布鲁克公司总裁的人,口头证实了这笔折让优惠,并且同意递交罗斯会计师事务所一份书面证明,但后来又反悔。两位助理审计师写了一份备忘录,附在工作底稿当中,对贷项通知单的真实性提出质疑。然而,负责巨人公司审计工作的事务所合伙人,后来却认为已经收集到充分的证据,可以证实贷项通知单的真实性,就不再深入追查此事。

类似的事件不止一项,巨人公司蓄意减少了13万美元的应付给另一个供应商罗兹斯盖尔公司的账款,也是通过35份伪造贷项通知单的发出实现的。巨人公司假造了发给健美产品制造商的贷款通知单,用根本没被确认的16.2万美元的商品退回来减少应付账款。同样的,很明显这些产品的退回从来没有发生过。巨人公司的经理(米尔和莱瑟)承认,管理部门曾向其施加压力,要求他们假造一份名单,虚构几百个曾被供应商们索价过高的赊购事项,这笔金额大约有17.7万美元。

SEC调查后指出,罗斯会计师事务所对巨人公司在应付账款五个不合常规的地方,没能进行彻底的调查;审计合伙人与巨人公司就一些重要的技术性问题持有异议时,总是过度地向客户一方妥协。根据调查结果,SEC指责罗斯会计师事务所,要求在联邦办此事前,禁止负责公司审计聘约的合伙人暂停执业五个月。

第一节 采购与付款循环的内部控制

企业采购与付款循环是企业生产经营活动的起点,是企业资金周转的关键环节,只有及时组织好资产的采购、验收业务,才能保证生产、销售业务的正常运行。采购与付款循环包括购买商品、劳务和固定资产,以及企业在经营活动中为获取收入而发生的直接或间接的支出。

采购与付款循环根据会计报表项目与业务循环的相关程度,采购与付款循环相关的会计报表项目一般包括预付账款、固定资产、累计折旧、固定资产减值准备、在建工程、工程物资、固定资产清理、应付票据和应付账款等,涉及利润表项目通常为管理费用。

一、采购与付款循环的主要业务活动

采购与付款循环涉及采购、验收、储存、会计等部门,根据职责分离原则,企业应尽可能地将各项职能活动指派给不同的部门或职员来完成,以保证业务处理的正确性、可靠性。采购与付款循环中的主要业务活动包括以下内容。

(一) 请购商品和劳务

企业采购商品分为一般授权和特别授权两种形式。

一般授权是指企业对正常经营活动所需物资的采购。例如,仓库在现有库存达到再订货点时就可直接提出采购申请,其他部门也可为正常的工作直接请购有关物品。特别授权则是指对涉及资本支出和租赁合同等重大采购事项,企业通常要求只允许指定人员提出请购。

请购单可由手工或计算机编制,由于企业内有关部门都可以填列请购单,不便事先编号,为加强控制,所有的请购单都应该经由对这类支出负责预算的主管人员签字批准。请购单是证明有关采购交易的"发生"认定的凭据之一,也是采购交易轨迹的起点。

(二）编制订购单

采购部门在收到请购单后，只对经过批准的请购单发出订购单。对每张订购单，采购部门应确定最佳的供应商。对一些大额、重要的采购项目，应采取竞价方式来确定供应商，以保证供货的质量和低成本。

订购单应预先按顺序编号并经过被授权的采购人员签名，其正联送交供应商，副联则送至企业内部的验收部门、应付凭单部门和开具请购单的部门。随后，应独立检查订购单的处理，以确定是否实际收到商品并正确入账。这项检查与采购交易的"完整性"认定有关。

（三）验收商品

购入的商品，均应由独立于采购、存储等部门以外的部门负责验收。验收部门首先应比较所收商品与订购单上的要求是否相符，然后再盘点商品数量并检查有无损坏。验收后，验收部门应对已收货的每张订购单编制一式多联、预先顺序编号的验收单，作为验收和检验商品的依据。验收单是支持资产或费用以及与采购有关的负债的"存在或发生"认定的重要凭证。定期独立检查验收单的顺序以确定每笔采购交易都已编制凭单，则与采购交易的"完整性"认定有关。

（四）储存已验收的商品

商品入库须由存储部门先行点验和检查，然后在验收单的副联上签收。据此，存储部门确立了本身应负的资产保管责任，并对验收部门的工作进行验证。将已验收商品的保管与采购职责相分离，目的是减少未经授权的采购和盗用商品的风险。此外，存放商品的仓储区应相对独立、限制无关人员接近。这些控制与商品的"存在"认定有关。同时，存储部门还应根据商品的品质特征分类存放，并填制标签。

（五）编制付款凭单

货物验收后，记录采购交易之前，应付凭单部门应核对购货单、验收单和供货发票的一致性，确认负债，编制预先顺序编号的付款凭单。付款凭单上应填写应借记的资产或费用账户名称，并附上订购单、验收单和供应商发票等支持性凭证，由被授权人员在凭单上签字，以示批准照此凭单要求付款。所有尚未支付的付款凭单副联应保存在应付凭单部门的未付凭单档案中，以待日后付款。这种控制与"存在""发生""完整性""权利和义务"和"计价和分摊"等认定有关。

（六）确认与记录负债

企业应正确地确认已验收货物的债务，并要求会计部门准确、及时地记录负债。应付凭单部门应将已批准的未付款凭单送达会计部门，据以编制有关记账凭证和登记有关账簿。会计部门一般有责任核查购置的财产，并在应付凭单登记簿或应付账款明细账中加以记录。

（七）付款

通常由应付凭单部门负责确定未付凭单在到期日付款。以常用的支票结算方式为例，编制和签发支票的有关控制包括如下内容。

（1）独立检查已签发支票的总额与所处理的付款凭单的总额的一致性。

(2) 应由被授权的财务部门的人员负责签署支票。

(3) 被授权签署支票的人员应确定每张支票都附有一张已经适当批准的未付款凭单,并确定支票收款人姓名和金额与凭单内容一致。

(4) 支票一经签署就应在其凭单和支持性凭证上用加盖印戳或打洞等方式将其注销,以免重复付款。

(5) 支票应预先顺序编号,保证支出支票存根的完整性和作废支票处理的恰当性。

(6) 应确保只有被授权的人员才能接近未经使用的空白支票。

(八) 记录现金、银行存款支出

以支票结算方式为例,会计人员应根据已签发的支票编制付款凭证,并据以登记银行存款日记账及其他相关账簿。记录银行存款支出的有关控制包括如下内容。

(1) 会计主管应独立检查记入银行存款日记账和应付账款明细账的金额,以及与支票汇总记录的一致性。

(2) 定期比较银行存款日记账记录的日期与支票副本的日期,独立检查入账的及时性。

(3) 独立编制银行存款余额调节表。

二、采购与付款循环涉及的主要凭证和会计记录

采购与付款业务通常要经过"请购—订货—验收—付款"此类程序,同销售与收款业务一样,在内部控制比较健全的企业,处理采购与付款业务通常也需要使用很多凭证和会计记录。

(一) 涉及的主要凭证

采购与付款循环所涉及的主要凭证有:请购单、订购单、验收单、购货发票、付款凭单、转账凭证、付款凭证、卖方对账单等。

(二) 涉及的会计记录

采购与付款循环所涉及的会计记录有:应付账款明细账和总账、现金日记账、银行存款日记账及总账等。

三、采购与付款循环内部控制的主要内容

(一) 采购与付款循环的关键控制点

采购与付款循环内部控制的关键控制点包括:适当的职责分离、审批控制、请购业务控制、采订购业务控制、验收业务控制、付款控制和应付账款控制等。

1. 适当的职责分离

适当的职责分离有助于防止各种有意或无意的错误。企业应当建立采购与付款交易的岗位责任制,明确相关部门和岗位的职责、权限,确保办理采购与付款交易的不相容岗位相互分离、制约和监督。

采购与付款业务不相容岗位主要包括：① 请购与审批；② 询价与确定供应商；③ 采购合同的订立与审查；④ 采购与验收；⑤ 采购、验收与相关会计记录；⑥ 付款审批与付款执行。

2. 审批控制

企业应当对采购与付款业务建立严格的授权批准制度,明确审批人对采购与付款业务的授权批准方式、权限、程序、责任和相关控制措施,规定经办人办理采购与付款业务的职责范围和工作要求。对于重要和技术性较强的采购业务,应当组织专家进行论证,实行集体决策和审批,防止出现决策失误而造成严重损失。严禁未经授权的机构或人员办理采购与付款业务。

3. 请购业务控制

企业应当建立采购申请制度,依据购置物品或劳务类型,确定归口管理部门,授予相应的请购权,并明确相关部门或人员的职责权限及相应的请购程序。单位应当加强采购业务的预算管理。

4. 订购业务控制

企业应当建立采购环节的管理制度,对采购方式确定、供应商选择程序等作出明确规定,确保采购过程的透明化。单位应当根据物品或劳务等的性质及其供应情况确定采购方式。一般物品或劳务等的采购应采用订单采购或合同订货等方式,小额零星物品或劳务等的采购可以采用直接购买等方式。单位应当制定例外紧急需求的特殊采购处理程序。

5. 验收业务控制

企业应当根据规定的验收制度和经批准的订单、合同等采购文件,由独立的验收部门或指定专人对所购物品或劳务等的品种、规格、数量、质量和其他相关内容进行验收,出具验收证明。对验收过程中发现的异常情况,负责验收的部门或人员应当立即向有关部门报告;有关部门应查明原因,及时处理。

6. 付款控制

对付款的控制包括：企业应当按照《现金管理暂行条例》《支付结算办法》等有关货币资金内部会计控制的规定办理采购付款交易。企业财会部门在办理付款交易时,应当对采购发票、结算凭证、验收证明等相关凭证的真实性、完整性、合法性及合规性进行严格审核。企业应当建立预付账款和定金的授权批准制度,加强预付账款和定金的管理。

7. 应付账款控制

对应付账款的控制包括：应付账款的记录必须由独立于请购、采购、验收、付款的人员进行;应付账款的入账必须在取得和审核的各种凭证后才能进行;企业应当加强应付账款和应付票据的管理,由专人按照约定的付款日期、折扣条件等管理应付款项。已到期的应付款项需经有关授权人员审批后方可办理结算与支付;企业应定期与供应商核对应付账款、应付票据、预付款项等往来款项。如有不符,应查明原因,及时处理。

(二) 采购与付款循环内部控制的主要内容

采购与付款循环内部控制的内容与风险点如表 12-1 所示。

表 12-1　采购与付款循环内部控制的内容与风险点

主要业务活动	可 能 的 错 误	必 要 的 控 制	可能的控制措施
1. 请购商品与劳务	可能请求不必要或过多的商品	一般授权和特别授权	询问授权情况
2. 编制订购单	可能有未经授权的采购	每张订购单须附有已批准的请购单	检查订购单是否附有已批准的请购单
3. 验收货物	(1) 可能收到未订购的商品 (2) 收到商品的项目、数量或质量可能不正确	(1) 每次验货都有已批准的订购单 (2) 验收人员盘点和检查所收到的商品，并将其与订购单核对	(1) 检查验收单是否附有订购单 (2) 检查验收人员验收
4. 储存已验收商品存货	商品可能从仓储区域盗走	经授权的人员才能接近加锁的仓储区	观察接近仓储区的情况
5. 编制付款凭单	可能对未订购的商品或未收到的商品编制凭单	每张凭单必须附有相应的订购单、验收单和供应商发票	检查凭单的支持性凭证
6. 记录负债	凭单可能未入账	独立检查每日的凭单汇总表和有关记账凭证上金额的一致性	检查执行独立检查的证据，重新执行独立检查
7. 偿付负债	(1) 可能对未授权的采购签发支票 (2) 可能对一张凭单重复付款 (3) 支票金额可能开错 (4) 支票可能在签署后被篡改	(1) 支票签署人应复核支持性凭单的完整性和批准情况 (2) 支票签发后应立即盖章注销已付款凭单和支付性凭证 (3) 独立检查支票金额与凭单的一致性 (4) 支票签署人应控制邮寄支票	(1) 观察支票签署人对支持性凭证进行独立检查 (2) 检查已付款凭单上的"已付讫"印戳 (3) 重新执行独立检查 (4) 询问邮寄程序，观察邮寄
8. 记录现金支出	(1) 支票可能未入账 (2) 记录支票时可能出错 (3) 支票可能未及时入账	(1) 使用和控制预先编号的支票 (2) 定期独立编制银行存款余额调节表 (3) 独立检查支票的日期与记账的日期	(1) 审查使用和控制预先编号支票的证据 (2) 审查银行存款余额调节表 (3) 重新执行独立检查

现代审计学

案例公司审计情况

采购与付款循环内部控制的初步评价结果

被审计单位：上海电气股份有限公司　编制：×××　日期：2017年2月11日
报表截止日：2016年12月31　复核：×××　日期：2017年2月18日
项目：采购与付款循环—评价控制的设计并确定控制是否得到执行　索引号：XSL-005

采购与付款循环—评价控制的设计并确定控制是否得到执行

子流程	控制序号	控制目标	被审计单位的控制活动	受影响的相关交易、账户余额和披露	认定	控制的性质	控制频率	控制活动对实现控制目标是否有效	控制是否得到执行	是否测试控制运行有效性及理由	
										是否测试	理由
采购审批与处理	#P1	采购经过适当审批	金额在人民币1万元以下的请购单由生产经理负责审批；金额在人民币1万元至人民币5万元的请购单由总经理负责审批；金额超过人民币5万元的请购单需董事会审批	应付账款	存在	人工	不定期	是	是	是	
采购审批与处理	#P2	采购合同经过适当审批和签署	采购合同经采购经理复核后提交总经理签署并加盖公章	应付账款	发生	人工	不定期	是	是	是	
采购审批与处理	#P3	录入的采购订单信息准确	采购经理审核和批准信息管理员录入系统的采购合同信息（包括供应商、采购品种、数量、价格等），系统自动生成连续编号的采购订单	应付账款	存在	包含自动化成分的人工控制	每天一次	是	是	是	

(续表)

子流程	控制序号	控制目标	被审计单位的控制活动	受影响的相关交易、账户余额和披露	认定	控制的性质	控制频率	控制活动对实现控制目标是否有效	控制是否得到执行	是否测试控制运行有效性及理由	
										是否测试	理由
采购与审批处理	#P4	采购合同均已恰当录入系统	每周,采购经理从系统中导出包含本周所有采购订单的采购信息报告,复核并确认采购订单是否存在跳号,复核后的采购订单已全部恰当地录入系统,采购经理即在采购信息报告上签字作为复核的证据	应付账款	发生	包含自动化成分的人工控制	每周一次	是	是	是	
记录应付账款	#P5	应付账款得到准确、及时记录	原材料经验收入库后,仓库信息管理员将经仓库经理审核批准,在系统中进行"待处理"更新为"已收货",自动生成记账凭证过账至账户总账和明细账	应付账款	存在	人工	每周一次	是	是	是	
记录应付账款	#P6	根据实际发生的采购完整记录应付账款	每周,仓库经理复核系统生成的入库信息报告,确认入库单录入没有跳号/重号的情况	应付账款	发生	人工	每周一次	是	是	是	

249

(续表)

子流程	控制序号	控制目标	被审计单位的控制活动	受影响的相关交易、账户余额和披露	认定	控制的性质	控制频率	控制活动对实现控制目标是否有效	控制是否得到执行	是否测试	是否测试控制运行有效性及理由 理由
记录应付账款	#P7	已确认的应付款项记录准确	收到供应商开具的发票后,应付账款记账员将发票所载信息与采购订单、入库单等信息进行核对。如有差异,应付账经理进一步调查和处理。核对一致后,应付账款记账员在发票上加盖"相符"印戳确认,并更新系统信息,Y系统自动生成记账凭证	应付账款	准确性	自动	每天一次	是	是	是	
付款	#P8	款项的支付经过恰当批准和记录	在禾购合同约定的付款日期前(视付款期限而定),采购员编制付款申请单,经采购经理复核后发财务部门审批。应付账款记账员将付款申请单与系统中的采购订单、入库信息和供应商发票进行核对无误后,在系统中编制付款凭证及相关单证复核,会计主管在付款凭证系统中批准付款凭证,并在打印付款凭证后附的单证上加盖"核销"印戳	应付账款	准确性	自动	每天一次	是	是	是	
对账与调节	#P9	定期与供应商对账以及时发现错误	每月选取应付账款记账员与采购经理复核对账单报告进行对账,如有差异,进一步的调查和调整建议,应付账款记账员进行必要的账务处理	应付账款	计价和分摊	包含自动化成分的人工控制	每周一次	是	是	是	

250

第二节　采购与付款循环的重大错报风险评估

一、重大错报风险的识别与评估

(一) 采购与付款循环重大错报风险的识别

企业采购与付款循环中常见的重大错报风险迹象主要包括如下风险因素。

1. 管理层费用支出造假的偏好风险

被审计单位管理层可能为了完成预算、满足业绩考核要求、保证从银行获得额外的资金、吸引潜在投资者、误导股东、影响公司股价,或通过把私人费用计入公司进行个人盈利而错报支出。常见的费用支出造假方法有:

(1) 将通常应当及时计入损益的费用资本化,然后通过资产的逐步摊销予以消化。这对增加当年的利润和留存收益都将产生影响。

(2) 平滑利润。通过多计准备或少计负债和准备,将损益控制在被审计单位管理层期望的范围内。

(3) 利用特殊目的实体把负债从资产负债表中剥离,或利用关联方间的费用定价优势制造虚假的收益增长趋势。

(4) 通过复杂的税务安排推延或隐瞒所得税和增值税。

(5) 被审计单位管理层把私人费用计入企业费用,把企业资金当作私人资金运作。

2. 管理层凌驾于控制之上风险

例如,通过与第三方串通,把私人费用计入企业费用支出,或有意无意地重复付款。

3. 费用支出的复杂性风险

例如,被审计单位以复杂的交易安排购买一定期间的多种服务,管理层对于涉及的服务受益与付款安排所涉及的复杂性缺乏足够的了解。这可能导致费用支出分配或计提的错误。

4. 费用支出截止的错误风险

例如,将本期采购并收到的商品计入下一会计期间;或者将下一会计期间采购的商品提前计入本期;未及时计提尚未付款的已经购买的服务支出等。

5. 资产减值及债务的低估风险

例如,在承受反映较高盈利水平和营运资本的压力下,被审计单位管理层可能试图低估准备和应付账款,包括低估对存货、应收账款应计提的减值以及对已售商品提供的担保(例如售后服务承诺)应计提的准备。

6. 员工舞弊风险

例如,如果被审计单位经营大型零售业务,由于所采购商品和固定资产的数量及支付的款项庞大,交易复杂,容易造成商品发运错误,员工和客户发生舞弊和盗窃的风险较高。如果那些负责付款的会计人员有权接触应付账款记录,并能够通过在应付账款记录中擅自添加新的账户来虚构采购交易,风险也会增加。

(二) 采购与付款循环重大错报风险的评估

注册会计师应在了解被审计单位及其环境的过程中,识别和评估购货与付款循环的重大错报风险。

当被审计单位管理层具有高估利润的动机时,注册会计师应当主要关注费用支出和应付账款的低估。重大错报风险集中体现在遗漏交易,采用不正确的费用支出截止期,以及错误划分资本性支出和费用性支出。这些将对完整性、截止、发生、存在、准确性和分类认定产生影响。

为评估重大错报风险,注册会计师还应详细了解有关交易或付款的内部控制,这些控制主要是为预防、检查和纠正前面所认定的重大错报的固有风险而设置的。注册会计师可以通过审阅以前年度审计工作底稿、观察内部控制执行情况、询问管理层和员工、检查相关的文件和资料等方法加以了解。注册会计师只有对被审计单位的重大错报风险进行有效的识别与评估,并在此基础上设计并实施进一步审计程序,才能有效应对重大错报风险。

第三节 采购与付款循环的控制测试

注册会计师如果在评估采购与付款循环相关的认定层次重大错报风险时,预期内部控制运行是有效的,注册会计师应当实施控制测试,就采购与付款循环控制在相关期间或时点的运行有效性获取充分、适当的审计证据。

一、采购与付款的内部控制测试

(一) 请购商品或劳务内部控制的测试

请购制度有助于对订购单和购货发票的控制,从而使得控制的结果为进一步信赖该制度提供有力的证据。注册会计师应关注对请购单的提出和核准的控制程序,对其进行控制测试时,应选择若干张请购单,检查摘要、数量及日期和相应文件的完整性,审核核准的证据手续是否完整,有无核准人签字。

(二) 订购商品或劳务内部控制的测试

订购单是经核准的采购业务的执行凭证,注册会计师通常更注意对订购单的填制和处理的控制,关注订购单是否准确处理和全部有效。测试时,应注意订购单的完整性,如编号、日期、摘要、数量、价格、规格、质量及运输要求是否齐全,审查订购单是否附有请购单或其他授权文件。

(三) 货物验收内部控制的测试

注册会计师应确定购货发票是否与验收单一致,验收部门是否独立行使职责,并编制正确的验收单,查询并观察验收部门在收货时对货物的检查情况,检查按编号顺序处理验收单的完整性,即验收单的内容填写是否完整,查阅货物质量检验单的内容和处理程序。

(四) 付款业务内部控制的测试

注册会计师可通过查询、观察、检查以及重新执行内部控制等措施对资金支出进行测试,其步骤与方法是:检查支票样本,审核付款是否经过批准,支票是否与应付凭单一致,付款后是否注销凭单,支票是否经过授权批准的人员签发;检查支票登记簿的编号次序,与相应的应付账款明细账以及银行存款日记账核对,审查其金额是否一致;观察编制凭证和签发支票、签发支票与保管支票的职责分工是否符合内部控制原则;检查付款支票样本,确定资金支付是否完整地记录在适当的会计期间。

(五) 应付账款内部控制的测试

注册会计师应检查购货业务的原始凭证,包括每一张记录负债增加的记账凭证是否均附有订购单、验收发票,审核这些原始凭证的数量、单价、金额是否一致,原始凭证上各种手续是否齐全。应注意现金折扣的处理是否经授权的经办人按规定处理,测试中可抽查部分购货发票,注意有关人员是否在现金折扣期限内按原发票价格支付货款,然后从供货方取得退款支票或现金,有无放弃应获得的折扣问题。注册会计师还应根据付款凭证记录的内容,分别追查应付账款和存货明细账与总账是否进行平行登记,金额是否一致。

二、固定资产的内部控制测试

固定资产内部控制制度是采购与付款循环内部控制的重要组成部分,鉴于其重要性,本节将固定资产内部控制测试单独列出进行专门阐述。

(一) 固定资产的预算制度

注册会计师应选取固定资产投资预算和投资可行性项目论证报告,检查是否编制预算并进行论证,以及是否经适当层次审批;对实际支出与预算之间的差异以及未列入预算的特殊事项,应检查其是否履行特别的审批手续。如果固定资产增减均能处于良好的经批准的预算控制之内,注册会计师即可适当减少针对固定资产增加、减少实施的实质性程序的样本量。

(二) 固定资产的授权批准制度

注册会计师不仅应检查被审计单位固定资产授权批准制度本身是否完善,还应选取固定资产请购单及相关采购合同,检查是否得到适当审批和签署,关注授权批准制度是否得到切实执行。

(三) 固定资产的账簿记录制度

注册会计师应当认识到,一套设置完善的固定资产明细分类账和登记卡,将为分析固定资产的取得和处置、复核折旧费用和修理支出的列支带来帮助。

(四) 固定资产的职责分工制度

注册会计师应当认识到,明确的职责分工制度,有利于防止舞弊,降低注册会计师的审计风险。

(五) 固定资产的资本性和收益性支出制度

注册会计师应当检查该制度是否遵循企业会计准则的要求,是否适应被审计单位的行业特点和经营规模,并抽查实际发生与固定资产相关的支出时是否按照该制度进行恰当的会计处理。

(六) 固定资产的处置制度

注册会计师应当关注被审计单位是否建立了有关固定资产处置的分级申请报批程序;抽取固定资产盘点明细表,检查账实之间的差异是否经审批后及时处理;抽取固定资产报废单,检查报废是否经适当批准和处理;抽取固定资产内部调拨单,检查调入、调出是否已进行适当处理;抽取固定资产增减变动情况分析报告,检查是否经复核。

(七) 固定资产的定期盘点制度

注册会计师应了解和评价企业固定资产盘点制度,并应注意查询盘盈、盘亏固定资产的处理情况。

(八) 固定资产的保险制度

固定资产保险制度对企业固定资产安全完整具有重要意义,因此注册会计师应抽取固定资产保险单盘点表,检查是否已办理商业保险。

案例公司上海电气股份有限公司固定资产内部控制初步评价结果和测试汇总表列于第255至第259页。

第四节 采购与付款循环的实质性程序

采购与付款循环的主要重大错报风险通常是低估费用和应付债务,从而高估利润、粉饰财务状况,因此,注册会计师应着重关注采购费用支出及应付债务的审计。根据采购与付款循环涉及的主要会计报表项目及其披露,注册会计师需对固定资产、应付账款及其相关账户进行实质性测试。

一、固定资产审计

固定资产是为生产商品、提供劳务、出租或经营管理而持有的,使用寿命超过一个会计年度的,在使用过程中保持实物形态不变的,单位价值较高的有形资产。由于固定资产在企业资产总额中一般所占的比重较大,固定资产的安全、完整对企业的生产经营影响极大,注册会计师应对固定资产的审计予以高度重视。

固定资产审计的范围很广,包括固定资产原价、累计折旧和固定资产减值准备。此外,由于固定资产的增加包括购置、自行建造、投资者投入、融资租入、更新改造、以应收债权换入、以非货币性资产交换方式换入、经批准无偿调入、接受捐赠和盘盈等多种途

案例公司审计情况

上海电气股份有限公司固定资产内部控制的初步评价结果

固定资产—评价控制的设计并确定控制是否得到执行

被审计单位：上海电气股份有限公司　报表截止日：2016年12月31　编制：×××　日期：2017年2月11日

项目：固定资产-循环—评价控制的设计并确定控制是否得到执行　复核：×××　日期：2017年2月18日

索引号：XSL-007

子流程	控制序号	控制目标	被审计单位的控制活动	受影响的相关交易、账户余额和披露	认定	控制的性质	控制频率	控制活动对实现控制目标是否有效	控制是否得到执行	是否测试控制运行有效性及理由	
										是否测试	理由
采购审批	#F1	采购经过适当审批	金额在人民币1万元以下的请购单由总经理负责审批；金额在人民币1万元以上的请购单需经董事会审批	存货	存在	人工	不定期	是	是	是	
同上	#F1	同上	同上	存货	发生	人工	不定期	是	是	是	
采购审批	#F2	采购合同经过适当审批和签署	采购合同经采购部经理复核后，提交总经理复核并签字盖章	营业成本	存在	包含自动化成分的人工控制	每天一次	是	是	是	
同上	#F2	同上	同上	存货	发生	包含自动化成分的人工控制	每年一次	是	是	是	
采购审批	#F3	已录入的采购订单信息准确	采购经理审核和批准信息管理员录入系统的采购合同信息（包括供应商，采购品种、数量、价格等），系统自动生成连续编号的采购订单	营业成本	存在	人工	每周一次	是	是	是	

现代审计学

(续表)

子流程	控制序号	控制目标	被审计单位的控制活动	受影响的相关交易、账户余额和披露	认定	控制的性质	控制频率	控制活动对实现控制目标是否有效	控制是否得到执行	是否测试控制运行有效性		及理由
										是否测试	理由	
采购审批	#F4	采购合同均恰当录入系统	每周,采购经理从系统中导出包含本周所有采购订单的采购信息报告,复核并确认采购订单是否存在跳号/重号的情况。如采购合同在全部恰当录入系统,采购经理即在采购信息报告上签字作为复核的证据	存货	发生	人工	每周一次	是	是	是		
验收确认	#F5	已记录的固定资产是真实存在的	采购的固定资产运达公司后,采购部门会同固定资产使用部门,与采购部门对固定资产进行验收,与采购合同、采购订单等资料进行核对,出具验收单	存货	准确性	自动	每天一次	是	是	是		
验收确认	#F6	已记录的固定资产是准确的	收到供应商开具的发票后,应付账款记账员负责将发票所载信息与采购订单、验收单进行核对。如有差异,应付账款记账员通知采购经理进行进一步调查和处理。核对一致后,应付账款记账员在发票上加盖"相符"印戳,并更新系统信息,系统目动生成记账凭证	营业成本	准确性	自动	每天一次	是	是	是		

256

第十二章 采购与付款循环审计

(续表)

子流程	控制序号	控制目标	被审计单位的控制活动	受影响的相关交易、账户余额和披露	认定	控制的性质	控制频率	控制活动对实现控制目标是否有效	控制是否得到执行	是否测试控制运行有效性及理由	
										是否测试	理由
验收确认	#F7	固定资产均已得到记录	每月末，会计主管复核系统自动生成的本月固定资产验收报告，确认录入系统的验收单是否全部恰当录入系统、是否在跳号/重号的情况。如验收单已全部恰当录入系统，会计主管即在固定资产验收报告上签字作为复核的证据	应付账款	计价和分摊	包含自动化成分的人工控制	每周一次	是	是	是	
运行管理	#F8	保证固定资产账实相符	每年末，财务部会同固定资产使用部门对固定资产进行盘点，编制固定资产盘点报告。如有差异，查明原因，报经总经理审批后进行处理	固定资产	计价和分摊	包含自动化成分的人工控制	每周一次	是	是	是	
运行管理	#F9	它项权力设置经过恰当审批和登记	财务经理编写固定资产抵押、质押报告，金额在人民币10万元以下的抵押、质押由总经理负责审批；金额在人民币10万元以上的抵押、质押需经董事会审批。办妥固定资产抵押、质押手续后，固定资产记账员在系统中予以登记	固定资产	计价和分摊	包含自动化成分的人工控制	每周一次	是	是	是	
折旧和减值	#F10	计提的折旧金额准确	公司折旧费用由财务软件系统自动计算生成	固定资产	计价和分摊	包含自动化成分的人工控制	每周一次	是	是	是	

(续表)

子流程	控制序号	控制目标	被审计单位的控制活动	受影响的相关交易、账户余额和披露	认定	控制的性质	控制频率	控制活动对实现控制目标是否有效	控制是否得到执行	是否测试控制运行有效性及理由	
										是否测试	理由
折旧和减值	#F11	计提的资产减值损失金额准确	每年末，会计主管与固定资产使用部门对固定资产的使用寿命、预计净残值、折旧方法进行复核，共同编写固定资产减值迹象分析报告。固定资产如果出现减值迹象，会计主管对该固定资产进行减值测试，计算其可回收金额，编制固定资产价值调整建议。经财务部经理复核后，报总经理审批，并在审批后入账	固定资产	计价和分摊	包含自动化成分的人工控制	每周一次	是	是	是	
资产处置	#F12	固定资产处置均得到准确及时记录	处置完成后，固定资产管理员将有关信息输入财务系统，固定资产使用部门经理审核该信息，在系统中批准。系统将该固定资产的状态更新为"已处置"，自动生成记账凭证并过至明细账和总账	固定资产	计价和分摊	包含自动化成分的人工控制	每周一次	是	是	是	

上海电气股份有限公司固定资产内部控制测试汇总表

固定资产循环-控制测试汇总表

被审计单位：上海电气股份有限公司　　　　编制：×××　　日期：2017年2月11日
报表截止日：2016年12月31日　　　　　　　复核：×××　　日期：2017年2月19日
项目：销售与收款循环-控制测试汇总表　　　　　　　　　　索引号：XSC-004

1. 识别的相关缺陷

是否识别出控制缺陷？如果已识别出控制缺陷，应考虑对审计计划产生的影响，汇总至控制缺陷汇总表确定该缺陷单独或连同其他缺陷是否已构成已值得关注的缺陷，并与管理层或治理层进行适当沟通。

缺陷描述（控制运行无效）	对审计计划的影响	汇总至控制缺陷汇总表进行评价并考虑沟通

2. 对相关交易、账户余额和披露的审计方案

交易、账户余额和披露	项目	相关认定								
		存在	发生	完整性	权利和义务	计价和分摊	准确性	截止	分类	列报和披露
固定资产	控制测试结果是否支持风险评估结论	否	否	否	否	否	否	否	否	否
固定资产	需从实质性程序获取的保证程度	高	高	高	高	高	高	高	高	高
在建工程	控制测试结果是否支持风险评估结论	是	是	是	是	是	是	是	是	是
在建工程	需从实质性程序获取的保证程度	低	低	低	低	低	低	低	低	低
工程物资	控制测试结果是否支持风险评估结论	是	是	是	是	是	是	是	是	是
工程物资	需从实质性程序获取的保证程度	低	低	低	低	低	低	低	低	低

径,相应涉及货币资金、应付账款、预付款项、在建工程、股本、资本公积、长期应付款、递延所得税负债等项目;企业的固定资产又因出售、报废、投资转出、捐赠转出、抵债转出、以非货币性资产交换方式换出、无偿调出、毁损和盘亏等原因而减少,与固定资产清理、其他应收款、营业外收入和营业外支出等项目有关;另外,企业按月计提固定资产折旧,又与制造费用、销售费用、管理费用等项目联系在一起。因此,在进行固定资产审计时,应当关注这些相关项目。

(一) 固定资产的审计目标

固定资产的审计目标一般包括:确定资产负债表中记录的固定资产是否存在;确定所有应记录的固定资产是否均已记录;确定记录的固定资产是否由被审计单位拥有或控制;确定固定资产以恰当的金额包括在财务报表中,与之相关的计价或分摊已恰当记录;确定固定资产原价、累计折旧和固定资产减值准备是否已按照企业会计准则的规定在财务报表中作出恰当列报。

(二) 固定资产审计的实质性程序

固定资产审计的实质性程序一般包括如下内容。

1. 固定资产总体合理性审查

获取或编制固定资产、累计折旧及减值准备分类汇总表,检查固定资产的分类是否正确,复核加计是否正确,并与报表数、总账余额和明细账余额合计数核对相符。

2. 选择适当的方法对固定资产实施分析程序

(1) 计算固定资产原值与全年产量的比率,并与以前年度比较,分析其波动原因,可能发现闲置固定资产或已减少固定资产未在账户上注销的问题。

(2) 计算本期计提折旧额与固定资产总成本的比率,将此比率同上期比较,旨在发现本期折旧额计算上可能存在的错误。

(3) 计算累计折旧与固定资产总成本的比率,将此比率同上期比较,旨在发现累计折旧核算上可能存在的错误。

(4) 比较本期各月之间、本期与以前各期之间的修理及维护费用,旨在发现资本性支出和收益性支出区分上可能存在的错误。

(5) 比较本期与以前各期的固定资产增加和减少。

由于被审计单位的生产经营情况不断变化,各期之间固定资产增加和减少的数额可能相差很大。注册会计师应当深入分析其差异,并根据被审计单位以往和今后的生产经营趋势,判断差异产生的原因是否合理。

(6) 分析固定资产的构成及其增减变动情况,与在建工程、现金流量表、生产能力等相关信息交叉复核,检查固定资产相关金额的合理性和准确性。

3. 实地检查重要固定资产

注册会计师应当实地检查重要固定资产,确定其是否存在,关注是否存在已报废但仍挂账的固定资产。实施实地检查审计程序时,注册会计师可以以固定资产明细分类账为起点,进行实地追查,以证明会计记录中所列固定资产确实存在,并了解其目前的使用状况;也可以以实地为起点,追查至固定资产明细分类账,以获取实际存在的固定资产均已入账的证据。

注册会计师实地检查的重点是本期新增加的重要固定资产,必要时,观察范围也会扩大到以前期间增加的重要固定资产。如为首次接受审计,则应适当扩大检查范围。

4. 检查固定资产的所有权或控制权

(1) 对各类固定资产,注册会计师应获取、收集不同的证据以确定其是否属于被审计单位所有。

(2) 对外购的机器设备等固定资产,通过审核采购发票、采购合同等予以确定;对于房地产类固定资产,尚需查阅有关的合同、产权证明、财产税单、抵押借款的还款凭据、保险单等书面文件。

(3) 对融资租入的固定资产,应验证有关融资租赁合同,证实其并非经营租赁。

(4) 对汽车等运输设备,应验证有关运营证件等。对受留置权限制的固定资产,通常还应审核被审计单位的有关负债项目等予以证实。

5. 检查本期固定资产的增加

被审计单位如果不正确核算固定资产的增加,将对资产负债表和利润表产生长期的影响。因此,审计固定资产的增加,是固定资产实质性程序中的重要内容。固定资产的增加的不同途径,审计重点不同。

(1) 对于外购固定资产,通过核对采购合同、发票、保险单、发运凭证等资料,抽查测试其入账价值是否正确,授权批准手续是否齐备,会计处理是否正确;如果购买的是房屋建筑物,还应检查契税的会计处理是否正确;检查分期付款购买固定资产入账价值及会计处理是否正确。

(2) 对于在建工程转入的固定资产,应检查竣工决算、验收和移交报告是否完备,与在建工程的相关记录是否核对相符,借款费用资本化金额是否恰当;对已经达到预定可使用状态,但尚未办理竣工决算手续的固定资产,检查其是否已暂估入账,并按规定计提折旧;是否待确定实际成本后再对固定资产原价进行了调整。

(3) 对于投资者投入的固定资产,检查投资者投入的固定资产是否按投资各方确认的价值入账,并检查确认价值是否公允,交接手续是否齐全;涉及国有资产的是否有资产评估报告并经国有资产管理部门备案或核准确认。

(4) 对于更新改造增加的固定资产,检查通过更新改造而增加的固定资产,增加的原值是否符合资本化条件,是否真实,会计处理是否正确;重新确定的剩余折旧年限是否恰当。

(5) 对于融资租赁增加的固定资产,获取融资租入固定资产的相关证明文件,检查融资和租赁合同主要内容,并结合长期应付款、未确认融资费用科目检查相关的会计处理是否正确。

(6) 对于企业合并、债务重组和非货币性资产交换增加的固定资产,检查产权过户手续是否齐备,检查固定资产入账价值及确认的损益和负债是否符合规定。

(7) 如果被审计单位为外商投资企业,检查其采购国产设备退还增值税的会计处理是否正确。

(8) 对于通过其他途径增加的固定资产,应检查增加固定资产的原始凭证,核对其计价及会计处理是否正确,法律手续是否齐全。

(9) 检查被审计单位的固定资产是否需要预计弃置费用,相关的会计处理是否符合规定。

6. 检查本期固定资产的减少

固定资产的减少主要包括出售、向其他单位投资转出、向债权人抵债转出、报废、毁损、盘亏等。固定资产减少审计的主要目的就在于查明已经减少的固定资产是否已做适当的会计处理。其审计要点如下。

(1) 结合固定资产清理科目,抽查固定资产账面转销额是否正确。
(2) 检查出售、盘亏、转让、报废或毁损的固定资产是否经授权批准,会计处理是否正确。
(3) 检查因修理、更新改造而停止使用的固定资产的会计处理是否正确。
(4) 检查投资转出固定资产的会计处理是否正确。
(5) 检查债务重组或非货币性资产交换转出固定资产的会计处理是否正确。
(6) 检查转出的投资性房地产账面价值及会计处理是否正确。

7. 检查固定资产后续支出的核算是否符合规定

确定固定资产有关的后续支出是否满足资产确认条件;如不满足,该支出是否在该后续支出发生时计入当期损益。

8. 检查暂时闲置固定资产的情况

获取暂时闲置固定资产的相关证明文件,并观察其实际状况,检查是否已按规定计提折旧,相关的会计处理是否正确。

9. 检查有无与关联方的固定资产购销活动

该购销活动是否经过适当授权,交易价格是否公允。对于合并范围内的购销活动,记录应予合并抵消的金额。

10. 检查固定资产的抵押、担保情况

结合对银行借款等的检查,了解固定资产是否存在重大的抵押、担保情况。如果存在,应取证,并作相应的记录,同时提请被审计单位作恰当披露。

11. 确定固定资产的披露是否恰当

财务报表附注通常应说明固定资产的标准、分类、计价方法和折旧方法;各类固定资产的预计使用寿命和预计净残值;分类别披露固定资产期初余额、本期增加额、本期减少额及期末余额;还应披露在建工程转入的固定资产以及固定资产的出售、置换、抵押或担保等情况。

案 例 公 司 审 计 情 况

上海电气股份有限公司固定资产实质性分析程序

注册会计师针对上海电气股份有限公司固定资产的增加,采用实质性分析程序,将固定资产的增加(借方发生额)与在建工程的减少(贷方发生额)进行配比分析,结果如图 12-1 所示,注册会计师发现,12 月份有大量在建工程完工转入固定资产账户,7 月有大量外购固定资产发生,在检查相关资料的基础上,注册会计师得出结论,固定资产(不含累计折旧)不存在重大错报。

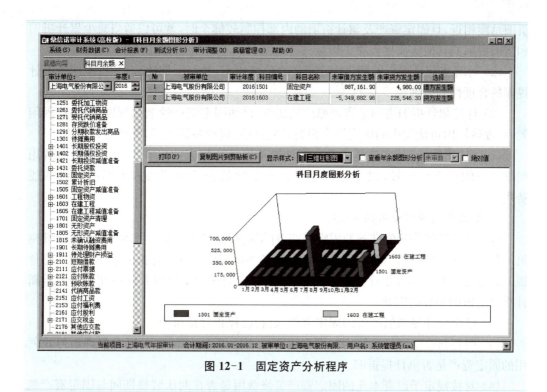

图 12-1　固定资产分析程序

二、累计折旧的实质性程序

(一) 累计折旧的审计目标

影响折旧的因素有固定资产账面原价、固定资产的残值和预计经济使用年限三个方面。固定资产折旧的审计,就是为了确定固定资产折旧的计算、提取和分配是否合法与公允。

累计折旧的审计目标有:确定折旧政策和方法是否符合国家有关的财务会计制度,是否一贯遵循;确定累计折旧增减变动的记录是否完整;确定折旧费用的计算、分摊是否正确、合理和一贯;确定累计折旧的期末余额是否正确;确定累计折旧在会计报表上的披露是否恰当。

(二) 累计折旧审计的实质性程序

累计折旧审计的实质性程序通常包括以下五项。

1. 累计折旧总体合理性审查

获取或编制累计折旧分类汇总表,复核加计正确,并与总账数和明细账合计数核对相符。

2. 对累计折旧执行分析程序

(1) 对折旧计提的总体合理性进行复核,是测试折旧正确与否的一个有效方法。在不考虑固定资产减值准备的前提下,计算、复核的方法是用应计提折旧的固定资产原价乘本期的折旧率。计算之前,注册会计师应对本期增加和减少固定资产、使用寿命长短不一的和折旧方法不同的固定资产作适当调整。如果总的计算结果与被审计单位的折旧总额相近,且固定资产及累计折旧的内部控制较健全时,就可以适当减少累计折旧和折旧费用的其他实质性程序工作量。

(2) 计算本期计提折旧额占固定资产原值的比率,并与上期比较,分析本期折旧计提额的合理性和准确性。

(3) 计算累计折旧占固定资产原值的比率,评估固定资产的老化程度,并估计因闲置、报废等原因可能发生的固定资产损失,结合固定资产减值准备,分析是否合理。

(4) 将"累计折旧"账户贷方的本期计提折旧额与相应的成本费用中的折旧费用明细账户的借方相比较,以查明所计提折旧金额是否已全部摊入本期产品成本或费用。

3. 复核本期折旧费用的计提

(1) 已计提部分减值准备的固定资产,计提的折旧是否正确。按照《企业会计准则第4号——固定资产》的规定,已计提减值准备的固定资产的应计折旧额应当扣除已计提的固定资产减值准备累计金额,按照该固定资产的账面价值以及尚可使用寿命重新计算确定折旧率和折旧额。

(2) 已全额计提减值准备的固定资产,是否已停止计提折旧。

(3) 因更新改造而停止使用的固定资产是否已停止计提折旧,因大修理而停止使用的固定资产是否仍计提折旧。

(4) 对按规定予以资本化的固定资产装修费用是否在两次装修期间与固定资产尚可使用年限两者中较短的期间内,采用合理的方法单独计提折旧,并在下次装修时将该项固定资产装修的余额一次全部计入了当期营业外支出。

(5) 对融资租入固定资产发生的、按规定可予以资本化的固定资产装修费用,是否在两次装修期间、剩余租赁期与固定资产尚可使用年限三者中较短的期间内,采用合理的方法单独计提折旧。

(6) 对采用经营租赁方式租入的固定资产发生的改良支出,是否在剩余租赁期与租赁资产尚可使用年限两者中较短的期间内,采用合理的方法单独计提折旧。

(7) 未使用、不需用和暂时闲置的固定资产是否按规定计提折旧。

(8) 持有待售的固定资产计提折旧是否符合规定。

4. 检查累计折旧的减少

检查累计折旧的减少是否合理、会计处理是否正确。

5. 检查累计折旧的披露是否恰当

如果被审计单位是上市公司,通常应在其财务报表附注中按固定资产类别分项列示累计折旧期初余额、本期计提额、本期减少额及期末余额。

案 例 公 司 审 计 情 况

上海电气股份有限公司累计折旧的审计

由于上海电气股份有限公司的固定资产类别较多、价值较大,注册会计师在进行风险评估后，分析认为固定资产折旧的计提是重点审计领域。注册会计师在计算机审计软件中分析“累计折旧”明细账每月计提折旧的金额，如图 12-2 所示。在固定资产采用直线法计提折旧、没有发生固定资产大幅度减少，也没有发生固定资产减值的情况下，“累计折旧”明细账每月折旧金额不均衡，且波动幅度较大，累计折旧的计提很可能存在重大错报，考虑到企业的性质和生产特点，注册会计师初步分析认为生产设备折旧的计提存在重大错报风险。

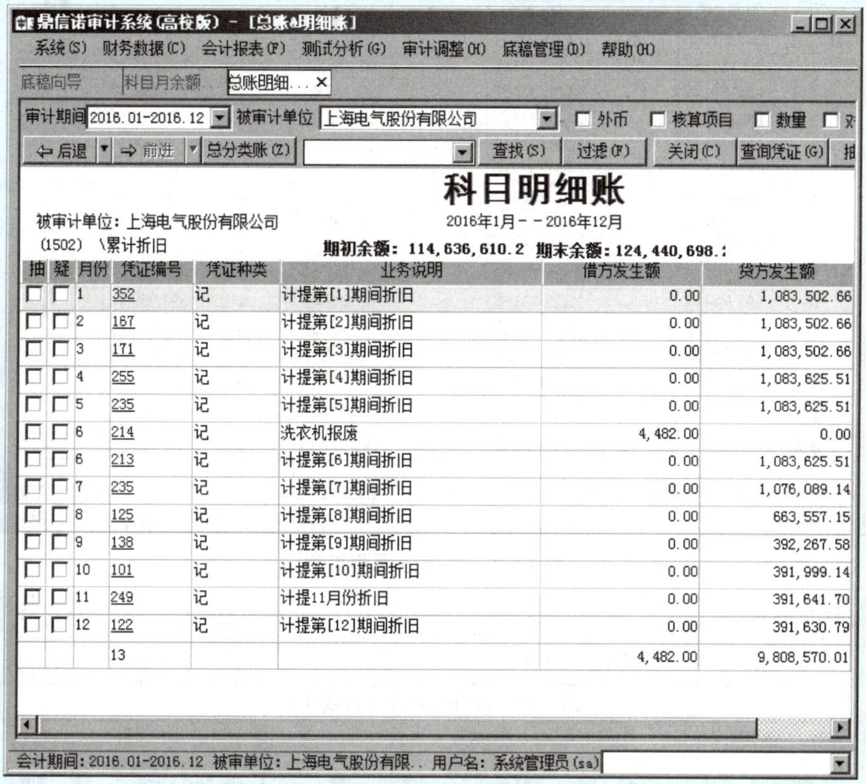

科目明细账

被审计单位：上海电气股份有限公司　　2016年1月－－2016年12月

(1502)　\累计折旧　　期初余额：114,636,610.2　期末余额：124,440,698.:

抽	疑	月份	凭证编号	凭证种类	业务说明	借方发生额	贷方发生额
□	□	1	352	记	计提第[1]期间折旧	0.00	1,083,502.66
□	□	2	167	记	计提第[2]期间折旧	0.00	1,083,502.66
□	□	3	171	记	计提第[3]期间折旧	0.00	1,083,502.66
□	□	4	255	记	计提第[4]期间折旧	0.00	1,083,625.51
□	□	5	235	记	计提第[5]期间折旧	0.00	1,083,625.51
□	□	6	214	记	洗衣机报废	4,482.00	0.00
□	□	6	213	记	计提第[6]期间折旧	0.00	1,083,625.51
□	□	7	235	记	计提第[7]期间折旧	0.00	1,076,089.14
□	□	8	125	记	计提第[8]期间折旧	0.00	663,557.15
□	□	9	138	记	计提第[9]期间折旧	0.00	392,267.58
□	□	10	101	记	计提第[10]期间折旧	0.00	391,999.14
□	□	11	249	记	计提11月份折旧	0.00	391,641.70
□	□	12	122	记	计提第[12]期间折旧	0.00	391,630.79
			13			4,482.00	9,808,570.01

图 12-2　累计折旧明细账

由于“累计折旧”的明细账只显示每月计提折旧的总额，是否是生产设备计提折旧存在重大错报，还有待于进一步分析。然后，注册会计师利用计算机审计软件将固定资产折旧分解为生产设备计提的折旧和管理设备计提的折旧两大类，如图 12-3 所示。其中，每月管理用固定资产计提的折旧均为 6.6 万元左右，在被审计单位当期没有新增或减少管理用固定资产、采用平均年限法计提折旧、没有计提减值准备的情况下，管理费用中的折旧不存在重大错报。但生产用固定资产计提的折旧前 7 个月 108 万元左右，第 8 月为 59 万元多，后 9 个月为 32 万元多，明显存在问题。注册会计师通过估算，认为被审计单位可能多提或少提折旧 510 万元左右，估算公式为 (1 010 000－320 000)×7＋(590 000－320 000)。接下来，注册会计师利用计算机审计软件“重新计算”该公司的累计折旧金额，结果如图 12-4 所示，其中，“本期应提折

现代审计学

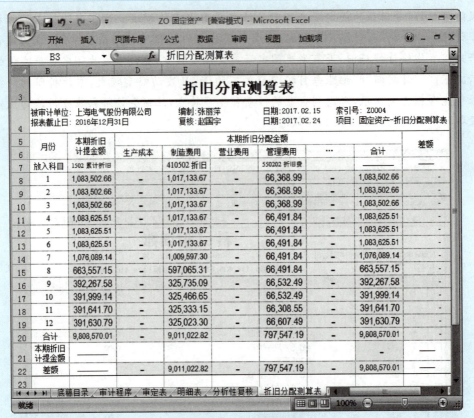

图 12-3 折旧分配测算表

图 12-4 固定资产折旧计算表

旧"栏为审计软件根据被审计单位固定资产卡片信息生成的计算结果,"本期已提折旧"栏为被审计单位财务软件计算的账面数据,两者存在重大差异。以其中的"锅炉机组"为例,审计软件显示2016年该公司多计提折旧1 196 070.81元。该"锅炉机组"2015年12月购入,使用年限为120个月(10年),应当在2015年年底应将折旧全部计提完,2016年不应再计提折旧。最终,从图12-4来看,2016年该公司合计多计提折旧5 130 846.55元,这一金额与前面我们估算的结果(510万元左右)相差不大。

最后,注册会计师得出结论,被审计单位2016年固定资产计提折旧存在重大错报,多计提生产设备折旧,从而导致主营业务成本虚增(该公司2016年12月31日库存商品余额为零,所有产品均已卖出),进而虚减利润。注册会计师结合以上重新计算的情况,分析认为,被审计单位之所以出现这种情况,主要是因为前期未足额计提固定资产折旧,导致截至2016年年底固定资产折旧仍没有计提完,所以在2016年仍需继续计提,从而导致2016年多计提折旧。针对审计年度来说,多计提生产设备折旧5 130 846.55元属于重大错报。

接下来,注册会计师应提请上海电气股份有限公司做审计调整。调增固定资产和冲减主营业务成本(期末无库存)的审计调整分录如图12-5所示,同时,还要编制审计调整结转分录(该结转分录是与上一章主营业务收入和主营业务成本的结转分录进行合并的结果),如图12-6所示。

图12-5　审计调整分录

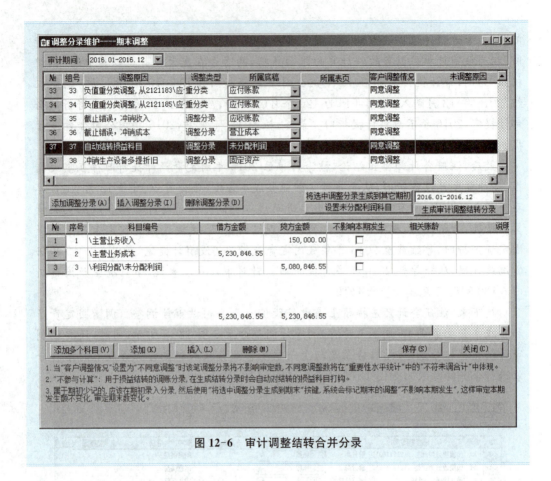

图 12-6　审计调整结转合并分录

三、应付账款的审计

应付账款是企业在正常经营过程中,因购买材料、商品和接受劳务供应等经营活动而应付给供应单位的款项。因此,注册会计师应结合赊购交易对应付账款进行审计。

(一)应付账款的审计目标

应付账款的审计目标一般包括:确定资产负债表中记录的应付账款是否存在;确定所有应当记录的应付账款是否均已记录;确定资产负债表中记录的应付账款是否为被审计单位应当履行的现时义务;确定应付账款是否以恰当的金额包括在财务报表中,与之相关的计价调整是否已恰当记录;确定应付账款是否已按照企业会计准则的规定在财务报表中作出恰当的列报。

(二)应付账款审计的实质性程序

1. 应付账款总体合理性审查

(1)复核应付账款明细表加计是否正确,并与报表数、总账数和明细账合计数核对是否相符。

(2) 检查非记账本位币应付账款的折算汇率及折算是否正确。
(3) 分析出现借方余额的项目,查明原因,必要时,建议作重分类调整。

2. 选择适当的方法对应付账款执行分析程序

(1) 将应付账款期末余额与期初余额进行比较,查找是否存在异常波动现象,分析其波动原因。

(2) 分析长期挂账的应付账款,要求被审计单位作出解释,判断被审计单位是否缺乏偿债能力或利用应付账款隐瞒利润;并注意其是否可能无须支付,对确实无须支付的应付款的会计处理是否正确,依据是否充分。

(3) 计算应付账款与存货的比率,应付账款与流动负债的比率,并与以前年度相关比率对比分析,评价应付账款整体的合理性。

(4) 分析存货、营业收入和营业成本等项目的增减变动,判断应付账款增减变动的合理性。

3. 函证应付账款

一般情况下,应付账款并非必须进行函证,因为函证并不能确保查出未记录的应付账款,况且注册会计师能够取得采购发票等外部凭证来证实应付账款的余额。但如果控制风险较高,对应付账款明细金额较大债权人或被审计单位处于财务困难阶段,则应进行应付账款的函证。应付账款函证与应收账款函证的程序、方法基本相同。

4. 检查应付账款的截止和完整性

注册会计师应当检查应付账款是否计入了正确的会计期间,是否存在未入账的应付账款。为了防止企业低估负债,注册会计师应通过检查债务形成的相关原始凭证、供应商对账单、银行对账单、资产负债表日后应付账款明细账贷方发生额凭证,并结合存货监盘程序,来检查被审计单位有无故意漏记应付账款行为。

5. 检查已偿付应付账款的真实性

针对已偿付的应付账款,追查至银行对账单、银行付款单据和其他原始凭证,检查其是否在资产负债表日前真实偿付。

6. 对非常规业务应付账款的检查

(1) 针对异常或大额交易及重大调整事项(如大额的购货折扣或退回,会计处理异常的交易,未经授权的交易,或缺乏支持性凭证的交易等),检查相关原始凭证和会计记录,以分析交易的真实性、合理性。

(2) 被审计单位与债权人进行债务重组的,检查不同债务重组方式下的会计处理方法是否正确。

(3) 标明应付关联方(包括持5%及以上表决权股份的股东)的款项,执行关联方及其交易审计程序,并注明合并报表时应予抵销的金额。

7. 确定应付账款的披露是否恰当

一般来说,"应付账款"项目应根据"应付账款"和"预付账款"科目所属明细科目的期末贷方余额的合计数填列。

拓展案例

立信会计师事务所涉及金亚科技财务造假受行政处罚

立信会计师事务所因金亚科技2014年年报审计问题,收到证监会的行政处罚决定书。涉及案情系为金亚科技2014年财务报表出具含有虚假内容审计报告。证监会决定,没收立信会计师事务所业务收入90万元,并处以270万元的罚款;同时,对签字注册会计师邹某和程某给予警告,并分别处以10万元的罚款。根据证监会第138号令规定,证券服务机构及其从业人员在"因涉嫌违法违规被中国证监会及其派出机构立案调查,或者被司法机关侦查,尚未结案,且涉案行为与其为申请人提供服务的行为属于同类业务"的情形下,证监会将作出不予受理或者中止审查相关申请材料的决定。此后,有多家由立信所审计的上市公司并购重组宣布更换审计机构,包括步森股份、利达光电、绿景控股、道氏技术等公司。

行政处罚书显示,立信会计师事务所存在以下违法事实:金亚科技2014年度财务报表错报情况,金亚科技披露的2014年合并财务报表虚增银行存款2.18亿元,虚增营业收入7363.51万元,虚增营业成本1925.33万元,虚增预付工程款3.1亿元。而立信会计师事务所在对金亚科技2014年度财务报表审计时,未勤勉尽责,出具了存在虚假记载的审计报告。具体不当行为表现在以下方面:

一、立信会计师事务所未按要求执行货币资金的函证程序。2015年1月20日,审计人员在对金亚科技基本账户开户行(工商银行成都高新西部园区支行)函证时,未对询证函保持控制,未对询证函是否加盖银行公章事项给予充分关注,上述行为导致立信所未能发现银行回函系金亚科技伪造,金亚科技虚增银行存款2.18亿元的事实。

二、由于销售与收款循环函证程序不当,立信会计师事务所未关注重大合同的异常情况。该所在应收账款函证程序上,未对存在不确定性的发函地址实施进一步审计程序,导致未能发现错误及不存在的发函地址,且审计工作底稿未记录发函和回函过程,现有证据无法证实其对函证保持控制;同时未关注回函中的异常情况,未正确填写被询证者地址。另外,现有证据未能证实该所针对未收到回函的客户实施了进一步替代程序,以证实应收账款是否真实存在、计价是否正确。

三、对重大合同的异常情况,立信会计师事务所也未保持合理的职业怀疑。该所对金亚科技2014年前20大客户及金额较大合同进行查验,并在审计工作底稿中予以记录。经调查,其中7份合同存在异常情况,存在未签字盖章、两份合同编号相同等异常情况。审计人员未保持职业怀疑,未充分关注重大合同中的异常情况,未实施进一步审计程序。

四、在采购与付款函证程序上,审计工作底稿中"发函清单"显示共发出28份函证,其中13份(占函证的46.43%)存在发函地址与发票地址不一致等异常情况,立信会计师事务所未关注上述异常情况。审计工作底稿未记录收发函物流信息,也未记录应付款的函证结论。

五、针对3.1亿元预付工程款的审计程序不当。在金亚科技与四川宏山建设工程有限公司签订的《建设工程施工合同》中,主合同部分双方均未盖章签字,立信所取得的3.1亿元预付工程款的银行对账单系金亚科技伪造并提供。在合同涉及金额较大,且合同形式存在不完备的情况下,立信会计师事务所未特别关注,未保持合理的职业怀疑,未考虑到因管理层舞弊可能导致的重大错报风险。

思 考 题

1. 采购与付款循环的主要业务活动包括哪些?
2. 采购与付款循环涉及的重大错报风险包括哪些?
3. 固定资产可能存在哪些重大错报风险?
4. 执行应付账款函证程序是否与函证应收账款一样有效和重要?为什么?
5. 固定资产实质性审计程序包括哪些内容?

第十三章 存货与工薪循环审计

【教学目的和要求】

◇ 了解存货与工薪循环的业务活动和所涉及的凭证和记录
◇ 理解存货与工薪循环的内部控制及其测试的内容
◇ 理解存货与工薪循环重大错报风险的识别与评估内容
◇ 掌握存货和营业成本的实质性程序
◇ 掌握应付职工薪酬的实质性程序

引 导 案 例

獐子岛事件中的存货审计

獐子岛集团股份有限公司(简称獐子岛)成立于1958年,2006年在深交所上市。獐子岛是国内最大的以水产增养殖为主,集海珍品育苗、增养殖、加工、贸易、海上运输于一体的综合性海洋食品企业,曾先后被誉为"海上大寨""黄海明珠""海上蓝筹"等,2008年登榜福布斯中国潜力企业,2010年被评为中国最受信赖的十大品牌。

2014年10月30日晚间,獐子岛发布公告称,因北黄海遭到几十年一遇异常的冷水团,公司在2011年和部分2012年播撒的100多万亩即将进入收获期的虾夷扇贝绝收。受此影响,獐子岛前三季业绩"大变脸",由预报盈利变为亏损约8亿元,全年预计大幅亏损。2018年1月31日,獐子岛发布公告称,公司正在进行底播虾夷扇贝的年末存量盘点,发现部分海域的底播虾夷扇贝存货异常,公司预计2017年净利润亏损5.3亿~7.2亿元。经过4天的重新盘点,獐子岛公司最终将亏损金额确定在6.29亿元,相当于獐子岛2016年净利润的近8倍,这与2017年三季报中预告全年1亿元左右的盈利差别很大。

对于海洋养殖业而言,其存货的特殊性可能使其成为公司财务造假的高危领域。注册会计师针对农业类、水产养殖行业生物资产的审计存在一定难度和较大风险。为其提供审计服务的大华会计师事务所指出,由于大浪等天气原因,注册会计师只有3天能下海监盘。注册会计师在3天内就完成了百倍于公司自己为期28天的存量调查工作,只对不到3‰的养殖海域进行抽样调查。针对2011年的亩产,注册会计师测量的数据和獐子岛公司的数据相差1.8倍,注册会计师认为"两者数据相比较,差异不大,基本吻合"。从参加盘点的人员来看,包括盘点船只的船长及船上作业人员、公司的财务人员,会计师事务所的监盘人员,大华会计师事务所并没有邀请其他专业人士共同参与监盘。生物资产的特殊性导致存货的盘点和计价是一大难题,大华会计师事务所对獐子岛存货的监盘工作难以令人满意,存在重大的审计风险点,这很可能导致审计失败。

第一节 存货与工薪循环的内部控制

存货与工薪循环同其他业务循环的联系非常密切。原材料经过采购与付款循环进入存货与工薪循环,存货与工薪循环又随销售与收款循环中产成品的销售环节而结束。存货与工薪循环涉及的内容主要是存货的管理及生产成本(包括工薪)的计算等。

考虑到财务报表项目与业务循环的相关程度,该循环所涉及的资产负债表项目主要是存货、应付职工薪酬等;所涉及的利润表项目主要是营业成本等项目。其中,存货又包括:材料采购或在途物资、原材料、材料成本差异、库存商品、发出商品、商品进销差价、委托加工物资、委托代销商品、受托代销商品、周转材料、生产成本、制造费用、劳务成本、存货跌价准备、受托代销商品款等。

一、存货与工薪循环的主要业务活动

存货与工薪循环由将原材料转化为产成品的有关活动组成。该循环包括制定生产计划;控制、保持存货水平以及与制造过程有关的交易和事项;涉及领料、生产加工、销售产成品等主要环节。以制造业为例,存货与工薪循环所涉及的主要业务活动包括:计划和安排生产;发出原材料;生产产品;核算产品成本;储存产成品;发出产成品等。上述业务活动通常涉及以下部门:生产计划部门、仓储部门、生产部门、人事部门、销售部门、会计部门等。

(一) 计划和安排生产

生产计划部门的职责是根据顾客订单或者对销售预测和产品需求的分析来决定生产授权。如决定授权生产,即签发预先编号的生产通知单。生产通知单是企业下达制造产品等生产任务的书面文件,是通知生产车间组织产品制造,供应部门组织材料发放,会计部门组织成本计算的依据。生产计划部门通常应将发出的所有生产通知单编号并加以记录控制。此外,还需要编制一份材料需求报告,列示所需要的材料和零件及其库存。

(二) 发出原材料

仓库部门的责任是根据从生产部门收到的领料单发出原材料。领料单上必须列示所需的材料数量和种类,以及领料部门的名称。领料单可以一单一料或一单多料,通常

一式三联。仓库发料后,将其中一联交给领料部门,其余两联经仓库登记材料明细账后,送会计部门进行材料收发核算和成本核算。

(三) 生产产品

生产部门在收到生产通知单及领取原材料后,便将生产任务分解到每一个生产工人,并将所领取的原材料交给生产工人,据以执行生产任务。生产工人在完成生产任务后,将完成的产品交由生产部门查点,然后转交检验员验收并办理入库手续,或是将所完成的产品移交下一个部门,做进一步加工。生产部门根据生产情况的记录形成产量和工时记录。产量和工时记录是登记工人或生产班组在出勤期间完成的产品数量、质量和生产这些产品所耗费工时数量的原始记录。

(四) 核算产品成本

为了正确核算并有效控制产品成本,必须建立健全成本会计制度,将生产控制和成本核算有机结合在一起。一方面,生产过程中的各种记录、生产通知单、领料单、入库单等文件资料都要汇集到会计部门,由会计部门对其进行检查和核对,了解和控制生产过程中存货的实物流转;另一方面,会计部门要设置相应的会计账户,会同有关部门对生产过程中的成本进行核算和控制。完善的成本会计制度应该提供原材料转为在产品,在产品转为产成品,以及按成本中心、分批生产任务通知单或生产周期所消耗的材料、人工和间接费用的分配与归集的详细资料。

(五) 储存产成品

产成品入库,须由仓库部门先行点验和检查,然后签收。签收后,仓库部门负责填制产成品入库单。产成品入库单至少一式三联:一联交生产部门;一联交会计部门;一联由仓库部门留存。据此,仓库部门确立了本身应承担的责任,并在检查、验收工作中对验收部门的工作进行验证。除此之外,仓库部门还应根据产成品的品质特征分类存放,并填制产成品标签,并定期进行盘点核对。

(六) 发出产成品

产成品的发出须由独立的发运部门进行。装运产成品时必须持有经有关部门核准的发运通知单,并据此编制出库单。出库单至少一式四联:一联交仓库部门;一联发运部门留存;一联送交顾客;一联作为给顾客开发票的依据。

二、存货与工薪循环涉及的主要凭证和会计记录

(一) 涉及的主要凭证

以制造业为例,存货与工薪循环所涉及的主要凭证有:生产通知单、领发料凭证、产量和工时记录、工薪汇总表及工薪费用分配表、材料费用分配表、制造费用分配汇总表、成本计算单、存货明细账等。

(二) 涉及的主要账户

存货与工薪循环涉及的主要账户有:原材料、生产成本、库存商品、应付职工薪酬、制造费用、库存现金、银行存款等。

三、存货与工薪循环的内部控制

存货和工薪循环的控制目标为：生产业务是根据管理层一般或特定的授权进行的；记录的成本为实际发生的而非虚构的；所有耗费和物化劳动均已反映在成本中；成本以正确的金额，在恰当的会计期间及时记录于适当的账户；对存货实施保护措施，保管人员与记录、批准人员相互独立；账面存货与实际存货定期核对相符。

(一) 存货和工薪循环的关键控制点

存货和工薪循环的关键控制点包括以下六个方面。

1. 授权审批制度

(1) 生产通知单的发出应经过授权批准。

(2) 存货入库应有严格的验收手续。

(3) 存货的领用应严格遵循授权审批手续。

(4) 存货的发出应按规定办理，杜绝不按规定发出存货。

(5) 建立员工人事档案、工时卡等，并委派经授权人员对员工人事档案、工时卡进行管理。

2. 职责分离

(1) 存货的采购、验收、保管、运输、付款、记录等职责相互分离。

(2) 人事、考勤、工薪发放、记录等职责相互分离。

3. 充分的凭证和记录

(1) 生产通知单、领发料凭证、产量和工时记录、工薪费用分配表、材料费用分配表、制造费用分配表均应事先编号并全部登记入账。

(2) 会计部门根据生产部门传递来的领发料凭证审核填制记账凭证、登记账簿、计算成本，建立并登记存货总账和明细账、生产成本总账和明细账，对所有已发生的料、工、费的耗费及时、准确计入生产成本中，计算并填写职工薪酬分配表、职工薪酬汇总表，建立并登记应付职工薪酬总账和明细账。

(3) 建立库存保管账，仓库保管员需及时记录存货的变动情况和结存，并定期于会计部门核对。

4. 资产接触和记录使用

(1) 聘用称职的仓库保管人员。

(2) 创造良好的仓储保管条件。

(3) 单独存放代其他单位保管的物资材料，相关记录清晰明了。

(4) 对存货和工薪循环所涉及的所有凭证和记录实行实物安全保护。

5. 独立稽核

建立独立的稽核制度，定期和不定期的审核购销发票、领料单、工资计算单、生产成本计算单以及存货汇总表等凭证和记录的正确性。

6. 定期盘点制度

对各种存货建立定期盘点制度，按规定及时审批处理发生的盘盈、盘亏、毁损、报废、退回。

(二) 存货与工薪循环内部控制的内容

存货与工薪循环的内部控制主要包括存货的内部控制、成本会计制度的内部控制及工薪的内部控制三项内容。存货的内部控制可概括为存货的数量和计价两个关键因素的控制，与存货相关的内部控制涉及被审计单位供、产、销各个环节，包括采购、验收、仓储、领用、加工、装运出库等方面，还包括存货数量的盘存制度。存货与工薪循环内部控制的内容及风险点如表 13-1 所示。

表 13-1 存货与工薪循环内部控制的内容及风险点

主要业务活动	可能的错误	必要的控制	可能的控制测试
1. 计划和控制生产	生产可能过剩	由生产计划和控制部门批准生产通知单	询问有关批准生产通知单的程序
2. 发出原材料	未经授权领用原材料	按已批准生产通知单和签字的发料凭证发出原材料	审查发料凭证，并将其与生产通知单进行比较
3. 加工生产产品	直接人工小时可能未记入生产通知单	使用计工单记录完成生产通知单耗用的直接人工小时	观察计工单的使用和计时程序
4. 转移已完工产品到产成品库	产成品仓库保管人员可能声称未从生产部门收到产品	产成品仓库保管人员收到产品时在最后一张转移单上签字	审查最后一张转移单上的授权签名
5. 保护制造性存货	(1) 存货可能在仓库中被盗 (2) 在产品可能在生产过程中被偷	(1) 仓库加锁并限制只有经授权的人才能接近 (2) 使用签字的转移单控制生产部门之间产品的移动	(1) 观察保安程序 (2) 观察程序，审查转移单
6. 确定和记录生产成本	(1) 可能使用不适当的制造费用分配率和标准成本 (2) 可能未记录分配生产支出到各产品生产成本 (3) 可能未结转已完工产品的成本到产成品	(1) 管理层批准制造费用分配率和标准成本；及时报告并调节差异 (2) 将编制分录所使用的资料与每日生产活动报告资料相调节 (3) 将编制分录使用的资料与已完工生产报告资料相调节	(1) 询问有关确定和批准分配率与标准，以及报告和调查差异的程序 (2) 审查调节的情况 (3) 审查调节的情况
7. 保持存货余额的正确性	账面存货数量可能与实际数量不一致	定期独立盘点存货并将其与账面数量比较	观察定期存货盘点并审查调整分录

案例公司审计情况

上海电气股份有限公司存货与工薪循环内部控制的初步评价结果

被审计单位：上海电气股份有限公司　　报表截止日：2016年12月31　　编制：×××　　日期：2017年2月11日

项目：存货与工薪循环—评价控制的设计并确定控制是否得到执行　　复核：×××　　日期：2017年2月18日

索引号：XSL-006

存货与工薪循环—评价控制的设计并确定控制是否得到执行

子流程	控制序号	控制目标	被审计单位的控制活动	受影响的相关交易、账户余额和披露	认定	控制的性质	控制频率	控制活动对实现控制目标是否有效	控制是否得到执行	是否测试	是否测试控制运行有效性及理由
料验验收与仓储	#P1	记录的入库材料是真实的且记录准确、完整	仓库管理员将入库单录入系统，经仓库经理审核录入信息无误后在系统中进行批准。系统将采购订单状态由"待处理"更新为"已收货"，ERP财务系统自动更新原材料明细账并过至总账。每周，仓库经理从系统中导出包含本周所有入库的入库单是否存在跳号/重号录入系统的情况。如入库单已全部恰当录入系统，仓库经理即在入库信息报告上签字作为复核的证据	存货	存在	人工	不定期	是	是	是	
生产与发运/成本计算	#P2	发出的材料是真实的，发出材料均已记录且记录准确、完整	仓库管理员根据经批准的原材料领用申请单发材料，将出库单信息输入ERP财务系统，经仓库经理审核录入信息无误后在系统中进行批准，ERP财务系统自后在系统中进行批准，ERP财务系统自	存货	发生	人工	不定期	是	是	是	

(续表)

子流程	控制序号	控制目标	被审计单位的控制活动	受影响的相关交易、账户余额和披露	认定	控制的性质	控制频率	控制活动对实现控制目标是否有效	控制是否得到执行	是否测试控制运行有效性	理由
生产与发运/成本计算	#P2	发出的材料是真实的，发出材料均已记录且记录准确、完整	动生成记账凭证并更新原材料明细账、生产成本明细账并过至总账。每月所有仓库经理从系统中导出包含本同所有出库单的出库信息报告，以确认录入系统的出库单是否存在跳号/重号的情况。如出库单已全部纳当录入系统，仓库经理即在出库信息报告上签字作为复核的证据	存货	发生	人工	不定期	是	是	是	
同上	#P2	同上	同上	营业成本	存在	包含自动化成分的人工控制	每天一次	是	是	是	
生产与发运/成本计算	#P3	生产成本计算准确	ERP财务系统对生产成本中各项组成部分进行归集，按照预设的分摊公式和方法，自动将当月发生的生产成本在完工产品和在产品中按比例分配；同时，将完工产品成本在产品各不同产品类别中分配，由此生成产品成本计算表和生产成本分配表，自动生成记账凭证并过账至生产成本及原材料明细账和总分类账	存货	发生	包含自动化成分的人工控制	每年一次	是	是	是	

278

(续表)

子流程	控制序号	控制目标	被审计单位的控制活动	受影响的相关交易、账户余额和披露	认定	控制的性质	控制频率	控制活动对实现控制目标是否有效	控制是否得到执行	是否测试控制运行有效性	理由
同上	#p3	同上		营业成本	存在	人工	每周一次	是	是	是	
生产与发运/成本计算	#P4	已入库的产成品是真实发生的且记录准确、完整	生产结束后，质量检验员检查并签发预先编号的产成品验收单，生产车间将编号检验合格的产成品送交仓库。仓库管理员检查产成品验收单，核对产成品型号并清点数量，填写预先编号的产成品入库单，并将入库单信息输入ERP财务系统。经仓库经理审核后入库信息在系统中进行批准，系统将销售订单状态由"在产"更新为"已完工入库"，并自动生成记账凭证并更新过至总账。每周，生产成本明细账与过至总账。每周，生产成本明细账从系统中导出并包含本周所有入库单信息报告，以确认记录数量或数量的入库单是否在系统录入系统，仓库经理即在入库单信息报告上签字作为复核的证据	存货	发生	人工	每周一次	是	是	是	

（续表）

子流程	控制序号	控制目标	被审计单位的控制活动	受影响的相关交易、账户余额和披露	认定	控制的性质	控制频率	控制活动对实现控制目标是否有效	控制是否得到执行	是否测试控制运行有效性及理由	
										是否测试	理由
生产与发运/成本计算	#P5	已出库产品真实发生且记录的准确、完整	仓库管理员根据发货通知单填写预先连续编号的出库单，并清点货物，仓库经理在表运之前再次核对发货通知单、出库单并再次清点货物。办理出库后，仓库管理员将出库单等信息录入系统，仓库经理审核录入信息无误后，在系统中进行批准，系统将销售订单状态由"已完工入库"更新为"已出库"。每月末，ERP财务系统自动计算并过账到产成品明细账和总账，生成记账凭证并过账到产成品明细账和总账。营业成本，仓库经理从系统中导出本周所有出库单信息报告，以确认录入系统的出库单是否在系统中全部恰当录入系统的情况。如出库单已全部恰当录入系统的情况，仓库经理即在出库单信息报告上签字作为复核的凭据。每周，仓库经理从系统中导出本周所有出库单信息报告，以确认录入系统中导出本周所有出库单是否存在跳号或录入系统的情况。如出库单已全部恰当录入系统，仓库经理即在出库单信息报告上签字作为复核的证据	存货	准确性	自动	每天一次	是	是	是	
同上	#P5	同上	同上	营业成本	准确性	自动	每天一次	是	是	是	

(续表)

子流程	控制序号	控制目标	被审计单位的控制活动	受影响的相关交易、账户余额和披露	认定	控制的性质	控制频率	控制活动对实现控制目标是否有效	控制是否得到执行	是否测试控制运行有效性及理由	
										是否测试	理由
生产与发运/成本计算	#P6	存货账实相符	公司拥有三个仓库,各仓库均设有门禁系统,进出仓库权限均设定,只有经核准者才可进出仓库。每季季末和年度终了于每月,每部门对盘点结果进行盘点。财务编制盘点差异汇总表,经仓库经理签字确认,形成盘点报告。生产经理和存货复核,经财务部门总经理批准在差异原因,经财务部门调整后支付财务部门调整入账	应付账款	计价和分摊	包含自动化成分的人工控制	每周一次	是	是	是	
存货管理	#P7	存货价值调整真实发生的,所有存货价值调整均已记录	ERP财务系统设有存货账龄分析功能,对存货账龄超过一年的存货,会进行提示。盘点时,盘点人员也需准备在存货盘点表及跟踪次存货,如果出现毁损陈旧、过时及残次存货,管理员编制不良存货明细表,经仓库经理复核后,交采购经理或销售经理分析等存货的可销售性及可变现净值	存货	计价和分摊	包含自动化成分的人工控制	每周一次	是	是	是	
存货管理	#P8	且均于适当期间进行记录	月末,财务经理复核存货核算系统自动导出的存货账龄分析以及存货盘点报告,与不良存货明细表相核对,检查是否存在任何遗漏。如需计提存货跌价准备,由会计主管编制存货价值调整建议,经财务经理复核后进行账务处理	存货	计价和分摊	包含自动化成分的人工控制	每周一次	是	是	是	

第二节　存货与工薪循环的重大错报风险评估

一、存货与工薪循环重大错报风险的识别与评估

以一般制造类企业为例,影响存货与工薪循环交易和余额的风险因素可能包括以下八点。

1. 交易的数量和复杂性

制造类企业交易的数量庞大,业务复杂,这就增加了错误和舞弊的风险。

2. 成本基础的复杂性

制造类企业的成本基础是复杂的。虽然原材料和直接人工等直接费用的分配比较简单,但间接费用的分配就可能较为复杂,并且同一行业中的不同企业也可能采用不同的认定和计量基础。

3. 员工变动或者会计信息化处理

被审计单位员工变动或者会计信息化处理可能导致在各个会计期间将费用分配至产品成本的方法出现不一致。

4. 产品的多元化

这可能要求聘请专家来验证其质量、状况或价值。另外,计算库存存货数量的方法也可能是不同的。例如,计量煤堆、筒仓里的谷物或糖、钻石或者其他贵重的宝石、圆木或者准备栽种的树木,不同的木材、化工产品和药剂产品的存储量的方法都可能不一样。这并不是要求注册会计师每次清点存货都需要专家配合,如果存货容易辨认、存货数量容易清点,就无须专家帮助。

5. 某些存货项目的可变现净值难以确定

例如,价格受全球经济供求关系影响的存货,由于其可变现净值难以确定,会影响存货采购价格和销售价格的确定,并将影响注册会计师对与存货的计价认定有关的风险进行评估。

6. 销售附有担保条款的商品

企业出售附有担保条款的商品,就会面临换货或者销售退回的风险。出口到其他国家的商品也有途中毁损的风险,这将导致投保人索赔或者由企业来补充毁损的商品。

7. 存货存放于很多地点

大型企业可能将存货存放在很多地点,并且可以在不同的地点之间配送存货,这将增加商品途中毁损或遗失的风险,或者导致存货在两个地点被重复列示,也可能产生转移定价的错误或舞弊。

8. 寄存的存货

有时存货虽然还存放在企业,但可能已经不归企业所有。反之,企业的存货也可能被寄存在其他企业。

由于存货与企业各项经营活动的紧密联系,存货的重大错报风险往往与财务报表其他项目的重大错报风险紧密相关。例如,收入确认的错报风险往往与存货的错报风险共存;采购交易的错报风险与存货的错报风险共存,存货成本核算的错报风险与营业成本的错报风险共存等。

综上所述,一般制造型企业的存货的重大错报风险通常包括以下五种。

(1) 存货实物可能不存在(存在认定)。
(2) 属于被审计单位的存货可能未在账面上反映(完整性认定)。
(3) 存货的所有权可能不属于被审计单位(权利和义务认定)。
(4) 存货的单位成本可能存在计算错误(计价和分摊认定、准确性认定)。
(5) 存货的账面价值可能无法实现,即跌价损失准备的计提可能不充分(计价和分摊认定)。

二、根据重大错报风险评估结果设计进一步审计程序

注册会计师基于存货与工薪循环的重大错报风险评估结果,制定实施进一步审计程序的总体方案(包括综合性方案和实质性方案)(见表13-2),继而实施控制测试和实质性程序,以应对识别出的认定层次的重大错报风险。注册会计师通过控制测试和实质性程序获取的审计证据综合起来应足以应对识别出的认定层次的重大错报风险。

表13-2 存货与工薪循环的重大错报风险和进一步审计程序总体方案

重大错报风险描述	相关财务报表项目及认定	风险程度	是否信赖控制	进一步审计程序的总体方案	拟从控制测试中获取的保证程度	拟从实质性程序中获取的保证程度
存货实物可能不存在	存货:存在	特别	是	综合性	中	中
存货的单位成本可能存在计算错误	存货:计价和分摊 营业成本:准确性	一般	是	综合性	中	低
已销售产品的成本可能没有准确结转至营业成本	存货:计价和分摊 营业成本:准确性	一般	是	综合性	中	低
存货的账面价值可能无法实现	存货:计价和分摊	特别	否	实质性	无	高

注册会计师根据重大错报风险的评估结果初步确定实施进一步审计程序的具体审计计划,因为风险评估和审计计划都是贯穿审计全过程的动态活动,而且控制测试的结果可能导致注册会计师改变对内部控制的信赖程度,因此,具体审计计划并非一成不变,可能需要在审计过程中进行调整。

第三节 存货与工薪循环的控制测试

一、存货与工薪循环的内部控制测试

通过对存货与工薪循环内部控制的了解,注册会计师可据此初步判断其是否可以信赖,如果可以信赖,则应进一步测试其可靠性以最终决定是否可以调整实质性测试的性质、时间和范围。存货与工薪循环的控制测试主要包括以下两个方面。

(一)成本会计制度的控制测试

成本会计制度的测试,包括直接材料成本测试、直接人工成本测试、制造费用测试和生产成本在当期完工产品与在产品之间分配的测试四项内容。

1. 直接材料成本测试

对采用定额单耗的企业,可选择并获取某一成本报告期若干种具有代表性的产品成本计算单,获取样本的生产指令或产量统计记录及其直接材料单位消耗定额,根据材料明细账或采购业务测试工作底稿中各该直接材料的单位实际成本,计算直接材料的总消耗量和总成本,与该样本成本计算单中的直接材料成本核对。注册会计师应当注意下列事项:生产指令是否经过授权批准;单位消耗定额和材料成本计价方法是否适当,在当年度有何重大变更。

对未采用定额单耗的企业,可获取材料费用分配汇总表、材料发出汇总表(或领料单)、材料明细账(或采购业务测试工作底稿)中各该直接材料的单位成本,作如下检查:成本计算单中直接材料成本与材料费用分配汇总表中该产品负担的直接材料费用是否相符,分配标准是否合理;将抽取的材料发出汇总表或领料单中若干种直接材料的发出总量和各该种材料的实际单位成本之积,与材料费用分配汇总表中各该种材料费用进行比较,并注意领料单的签发是否经过授权批准,材料发出汇总表是否经过适当的人员复核材料单位成本计价方法是否适当,在当年有何重大变更。

对采用标准成本法的企业,获取样本的生产指令或产量统计记录、直接材料单位标准用量、直接材料标准单价及发出材料汇总表或领料单,检查下列事项:根据生产量、直接材料单位标准用量和标准单价计算的标准成本与成本计算单中的直接材料成本核对是否相符;直接材料成本差异的计算与账务处理是否正确,并注意直接材料的标准成本在当年度内有何重大变更。

2. 直接人工成本测试

对采用计时工资制的企业,获取样本的实际工时统计记录、职员分类表和职员工薪手册(工资率)及人工费用分配汇总表。作如下检查:成本计算单中直接人工成本与人工费用分配汇总表中该样本的直接人工费用核对是否相符;样本的实际工时统计记录与人工费用分配汇总表中该样本的实际工时核对是否相符;抽取生产部门若干天的工时台账与实际工时统计记录核对是否相符;当没有实际工时统计记录时,则可根据职员

分类表及职员工薪手册中的工资率,计算复核人工费用分配汇总表中该样本的直接人工费用是否合理。

对采用计件工资制的企业,获取样本的产量统计报告、个人(小组)产量记录和经批准的单位工薪标准或计件工资制度,检查下列事项:根据样本的统计产量和单位工薪标准计算的人工费用与成本计算单中直接人工成本核对是否相符;抽取若干个直接人工(小组)的产量记录,检查是否被汇总计入产量统计报告。

对采用标准成本法的企业获取样本的生产指令或产量统计报告、工时统计报告和经批准的单位标准工时、标准工时工资率、直接人工的工薪汇总等资料,检查下列事项:根据产量和单位标准工时计算的标准工时总量与标准工时工资率之积,与成本计算单中直接人工成本核对是否相符;直接人工成本差异的计算与账务处理是否正确,并注意直接人工的标准成本在当年内有何重大变更。

3. 制造费用测试

获取样本的制造费用分配汇总表、按项目分列的制造费用明细账、与制造费用分配标准有关的统计报告及其相关原始记录,作如下检查:制造费用分配汇总表中,样本分担的制造费用与成本计算单中的制造费用核对是否相符;制造费用分配汇总表中的合计数与样本所属报告期的制造费用明细账总计数核对是否相符;制造费用分配汇总表选择的分配标准(机器工时数、直接人工工资、直接人工工时数、产量数)与相关的统计报告或原始记录核对是否相符,并对费用分配标准的合理性出评估。如果企业采用预计费用分配率分配制造费用,则应针对制造费用分配过多或过少的差额,检查其是否作了适当的账务处理;如果企业采用标准成本法,则应检查样本中标准制造费用的确定是否合理。计入成本计算单的数额是否正确,制造费用差异的计算与账务处理是否正确,并注意标准制造费用在当年度内有何重大变更。

4. 生产成本在当期完工产品与在产品之间分配的测试

检查成本计算单中在产品数量与生产统计报告或在产品盘存表中的数量是否一致;检查在产品约当产量计算或其他分配标准是否合理;计算复核样本的总成本和单位成本,最终对当年采用的成本会计制度作出评价。

(二) 工薪制度的控制测试

在测试工薪内部控制时,首先,应选择若干月份工薪汇总表,作如下检查:计算复核每一份工薪汇总表;检查每一份工薪汇总表是否经授权批准;检查应付工薪总额与人工费用分配汇总表中的合计数是否相符;检查其代扣款项的账务处理是否正确;检查实发工薪总额与银行付款凭单及银行存款对账单是否相符,并正确过账到相关账户。其次,从工资单中选取若干个样本(应包括各种不同类型人员),作如下检查:检查员工工薪卡或人事档案,确保工薪发放有依据;检查员工工资率及实发工薪额的计算;检查实际工时统计记录(或产量统计报告)与员工个人钟点卡(或产量记录)是否相符;检查员工加班加点记录与主管人员签署的月度加班统计汇总表是否相符;检查员工扣款依据是否正确;检查员工的工薪签收证明;实地抽查部分员工,证明其确在本公司工作,如已离开本公司,需获得管理层证实。

二、进一步评价存货与工薪循环的内部控制

注册会计师在完成上述程序之后,应对内部控制进行重新评价,根据再次评价的控制风险水平,重新考虑和推算检查风险的水平,从而可以确定将要执行的实质性程序的性质、时间和范围。一般来说,存货与工薪循环内部控制较强,则相应的实质性程序可以适当简化;反之,如果测试结果表明,存货与工薪循环内部控制较弱,则控制风险较大,注册会计师为了将审计风险降低到可接受水平,必须扩大实质性审计程序。

第四节 存货与工薪循环的实质性程序

一、存货审计

(一) 存货审计目标

根据《企业会计准则第1号——存货》规定,存货是指企业在日常活动中持有以备出售的产成品或商品、处在生产过程中的在产品、在生产过程或提供劳务过程中耗用的材料和物料等。

存货审计需要实现的目标是:确定存货是否存在;确定存货是否归被审计单位所有;确定存货和存货跌价准备增减变动的记录是否完整;确定存货的计价方法是否恰当;确定存货的品质状况;存货跌价损失是否真实、完整,存货跌价准备的计提方法是否合理;确定存货和存货跌价准备的期末余额是否正确;确定存货和存货跌价准备的披露是否恰当。

(二) 存货监盘

1. 存货监盘的含义和作用

《中国注册会计师审计准则1311号——存货监盘》规定,存货监盘是注册会计师现场观察被审计单位存货的盘点,并对已盘点存货进行适当检查。可见,存货监盘有两层含义:一是注册会计师应亲临现场,观察被审计单位存货的盘点;二是在此基础上,注册会计师应根据需要适当抽查已盘点的存货。

期末存货的结存数量直接影响到会计报表上的存货金额、期末存货数量的确定,是存货审计中的重要内容。1939年迈克逊·罗宾斯公司破产案(详见第三章的拓展案例)发生后,理论界和实务界都开始关注实物资产实际存在的审计,之后颁布的审计准则开始强调对实物资产实际存在数量的正确性进行验证的必要。

存货监盘主要针对存货存在、完整性以及权利和义务的认定。注册会计师监盘存货的目的在于获取有关存货数量和状况的审计证据,以确认被审计单位记录的所有存货确实存在,已经反映了被审计单位拥有的全部存货,并属于被审计单位的合法财产。存货监盘作为存货审计的一项核心审计程序,通常可同时实现上述多项审计目标。

需要指出的是，注册会计师在测试存货的所有权认定和完整性认定时，可能还需要实施其他审计程序，这些将在本章的其他部分讨论。

2. 存货监盘计划

（1）制定存货监盘计划的基本要求。注册会计师应当根据被审计单位存货的特点、盘存制度和存货内部控制的有效性等情况，在评价被审计单位存货盘点计划的基础上，编制存货监盘计划，对存货监盘作出合理安排。

有效的存货监盘需要制定周密、细致的计划。为了避免误解并有助于有效地实施存货监盘，注册会计师通常需要与被审计单位就存货监盘等问题达成一致意见。因此，注册会计师首先应当充分了解被审计单位存货的特点、盘存制度和存货内部控制的有效性等情况，并考虑获取、审阅和评价被审计单位预定的盘点程序。存货存在与完整性的认定具有较高的重大错报风险，而且注册会计师通常只有一次机会通过存货的实地监盘对有关认定作出评价。根据计划过程所搜集到的信息，有助于注册会计师合理确定参与监盘的地点以及存货监盘的程序。

（2）制定存货监盘计划应实施的工作。在编制存货监盘计划时，注册会计师应当实施下列审计程序：① 了解存货的内容、性质、各存货项目的重要程度及存放场所；② 了解与存货相关的内部控制；③ 评估与存货相关的重大错报风险和重要性；④ 查阅以前年度的存货监盘工作底稿；⑤ 考虑实地察看存货的存放场所，特别是金额较大或性质特殊的存货；⑥ 考虑是否需要利用专家的工作或其他注册会计师的工作；⑦ 复核或与管理层讨论其存货盘点计划。

（3）存货监盘计划的主要内容。存货监盘计划应当包括以下主要内容：① 存货监盘目标、范围及时间安排；② 存货监盘的要点及关注事项；③ 参加存货监盘人员的分工；④ 检查存货的范围。

3. 存货监盘程序

（1）观察程序。在被审计单位盘点存货前，注册会计师应当观察盘点现场，确定应纳入盘点范围的存货是否已经适当整理和排列，并附有盘点标识，防止遗漏或重复盘点。对未纳入盘点范围的存货，注册会计师应当查明未纳入的原因。

对所有权不属于被审计单位的存货，注册会计师应当取得其规格、数量等有关资料。确定是否已分别存放、标明，且未被纳入盘点范围。在存货监盘过程中，注册会计师应当根据取得的所有权不属于被审计单位的存货的有关资料，观察这些存货的实际存放情况，确保其未被纳入盘点范围。即使在被审计单位声明不存在受托代存货的情形下，注册会计师在存货监盘时也应当关注是否存在某些存货不属于被审计单位的迹象，以避免盘点范围不当。

注册会计师在实施存货监盘过程中，应当跟随被审计单位安排的存货盘点人员，注意观察被审计单位事先制定的存货盘点计划是否得到了贯彻执行，盘点人员是否准确无误地记录了被盘点存货的数量和状况。

（2）检查程序。注册会计师应当对已盘点的存货进行适当检查，将检查结果与被审计单位盘点记录相核对，并形成相应记录。检查的目的既可以是为了确证被审计单位的盘点计划得到适当的执行（控制测试），也可以是为了证实被审计单位的存货实物总额(实质性程序)。如果观察程序能够表明被审计单位的组织管理得当,盘点、监督以及复核程序充分有效,注册会计师可据此减少所需检查的存货项目。

检查的范围通常包括每个盘点小组盘点的存货以及难以盘点或隐蔽性较强的存货。需要说明的是,注册会计师应尽可能避免让被审计单位事先了解将抽取检查的存货项目。

在检查已盘点的存货时,注册会计师应当从存货盘点记录中选取项目追查至存货实物,以测试盘点记录的准确性;注册会计师还应当从存货实物中选取项目追查至存货盘点记录,以测试存货盘点记录的完整性。

注册会计师在实施检查程序时发现差异,很可能表明被审计单位的存货盘点在准确性或完整性方面存在错误。由于检查的内容通常只是已盘点存货中的一部分,所以在检查中发现的错误很可能意味着被审计单位的存货盘点还存在着其他错误。一方面,注册会计师应当查明原因,并及时提请被审计单位更正;另一方面,注册会计师应当考虑错误的潜在范围和重大程度,在可能的情况下,扩大检查范围以减少错误的发生。注册会计师还可要求被审计单位重新盘点。重新盘点的范围可限于某一特殊领域的存货或特定盘点小组。

(3) 存货监盘结束时的工作。在被审计单位存货盘点结束前,注册会计师应当:① 再次观察盘点现场,以确定所有应纳入盘点范围的存货是否均已盘点;② 取得并检查已填用、作废及未使用盘点表单的号码记录,确定其是否连续编号,查明已发放的表单是否均已收回,并与存货盘点的汇总记录进行核对。注册会计师应当根据自己在存货监盘过程中获取的信息对被审计单位最终的存货盘点结果汇总记录进行复核,并评估其是否正确地反映了实际盘点结果。

如果存货盘点日不是资产负债表日,注册会计师应当实施适当的审计程序,确定盘点日与资产负债表日之间存货的变动是否已作正确的记录。

如果被审计单位采用永续盘存制核算存货,注册会计师应当关注永续盘存制下的期末存货记录与存货盘点结果之间是否一致。如果这两者之间出现重大差异,注册会计师应当实施追加的审计程序查明原因并检查永续盘存记录是否已作出了适当调整。如果认为被审计单位的盘点方式及其结果无效,注册会计师应当提请被审计单位重新盘点。

(4) 特殊情况的处理。如果由于被审计单位存货的性质或位置等原因导致无法实施存货监盘,注册会计师应当考虑能否实施替代审计程序。获取有关期末存货数量和状况的充分、适当的审计证据。

注册会计师实施的替代审计程序主要包括:① 检查进货交易凭证或生产记录以及其他相关资料;② 检查资产负债表日后发生的销货交易凭证。③ 向顾客或供应商函证。

如果因不可预见的因素导致无法在预定日期实施存货监盘或接受委托时被审计单位的期末存货盘点已经完成,注册会计师应当评估与存货相关的内部控制的有效性,对存货进行适当检查或提请被审计单位另择日期重新盘点;同时测试在该期间发生的存货交易,以获取有关期末存货数量和状况的充分、适当的审计证据。

对被审计单位委托其他单位保管的或已作质押的存货,注册会计师应当向保管人或债权人函证。如果此类存货的金额占流动资产或总资产的比例较大,注册会计师还应当考虑实施存货监盘或利用其他注册会计师的工作。

如果被审计单位将存货存放于其他单位,注册会计师通常需要向该单位获取委托代管存货的书面确认函。如果存货已被质押,注册会计师应当向债权人询证与被质押存货有关的内容。对于此类存货,通常还应当检查被审计单位的相关会计记录和可能设置的备查记录。如果此类存货比较重要,注册会计师应当考虑与被审计单位讨论其对委托代管存货或已作质押存货的控制程序,并考虑对此类存货实施监盘程序,或聘请其他注册会计师实施监盘程序。

当首次接受委托未能对上期期末存货实施监盘,且该存货对本期财务报表存在重大影响时,如果已获取有关本期期末存货余额的充分、适当的审计证据,注册会计师应当实施下列一项或多项审计程序,以获取有关本期期初存货余额的充分、适当的审计证据。

(1)查阅前任注册会计师的审计工作底稿。
(2)复核上期存货盘点记录及文件。
(3)检查上期存货交易记录。
(4)运用毛利百分比法等进行分析。

(三)存货计价测试

1. 存货计价测试的一般要求

监盘程序主要是对存货的结存数量予以确认。为验证财务报表上存货余额的真实性。还必须对存货的计价进行审计,即确定存货实物数量和永续盘存记录中的数量是否经过正确地计价和汇总。存货计价测试主要是针对被审计单位所使用的存货单位成本是否正确所做的测试。广义上讲,存货成本的审计也可以被视为存货计价测试的一项内容。

(1)样本的选择。计价审计的样本,应从存货数量已经盘点、单价和总金额已经计入存货汇总表的结存存货中选择。选择样本时应着重选择结存余额较大且价格变化比较频繁的项目,同时考虑所选样本的代表性。抽样方法一般采用分层抽样法,抽样规模应足以推断总体的情况。

(2)计价方法的确认。存货的计价方法多种多样,被审计单位应结合企业会计准则的基本要求选择符合自身特点的方法。注册会计师除应了解掌握被审计单位的存货计价方法外,还应对这种计价方法的合理性与一贯性予以关注。

(3)计价测试。进行计价测试时,注册会计师首先应对存货价格的组成内容予以审核。然后按照所了解的计价方法对所选择的存货样本进行计价测试。注册会计师的测试结果应与被审计单位账面记录对比,编制对比分析表,分析形成差异的原因。如果差异过大,应扩大测试范围,并根据审计结果考虑是否应提出审计调整建议。

在存货计价审计中由于被审计单位期末存货采用成本与可变现净值孰低的方法计价,所以注册会计师应充分关注其对存货可变现净值的确定及存货跌价准备的计提。

2. 存货成本的计价测试

存货成本审计主要包括直接材料成本的审计、直接人工成本的审计、制造费用的审计等内容。其主要审计程序如下。

（1）直接材料成本的审计。直接材料成本的审计一般应从审阅材料和生产成本明细账入手，抽查有关的费用凭证，验证企业产品直接耗用材料的数量、计价和材料费用分配是否真实、合理。其主要审计程序如下。

① 抽查产品成本计算单，检查直接材料成本的计算是否正确，材料费用的分配标准与计算方法是否合理和适当，是否与材料费用分配汇总表中该产品分摊的直接材料费用相符。

② 检查直接材料耗用数量的真实性，有无将非生产用材料计入直接材料费用。

③ 分析比较同一产品前后各年度的直接材料成本，如有重大波动应查明原因。

④ 抽查材料发出及领用的原始凭证，检查领料单的签发是否经过授权，材料发出汇总表是否经过适当的人员复核，材料单位成本计价方法是否适当，是否正确及时入账。

⑤ 对采用定额成本或标准成本的被审计单位，应检查直接材料成本差异的计算、分配与会计处理是否正确，并查明直接材料的定额成本、标准成本在本年度内有无重大变更。

（2）直接人工成本的审计。直接人工成本的主要审计程序如下。

① 抽查产品成本计算单，检查直接人工成本的计算是否正确，人工费用的分配标准与计算方法是否合理和适当，是否与人工费用分配汇总表中该产品分摊的直接人工费用相符。

② 将本年度直接人工成本与前期进行比较，查明其异常波动的原因。

③ 分析比较本年度各个月份的人工费用发生额，如有异常波动，应查明原因。

④ 结合应付职工薪酬的检查，抽查人工费用会计记录及会计处理是否正确。

⑤ 对采用标准成本法的被审计单位，应抽查直接人工成本差异的计算、分配与会计处理是否正确，并查明直接人工的标准成本在本年度内有无重大变更。

（3）制造费用的审计。制造费用的主要审计程序如下。

① 获取或编制制造费用汇总表，并与明细账、总账核对相符，抽查制造费用中的重大数额项目及例外项目是否合理。

② 审阅制造费用明细账，检查其核算内容及范围是否正确，并应注意是否存在异常交易事项，如果存在，则应追查至记账凭证和原始凭证，重点查明被审计单位有无将不应列入成本费用的支出（如投资支出、被没收的财物、支付的罚款、违约金等）计入制造费用。

③ 必要时，对制造费用实施截止测试，即检查资产负债表日前后若干天的制造费用明细账及其凭证，确定有无跨期入账的情况。

④ 检查制造费用的分配是否合理。重点查明制造费用的分配方法是否符合被审计单位自身的生产技术条件，是否体现受益原则，分配方法一经确定，是否在相当时期内保持稳定，有无随意变更的情况。

⑤ 对于采用标准成本法的被审计单位，应抽查标准制造费用的确定是否合理，计入成本计算单的数额是否正确，制造费用的计算、分配与会计处理是否正确，并查明标

准制造费用在本年度内有无重大变动。

(四) 存货截止测试

存货截止测试是指检查截至 12 月 31 日止,购入并已包括在 12 月 31 日存货盘点范围内的存货。存货正确截止的关键在于存货实物纳入盘点范围的时间与存货引起的借贷双方会计科目的入账时间是否处于同一会计期间。如果当年 12 月 31 日购入货物,并已包括在当年 12 月 31 日的实物盘点范围内,而购货发票是次年 1 月 2 日才收到,并已记入次年 1 月份账内,当年 12 月份账上并无进货和对应的负债记录,这就少计了存货和应付账款;相反,如果在当年 12 月 31 日就收到一张购货发票,并记入当年 12 月份账内,而这张发票所对应的存货实物却在次年 1 月 2 日才收到,未包括在当年年底的盘点范围内,这样就有可能虚减本年的利润。

按照存货正确截止的基本要求,如果未将年终在途货物列入当年存货盘点范围内,只要相应的负债亦同时记入次年账内,对会计报表的影响就并不重要。

存货截止审计的主要方法是抽查存货盘点日期前后的购货发票与验收报告或入库单,档案中的每张发票均附有验收报告或入库单,12 月底入账的发票如果附有 12 月 31 日或之前的验收报告或入库单,则货物肯定已经入库,并包括在本年的实地盘点盘货范围内;如果验收报告日期为 1 月份的日期,则货物不会列入年底实地盘点存货范围内;反之,如果仅有验收报告或入库单而并无购货发票,则应认真审核每一验收报告单上面是否加盖暂估入库印章,并以暂估价记入当年存货账内,待次年年初以红字冲销。

存货截止审计的另一种方法是审阅验收部门的业务记录,凡是接近年底(包括次年年初)购入的货物,必须查明其相对应的购货发票是否在同期入账,对于未收到购货发票的入库存货,是否将入库单分开存放并暂估入账。

在确定截止审计样本时,一般以截止日为界限,分别向前倒推或向后顺延若干日,按顺序选取较大金额购货业务的发票或验收报告作审计样本。截止审计完成后,对于发现的错误,应提请被审计单位做必要的账务调整。

二、应付职工薪酬审计

(一) 应付职工薪酬的审计目标

职工薪酬是企业支付给员工的劳动报酬,其主要核算方式有计时制和计件制两种。应付职工薪酬的审计目标一般包括:确定期末应付职工薪酬是否存在;确定期末应付职工薪酬是否为被审计单位应履行的支付义务;确定应付职工薪酬的计提和支出依据是否合理、记录是否完整;确定应付职工薪酬期末余额是否正确;确定应付职工薪酬的披露是否恰当。

(二) 应付职工薪酬审计的实质性程序

应付职工薪酬审计的实质性程序如下。

1. 审查应付职工薪酬的总体合理性

获取或编制应付职工薪酬明细表,复核加计是否正确,并与报表数、总账数和明细账合计数核对相符。

2. 实施实质性分析程序

（1）针对已识别需要运用分析程序的有关项目，并基于对被审计单位及其环境的了解，通过进行以下比较，同时考虑有关数据间关系的影响，以建立有关数据的期望值。

① 比较被审计单位员工人数的变动情况，检查被审计单位各部门各月工资费用的发生额是否有异常波动，若有，则查明波动原因是否合理。

② 比较本期与上期工资费用总额，要求被审计单位解释其增减变动原因，或取得公司管理当局关于员工工资标准的决议。

③ 结合员工社保缴纳情况，明确被审计单位员工范围，检查是否与关联公司员工工资混淆列支。

④ 核对下列相互独立部门的相关数据：工资部门记录的工资支出与出纳记录的工资支付数、工资部门记录的工时与生产部门记录的工时。

⑤ 比较本期应付职工薪酬余额与上期应付职工薪酬余额，是否有异常变动。

（2）确定可接受的差异额。

（3）将实际的情况与期望值相比较，识别需要进一步调查的差异。

（4）如果其差额超过可接受的差异额，调查并获取充分的解释和恰当的佐证审计证据（如通过检查相关的凭证）。

（5）评估分析程序的测试结果。

3. 检查应付职工薪酬的核算内容

检查本项目的核算内容是否包括工资、职工福利、社会保险费、住房公积金、工会经费、职工教育经费、解除职工劳动关系补偿、股份支付等明细项目。

4. 审查职工薪酬计提的正确性及其方法的合理性

检查职工薪酬的计提是否正确，分配方法是否合理，与上期是否一致，分配计入各项目的金额占本期全部职工薪酬的比例与上期比较是否有重大差异。

5. 检查应付职工薪酬的计量和确认

（1）是否按照国家有规定计提基础和计提比例计提职工福利费等。

（2）被审计单位以及自产产品或外购商品作为非货币性福利发放给职工的，应根据受益对象，将该产品或商品的公允价值，计入相关的资产成本或当期损益，同时确认应付职工薪酬。

（3）被审计单位将其拥有的房屋等资产无偿提供给职工使用的，应当根据受益对象，将该住房每期应计提的折旧计入相关资产成本或当期损益，同时确认应付职工薪酬。

（4）被审计单位租赁住房等资产无偿提供给职工使用的，应当根据受益对象，将每期应付的租金计入相关资产成本或当期损益，同时确认应付职工薪酬。

6. 检查被审计单位实行的工薪制度

（1）如果被审计单位实行工效挂钩，应取得主管部门确认效益工资发放额的认定证明，并复核确定可予发放的效益工资的有关指标，检查其计提额、发放额是否正确，是否做纳税调整。

（2）如果被审计单位实行计税工资制，应取得被审计单位平均人数证明，并进行复核，计算可准予税前列支的费用额，对超支部分的工资及附加费做纳税调整。

7. 检查被审计单位的辞退福利核算

检查被审计单位的辞退福利核算是否符合有关规定。

8. 确定应付职工薪酬的披露

确定应付职工薪酬的披露是否恰当。

案例公司审计情况

上海电气股份有限公司应付职工薪酬审计

被审计单位上海电气股份有限公司应付职工薪酬下设"工资""住房公积金"和"社保费"三个二级明细科目，如图13-1所示。从科目月余额图形分析来看，2016年，前11个月份工资波动幅度很小，基本上正常，如图13-2所示。但第12月应付职工薪酬中的工资大幅度减少为负数，这表明被审计单位在12月大幅度冲减了工资，而提取的住房公积金和社保费不变。接下来，注册会计师查阅了12月的明细账，如图13-3所示，发现12月有一笔明细账为"冲多提工资"，贷方发生额为—615 029.96元，点击其凭证号"321"，打开记账凭证，如图13-4所示。注册会计师发现，该公司2016年度每月按350 000元计提工资，而每月实际发放工资的金额在16万元左右，如图13-5所示。由此可见，如果不计算其他暂扣或代垫的工资，每月有19万元左右的应付职工薪酬没有支付。如图13-6所示，"科目月余额表"显示，截至12月初上海电气股份有限公司的应付职工薪酬账户贷方余额为1 396 338.25元，在12月份冲销615 029.96元，期末余额为238 033.73元。上述账务处理过程就会出现前述11个月末应付职工薪酬余额会累计上升，在12月时陡然下降的现象。

图13-1 工资二级明细科目

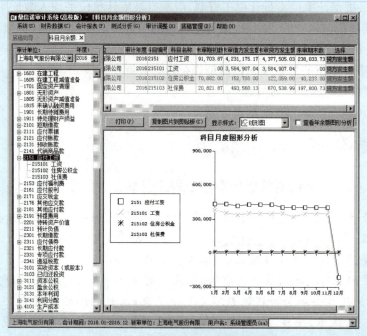

图 13-2 工资科目月余额图形分析

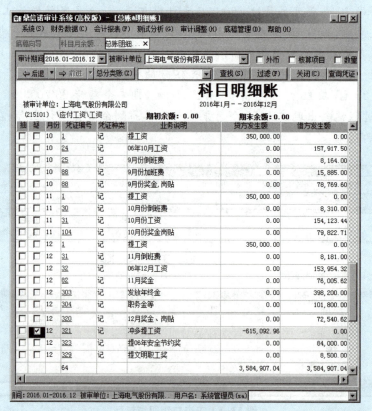

图 13-3 工资明细账

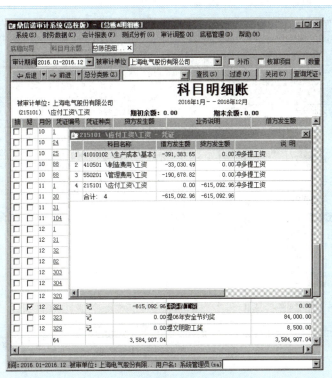

图 13-4　冲多提工资的会计分录

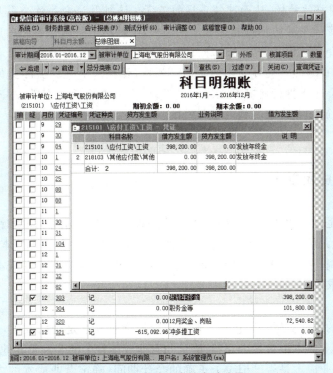

图 13-5　发放工资的会计分录

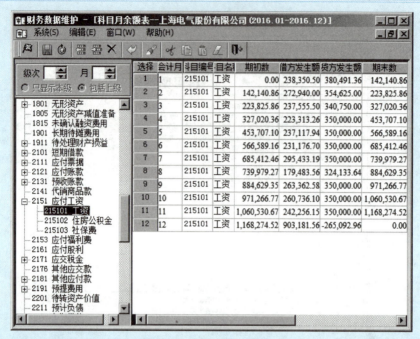

图 13-6 工资科目月余额表

上海电气股份有限公司这一做法,是因为 1—12 月计提(估计)的工资太多,在第 12 月时需要调整估计数,从而冲销多提的工资。这种做法会导致公司月度损益大幅度波动,但对审计年度的损益并没有产生影响,应付职工薪酬并不存在重大错报。但是,这种做法会多计提每个月的住房公积金和社保费,因为住房公积金和社保费按照计提应付职工薪酬的一定百分比计算的。此外,计税工资是以实际支付的工资金额为基数,这对公司所得税也不产生影响。因此,上海电气股份有限公司 2016 年年报应付职工薪酬的账务处理不构成重大错报。

三、营业成本审计

营业成本是指企业从事对外销售商品、提供劳务等主营业务活动和销售材料、出租固定资产、出租无形资产、出租包装物等其他经营活动所发生的实际成本。以制造业的产成品销售为例,营业成本是由期初库存产品成本加上本期入库产品成本,再减去期末库存产品成本求得。

(一)营业成本的审计目标

营业成本的审计目标一般包括:确定记录的营业成本是否已发生,且与被审计单位有关;确定营业成本记录是否完整;确定与营业成本有关的金额及其他数据是否已恰当记录;确定营业成本是否已记录于正确的会计期间;确定营业成本的内容是否正确;确定营业成本与营业收入是否配比;确定营业成本的披露是否恰当。

（二）主营业务成本审计的实质性审计程序

1. 主营业务成本的总体合理性审查

利用计算机审计软件生成主营业务成本汇总明细表，复核加计是否正确，并与报表数、总账数和明细账合计数核对相符。

案例公司审计情况

上海电气股份有限公司主营业务成本明细表

上海电气股份有限公司主营业务成本明细表的审计工作底稿如图 13-7 所示。

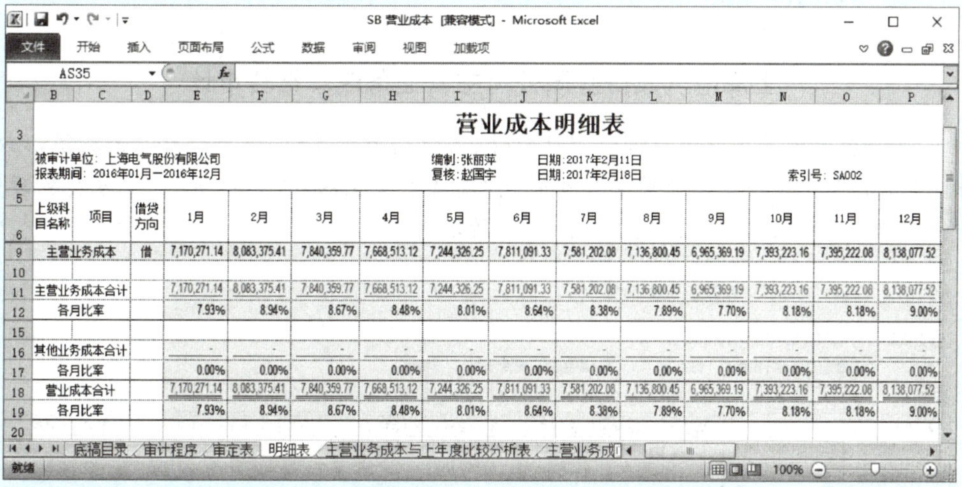
SB 营业成本 [兼容模式] - Microsoft Excel

营业成本明细表

被审计单位：上海电气股份有限公司　　编制：张丽萍　　日期：2017年2月11日
报表期间：2016年01月—2016年12月　　复核：赵国宇　　日期：2017年2月18日　　索引号：SA002

上级科目名称	项目	借贷方向	1月	2月	3月	4月	5月	6月	7月	8月	9月	10月	11月	12月
主营业务成本		借	7,170,271.14	8,083,375.41	7,840,359.77	7,668,513.12	7,244,326.25	7,811,091.33	7,581,202.08	7,136,800.45	6,965,369.19	7,393,223.16	7,395,222.08	8,138,077.52
主营业务成本合计			7,170,271.14	8,083,375.41	7,840,359.77	7,668,513.12	7,244,326.25	7,811,091.33	7,581,202.08	7,136,800.45	6,965,369.19	7,393,223.16	7,395,222.08	8,138,077.52
各月比率			7.93%	8.94%	8.67%	8.48%	8.01%	8.64%	8.38%	7.89%	7.70%	8.18%	8.18%	9.00%
其他业务成本合计			-	-	-	-	-	-	-	-	-	-	-	-
各月比率			0.00%	0.00%	0.00%	0.00%	0.00%	0.00%	0.00%	0.00%	0.00%	0.00%	0.00%	0.00%
营业成本合计			7,170,271.14	8,083,375.41	7,840,359.77	7,668,513.12	7,244,326.25	7,811,091.33	7,581,202.08	7,136,800.45	6,965,369.19	7,393,223.16	7,395,222.08	8,138,077.52
各月比率			7.93%	8.94%	8.67%	8.48%	8.01%	8.64%	8.38%	7.89%	7.70%	8.18%	8.18%	9.00%

底稿目录　审计程序　审定表　明细表　主营业务成本与上年度比较分析表　主营业务成

图 13-7　主营业务成本明细表的审计工作底稿

2. 审查营业务成本结转的正确性

将主营业务成本与库存商品等科目勾稽并编制生产成本与主营业务成本倒轧表，以验证主营业务成本结转的正确性。抽取若干月份的主营业务成本结转明细清单，结合生产成本的审计，检查销售成本结转金额的正确性。

3. 检查主营业务成本的内容和计算方法

检查主营业务成本的内容和计算方法是否合理，前后期是否一致。

4. 对主营业务成本实施分析程序

通过比较当年度与以前年度不同品种产品的主营业务成本和毛利率、比较被审计单位与同行业的毛利率、比较当年度与以前年度各月主营业务成本的波动趋势、比较当年度及以前年度主要产品的单位产品成本探求前期及本期内各月同一产品的单位成本是否存在异常波动，是否存在调节成本的现象。

比较计入主营业务成本的商品品种、规格、数量与计入营业收入的口径是否一致、是否符合配比原则。

5. 审查非常规业务中主营业务成本的会计处理

针对主营业务成本中重大调整事项(如销售退回)、非常规项目,检查相关原始凭证,评价真实性和合理性,检查其会计处理是否正确。

6. 审查主营业务成本是否被人为调节

结合期间费用的审计,判断被审计单位是否通过将应计入生产成本的支出计入期间费用,或将应计入期间费用的支出计入生产成本等手段调节生产成本,从而调节主营业务成本。

7. 检查营业成本是否已在财务报表中作出恰当列报

审查财务报表,确定营业成本是否已作出恰当列报。

案例公司审计情况

上海电气股份有限公司主营业务成本结转审计

注册会计师首先通过计算机审计软件(鼎信诺审计系统)进行科目月余额图形分析,将上海电气股份有限公司主营业务成本(借方发生额)与库存商品(贷方发生额)进行配比,发现两者完全一致,如图13-8所示。

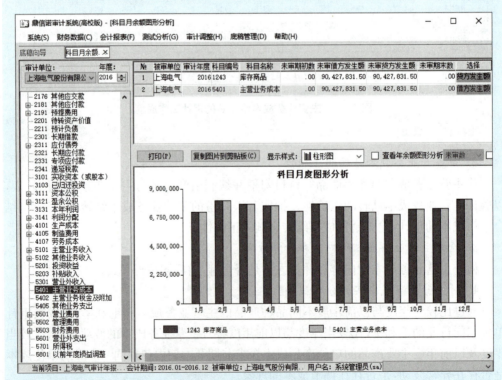

图13-8 科目月余额图形分析

然后，注册会计师利用审计系统选择相关项目，系统自动填入数据，然后形成主营业务成本倒轧表，如图 13-9 所示。经过成本倒轧发现，主营业务成本计算数 90 617 448.71 元与主营业务成本账面数 90 427 831.50 元存在 189 617.21 元的差异。然而，从科目取数列表（图 13-10）来看，"基本生产成本"的金额（90 427 831.50）与主营业务成本账面数（90 427 831.50）是一致的。从图 13-10 中的"基本生产成本"三级科目设置来看，这一差异是由于"水"和"电"科目的金额未被统计所造成的，两者金额的合计数正好为 189 617.21 元。综上，注册会计师认为上海电气股份有限公司主营业务成本的结转得到了公允反映。

存货种类	科目名称	未审数	审定数	索引号
期初原材料余额	1211 原材料	1,678,056.42	1,678,056.42	
加：本期购货净额	1211 原材料	76,564,220.91	76,564,220.91	
减：期末原材料余额	1211 原材料	3,129,230.75	3,129,230.75	
减：其他原材料发出额		-	-	
直接材料成本		75,113,046.58	75,113,046.58	
加：直接人工成本	41010102 直接工资	2,867,567.09	2,867,567.09	
加：制造费用	4105 制造费用	12,636,835.04	12,636,835.04	
产品生产成本		90,617,448.71	90,617,448.71	
加：在产品期初余额		-	-	
减：在产品期末余额		-	-	
减：其他在产品发出额		-	-	
库存商品成本		90,617,448.71	90,617,448.71	
加：库存商品期初余额	1243 库存商品	-	-	
减：库存商品期末余额	1243 库存商品	-	-	
减：其他库存商品发出额		-	-	
主营业务成本（计算数）		90,617,448.71	90,617,448.71	
主营业务成本	5401 主营业务成本	90,427,831.50	90,427,831.50	
差异		189,617.21	189,617.21	

图 13-9　主营业务成本倒轧表

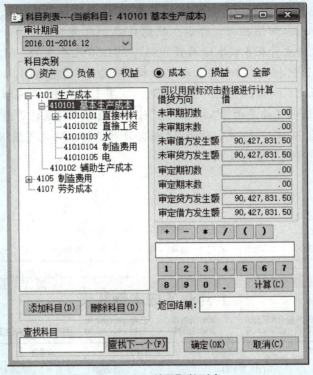

图 13-10 科目取数列表

拓 展 案 例

毕马威华振对锦州港出具的审计报告不实

2001年9月,财政部对锦州港(股票代码600190)作出行政处罚并处10万罚款。财政部认为锦州港在2000年及以前年度多确认收入36 717万元,少计财务费用4 945万元,少计主营业务成本780万元,多列资产11 969万元,在上市前和上市后的信息披露中都存在着虚假陈述行为。而为其提供审计服务的毕马威华振会计师事务所对锦州港2001年年报出具了无保留意见的审计报告。财政部经调查后最终认定,毕马威华振会计师事务所出具的审计报告不实,予以通报批评。

拓 展 案 例

岳华会计师事务所涉嫌三普药业财务造假

2005年4月2日,三普药业(股票代码600869)发布的公告显示:"近日,公司接到国家财政部有关文件,就公司2003年度会计信息质量检查结论作出处理决定:经查,2003年公司收入成本核算不实,多计收入1 297万元、多转成本530万元,多计当年利润767万元。上述行为违反了《中华人民共和国会计法》有关规定。根据有关规定,对公司处以罚款10万元,对公司财务总监罚款5 000元。"财政部自2004年6月开始,对具有证券期货相关业务许可证会计师事务所进行的检查,延伸到了其审计的上市公司,三普药业虚增利润问题正是在对该公司所聘请的岳华会计师事务所执业质量检查时发现的。财政部经调查后最终认定,岳华会计师事务所对三普药业的审计涉嫌违反新会计准则、会计制度以及行为操守,要求岳华会计师事务所进行整改。

思 考 题

1. 存货与工薪循环的主要业务活动包括哪些?
2. 存货审计对整个会计报表审计有什么影响?
3. 存货与工薪循环中的重大错报风险包括哪些? 应如何进行识别与评估?
4. 注册会计师在与被审计单位共同制定盘点计划时,应该注意哪些问题?
5. 如果因不可预见因素导致注册会计师无法在预定的日期实施存货监盘或接受委托时被审计单位的期末存货盘点已完成,注册会计师应如何处理?

第十四章 货币资金审计

【教学目的和要求】

◇ 理解货币资金与各业务循环的关系
◇ 了解货币资金业务涉及的凭证和会计记录
◇ 熟悉货币资金内部控制与重大错报风险评估的内容
◇ 掌握货币资金内部控制测试的要点
◇ 掌握货币资金的实质性程序的内容

深圳鹏城会计师事务所审计云南绿大地公司

云南绿大地生物科技股份有限公司(简称绿大地)前身是云南河口绿大地实业有限公司,成立于1996年6月,2001年3月以整体变更方式设立为股份有限公司,于2007年12月21日在深圳证券交易所挂牌上市。公司以绿化工程和苗木销售为主营业务,是云南省最大的特色苗木生产企业,也是国内绿化行业第一家上市公司,号称园林行业上市第一股。

自上市以来,绿大地的管理层就不断以各种不规范行为"挑战"着监管部门。从2009年10月至次年4月,公司对2009年三季报及年报的业绩预告进行了多次修正。绿大地被查的导火线是该公司2010年3月的一季报。该公司于2010年4月28日发布业绩预告,基本每股收益0.27元,4月30日正式出台的一季报每股收益竟然只有0.1元。两天之差,营业总收入、净利润、每股收益"暴跌"。绿大地自2007年年末上市后,3年时间就更换了3家审计机构、3任财务总监,而且每次都是发生在年报披露前夕,原因就是双方对年报结果的意见存在严重分歧。在绿大地发行股票并上市前,深圳鹏城会计师事务所(简称深圳鹏城)对绿大地2004年、2005年、2006年年度财务报表和2007年半年度财务报表进行了审计,并出具了无保留意见的审计报告。

证监会调查后认定,绿大地2004—2006年财务报表披露的各年度前5大销售客户与实际不符,经查,深圳鹏城的审计工作底稿中没有记录对绿大地前5大销售客户的审计程序。绿大地招股说明书披露的2006年销售收入中包含通过绿大地交通银行3711银行账户核算的销售收入,交通银行提供的资料显示,上述交易部分不存在。绿大地招股说明书披露,2006年12月31日货币资金余额为47 742 838.19元;其中,交通银行3 711账户余额为32 295 131.74元。交通银行提供的资料显示,2006年12月31日的3 711账户余额为4 974 568.16元。经查,深圳鹏城没有向交通银行函证绿大地交通银行3 711账户2006年12月31日的余额。

证监会和财政部的行政处罚决定书指出,深圳鹏城未勤勉尽责,造成其未发现绿大地在为发行上市所编制的财务报表中编造虚假资产、虚假业务收入,从而为绿大地出具无保留意见的审计报告,发表了不恰当的审计意见。深圳鹏城的上述行为违反了《证券法》第二十条"关于为证券发行出具有关文件的证券服务机构和人员,必须严格履行法定职责,保证其所出具文件的真实性、准确性和完整性"的规定,构成了《证券法》第二百二十三条所述的违法行为。中国证监会、财政部决定:撤销深圳鹏城的证券服务业务许可。

第一节 货币资金审计的内部控制

货币资金是企业流动性最强的资产,任何企业进行生产经营活动都需要一定数额的货币资金,它在企业会计核算中占据重要的位置。由于企业发生的舞弊事件大多与货币资金有关,且货币资金交易的审计有助于注册会计师确定企业会计报表中其他项目的真实公允性,因此货币资金审计非常重要。

一、货币资金与业务循环的关系

依据存放地点的不同,企业的货币资金可以分为库存现金、银行存款和其他货币资金(如外埠存款、银行汇票存款、在途货币资金等)。货币资金与各业务循环之间都有直接的联系,货币资金是各循环的枢纽,起着"资金池"的作用。货币资金的收支包含在企业的经济业务循环中,其增减变动及余额会受各个业务循环交易的共同影响。在企业的整个业务大循环中,货币资金处于核心地位。

企业经济活动的业务循环划分和各个业务循环的审计已在前面章节中阐述,下面仅简要说明货币资金与业务循环之间的关系。

(一) 货币资金和销售与收款循环之间的关系

销售与收款循环中的现销收款业务、赊销回款业务和预收账款业务是企业货币资金增加的主要渠道。此外,销售过程中发生的现金折扣业务、销货退回与折让业务会通过抵减货币资金的增加而影响货币资金的余额。

(二) 货币资金和采购与付款循环之间的关系

采购与付款循环中的现购存货或固定资产业务、应付账款偿还业务和预付账款业务会引起货币资金的减少。此外,采购过程中获得的现金折扣以及发生的采购退回与折让会通过抵减货币资金减少而影响货币资金余额。

(三) 货币资金和存货与工薪循环之间的关系

存货与工薪循环中的支付工资业务和支付相关的生产费用业务引起货币资金的减少。

(四) 货币资金和筹资与投资循环之间的关系

筹资与投资循环中有些业务会引起货币资金增加，有些业务又会引起货币资金的减少。能引起货币资金增加的业务主要有：发行债券或股票筹集货币资金；取得短期或长期借款；证券投资转让或到期收回；收到利息和股利。能引起货币资金减少的业务主要有：用货币资金购买股票或债券；用货币资金归还债券或借款筹资本金和利息；发放现金股利。

二、货币资金涉及的凭证和会计记录

货币资金涉及的凭证和会计记录主要有：原始凭证、记账凭证、现金日记账、银行存款日记账、现金总账、银行存款总账、其他货币资金账户。

(1) 原始凭证。货币资金循环中的原始凭证指货币资金支出授权和货币资金收支审核的有关记录，主要有销售合同、收款单据、收款结算凭证、货物票据、采购合同、支出和报销单据、付款结算凭证和票据、交款单、库存现金日报表、银行对账单、银行存款余额调节表、现金盘点表等。

(2) 记账凭证。货币资金循环中的记账凭证主要包括现金收付凭证、银行存款收付凭证等，它们是根据原始凭证编制的，是企业记账的依据。

(3) 现金日记账。现金日记账是企业对现金收支业务进行登记的账簿，也是企业货币资金循环中主要的账簿之一。

(4) 银行存款日记账。银行存款日记账是对企业银行存款的收支业务进行登记的账簿，也是企业货币资金循环中的主要账簿之一。

(5) 现金总账、银行存款总账。现金总账和银行存款总账是用于汇总登记现金和银行存款收、付、余额的账簿。

(6) 其他货币资金账户。其他货币资金包括外埠存款、银行汇票存款、银行本票存款、信用证存款和在途货币资金等。企业可在实际工作中根据需要开设账户。

第二节 货币资金的内部控制与重大错报风险评估

一、货币资金的内部控制

货币资金内部控制是企业内部控制的重要组成部分，是企业为了保证货币资金的安全、完整和有效使用，结合货币资金收支的特点，事先制定的一套相互制约、相互核对、相互验证的办法和程序的总称。

一般而言，一个良好的货币资金内部控制应该达到以下五个方面的要求。

(一) 职责分离

合理的职责分离制度包括：库存现金的保管和记录分离；银行对账单的核对和出纳员分离；不得由一人办理货币资金业务的全过程。

(二) 授权审批

被审计单位应当对货币资金业务建立严格的授权审批制度，明确审批人员对货币资金业务的授权范围。审批人员应当根据货币资金授权审批制度的规定，在授权范围内进行审批，不得超越审批权限。经办人员应在职责范围内，依据审批人的批准意见办理货币资金业务，未经授权的部门和人员一律不得办理。

(三) 充分的凭证和记录

充分的凭证和记录包括：货币资金的收入和支出有合理、合法的凭据；货币资金的收入和支出及时、准确入账；根据支票的编号顺序签发，空白支票应严格保管，作废支票应该加盖"作废"戳记。

(四) 定期盘点和核对

定期盘点和核对包括：定期盘点库存现金，并与库存现金日记账、总账核对，确保库存现金账面余额和实存数相符；不得用白条抵库或挪用现金；定期核对银行存款日记账和银行对账单，并编制银行存款余额调节表。

(五) 加强对货币资金收支业务的内部审计

为降低货币资金管理的风险，企业的内部审计部门应加强对货币资金收支业务的审计，不定期地组织检查小组对货币资金的收支进行抽查。

二、了解和描述货币资金的内部控制

注册会计师可以根据实际情况采用不同的方法对货币资金内部控制进行了解。注册会计师通常采用编制流程图、编写货币资金内部控制说明和设计货币资金内部控制调查表的方法来描述了解的内容和结果。注册会计师在编制流程图或调查表之前，可通过询问、观察、填表等调查手段收集资料或对以前年度的审计工作底稿中已有的流程图或调查表加以修正，以供本年度审计之用。

注册会计师对货币资金内部控制了解的内容主要包括：款项的收支是否按规定的程序和权限办理；是否存在与本企业经营无关的款项收支情况；是否存在出租、出借银行存款的情况；出纳与会计的职责、岗位是否严格分离；库存现金是否妥善保管，是否定期进行盘点、核对。

以货币资金内部控制调查表为例，详见表 14-1。

表 14-1 货币资金内部控制调查表

问　　题	是	否	不适用	备注
一、收入货币资金				
1. 收款凭证是否由复核人员和记录人员核对？				

(续表)

问　　　题	是	否	不适用	备注
2. 收到支票后是否立即送到出纳入账？				
3. 收到现金或支票是否当日或次日存入银行？				
4. 是否存在坐收坐支现象？				
5. 收款凭证收款后是否加盖"收讫"章表明已收？				
6. 收到客户货款是否及时与客户欠款核对相符？				
7. 货币资金收入职责是否与银行存款余额调节表编制和批准的职责相分离？				
二、支出货币资金				
1. 款项和支付是否事先经过审核、批准？				
2. 付款凭证付款是否加盖"付讫"章表明已付？				
3. 现金支付是否有用途和限额控制？				
4. 支票是否由出纳和有关主管人员共同签发？				
5. 作废支票及其他银行票据是否加盖"作废"戳记，并与存根联保存在一起？				
6. 批准支付和编制支付申请的职责是否分离？				
7. 所有空白支票是否预先连续编号并存放在安全的地方？				
三、记录货币资金				
1. 现金和银行存款日记账是否逐笔序时登记？				
2. 现金和银行存款日记账与总账是否每月末核对相符？				
3. 货币资金收付的出纳、审核是否与会计记录适当分离？				
4. 编制银行余额调节表的人是否不兼管现金保管和记录现金日记账和银行存款日记账？				
5. 货币资金收付记账是否根据经审核后的收付款凭证登记入账？				
6. 所有收付的货币资金是否均及时、完整地记录于会计账内？				
四、管理货币资金				
1. 所有银行存款的开立是否都经过批准？				
2. 是否对各银行账户按月编制银行存款调节表，未达账项是否已经检查？				
3. 管理者是否定期审查企业现金流量，及时了解和解决资金短缺和溢余？				
4. 是否对现金进行不定期盘点，并与日记账核对？				
5. 现金及其相关记录是否保存在安全的地方？				

三、初步评价货币资金的内部控制

通过对货币资金内部控制的了解,注册会计师会计应对货币资金内部控制是否健全进行评价,对货币资金的控制风险作出初步评估,其标准是货币资金的各项内部控制方法和程序是否符合内部控制的基本原则,关键控制点是否进行了控制,所有的控制目标是否已达到。

注册会计师在对被审计单位货币资金的内部控制系统的健全性进行评审后,若被审计单位内部控制系统比较健全,则应进一步对内部控制系统进行控制测试,以获取被审计单位内部控制是否有效地发挥其功能的证据。

四、重大错报风险的识别和评估

(一) 关注可能的货币资金舞弊

财务舞弊的最终目的大都是为了获取货币资金,谋取私利。注册会计师应注意货币资金业务中的舞弊。货币资金常见的舞弊:截留各种现销和应收账款的收现的现金收入;挪用资金,虚报冒领;出借账号,非法违规出借货币资金,以及现金超额存放和白条抵库。

(二) 关注企业可能存在的账外资金和贷款

账外资金,即资金体外循环的现象。账外资金的形成途径有很多,注册会计师特别应注意被审计单位是否存在取得现金销售收入不入账、以套取资金为目的的票据报销、租金收入不入账等情况。除经常提供对账单的开户银行外,注册会计师还应关注企业是否经常多头开户,对发生业务较少的账户、专用存款账户、年末存款余额为零的银行账户应引起高度重视。

(三) 对货币资金大额收支凭证的抽查应结合其他业务的处理进行分析

在对货币资金大额收支凭证抽查时,注册会计师不能仅停留在账户对应关系、审批手续、金额相符等表面现象上,要深入分析业务内容和其合理性,对发现的疑点要紧追不放,将问题查清。

第三节 货币资金的控制测试

一、货币资金的内部控制测试

(一) 观察货币资金的处理

观察被审计单位的现金保管和总账的登记是否由相同的人员进行;观察是否存在未入账的现金。

(二) 抽取部分收款凭证并检查相关会计记录

为测试货币资金收款的内部控制,注册会计师应选取适当样本的收款凭证,进行如下检查。

(1) 核对收款凭证与银行对账单的日期和金额是否一致。
(2) 核对收款凭证与应收账款等相关明细账的有关记录是否相符。
(3) 核对库存现金、银行存款日记账的收入入账日期是否一致。
(4) 核对库存现金、银行存款日记账的收入金额是否一致。
(5) 核对实收金额与销货发票所列金额是否一致。

(三) 抽取并检查付款凭证

为测试货币资金付款内部控制,注册会计师应选取适当样本的货币资金付款凭证,进行如下检查。

(1) 检查付款的授权批准手续是否符合规定。
(2) 核对库存现金、银行存款日记账的支出金额是否正确。
(3) 核对付款凭证与银行对账单是否相符。
(4) 核对付款凭证与应付账款等相关明细账的记录是否相符。
(5) 核对实付金额与购货发票所列金额是否一致。

(四) 抽取盘点表和银行存款余额调节表

抽取部分库存现金盘点表,检查被审计单位是否定期进行库存现金的盘点,并了解盘点结果的处理情况。抽取一定期间的银行存款余额调节表,将其同银行对账单进行核对,查验其是否按月正确编制并复核银行存款余额调节表。

(五) 检查外币资金的折算方法是否符合有关规定,是否与上年度一致

对于有外币货币的被审计单位,注册会计师应检查外币货币资金有关的日记账,以及"财务费用""在建工程"等账户的记录,确定企业有关外币货币资金的增减变动是否采用交易发生日的即期汇率将外币金额折算为记账本位币金额,或者采用按照系统合理的方法确定的、与交易发生日即期汇率近似的汇率折合为记账本位币,选择汇率的方法前后各期是否一致;检查企业的外币货币资金的余额是否采用期末即期汇率折合为记账本位币金额;折算差额的会计处理是否正确。

二、进一步评价货币资金的内部控制

注册会计师在完成上述程序之后,即可对货币资金的内部控制存在的薄弱环节和缺点进行分析,并对前述初步评估的货币资金的控制风险进行修正,然后,据以确定在货币资金实质性程序中对哪些环节应增加审计程序,作重点检查,以减少审计风险;哪些环节可以适当减少审计程序,以节约审计时间。

第四节 货币资金的实质性程序

一、库存现金审计

库存现金是指企业持有可随时用于支付的现金限额,存放在企业财会部门由出纳

人员经管的现金,包括人民币现金和外币现金。库存现金是企业流动性最强的资产,对于维持企业正常的生产经营管理具有重要作用,但它也是企业资产中最容易流失的资产,所以我国对企业支付、收取和留存现金都有明确的规定,要求各企业严格遵守和执行。库存现金审计是对库存现金及其收付业务和保管情况的真实性、合法性进行的审查和核实。由于现金流动性大,收付业务频繁,容易被不法分子所侵吞,因此,必须把库存现金列为审计的重点。通过对库存现金的审计,对巩固和严格现金管理制度,维护结算纪律,揭露错报舞弊,保护库存现金的安全,都具有十分重要的意义。

（一）库存现金的审计目标

库存现金的审计目标一般包括:确定被审计单位资产负债表中的现金在财务报表日是否确实存在,是否为被审计单位所拥有;确定被审计单位在特定期间内发生的现金收支业务是否均已记录完毕,有无遗漏;确定现金余额是否正确;确定现金在财务报表上的披露是否恰当。

（二）库存现金审计的实质性程序

库存现金审计的实质性程序如下。

1. 核对库存现金日记账与总账的余额是否相符

注册会计师测试现金余额的起点,是核对库存现金日记账与总账的余额是否相符。如果不相符,应查明原因,并要求被审计单位作出适当调整。

2. 监盘库存现金

监盘库存现金是证实资产负债表中所列现金是否存在的一项重要程序。监盘库存现金,通常包括对已收到但未存入银行的现金、备用金等的监盘。监盘库存现金的时间和人员应视被审计单位的具体情况而定,时间最好安排在营业前或营业终止后进行,出纳员和被审计单位会计主管人员必须参加盘点,并由注册会计师监盘。库存现金的监盘应采取突击式监盘,不事先通知会计部门和出纳员,目的是防止出纳员在盘点前采取掩盖舞弊的措施,使得监盘失效。

实地盘点和监盘库存现金的步骤如下。

（1）由出纳员将库存现金全部放入保险柜并封存,并要求出纳将全部凭证入账,结出当日库存现金日记账余额。

（2）充分了解被审计单位除封存在保险柜的库存现金外,是否还有存放在其他部门或其他人员手中的库存现金。对于所有的库存现金,无论存放何处,应同时进行清点。

（3）审阅库存现金日记账并同时与现金收付凭证相核对。一方面检查日记账的记录与凭证的内容和金额是否相符,有无涂改或伪造;另一方面了解凭证日期与日记账日期是否相符或接近。

（4）出纳员在会计主管和注册会计师在场的情况下清点库存现金,会计主管和注册会计师在旁边观察监督。注册会计师编制"库存现金监盘表",出纳员、会计主管和注册会计师在"库存现金监盘表"上共同签字。

（5）若有冲抵库存现金的借条、未提现支票、未作报销的原始凭证,应在"库存现金盘点表"中注明或作出必要的调整。

(6) 将盘点金额与库存现金日记账余额进行核对,如有差异,应查明原因,并作出记录或适当调整。调整公式为:

$$\begin{matrix}\text{资产负债表日库}\\ \text{存现金实有金额}\end{matrix} = \begin{matrix}\text{盘点日库存}\\ \text{现金实有金额}\end{matrix} + \begin{matrix}\text{资产负债表日后至盘}\\ \text{点日库存现金支出数}\end{matrix} - \begin{matrix}\text{资产负债表日后至盘}\\ \text{点日库存现金收入数}\end{matrix}$$

3. 抽查大额现金收支

注册会计师应抽查大额现金收支的原始凭证内容是否完整,有无授权批准,并核对相关账户的进账情况,如有与被审计单位经营业务无关的收支事项,应查明原因,并作相应的记录。

4. 检查现金收支的正确截止

被审计单位资产负债表上的现金数额应以结账日实有数额为准。因此,注册会计师必须验证现金收支的正确截止日期。通常,注册会计师可以对结账日前后一段时期内现金收支凭证进行审计,以确定是否存在跨期事项。

5. 检查外币现金的折算方法是否符合规定

对于有外币现金的被审计单位,注册会计师应检查被审计单位对外币现金的收支是否按所规定的汇率折合为记账本位币金额;外币现金余额是否按期末市场汇率折合为记账本位币金额;外币折合差额是否按规定记入相关账户。

6. 检查库存现金是否在资产负债表上恰当披露

根据有关规定,现金在资产负债表的"货币资金"项目中反映,注册会计师应在实施上述审计程序后,确定现金账户的期末余额是否恰当,进而确定库存现金是否在资产负债表上恰当披露。

二、银行存款审计

银行存款是指企业存放在银行或其他金融机构的各种款项。银行存款审计是指对银行存款及其收付业务的真实性、正确性和合法性进行的审查,对揭示银行存款收支业务中存在的差错弊端,保护银行存款的安全完整,保证企业严格遵守国家结算纪律等方面有着重要的意义。银行存款审计的要点是:审查银行存款内部控制制度的健全性和有效性;审查银行存款余额的真实性和正确性;审查银行存款收支业务的合规性和合法性。

(一) 银行存款的审计目标

银行存款的审计目标主要包括:确定被审计单位资产负债表中的银行存款在资产负债表日是否确实存在,是否为被审计单位所拥有;确定被审计单位在特定期间内发生的银行存款收支业务是否均已记录完毕,有无遗漏;确定银行存款的余额是否正确;确定银行存款在财务报表上的披露是否恰当。

(二) 银行存款审计的实质性程序

银行存款审计的实质性程序如下。

1. 检查银行存款日记账与总账的余额是否相符

注册会计师在测试银行存款余额时,应核对银行存款日记账与总账的余额是否相符。如不相符,应查明原因,要求被审计单位作出适当调整,并进行记录。

2. 执行分析程序

注册会计师应比较银行存款余额的本期实际数和预算数以及与上年度账户的差异变动,必须对本期数字和上期实际数或本期预算数的异常差异或显著波动进一步追查原因,确定审计重点。特别关注定期存款占银行存款的比例,了解被审计单位是否存在高息资金拆借。如存在高息资金拆借,应进一步分析拆出资金的安全性,检查高额利差的入账情况。计算存放于非银行金融机构的存款占银行存款的比例,分析这些资金的安全性。

3. 取得或编制银行存款余额调节表

检查银行存款余额调节表是证实资产负债表中所列银行存款是否存在的重要审计程序。依据被审计单位内部控制的可信赖程度,注册会计师选择由被审计单位提供银行存款余额调节表抑或亲自编制。若货币资金内部控制可以信赖,注册会计师可直接复核审计单位提供的银行存款余额调节表;反之,注册会计师自行独立编制银行存款余额调节表。

(1) 复核被审计单位提供的银行存款余额调节表的步骤和要点。

① 核实银行对账单、银行存款余额调节表上的列示是否正确。

② 将银行对账单记录与银行日记账逐笔核对,核实银行存款余额调节表上各调节项目的列示是否真实完整,任何漏记、多记调节项目的现象都应引起注册会计师的高度警觉。

③ 调查未达账项的真实性。主要包括以下内容:对于金额较大的未提现支票、可提现的未提现支票以及注册会计师认为重要的未提现支票,列示未提现支票清单,注明开票日期和收票人姓名或单位;追查截止日银行对账单上的在途存款,并在银行存款余额调节表上注明存款日期;审查至截止日银行已收、被审计单位未收的款项的性质及其款项的来源;审查至截止日银行已付、被审计单位未付款项的性质及其款项来源。对于未达账项(包括银行方面和被审计单位方面的),一般应追查至年初的银行对账单,检查本年度的银行对账单,查明年终的未达账项,并从日期上进一步判断业务发生的真实性,注意有无利用未达账项来掩饰某种舞弊行为。

④ 在银行存款日记账账面余额和银行对账单余额的基础上,复核上述未达账项及时调节情况,并验证调节后两者的余额计算是否正确、是否相符,说明其中一方或双方存在记账错误,并进一步追查原因、扩大测试范围。

(2) 独立编制银行存款余额调节表的步骤和要点。

① 要求会计人员将银行存款收付款凭证全部登记入账,并结出余额;向所在审计年度内发生过存取款业务的银行或类似金融机构函证期末银行存款余额,索取银行对账单。

② 核对银行对账单与银行存款日记账和总分类账的余额。

③ 调节未达账项并审阅企业编制的银行存款余额调节表。若银行对账单和银行存款余额不一致,调节未达账项并关注有无账务处理差错。

④ 编制银行存款余额调节表,确认银行存款与对账单是否一致。

案例公司审计情况

大华会计师事务所对银行存款余额调节表
对银行存款余额调节表的检查

被审计单位：上海电气股份有限公司　　**编制**：×××　　**日期**：2017 年 2 月 12 日
报表截止日：2016 年 12 月 31 日　　**复核**：×××　　**日期**：2017 年 2 月 19 日
项目：货币资金-对银行存款余额调节表的检查　　**索引号**：ZA-008
开户银行：建行　　**银行账号**：（略）　　**币种**：人民币　　**单位**：百万

序号	项目	金额	检查内容		
			(1)	(2)	(3)
A	银行对账单余额	427.81	√	√	√
B	企业已收,银行尚未入账合计金额	—			
	本公司收款日期　　收款凭证号				
其中1：		5.77	√	√	√
	……				
C	企业已付,银行尚未入账合计金额	—			
	本公司付款日期　　付款凭证号				
其中1：					
	……				
D	调整后银行对账单余额	433.58			
E	企业银行存款日记账余额	448.58	√	√	√
F	银行已收,企业尚未入账合计金额	—			
	本公司收款日期　　收款凭证号				
其中1：					
	……				
G	减：银行已付,企业尚未入账合计金额。	15.00	√	√	√
	本公司付款日期　　付款凭证号				
其中1：					
	……				
H	调整后企业银行存款日记账余额	433.58			
I	差异(I=H-D)	0			

检查内容说明：①账务处理是否正确；②是否记录于恰当的会计期间；③……

审计说明：
1. 对不符事项的处理
2. ……

案例公司审计情况

被审计单位：上海电气股份有限公司　报表截止日：2016年12月31日　编制：×××　日期：2017年2月11日
项目：货币资金—银行存款未达账项调节表—建行　复核：×××　日期：2017年2月19日　单位：百万　索引号：ZA-007

上海电气股份有限公司银行存款未达账项调节表

银行存款未达账项调节表——建行

开户行名称	账号	存款性质	币种	企业账簿金额		银行对账单余额		差异		调节表余额				调节后是否相符
			原币	汇率	人民币	原币	汇率	人民币	差额	银收企未收	银付企未付	企收银未收	企付银未付	
建行龙信办					345.98			340.21	—			5.77		√
建行城区支行					102.60			87.60	—		15.00			√
（以下空白）														
合　计					448.58			427.81			15.00	5.77		√

提示：阴影部分由被审计单位编制，注册会计师对差异调节项目进行检查。

现代审计学

4. 函证银行存款余额

函证是指注册会计师在执行审计业务过程中,需要以被审计单位名义向有关单位发询证函,以验证被审计单位的银行存款是否真实、合法、完整。根据我国相关规定,各商业银行、政策性银行、非银行金融机构要在收到询证函之日起10个工作日内,根据函证的具体要求,及时回函并可按照国家的有关规定收取询证费用。

函证银行存款余额是证实资产负债表所列银行存款是否存在的重要程序。通过向往来银行的函证,注册会计师不仅可以了解企业资产的存在,同时还可以了解欠银行的债务。函证还可用于发现企业未登记的银行存款。

函证时,注册会计应向被审计单位在本年发生过业务(含外埠存款、银行汇票存款、银行本票存款、信用证存款)的所有银行发函,其中包括企业存款账户已结清的银行,因为有可能存款账户已结清,但仍有银行借款或其他负债存在。同时,虽然注册会计师已直接从某一银行取得了银行对账单和所有已付支票,但仍应向这一银行进行函证。

案例公司审计情况

上海电气股份有限公司发出的银行询证函

编号:WL0235

银行询证函

中国工商银行上海浦东支行:

本公司聘请的大华会计师事务所(特殊普通合伙)正在对本公司2016年年度财务报表进行审计,按照中国注册会计师审计准则的要求,应当询证本公司与贵公司的往来账项等事项。下列信息出自本公司账簿记录,如与贵公司记录相符,请在本函下端"信息证明无误"处签章证明;如有不符,请在"信息不符"处列出这些项目的金额及详细资料。回函请直接寄至大华会计师事务所。

回函地址:上海市黄浦区金陵东路2号10楼 邮编:200002

电话:(021)63238588　　　传真:(021)63238599　　　联系人:×××

截至2016年12月31日止,本公司与贵行相关的信息列示如下:

1. 银行存款

除上述列示的银行存款外,本公司并无在贵行的其他存款。

注:"起止日期"一栏适用于定期存款,如为活期或保证金存款,只填写"活期"或"保证金"字样。

单位：百万元

账户名称	银行账号	币种	利率	余额	起止日期	是否被质押、用于担保或存在其他使用限制	备注
建行龙信办				345.98			
建行城区支行				102.60			

2. 银行借款

借款人名称	币种	本息余额	借款日期	到期日期	利率	借款条件	抵(质)押品/担保人	备注
（以下空白）								

除上述列示的银行借款外，本公司并无在贵行的其他借款。

注：此项仅函证截止至资产负债表日本公司仍未偿还的借款。

3. 其他事项（为其他公司借款提供担保、尚未兑现的银行承兑汇票、已贴现尚未到期的商业汇票、存放在银行的有价证券等）。

（盖章）
年 月 日

结论：

1. 信息证明无误。	2. 信息不符，请列明不符项目及具体内容。
（银行盖章） 年 月 日 经办人：	（银行盖章） 年 月 日 经办人：

5. 检查一年以上定期存款或限定用途存款

一年以上的定期存款或限定用途的银行存款，不属于企业的流动资产，应列于其他资产类下，对此，注册会计师应查明情况并作相应的记录。

6. 抽查大额现金和银行存款的收支

注册会计师应抽查大额银行存款（含外埠存款、银行汇票存款、银行本票存款、信用证存款）收支的原始凭证内容是否完整，有无授权批准，并核对相关账户的进账情况。如有与被审计单位生产经营业务无关的收支事项，应查明原因并作相应的记录。

7. 检查银行存款收支的正确截止

被审计单位资产负债表上的货币资金数额，应以结账日实有数额为准。因此，注册会计师必须验证现金收支的截止日期。通常，注册会计师可以对结账日前后一段时期内现金收支凭证进行审计,以确定是否存在跨期事项。

企业资产负债表上银行存款数字应当包括当年最后一天收到的所有存放在银行的款项,而不得包括其后收到的款项;同样,企业年终前开出的支票,不得在年后入账。为了确保银行存款收付的正确截止,注册会计师应当清点支票及支票存根,确定各银行账户最后一张支票的号码,同时查实该号码之前的所有支票均已开出。在结账日开出的尚未收支的支票及其后开出的支票,均不得作为结账日的存款收付入账。

8. 检查外币银行存款的折算是否正确

对于有外币银行存款的被审计单位,注册会计师应检查被审计单位对外币银行存款的收支是否按汇率折合为记账本位币金额;外币银行存款期末余额是否按期末市场汇率折合为记账本位币金额;外币折合差额是否按规定计入相关账户。

9. 确定银行存款的披露是否恰当

根据有关规定,企业的银行存款在资产负债表的"货币资金"项目中反映,所以,注册会计师应在实施上述审计程序后,确定银行存款账户的期末余额是否恰当,进而确定银行存款是否在资产负债表上恰当披露。

三、其他货币资金审计

其他货币资金,主要指包括企业到外地进行临时或零星采购而汇往采购地银行开立采购专户的款项所形成的外埠存款、企业为取得银行汇票按照规定存入银行的款项所形成的银行汇票存款、企业为取得银行本票按照规定存入银行的款项而形成的银行本票存款、信用卡存款、信用证保证金存款以及在途货币资金等。

(一) 其他货币资金的审计目标

其他货币资金的审计目标主要包括:确定被审计单位资产负债表中的其他货币资金在财务报表日是否确实存在,是否为被审计单位所拥有;确定被审计单位在特定期间内发生的其他货币资金收支业务是否均已记录完毕,有无遗漏;确定其他货币资金的余额是否正确;确定其他货币资金在财务报表上的披露是否恰当。

(二) 其他货币资金审计的实质性程序

其他货币资金审计的实质性程序如下。

(1) 核对外埠存款、银行汇票存款、银行本票存款、在途货币资金等各明细账期末合计数与总账数是否相符。

(2) 函证外埠存款账户、银行汇票存款账户、银行本票存款账户期末余额。

(3) 对于非记账本位币的其他货币资金,检查其折算汇率是否正确。

(4) 抽查一定样本量的原始凭证进行测试,检查其经济内容是否完整,有无恰当的审批授权,并核对相关账户的进账情况。

(5) 抽取资产负债表日后的大额收支凭证进行截止测试,若有跨期收支事项,应作适当调整。

(6) 检查其他货币资金的披露是否恰当。

(7) 根据库存现金、银行存款、其他货币资金的情况,编制货币资金情况审定表。

案例公司审计情况

大华会计师事务所货币资金情况审定表

被审计单位：上海电气股份有限公司　　编制：×××　　日期：2017年2月12日
项目：货币资金审定表　　报表截止日：2016年12月31日　　复核：×××　　日期：2017年2月19日

货币资金审定表

索引号：ZA-001

科目编码	项目名称	借/贷	期末未审数	账项调整 借方	账项调整 贷方	重分类调整 借方	重分类调整 贷方	期末审定数	错	索引号	上期末未审数	上期末调整数	上期审定数	本期末审定数与上期末审定数的比较 变动额	本期末审定数与上期末审定数的比较 变动率	本期末审定数与上期审定数比较 变动额	本期末审定数与上期审定数比较 变动率
1001	现金	借	—	—	—	—	—	—			—	—	—	—	—	—	—
1002	银行存款	借	—	—	—	—	—	—			—	—	—	—	—	—	—
1009	其他货币资金	借	—	—	—	—	—	—			—	—	—	—	—	—	—
合计			∧ T/B	—	—	—	—	2 220 552.17	错		∧ T/B	—	1 990 314.74	—	—	—	—
报表数：			—					−2 220 552.17			—		−1 990 314.74				
差异数：			∧					∧			∧		∧				

审计标识说明：

B：与上年数核对一致
G：与总分类账核对一致
T/B：与试算平衡表核对一致

S：与明细账核对一致
∧：纵加核对
<：横加核对
D：与明细表核对一致

拓展案例

康美药业更正货币资金多计 299 亿元

2019年4月29日,康美药业发布更正公告指出,2017年公司财务报表中,年末货币资金多计入299.44亿元,营业收入多计88.98亿元,营业成本多计76.62亿元。同时,经营性现金流多计入102.99亿元。而多计货币资金的同时,少计存货超过195亿元,少计在建工程、应收账款近13亿元。

4月29日披露的年报,被审计机构出具了保留意见的审计报告,这是自康美药业2001年上市以来,第一次年报被出具保留意见的审计报告。其年报审计机构广东正中珠江会计师事务所称,形成保留意见的基础包括康美药业2018年12月被证监会立案调查、关联方资金往来、公司下属子公司部分在建工程项目财务资料不完整三方面的原因。

在整个A股3 600多家上市公司中,市值超过300亿的仅有304家,占比不到10%。也就是说,康美药业的会计"差错"所涉金额,已经超过A股超9成上市公司的市值了。实际上,2018年康美药业曾遭质疑存在财务造假嫌疑,因公司出现了货币现金过高、大股东股票质押比例过高以及存贷双高等问题。根据康美药业2018年半年报披露,公司货币资金余额为399亿元,有息负债高达347亿元,占净资产的比例分别为119%和104%。2018年12月28日,康美药业发布公告称收到中国证监会调查通知书,因公司涉嫌信息披露违法违规,根据《证券法》的有关规定,证监会决定对公司立案调查。

4月30日,上海证券交易所就康美药业前期会计差错更正等有关事项发出监管工作函,要求该公司认真核查本次前期会计差错更正所涉及的具体事项,包括但不限于涉及差错调整的交易背景、对象及其关联关系、会计差错发生的时点、发生差错的具体原因和责任人等;进一步核实报告期末该公司应收大股东及其关联方非经营性往来款88.79亿元的发生时点、涉及事项、金额、占用期限等情况,明确上述往来款项是否构成大股东及其关联方非经营性资金占用,年审会计师应当对此进行核实并发表专项意见;全面自查以前年度是否存在大股东及关联方非经营性资金占用以及偿还情况等。

思 考 题

1. 货币资金审计的主要业务活动包括哪些?
2. 库存现金截止测试的方法是什么?
3. 注册会计师进行现金盘点和存货盘点的区别是什么?
4. 银行存款余额调节表的审查要点有哪些?
5. 为什么要函证银行存款余额?如何选择函证对象?

第十五章 终结审计

【教学目的和要求】

◇ 熟悉识别或有负债的审计程序
◇ 熟悉用于识别期后事项的审计程序
◇ 理解审计最后阶段的证据评价
◇ 熟悉注册会计师与审计委员会以及管理层沟通的内容
◇ 掌握注册会计师对期后发现的事实的责任

引 导 案 例

上海家化公司的关联方交易审计

2014年12月,作为中国历史最悠久的日化企业上海家化,因涉嫌违法违规被中国证监会上海监管局决定给予公司警告,并处以30万元罚款。公告显示,上海家化时任董事长葛某安排上海家化退休职工管理委员会等单位和个人投资吴江市黎里沪江日用化学品厂,同时成立沪江日化管理委员会实际管理沪江日化。在2009年2月至2012年12月期间,上海家化时任副总经理宣某同时兼任沪江日化管委会成员,依据《上市公司信息披露管理办法》的相关规定,上海家化与沪江日化在上述期间构成关联关系。

上海证监局指出,在2009年3—12月,上海家化与沪江日化发生采购、销售及资金拆借合计达2.81亿元,占当年上海家化净资产的25.64%;2010年达4.27亿元,占上海家化当年净资产的32.38%;2011年合计达5.4亿元,占36.12%;2012年合计达5.54亿元,占比31.52%。上述采购、销售及资金拆借等关联交易金额已分别达到2009—2012年年度报告的披露标准,但上海家化对于与沪江日化构成的关联方以及关联交易情况均未予以披露,也从未经过审计。上海家化于2013年12月18日发布了《关于上海证监局行政监管措施决定书相关问题的整改报告》,对上述问题供认不讳。

公司审计机构普华永道中天会计师事务所曾对其内部控制出具了否定意见的审计报告。内部控制审计报告指出,上海家化内部控制三项重大缺陷,首当其冲的是关联交易问题。审计报告认为:"关联交易管理中缺少主动识别、获取及确认关联方信息的机制""与之相关财务报告内部控制设计失效。"2014年5月14日,上海家化发

> 布公告表示，因内部控制被出具否定意见，致使公司形象及名誉出现重大损害。公司总经理作为公司内部控制制度的制定及执行事宜的主要责任人，对此负有不可推卸的责任，故决定解除总经理王某职务。

审计终结阶段是指实施阶段结束以后，审计人员根据审计工作底稿编制审计报告，并将有关文件整理归档的全过程。其主要内容包括：关注特殊事项，如关联方交易、期后事项、持续经营等；评价审计证据，编制审计差异调整表和试算平衡表；对财务报表总体合理性实施分析程序；评价审计结果；与治理层沟通；完成质量控制复核；出具审计报告，并递交董事会。终结审计阶段的工作汇总如图15-1所示。

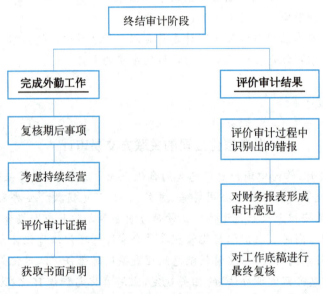

图 15-1　终结审计阶段的工作汇总

第一节　关联方交易审计

一、关联方和关联方交易的含义

根据《企业会计准则第 36 号——关联方披露》(2006 年)的规定，一方控制、共同控制另一方或对另一方施加重大影响，以及两方或两方以上同受一方控制、共同控制或重大影响的，构成关联方。关联方交易(简称关联交易)是指关联方之间转移资源、劳务或义务的行为，而不论是否收取价款。关联方交易的类型通常包括：购买或销售商品、购买或销售商品以外的其他资产、提供或接受劳务、担保、提供资金、租赁、代理、研究与开发的转移、许可协议、代表企业或由企业代表另一方进行债务结算、关键管理人员薪酬等。

二、关联方交易审计目标

关联方交易审计目标一般包括：确定关联方及关联方交易是否存在；确定关关联方及关联方交易的记录是否完整；确定关联方及关联方交易在会计报表上的披露是否恰当。

三、关联方存在和披露应实施的审计程序

（一）识别关联方的存在

注册会计师应当获取由治理层和管理层提供的所有已知关联方名称的信息，并进行复核；同时针对信息的完整性实施下列审计程序。

（1）复核以前年度工作底稿，确认已识别的关联方名称。
（2）复核被审计单位识别关联方的程序。
（3）询问治理层和关键管理人员是否与其他单位存在隶属关系。
（4）复核投资者记录以确定主要投资者的名称，在适当情况下，从股权登记机构获取主要投资者的名单。
（5）查阅股东会和董事会的会议纪要，以及其他相关的法定记录。
（6）询问其他注册会计师或前任注册会计师所知悉的其他关联方。
（7）复核被审计单位向监督机构报送的所得税申报表和其他信息。

（二）确定关联方关系披露是否充分

注册会计师应当按照适用的会计准则和相关会计制度的规定，确定被审计单位对关联方关系的披露是否充分。

四、关联方交易的识别应实施的审计程序

（一）复核由治理层和管理层提供的关联方交易的信息

注册会计师应当复核由治理层和管理层提供的关联方交易的信息，并对其他重要的关联方交易保持警惕。

（二）了解被审计单位与关联方交易相关的内部控制

除授权和批准外，注册会计师还应当考虑如下被审计单位内部控制中与关联方交易相关的其他方面。

（1）是否建立了针对关联方交易的行为守则，相关人员是否普遍了解并严格执行这些行为守则。
（2）是否存在相关的政策和程序，以识别和披露管理层和治理层在关联方交易中所得到的利益。

(3) 有关识别、记录、汇总和披露关联方交易的责任是否进行了合理界定。

(4) 针对重大的、非常规的关联方交易,管理层和治理层是否及时进行讨论,并予以披露。

(5) 对于存在利益冲突的关联方交易,是否存在明确的指导方案和解决办法。

(6) 在披露特殊关联方和关联方交易时,如果碰到问题,管理层是否有积极寻求帮助的意识,如向注册会计师或者法律专家咨询。

(7) 针对关联方和关联方交易,是否存在预警性政策和程序。例如,治理层是否建立相关政策和程序以减轻管理层凌驾于与关联方和关联方交易相关的内部控制之上的风险。

(三) 实施进一步审计程序时对关联方交易的关注

注册会计师实施下列审计程序可能识别出关联方交易的存在。

(1) 执行交易和余额的细节测试。

(2) 查阅股东会和董事会的会议纪要。

(3) 复核大额或异常交易、账户余额的会计记录,特别关注接近报告期末或在报告期末确认的交易。

(4) 复核对债权债务关系的询证函回函以及来自银行的询证函回函,以发现担保关系和其他关联方交易。

(5) 复核投资交易。

案例公司审计情况

上海电气股份有限公司关于关联交易公告

上海电气股份有限公司
出售资产关联交易公告

本公司董事会及全体董事保证本公告内容不存在任何虚假记载、误导性陈述或者重大遗漏,并对其内容的真实性、准确性和完整性承担个别及连带责任。

过去12个月期间,上海电气股份有限公司(以下简称"公司")与上海电气总公司(以下简称"电气总公司")发生的关联交易包括:

(1) 2016年8月30日,公司董事会审议通过的《关于签署〈发行股份购买资产协议之补充协议〉的议案》;公司董事会审议同意电气总公司以人民币 286 896 816 元的价格,以现金方式回购四川中路126弄10—20号土地;

(2) 2016年9月28日,公司董事会审议通过了《关于签署〈发行股份购买资产协议之补充协议(二)〉的议案》,根据沪(2016)嘉字不动产权第037287号《不动产权证书》,公司发行股份购买资产交易置入土地类资产中南翔镇沪宜公路950号房地产之实际建筑面积为11 851.10平方米,与本次交易该等房地产之评估建筑面积12 139.24平方米相比,存在288.14平方米差异。有鉴于此,同意由电气总公司以现金方式补偿该等房地产差价,补偿价格根据本次交易该等房地产的评估单价确定,总计金额为人民币 301 377.60 元。

上海电气股份有限公司
董事会
二〇一六年十二月二十八日

五、检查已识别的关联方交易应实施的审计程序

(一) 检查已识别关联方交易的审计程序

检查已识别关联方交易的审计程序主要有以下内容。
(1) 了解关联方交易的商业目的。
(2) 检查发票、合同和其他相关材料,如验收报告和货运单据。
(3) 确定交易是否已得到管理层或治理层的批准。
(4) 检查关联方交易在财务报表中的披露是否充分。

(二) 针对关联方交易证据有限实施的审计程序

关联方关系的性质可能导致与关联方交易有关的审计证据有限,例如,没有签订交易合同或协议等。为此,注册会计师应当考虑实施以下审计程序。
(1) 向关联方函证交易的条件和金额。
(2) 检查关联方拥有的信息。
(3) 向交易相关的人员和机构函证或与之讨论相关信息。

第二节 期后事项审计

一、期后事项的含义与类型

期后事项是指资产负债表日至审计报告日之间发生的事项以及审计报告日后发现的事实。这些事项或事实在资产负债表日前没有发生,但是在财务报表报出日前发生了,它们可能对被审计单位财务报表和审计报告产生影响。因此,注册会计师必须对期后事项引起充分的关注。

事实上,并非所有的期后事项都会对财务报表和审计报告产生影响,所以注册会计师也无须关注所有的期后事项。需要被审计单位管理层考虑并需要注册会计师审计的有两类期后事项：一是资产负债表日后调整事项；二是资产负债表日后非调整事项。

(一) 资产负债表日后调整事项

资产负债表日后调整事项，即对资产负债表日已经存在的情况提供了新的或进一步证据的事项。这类事项影响财务报表金额，需提请被审计单位管理层调整财务报表及与之相关的披露信息。此类事项通常包括但不限于以下内容。

(1) 资产负债表日已经存在的大额应收款项，在资产负债表日后因债务人的破产而发生的可预计的坏账损失。

(2) 资产负债表日已经存在的法律诉讼，在资产负债表日后被判决承担的巨额赔偿和罚款。

(3) 资产负债表日已经存在的大量存货或已入账的销售收入，在资产负债表日后被发现与原入账价值存在重大差异。

(4) 资产负债表日已经存在，在资产负债表日后被发现存在的财务报表舞弊或差错。

(二) 资产负债表日后非调整事项

资产负债表日后非调整事项，即表明资产负债表日后发生的情况的事项。这类事项虽不影响财务报表金额，但可能影响财务报表的正确理解，需提请被审计单位管理层在财务报表的附注中作适当披露。此类事项通常包括但不限于以下内容。

(1) 资产负债表日后才发生的重大诉讼、仲裁、承诺。

(2) 资产负债表日后才发生的巨额亏损。

(3) 资产负债表日后才发生的自然灾害重大损失。

(4) 资产负债表日后才发生的资产价格、税收政策、外汇变化。

(5) 资产负债表日后才发生的资本公积转增资本。

(6) 资产负债表日后才发行的股票、债券和其他巨额举债。

(7) 资产负债表日后才发生的企业合并或处置子公司。

(三) 期后事项的三个时段

根据期后事项的上述定义，期后事项可以按时段划分为三个时段，如图15-2所示。第一时段是资产负债表日（2016年12月31日）后至审计报告日（2017年3月5日），我们可以把在这一期间发生的事项称为"第一时段期后事项"；第二个时

图15-2 期后事项的三个时段

段是审计报告日(2017年3月15日)后至财务报表公布日(2017年3月25日),我们可以把这一期间发现的事项称为"第二时段期后事项";第三个时段是财务报表公布日(2017年3月25日)后,我们可以把这一期间发现的事实称为"第三时段期后事项"或称为"期后事实"。三个时段涉及三个时点,即资产负债表日、审计报告日和财务报表报出日。

在图15-2中,资产负债表日(2016年12月31日)是指财务报表的截止日期;财务报表批准日(2017年3月15日)是指被审计单位董事会或类似机构批准财务报表报出的日期;财务报表公布日(2017年3月25日)是指被审计单位对外披露已审计财务报表的日期(对外披露可以是公开方式,如上市公司公布财务报表;也可以是非公开方式,如非上市公司将财务报表提供给使用者)。

按照审计报告准则规定,审计报告的日期不应早于注册会计师获取充分适当的审计证据(包括管理层认可对财务报表的责任且已批准财务报表的证据),并在此基础上对财务报表形成审计意见的日期。因而审计报告日通常与财务报表批准日(2017年3月15日)是同一个日期。

二、资产负债表日至审计报告日之间的期后事项

(一)对第一时段期期后事项的主动识别

资产负债表日至审计报告日之间的期后事项属于第一时段期后事项。注册会计师应当设计和实施审计程序,获取充分、适当的审计证据,以确定所有在资产负债表日至审计报告日之间发生的、需要在财务报表中调整或披露的事项均已得到识别。但是,注册会计师并不需要对之前已实施审计程序并已得出满意结论的事项执行追加的审计程序。

(二)针对第一时段期后事项的审计程序

注册会计师应在接近审计报告日之时,通过实施必要的审计程序,获取充分适当的审计证据,以确定截至审计报告日发生的、需要在财务报表中调整或披露的事项是否均已得到识别。通常的审计程序如下。

(1)审阅最近的中期财务报表等相关资料,关注被审计单位的生产经营环境是否发生重大变化,以及是否发生异常的、大额的交易或事项;如果认为有必要,还应当查阅预算、现金流量预测以及其他相关管理报告。

(2)审阅董事会、股东大会及其专门委员会在资产负债表日后举行的会议纪要,或询问相关事宜,以检查被审计单位是否发生了可能影响财务报表的事项。

(3)向被审计单位的律师或法律顾问询问有关诉讼和赔偿情况,以确定被审计单位是否有必要调整财务报表或披露该信息。

(4)询问和了解管理层用于识别期后事项的程序,以判定其程序是否足以识别期后事项的发生情况。

(5)向管理层询问是否发生可能影响财务报表的期后事项。

(6)取得管理层和律师声明书,以了解其对期后事项的陈述和说明是否恰当。

案例 公司 审计 情况

上海电气股份有限公司重大诉讼公告

大华会计师事务所注册会计师在审计上海电气股份有限公司期后事项时,针对该公司涉及的重大诉讼了解了管理层的处理过程与结果,并询问了公司法律顾问的意见。上海电气股份有限公司已将该重大诉讼事项及时对外公告。

上海电气股份有限公司重大诉讼公告

本公司董事会及全体董事保证本公告内容不存在任何虚假记载、误导性陈述或者重大遗漏,并对其内容的真实性、准确性和完整性承担个别及连带责任。

重要内容提示:
- 上海电气股份有限公司(以下简称"公司")以及公司全资附属子公司上海电气融创融资租赁有限公司(以下简称"电气租赁")已分别向上海市高级人民法院正式提起民事起诉状
- 公司与电气租赁均为原告
- 涉案的金额分别为人民币 957 019 229.37 元及人民币 897 983 723.81 元
- 上述案件对公司本期利润或期后利润的影响尚存在不确定性

公司及电气租赁近期向上海市高级人民法院递交了起诉状。公司已于 2018 年 1 月 12 日收到上海市高级人民法院受理通知书,预计电气租赁将于近日收到上海市高级人民法院受理通知书,诉讼的基本情况如下:

一、诉讼的案件事实、请求的内容及其理由

公司与安泰信公司签署了一项《总承包合同》,公司作为总承包商负责嘉润公司某工程建设。王志军为安泰信公司、嘉润公司的实际控制人。本项目的工程建设现已完成并得到书面确认,但经公司多次催告,安泰信公司、嘉润公司仍违反约定,不支付尚拖欠公司的工程款项和延期付款利息,已构成严重违约。根据协议,王志军、官红岩就主合同存在的违约行为应承担连带保证责任。因此,公司向上海市高级人民法院递交起诉状,请求判令王志军、官红岩向公司支付欠款及延迟付款利息两项金额合计人民币 957 019 229.37 元,并请求判令王志军、官红岩承担本案案件受理费、律师费、保全担保费等全部诉讼费用。

2014 年 8 月,电气租赁与嘉润公司签订了一份《融资租赁合同》,与嘉润公司、安泰信公司以及公司共同签订了一份《买卖合同》。电气租赁根据嘉润公司的需要和选择购买了租赁物,并按照买卖合同约定按期向公司支付了全部合同价款。电气租赁与安泰信公司和王志军签订了《保证合同》,电气租赁与盛世嘉业签订了《抵押合同》。

鉴于嘉润公司未按约支付租金并存在其他违约行为,已构成严重违约,电气租赁向上海市高级人民法院递交起诉状,请求判令嘉润公司向电气租赁支付《融资租赁合同》项下全部到期未付及未到期租金总额人民币 746 535 167.04 元,违约金人民币

92 533 000.00元,迟延履行金人民币58 905 556.77元及残值转让费人民币10 000元,安泰信公司及王志军对上述违约金额承担共同连带保证责任;并请求判令电气租赁有权在上述诉讼请求范围内拍卖、变卖盛世嘉业根据《抵押合同》所提供的抵押物的价款并获得优先受偿。请求判令嘉润公司、安泰信公司、王志军及盛世嘉业共同承担本案案件受理费、律师费、保全担保费等全部诉讼费用。

二、本次公告的诉讼对公司本期利润或期后利润等的影响。

截至2016年度,公司已对上述项目累计计提应收款项坏账准备合计人民币169 372 721.89元。由于上述两项诉讼案件将进入审理中,尚未判决,对公司本期利润或期后利润的影响尚存在不确定性,公司将根据本次案件的审理进程及结果,依据有关会计准则的要求和实际情况进行相应的会计处理。同时,根据诉讼进展情况,履行信息披露义务,及时公告案件的进展,敬请广大投资者注意投资风险。

三、备查文件

1. 法院受理通知书;
2. 起诉状。

特此公告。

上海电气股份有限公司
董事会
二〇一七年一月十六日

三、审计报告日后至财务报表公布日之间的期后事项

(一)对第二时段期期后事项的被动识别

在审计报告日后,注册会计师没有义务针对财务报表实施审计程序。此时,注册会计师针对被审计单位的审计业务已经结束,要识别可能存在的期后事项比较困难,因而无法承担主动识别第二时段期后事项的审计责任。但由于被审计单位的财务报表并未对外公布,管理层有责任告知注册会计师可能影响财务报表的事实。当然,注册会计师还可能从媒体报道、举报信或者证券监管部门告知等途径获悉影响财务报表的期后事项。

(二)知悉第二时段期后事项时的考虑

如果知悉第二时段期后事项,且在审计报告日知悉可能导致修改审计报告,注册会计师应当与管理层讨论该事项;确定财务报表是否需要修改;如果需要修改,询问管理层将如何在财务报表中处理该事项。

1. 管理层修改财务报表时的处理

如果管理层修改财务报表,注册会计师应当根据具体情况对有关修改实施必要的审计程序,以验证管理层根据期后事项所作出的财务报表调整或披露是否符合适用的财务报告编制基础的规定。例如,在资产负债日已经存在的一笔质量有争议的销售诉讼,在审计报告日后、财务报表报出日前法院作出最终判决,要求被审计单位承担退货和赔偿损失。此时,被审计单位就应该按照企业会计准则和相关会计制度的规定,调整财务报表。在这种情况下,注册会计师也就必须实施新的与此相关的审计程序。

注册会计师还应当将用以识别期后事项的上述审计程序延伸至新的审计报告日,并针对修改后的财务报表出具新的审计报告。此时,注册会计师应当选用下列处理方式之一修改审计报告。

(1) 针对财务报表修改部分增加补充报告日期,而对管理层作出修改前的财务报表出具的原审计报告日期保持不变;补充报告日期告知财务报表使用者自原审计报告日之后实施的审计程序针对财务报表的后续修改。

例如,假设被审计单位告知注册会计师,该公司已达成一个协议,在2017年3月9日并购了一家公司。这类事项在资产负债表日(2016年12月31日)无任何存在的迹象,因此仅需在2016年12月31日的报表附注中予以披露即可。但是,审计报告日期的确定却有不同的选择:①"双重日期"审计报告,也就是针对除这一期后事项外,其他的审计日期仍然是2017年3月5日,而这一期后事项的审计日期是2017年3月9日;② 使用期后事项的日期,就是针对所有的情况,审计日期都是2017年3月9日。双重日期的目的是限制注册会计师对于报表附注中所涉的期后事项在注册会计师完成审计工作后发生时应负的责任。如果审计报告的日期只用2017年3月9日这个日期,注册会计师的责任将延伸至该日期。

(2) 出具新的或经修改的审计报告,在强调事项段或其他事项段中说明注册会计师对期后事项实施的审计程序仅限于财务报表相关附注所述的修改。

2. 管理层不修改财务报表且审计报告尚未提交时的处理

针对具体经济业务的发生,由于对企业会计准则和相关会计制度理解的不同,或者是出于不同经济利益的考虑,如果注册会计师认为应当修改的财务报表而被审计单位拒绝修改,在审计报告尚未提交给被审计单位的情况下,注册会计师应当按照《中国注册会计师审计准则1502号——在审计报告中发表非无保留意见》的规定,发表非无保留意见审计报告。

3. 管理层不修改财务报表且审计报告已经提交时的处理

当注册会计师认为应当修改的财务报表而被管理层拒绝时,在审计报告已经提交给管理层的情况下,注册会计师应当通知管理层不要将财务报表和审计报告向第三方报出。

如果财务报表仍被公布,为了避免不必要的损失,注册会计师应当采取措施防止财务报表使用者信赖该审计报告。例如,对于上市公司,注册会计师可以通过有关传媒刊登必要的声明,来告知社会各界不要信赖该审计报告,并在必要时,作出适当解释。注册会计师应采取的措施取决于自身的权利和义务以及所征询的法律意见。

四、财务报表公布日后发生的期后事项

(一) 对第三时段期后事项没有义务识别

财务报表公布日后发生的期后事项属于第三时段期后事项,也称为"期后事实"。在财务报表公布之后,注册会计师没有义务针对财务报表实施任何审计程序。但是,并不排除注册会计师通过媒体等其他途径获悉可能对财务报表产生重大影响的期后事项的可能性。

(二) 知悉第三时段期后事项时的考虑

如果第三时段期后事项是审计报告日已经存在的事实,且被注册会计师在审计报告日前获知,可能影响审计报告,注册会计师才需要确定财务报表是否需要修改,并询问管理层将如何在财务报表中处理该事项。

1. 管理层修改财务报表时的处理

如果被审计单位管理层修改了财务报表,注册会计师应当实施必要的审计程序,通过查阅相关资料和复核会计处理或披露事项,以确定管理层对财务报表的修改是否适当,从而判定修改后的财务报表是否公允。注册会计师还应当复核管理层采取的措施能否确保所有收到原财务报表和审计报告的人士了解这一情况。最后,注册会计师应针对修改后的财务报表出具新的审计报告。

2. 管理层未采取必要行动时的处理

如果管理层没有采取必要措施确保所有财务报表和审计报告的人士了解这一情况,也没有在注册会计师认为需要修改的情况下修改财务报表,注册会计师应当通知管理层和治理层,并设法防止财务报表使用者信赖其审计报告。如果注册会计师已经通知管理层或治理层,而管理层或治理层没有采取必要措施,注册会计师应当采取适当措施,以设法防止财务报表使用者信赖该审计报告。

第三节 最后的证据评价

除了审阅或有负债和期后事项外,注册会计师还要执行一系列的审计程序,才能决定对被审计单位出具适当意见的审计报告。这些程序包括:① 执行最后的分析程序;② 评价被审计单位的持续经营能力;③ 获得被审计单位的管理层声明书;④ 复核审计工作底稿;⑤ 审计结果的最终评价;⑥ 评价财务报表的列报和披露;⑦ 对该项审计业务进行独立复核。

一、执行最后的分析程序

审计准则要求注册会计师在审计终结阶段必须执行分析程序。在接近审计结束时执行分析程序的目的是帮助注册会计师评估财务报表各组成部分的最终结论和评价财

务报表的总体列报。这些分析程序可能包括重新计算一些在审计计划阶段中所讨论的财务比率。然而,通常的情况是,此时执行的分析程序涉及审查是否收集了充分的证据,以应对审计计划阶段所识别的账户余额的异常波动,并确定此前没有考虑到的任何异常或意外余额。这些分析程序的结果可能暗示对某些账户余额需要收集更多的证据。

注册会计师在这个时候执行分析程序,是考虑财务报表各账户具体余额整体合理性的最佳时机。在具体执行这些程序时,注册会计师应该重新审查被审计单位的经营风险。例如,注册会计师应考虑关键问题和重大的行业经营风险,以及这些风险对被审计财务报表的可能影响。注册会计师还应评估被审计单位所在行业的结构及其盈利能力,并通过计算被审计单位的盈利能力和偿债能力来评价其在行业中的地位。也就是说,注册会计师应考虑被审计财务报表中的数额是否与其对被审计单位经营风险的了解有对应的蕴涵。

二、考虑被审计单位的持续经营能力

审计准则要求注册会计师有责任评估被审计单位在一个合理的时间内是否存在可持续经营的疑虑。这个合理的时间通常指是财务报表被审计后一年以上的时间。虽然这一评估要求在审计计划阶段进行,但是,注册会计师也应该在审计终结阶段考虑这个问题。

注册会计师在对被审计单位的持续经营进行评价时,应遵循以下步骤。

(一) 识别和评估持续经营问题

注册会计师在审计过程中所执行的审计程序通常足以识别存在持续经营问题的情况和事项。这些程序主要有分析程序、审查期后事项、检查债务协议的遵守情况、阅读董事会及其他委员会的会议记录、询问被审计单位的法律顾问、向被审计单位提供财务支持协议的关系方函证等。

根据审计准则的有关规定,预示被审计单位存在持续经营问题的情况和事项主要有四类:不利的财务趋势、其他财务困难、内部问题和外部事项。

1. 不利的财务趋势

不利的财务趋势包括不利的经营结果和不利的财务比率。审计的计划阶段执行的分析程序非常有助于识别这种不利的财务趋势。已有的审计研究表明,反映企业财务状况的某些指标或比率是预示企业可能陷入财务困境的有益指示。这些指标或比率主要有:反复出现的经营损失、本期经营损失、累计经营损失、负的净资产、负的营运资本、负的现金流量、负的主营业务利润、无法支付利息,净资产/总负债、营运资本/总负债、流动资产/流动负债、长期负债/总资产、总负债/总资产、税前收入净额/净销售额等。如果被审计单位存在上述财务指标或不利比率,则注册会计师就很可能认为被审计单位的持续经营能力存有重大疑虑。

2. 其他财务困难

反映被审计单位存在其他财务困难的情况和事项主要有:债务违约、欠发股利、债务重组、无法获得供应商的正常商业信用、没有其他的筹资来源。

3. 内部问题

预示被审计单位存在持续经营问题的内部问题主要有：罢工、不经济的长期承诺、依赖于某个特别项目的成功。

4. 外部事项

预示被审计单位存在持续经营问题的外部事项主要有：法律诉讼、失去主要客户或供应商、失去关键的专营权、许可证或专利。

在这可能发生的几类情况和事项中，其他财务困难在持续经营评估中尤为重要。例如，如果一个企业违反了某些债务契约或正在履行其债务，债权人就有可能要求其立即还款。在这种情况下，该企业可能无法满足其现金需求，并可能不得不寻求破产保护或清算。同样，诸如罢工等内部事项，也可能对企业有严重后果。最后，外部事项也可能会导致一个企业丧失其经营能力。比如，失去一个主要客户可能会导致高科技企业面临严重的财务困难。

一般情况下，当识别出可能导致对持续经营能力产生重大疑虑的事项或情况后，注册会计师往往要实施进一步的审计程序。

(二) 复核被审计单位管理层的应对计划

管理层的应对计划主要包括变卖资产、借款或债务重组、削减或延缓开支以及获得新的投资等。针对管理层可能作出的不同应对计划，注册会计师应分别考察其执行的可能性和可行性。例如，变卖资产是否受到原有借款担保条件的限制以及资产变卖的及时性和可收回性；又如，削减或延缓开支是否会影响到现有的生产经营活动，对年度利润的实现是否产生重大影响等。

(三) 实施相关审计程序

一般地，注册会计师应当实施必要的审计程序，获取充分适当的审计证据，以判断管理层提出的应对计划是否可行，以及应对计划的结果是否能够改善持续经营能力。注册会计师应当实施的相关审计程序主要包括以下内容。

(1) 与管理层分析和讨论现金流量预测、盈利预测以及其他相关预测的依据、假设和推理是否科学、合理、可行。

(2) 与管理层分析和讨论最近的中期财务报表的财务状况、经营成果和现金流量，以进一步了解影响被审计单位持续经营能力的事项或情况，以及这些事项或情况的发展变化。

(3) 复核债券和借款协议条款，并确定是否因违约而被有关各方起诉从而导致被审计单位持续经营能力存在重大不确定性的情况。

(4) 阅读股东大会、董事会和相关委员会会议记录，检查是否存在有关财务困境的记录。通过阅读这些会议记录，有助于注册会计师了解被审计单位面临的财务困境和管理层拟采取的措施。

(5) 向被审计单位的律师询问是否存在针对被审计单位的数额巨大的诉讼或索赔，并向其询问管理层对诉讼或索赔结果及其财务影响的估计是否合理。注册会计师从中可以了解到被审计单位已经或将要发生的法律纠纷和面临的风险和损失。

（6）确认财务支持协议的存在性、合法性和可行性，并对提供财务支持的关联方或第三方的财务能力作出评价。

（7）考虑被审计单位准备如何处理尚未履行的客户订单。这主要是因为被审计单位没有能力履行合同义务，有可能被客户提起诉讼。注册会计师主要关注管理层是否及时通告客户，以减轻可能给对方造成的损失；如果解除订单，可能造成的经济补偿和法律后果；如果继续履行订单，被审计单位是否具有足够的履行能力。

（8）复核期后事项并考虑其是否可能改善或影响持续经营能力。

三、管理层声明书

管理层声明，是指被审计单位管理层向注册会计师提供的关于财务报表的各项陈述。它是在审计过程中，注册会计师与被审计单位管理层就财务报表审计相关的重大事项不断进行沟通而形成的。审计准则要求注册会计师取得管理层声明的目的是使注册会计师确认管理层的口头陈述和管理层声明的持续适当性。管理层对其口头声明的书面确认可以减少注册会计师与管理层之间产生误解的可能性。

例如，在审计过程中，注册会计师可能会询问有关当事人并执行具体的审计程序，以识别和确定关联方交易。即使这些审计程序的结果表明这些交易均已适当披露，注册会计师也应取得管理层声明书，以声明被审计单位不存在要求披露而没有披露的事项。

在有些情况下，支持管理层声明的审计证据可能无法获得。例如，假设管理层表明有意就某一短期债务在下一期进行再融资，所以在本期财务报表中将之列为一项长期负债。注册会计师应该获得管理层声明书，以确认这一短期债务在下一期间将予以再融资。

注册会计师获取的管理层声明包括口头声明和书面声明两种。通常情况下，书面声明作为审计证据比口头声明可靠。书面声明应当包括下列内容。

（一）有关财务报表的责任

（1）管理层认可其对财务报表的编制责任。

（2）管理层认可其设计和实施内部控制以防止或发现并纠正错报的责任。

（3）管理层认为注册会计师在审计过程中发现的未更正错报，无论是单独还是汇总起来考虑，对财务报表整体均不构成重大影响。未更正错报的概要应当包含在书面声明中或附于书面声明后。

（二）有关信息的完整性

（1）所有财务信息和其他数据的可获得性。

（2）所有股东会和董事会会议记录的完整性和可获得性。

（3）就违反法规行为事项，被审计单位与监管机构沟通的书面文件的可获得性。

（4）与未记录交易相关的资料的可获得性。

（5）涉及下列人员舞弊行为或舞弊嫌疑的信息的可获得性：① 管理层；② 对内部控制具有重大影响的雇员；③ 对财务报表的编制具有重大影响的其他人员。

（三）有关确认、计量和列报

（1）对资产或负债的确认或列报具有重大影响的计划或意图。

(2) 关联方交易,以及涉及关联方的应收或应付款项。
(3) 需要在财务报表中披露的违反法规行为。
(4) 需要确认或披露的或有事项,对财务报表具有重大影响的承诺事项和需要偿付的担保等。
(5) 对财务报表具有重大影响的合同的遵循情况。
(6) 对财务报表具有重大影响的重大不确定事项。
(7) 被审计单位对资产的拥有或控制情况,以及抵押、质押或留置资产。
(8) 持续经营假设的合理性。
(9) 需要调整或披露的期后事项。

根据上述事项的复杂程度和重要性,注册会计师可以将其全部列入管理层声明书中,也可以就其中某个事项向管理层获取专项声明。

注册会计师在获取和利用管理层声明时,还应该注意以下情况。

第一,管理层声明不能替代其他审计证据。

在实务中,通常存在着一种对管理层声明过度依赖的倾向。对于一些不太容易获取,但预期存在、可获取的审计证据,某些注册会计师可能过分信赖管理层声明,而不实施其他审计程序。事实上,越难以获取审计证据的事项,往往重大错报风险越高。因此,以管理层声明替代能够合理预期获取的其他审计证据,通常会带来较高的审计风险。在实际工作中,如果不能获取对财务报表具有或可能具有重大影响的事项的充分、适当的审计证据,而这些证据预期是可以获取的,即使已受到管理层就这些事项作出的声明,注册会计师仍应将其视为审计范围受到限制。

第二,管理层声明与其他审计证据相矛盾时的处理。

在审计过程中,如果注册会计师发现其他审计证据与管理层已提供的声明有较大出入或管理层根本就没有对此发表声明,而该事项对财务报表整体具有或可能具有重大影响。在这种情况下,注册会计师就应当询问管理层。如果管理层不能对此作出合理解释,或所作出的解释不充分,则表明管理层的诚信可能存在问题。同时,注册会计师需要重新考虑管理层所作出的其他声明的可靠性。

第三,管理层拒绝提供声明时的措施。

无论是由于条件限制还是出于利润调节目的,当管理层拒绝提供注册会计师认为必要的声明时,注册会计师应当将其视为审计范围受到限制,并按照《中国注册会计师审计准则第1502号——在审计报告中发表非无保留意见》的规定出具保留意见或无法表示意见的审计报告。在这种情况下,注册会计师应当评价审计过程中获取的管理层其他声明的可靠性,并考虑管理层拒绝提供声明是否可能对审计报告产生其他影响。

第四,管理层声明的签署日期。

通常情况下,管理层声明书标明的日期与审计报告日期一致。但在某些情况下,注册会计师也可以在审计过程中或审计报告日后就某些交易或事项获取单独的声明书。例如,审计报告在审计报告日后很长一段时间才予以公布,注册会计师需要考虑是否针对审计报告日至报告公布日发生的事项单独获取管理层声明。

案例公司审计情况

上海电气股份有限公司提交大华会计师事务所的管理层声明书

索引号：EH

管理层声明书

大华会计师事务所并×××注册会计师：

本声明书是针对你们审计上海电气股份有限公司截至2016年12月31日的年度财务报表而提供的。审计的目的是对财务报表发表意见，以确定财务报表是否在所有重大方面已按照企业会计准则的规定编制，并实现公允反映。

尽我们所知，并在作出了必要的查询和了解后，我们确认：

一、财务报表

1. 我们已履行2017年2月11日签署的审计业务约定书中提及的责任，即按照企业会计准则的规定编制财务报表，并使其实现公允反映；设计、执行和维护必要的内部控制，以使财务报表不存在由于舞弊或错误导致的重大错报。

2. 在作出会计估计时使用的重大假设（包括与公允价值计量相关的假设）是合理的。

3. 已按照企业会计准则的规定对关联方关系及其交易作出了恰当的会计处理和披露。

4. 根据企业会计准则的规定，所有需要调整或披露的资产负债表日后事项都已得到调整或披露。

5. 未更正错报，无论是单独还是汇总起来，对财务报表整体的影响均不重大。未更正错报汇总表附在本声明书后。

6. ［插入注册会计师可能认为适当的其他任何事项］。

二、提供的信息

7. 我们已向你们提供下列工作条件：

（1）允许接触我们注意到的、与财务报表编制相关的所有信息（如记录、文件和其他事项）；

（2）提供你们基于审计目的的要求我们提供的其他信息；

（3）允许在获取审计证据时不受限制地接触你们认为必要的本公司内部人员和其他相关人员。

8. 所有交易均已记录并反映在财务报表中。

9. 我们已向你们披露了由于舞弊可能导致的财务报表重大错报风险的评估结果。

10. 我们已向你们披露了我们注意到的、可能影响本公司的与舞弊或舞弊嫌疑相关的所有信息，这些信息涉及本公司的：

（1）管理层；

（2）在内部控制中承担重要职责的员工；

（3）其他人员（在舞弊行为导致财务报表重大错报的情况下）。

11. 我们已向你们披露了从现任和前任员工、分析师、监管机构等方面获知的、影响财务报表的舞弊指控或舞弊嫌疑的所有信息。

12. 我们已向你们披露了所有已知的、在编制财务报表时应当考虑其影响的违法或涉嫌违反法律法规的行为。

13. 我们已向你们披露了我们注意到的关联方的名称和特征、所有关联方关系及其交易。

14. [插入注册会计师可能认为必要的其他任何事项]。

附件1：未更正错报汇总表（不包括列报和披露错报）

附件2：列报和披露错报汇总表

上海电气股份有限公司
董事会
（签名并盖章）
二〇一七年二月二十日

附件1：

未更正错报汇总表（不包括列报和披露错报）

序号	内容及说明	未调整内容				错报性质
		借方项目	借方金额	贷方项目	贷方金额	

附件2：

列报和披露错报汇总表

财务报表附注	列报和披露错报描述	金额（如适用）
【附注编号及标题】		

四、审计工作底稿的三级复核

应由参加审计工作的项目主管复核全部的审计工作底稿。因此，项目主管应对助理人员编制的审计工作底稿进行详细复核，以对任何悬而未决的问题或争论采取后续行动。然后，经理还要复核所有的工作底稿，经理的复核程度可能依赖于对项目主管的信任程度。参与审计工作的合伙人通常要复核关键审计领域的审计工作底稿。在复核审计工作底稿的过程中，这些复核人必须确保该审计工作底稿能够证明审计是经过适当计划和督导的，审计所收集到的证据支持所测试的认定，所获证据就所出具的审计报告而言是充分的。

五、审计结果的最终评价

结合审计工作底稿的复核，注册会计师必须评估审计测试的结果。财务报表审计结果的评价应关注的两个问题是：① 审计证据的充分性；② 已发现的错报对财务报表的影响。在评价审计证据的过程中，注册会计师要考虑是否有足够的证据支持每一项相关的认定。在这个过程中，要考虑所获审计证据对固有风险和控制风险评估结果的支持度，所获证据是否实现计划检查风险水平（实质性程序）。如果这些评价表明证据不足以实现计划检查风险水平，那么注册会计师就可能需要收集进一步的审计证据。例如，如果最后的分析程序表明存货项目仍可能包含重大错报，注册会计师就应该对存货账户余额执行进一步的测试。

审计过程中所发现的任何错报都应当考虑其对财务报表的影响。特别地，注册会计师应当估计可能的错报（包括已知错报和推断错报），并将这一可能错报的总额与财务报表各组成部分的重要性水平进行比较，注册会计师也应当考虑未调整错报对财务报表各组成部分，如资产、负债、权益、收入和费用等总额的影响。

六、评价财务报表的列报和披露

被审计单位或者注册会计师通常会编制一份财务报表（包括附注）的草表。注册会计师利用这种方式来审查财务报表，以确保其遵守可适用的财务报告框架，确保报表所有账户均已适当列报，所有应当披露均已披露。

七、对审计业务执行独立复核

大多数会计师事务所的质量控制政策都要求，事务所的任何审计业务均应得到没有参与该审计业务的合伙人的独立复核。执行独立复核的合伙人应该了解审计方法、审计结果和重大审计领域的结论，其应该复核审计报告与财务报表及其附注的一致性。

第四节 与治理层的沟通

一、与审计委员会的沟通

审计委员会是公司董事会按照股东大会决议设立的专门工作机构，主要负责公司内外部审计的沟通、监督和核查工作。因此,加强与被审计单位审计委员会或类似治理机构的沟通,有助于审计委员会了解审计工作、审计结果和注册会计师的建议。

注册会计师通常应当就下列事项与审计委员会进行直接沟通。

(一) 注册会计师的责任

注册会计师应当向审计委员会说明,注册会计师的责任是对管理层在审计委员会监督下编制的财务报表发表审计意见,对财务报表的审计并不能减轻管理层和审计委员会的责任。

(二) 计划的审计范围和时间

注册会计师应当就下列事项与审计委员会进行沟通。

(1) 注册会计师拟如何应对由于舞弊或错误导致的重大错报风险。
(2) 注册会计师对与审计相关的内部控制采取的方案。
(3) 重要性概念,但不宜涉及重要性的具体底线或金额。
(4) 审计业务受到的限制或法律法规对审计业务的特定要求。
(5) 注册会计师与审计委员会商定的沟通事项的性质。

(三) 审计工作中发现的问题

审计工作中发现的问题具体内容如下。

(1) 注册会计师对被审计单位会计处理质量的看法。
(2) 审计工作中遇到的重大困难;如管理层在提供审计所需信息时严重拖时,管理层对注册会计师施加限制,无法获取预期的审计证据等。
(3) 尚未更正的错报,除非注册会计师认为这些错报明显不重要。
(4) 审计中发现的、根据职业判断认为重大且与审计委员会履行财务报告过程监督责任有直接相关的其他事项。比如管理层的舞弊和违法行为等。

(四) 注册会计师的独立性

这部分主要是向审计委员会说明审计过程中的独立性是否受到损害,以及为消除对独立性的威胁或将其降至可接受的水平已经采取的相关防护措施。

另外,注册会计师还可能就下列事项与审计委员会进行沟通:① 要求和商定沟通的其他事项。如法律法规和相关审计准则要求沟通的其他事项;与审计委员会或管理层商定沟通的事项。② 补充事项。例如已经引起注册会计师注意的事项(如注册会计师在审计过程中发现的未经授权的重大决策);根据职业判断认为,与治理层的责任关系重大、且管理层或其他人员尚未与治理层有效沟通的事项。

注册会计师可以采取口头或书面形式与审计委员会甚至与整个治理层进行沟通。在审计过程中,注册会计师往往会随时与管理层进行必要的沟通,有时为了避免与管理层发生不必要的冲突,甚至对将要提供给审计委员会(或整个治理层)的事项事先与之进行沟通。但是,最终与审计委员会(或整个治理层)就哪些事项进行沟通,注册会计师必须独立地运用职业判断来决定。比如,在涉及管理层的胜任能力、舞弊、违法行为和诚信等问题时,通常应避开管理层。

应该注意的是,在治理层全部参与管理的情形下,如果上述要求沟通的事项已与负有管理责任的人员沟通,且这些人员同时负有治理责任,则注册会计师无须就这些事项再次与负有治理责任的人员沟通。

二、与管理层的沟通

在财务报表审计中,由于编制财务报表是管理层的责任,财务报表是管理层在审计委员会的监督之下编制的,所以,注册会计师应当就财务报表审计相关事项与管理层讨论,内容还包括与审计委员会沟通的相关事项。

在与审计委员会沟通特定事项之前,注册会计师通常事先与管理层讨论(除非这些事项不适合与其讨论)。这样不仅有利于明确管理层对被审计单位经营管理活动的执行责任,尤其是管理层编制财务报表的责任,能够澄清注册会计师所关注的或者期望通过沟通加以解决的一些事实和问题,并使管理层有机会提供进一步的信息和解释,或者采取相应的措施。

如果被审计单位设有内部审计机构,注册会计师还应在与审计委员会沟通之前,先与内部注册会计师讨论有关事项。这样,有助于注册会计师获取更加充分的信息和更全面的了解,甚至促使内部注册会计师采取相应的措施,并最终有利于提高与审计委员会沟通的效率和充分性。

事实上,注册会计师与管理层的沟通涉及整个审计程序。从接受审计委托,到出具审计报告的计划阶段、实施阶段和报告阶段都需要与管理层进行充分的沟通。

(一)在审计计划阶段与管理层的沟通

(1)接受审计委托前对被审计单位的业务性质、经营规模、以前年度接受审计的情况、经营情况和经营风险等方面的沟通。

(2)签订审计业务约定书时对委托目的、审计范围、会计责任与审计责任、双方的义务、收费标准、违约责任等内容的沟通。

(3)制订审计计划时对被审计单位情况及其最新情况、评估审计风险所需资料、被审计单位采用的会计政策、会计估计及其变更等事项的沟通。

(二)在审计实施阶段与管理层的沟通

(1)审计计划中确定的需要管理层协助的工作。如管理层应准备的材料、审计时需要询问的人员、盘点时需要协助的人员名单等。

(2)管理层对关联方及其交易等有关事项的解释、声明及提供的其他证据。

(3)对已发现的重大错报、舞弊或可能违法的行为的沟通。如果涉及高层管理人员,则可能直接与审计委员会或整个治理层沟通。

(4)审计工作中受到限制和阻碍时沟通。目的是协商解决的途径,或告知管理层因阻碍或限制可能导致的审计意见类型。

(三)在审计结束阶段与管理层的沟通

(1)在财务报表分歧方面的沟通。如对财务报表编制时所采用的会计政策、会计估计认识上的不一致交换意见。

(2)对重大调整事项的沟通。注册会计师通常将对报表财务状况、经营成果、现金流量具有重大影响、需要进行调整的审计事项,与管理层进行有效沟通,以便达成一致。

(3) 就可能对持续经营能力产生重大疑虑事项所进行的沟通。

(4) 就拟发表的审计意见类型及审计报告措辞的沟通。

(5) 就内部控制的沟通。主要是针对被审计单位内部控制所存在的重大缺陷提出管理建议书。

(6) 对与已审计财务报表一同披露的其他信息存在重大不一致时的沟通。

案例公司审计情况

大华会计师事务所与上海电气股份有限公司治理层沟通函

索引号：ED

与治理层的沟通函

上海电气股份有限公司董事会（审计委员会）：

根据《中国注册会计师审计准则第1151号——与治理层的沟通》的规定，在上市公司审计中，注册会计师应当就自身的独立性与治理层进行书面沟通。此外，注册会计师还应当及时向治理层通报审计中发现的与治理层监督财务报告过程的责任相关的重大事项。保持有效的双向沟通关系，有利于注册会计师与治理层履行各自的职责。

特别强调的是，除法律法规和审计准则另有规定的情形之外，本书面沟通文件仅供贵公司董事会使用，本所对第三方不承担任何责任，未经本所事先书面同意，本沟通文件不得被引用、提及或向其他人披露。

一、独立性

本所现就独立性声明如下：

（一）截至2016年12月31日，参与贵公司审计工作的审计项目组成员、本所其他相关人员以及本所和网络事务所按照相关职业道德要求保持了独立性。

（二）根据职业判断，本所认为本所、网络事务所与贵公司之间不存在可能影响独立性的任何关系和其他事项。

我们已经根据相关职业道德要求的规定采取了相关的防范措施，以消除可能对独立性产生的不利影响或将其降至可接受的水平。

（或者：根据职业判断，本所认为本所、网络事务所与贵公司之间存在下列可能影响独立性的关系和其他事项：描述可能影响独立性的所有关系和其他事项，以及为消除对独立性的不利影响或将其降至可接受的水平而采取的相关防范措施。在采取上述措施后，本所认为，这些关系和其他事项对本所独立性的不利影响已经降至可接受的水平，本所能够满足相关职业道德要求对注册会计师独立性的要求。）

（三）本所和网络事务所在财务报表涵盖期间为贵公司及受贵公司控制的子公司提供的审计、非审计服务收费情况如下：

服务类别	收费总额(人民币元)
审计业务	陆拾万元整
非审计业务(请说明提供服务的性质)	无
合计	陆拾万元整

二、重大问题

以下内容是在我们在审计过程中发现的与贵公司董事会监督财务报告过程的责任相关的重大事项:

(一)对贵公司会计实务(包括会计政策、会计估计和财务报表披露)重大方面的质量的看法

1. 会计政策

……

2. 会计估计

……

3. 财务报表披露

……

4. 相关事项

……

(二)审计工作中遇到的重大困难

……

(三)已与贵公司管理层讨论或需要书面沟通的审计中出现的重大事项

1. 影响贵公司的业务环境,以及可能影响重大错报风险的经营计划和战略

我们在审计过程中注意到影响贵公司的业务环境,以及可能影响重大错报风险的经营计划和战略包括:

……

2. 对管理层就会计或审计问题向其他专业人士进行咨询的关注

贵公司管理层曾就某些会计和审计问题向其他专业人士进行咨询,以下是我们知悉的贵公司管理层向其他专业人士咨询会计和审计问题的情况及我们对这些事项的意见:

……

3. 在首次接受委托或连续接受委托时,就会计实务、审计准则应用、审计或其他服务费用与贵公司管理层进行的讨论或书面沟通

我们与贵公司管理层就会计实务、审计准则应用、审计或其他服务费用与贵公司管理层进行了讨论或书面沟通,以下是我们认为其中需要提请你们关注的重大问题:

……

(四) 未更正的重大错报

我们发现,贵公司的财务报表存在下列重大的未更正错报:

……

我们已于 2016 年 12 月 31 日就上述事项与贵公司管理层沟通并提请更正,但至今尚未得到更正。如果上述错报得不到更正,根据错报的性质、金额以及对财务报表整体的影响程度,我们对贵公司 2016 年度的财务报表将不能出具标准审计报告。现再次提请贵公司予以更正。

除上述重大未更正错报外,贵公司的财务报表还存在 2 笔未更正的小额错报,其对 2016 年度净利润的累计影响额为 43 450 元。

(五) 舞弊

在审计过程中,我们确定或怀疑存在舞弊,这些舞弊行为涉及管理层、在内部控制中承担重要职责的员工和其他人员(在舞弊行为导致财务报表重大错报的情况下)。

……

(六) 重大违反法律法规的事项

在审计过程中,我们注意到贵公司存在下列重大违反法律法规的事项:

……

(七) 值得关注的内部控制缺陷

我们执行审计工作的目的是对财务报表发表审计意见。审计工作包括考虑与财务报表编制相关的内部控制,其目的是设计适合具体情况的审计程序,并非对内部控制的有效性发表意见。我们报告的事项仅限于我们在审计过程中识别出的、认为足够重要从而值得向治理层报告的缺陷。以下是我们在审计过程中识别出的、根据职业判断认为需要向治理层通报的值得关注的内部控制缺陷:

……

(八) 关联方和关联方交易

在审计过程中,我们注意到贵公司存在下列需要提请贵公司董事会关注的与关联方相关的重大事项:

……

(九) 持续经营

在审计过程中,我们注意到下列可能导致对贵公司持续经营能力产生重大疑虑的事项或情况:

……

(十) 与集团组成部分审计有关的事项

……

(十一) 审计范围受到限制

……

(十二) 以前期间的未更正错报

……

(十三) 含有已审计财务报表的文件中的其他信息

……

(十四) 其他事项

……

大华会计师事务所（盖章）

中国注册会计师：×　×　×

二〇一七年二月十日

贵公司的意见：

结论：

是否同意本所就独立性所做的上述声明以及就上述重大事项所作的说明。

贵公司授权代表签字：　　　日期：

拓展案例

中准会计师事务所未能发现紫鑫药业的关联方交易

吉林紫鑫药业股份有限公司（以下简称紫鑫药业）是一家集科研、开发、生产、销售、药用动植物种植养殖为一体的高科技股份制企业，公司于2007年3月2日在深圳证券交易所上市。2010年该公司实现营收6.4亿元，同比增长151%，实现净利1.73亿元，同比暴增184%，每股收益0.84元。2011年上半年紫鑫药业再掀狂潮，实现营业收入3.7亿元，净利润1.11亿元，分别同比增长226%和325%。

在医药行业整体利润率急速下降的总趋势下，由于紫鑫药业骄人业绩，引起了众人的关注，上海证券报记者于2011年8月16日发表在中国证券网的《自导自演上下游客户，紫鑫药业炮制惊天骗局》文章，引爆了紫鑫药业事件。据上海证券报记者调查后发现，紫鑫药业2010年营业收入、净利润大增，主要来自上游客户"延边系"和下游客户"通化系"，而这些大客户几乎均与紫鑫药业及其实际控制人或其家族存在千丝万缕的关联。

作为舞弊高发领域的关联方及其交易，本应是注册会计师的重点关注对象。紫鑫药业隐瞒了主要关联方及其交易，为其提供审计服务的中准会计师事务所却并未发现，对该公司审计程序实施不到位。2010年紫鑫药业前5名客户合计为紫鑫药业带来2.3亿元的收入，占比达到36%，而对比2009年前5名客户累计采购金额不足2700万元，占当年营业收入的10%。两相对比，明显2010年的交易量与交易金额相当重大，却并未引起中准会计师事务所审计人员的重视和怀疑，也就未能识别出关联方和关联方交易。再如，紫鑫药业的第一大客户四川平大生物制品有限公司，截至

2010年总资产为9 716万元,所有者权益为4 604万元,2010年实现的主营业务收入为3 011万元,净利润279.6万元,从上述经营状况看,平大生物要拿出7 000多万元采购紫鑫药业的产品并不是一件易事,很显然其采购能力与生产经营状况严重不匹配。如果中准会计师事务所能够获取与交易相关方有关的信息进行细致分析,相信紫鑫药业由高层实施的重大舞弊也是可以及时发现的。

基于中国注册会计师协会对紫鑫药业2010年年报审计项目的检查结果,由于签字注册会计师在初步业务活动、风险评估程序的执行方面存在不足,对预付账款、收入、关联方及其交易未获取充分、适当的审计证据,特别是在关联方及其交易的审计方面违反了中国注册会计师审计准则和职业道德守则,依据《中国注册会计师协会会员执业违规行为惩戒办法》,中国注册会计师协会惩戒委员会决定,给予中准会计师事务所紫鑫药业审计项目签字注册会计师通报批评。

思 考 题

1. 注册会计师应该如何评价已经确定的或有负债?
2. 如何区分资产负债表日后调整事项与非调整事项?
3. 注册会计师应针对哪些事项与被审计单位治理层进行沟通?
4. 审计三级复核有什么意义?如何实现?
5. 期后事项与期后发现的事实有何区别?注册会计师对不同类型的期后发现的事实,所应承担的责任有何区别?

第十六章 审计报告

【教学目的和要求】

◇ 理解关键审计事项及其沟通要求
◇ 熟悉出具标准审计报告应具备的条件
◇ 掌握出具修正意见审计报告的条件及其编制
◇ 理解出具带强调事项段的审计报告的条件及其编制
◇ 了解出具带其他事项段的审计报告的条件及其编制

引导案例

我国资本市场上第一份保留意见与否定意见审计报告

1996年2月15日,大华会计师事务所的注册会计师给上海延中实业股份有限公司的1995年的年度报告出具了我国上市公司的第一份保留意见审计报告。大华会计师事务所成为对上市公司说"不"的第一所,完成了我国上市公司审计市场上非无保留意见的破冰之旅。大华会计师事务所在对保留事项的说明中指出,延中实业将多余资金用于股票投资获取收益共计7 476 057.28元,应列入投资收益而列入了财务费用;此外,未通过银行将资金借给关联企业,并收取资金占用费共计9 782 228.70元记入财务费用。最后,大华会计师事务所在保留意见的基础上,还不忘对短期投资跌价和担保事项进行强调,体现了谨慎执业和对投资者负责的态度。在第一个"吃螃蟹"的示范作用下,1995年各上市公司的年报中审计的保留意见开始增多,标准无保留意见所占比例首次下降到88.54%。1995年之后的上市公司年报审计中,保留意见作为审计师谨慎执业的一种标志,再也没有缺席过证券市场。

1998年3月8日,重庆会计师事务所的注册会计师完成了对重庆渝钛白粉股份有限公司1997年度会计报表的审计工作。由于双方在债券利息资本化和借款利息的会计处理方面未能达成一致看法,重庆渝钛白粉股份有限公司被出具了我国上市公司审计中的第一份否定意见的审计报告,并刊登于《中国证券报》。重庆会计师事务所在审计报告中指出,"1997年度应计入财务费用的借款即应付债券利息8 064万元,贵公司将其资本化计入了钛白粉工程成本;欠付中国银行重庆市分行的美元借款利息89.8万元(折人民币743万元),贵公司未计提入账,两项共影响利润8 807万元"。尽管重庆会计师事务所出具了否定意见审计报告,并与渝钛白公司的管理部门发生了严重的意见分歧,但最后股东大会还是同意重庆会计师事务所的意见,调整1997年度会计决算报表(亏损额为 11 943 万元)。至此,渝钛白事件以我国首份否定意见审计报告得到投资者的理解和支持而告结束。然而,之后的 1998 年 4 月 30 日该公司的股票被特别处理,重庆渝钛白粉股份有限公司从此一蹶不振,于不久后倒闭。

第一节 沟通关键审计事项

一、关键审计事项的概念

关键审计事项是指注册会计师根据职业判断认为对本期财务报表审计最为重要的事项。《中国注册会计师审计准则第 1504 号——在审计报告中沟通关键审计事项》(2016 年 12 月 23 日发布)要求,注册会计师应当在审计报告中沟通关键审计事项。

沟通关键审计事项旨在通过提高已执行审计工作的透明度,来增加审计报告的沟通价值。沟通关键审计事项能够为财务报表预期使用者提供额外的信息,以帮助其了解注册会计师根据职业判断认为对本期财务报表审计最为重要的事项。沟通关键审计事项还能够帮助财务报表预期使用者了解被审计单位,以及已审财务报表中涉及重大管理层判断的领域。

二、关键审计事项的选取

确定关键审计事项,可以分为三个步骤。

首先,关键审计事项应从与治理层沟通过的事项中选取。

其次,要从与治理层沟通过的事项中确定在执行审计工作中重点关注过的事项,越是重点关注过的事项,越应该确定为关键审计事项。确定审计工作中重点关注过的事项时,需要考虑以下三个因素。

第一,评估的重大错报风险较高的领域或识别出的特别风险。如果对某个事项识别出了重大错报风险,或者识别出了特别风险,审计过程中审计人员会对该事项重点关注。

第二,财务报表中与涉及重大管理层判断相对应的重大审计判断。管理层判断有很大程度的主观性,也是发生重大错报的重灾区,对涉及管理层判断的事项进行审计判断需要较高的专业水平,其在审计过程中往往也是重点关注的对象。

第三,本期重大交易或事项对审计的影响。如果本期的某个重大交易或事项对审计工作的影响较大,则该事项往往也是审计过程中审计人员重点关注的事项。

最后,从审计人员重点关注过的事项中选择对本期财务报表审计最为重要的事项,该事项就是关键审计事项。如何选择最为重要的审计事项,审计人员要进行以下考虑。

第一,该事项对财务报表整体的重要程度,包括错报的性质和重要程度。审计人员的工作就是识别财务报告中是否存在重大错报,若该事项对财务报告整体重要程度很高、性质很严重,就越应该确定为关键审计事项。

第二,涉及审计人员的主观程度及复杂程度。涉及审计人员的主观程度或复杂程度越强,越应考虑将其列为关键审计事项。

第三,所作的努力程度或投入以及遇到的困难,比如利用了专家。事项越复杂,审计人员投入的审计资源越多,甚至利用了专家,越应当确定为关键审计事项。

第四,该事项内部控制缺陷的程度。若该事项内部控制有重大缺陷,则重大错报风险越大,审计人员需要投入更多审计资源,该事项越应该确定为关键审计事项。

三、在审计报告中沟通关键审计事项

在审计报告中沟通关键审计事项,能够为财务报表预期使用者就与被审计单位、已审计财务报表或已执行审计工作相关的事项进一步与管理层和治理层沟通提供基础。

注册会计师应当在审计报告中单设一部分,以"关键审计事项"为标题,并在该部分使用恰当的子标题逐项描述关键审计事项。

第一,引言段。关键审计事项部分的引言应当同时说明下列事项:关键审计事项是注册会计师根据职业判断,认为对本期财务报表审计最为重要的事项;关键审计事项的应对以对财务报表整体进行审计并形成审计意见为背景,注册会计师不对关键审计事项单独发表意见。

第二,关键审计事项。在审计报告的关键审计事项部分逐项描述关键审计事项时,注册会计师应当分别索引至财务报表的相关披露。

第三,该事项被认定为审计中最为重要的事项之一,因而被确定为关键审计事项的原因。

第四,该事项在审计中是如何应对的。

第二节 无保留意见审计报告

一、审计报告及其意见类型概述

审计报告是指注册会计师根据中国注册会计师审计准则的规定,在实施审计工作的基础上对被审计单位财务报表发表审计意见的书面文件。审计报告是审计工作的最终的书面成果,具有法定证明效力。注册会计师通过编写审计报告,传递审计结果,一方面可以表明审计受托任务的完成情况;另一方面可以对被审计单位财务报表的合法性和公允性提供合理保证,同时还可以表明注册会计师责任的履行情况。

注册会计师审计报告按对被审计单位财务报表的意见是否所有保留可分为无保留意见审计报告和非无保留意见审计报告。其中,无保留意见分为标准无保留意见和带强调事项段无保留意见;非无保留意见包括保留意见、否定意见和无法表示意见。

在学术研究中,通常将不含有说明段、强调事项段、其他事项段或其他任何修饰性用语的无保留意见审计报告称为标准审计报告;非标准审计报告则是指带强调事项段或其他事项段的无保留意见的审计报告和非无保留意见的审计报告。审计报告意见类型分类如图 16-1 所示。

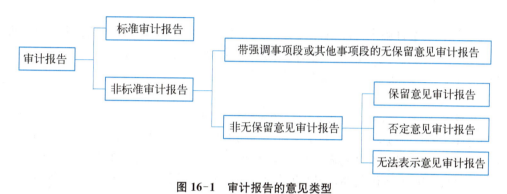

图 16-1　审计报告的意见类型

近年来,我国资本市场中审计报告意见类型的统计数据如表 16-1 所示。

表 16-1　我国上市公司审计报告意见类型统计

审计意见类型	2011 年	2012 年	2013 年	2014 年	2015 年	2016 年	2017 年
标准无保留意见	2 247	2 382	2 450	2 569	2 738	2 738	3 380
带强调事项段无保留意见	92	71	57	71	82	75	72
保留意见	19	15	22	18	16	20	37
无法表示意见	4	3	5	9	6	10	23
否定意见	0	0	0	0	0	0	0
合　计	2 362	2 471	2 534	2 667	2 842	3 136	3 512

数据来源:根据中国注册会计师协会发布的各年度审计情况快报整理。

二、无保留意见审计报告的含义

《中国注册会计师审计准则第 1501 号——对财务报表形成审计意见和出具审计报告》(2016 年 12 月 23 日修订)规定,如果认为财务报表已经按照适用的会计准则和相关会计制度的规定编制,在所有重大方面公允反映了被审计单位的财务状况、经营成果和现金流量,且没有必要在审计报告中附加强调事项段、其他事项段或任何修饰性用语时,注册会计师应当出具标准无保留意见的审计报告。

标准无保留意见的审计报告意味着,注册会计师通过实施审计工作,认为被审计单位财务报表的编制符合合法性和公允性的要求,能够合理保证财务报表不存在重大错报,且认为不存在有必要提醒报表使用者关注已在财务报表列报或披露,但对使用者理解财务报表至关重要的事项,也不存在有必要沟通未在财务报表列报或披露,但与报表使用者理解财务报表审计、注册会计师的责任或审计报告相关且未被法律或法规所禁止的事项。

三、无保留意见审计报告的格式与内容

《中国注册会计师审计准则第 1501 号——对财务报表形成审计意见和出具审计报告》应用指南(2017 年 2 月 28 日修订)列示了无保留意见审计报告的格式和措辞。审计报告各个部分所包含的内容及其含义如下。

(一)标题

在我国,注册会计师审计报告的标题应当统一规范为"审计报告"。鉴于这一标题已广为社会公众所接受,因此,我国注册会计师出具的审计报告的标题没有包含"独立"两个字,但注册会计师在执行财务报表审计业务时,应当遵守独立性的要求。在美国,除非注册会计师缺乏独立性,否则审计报告标题中必须包含"独立(independent)"一词,例如:"report of independent registered public accounting firm"。

(二)收件人

审计报告的收件人是指注册会计师按照业务约定书的要求致送审计报告的对象,一般是指审计业务的委托人,审计报告应当载明收件人的全称。针对整套通用目的财务报表出具审计报告时,审计报告的致送对象通常为被审计单位的全体股东,例如"××股份有限公司全体股东"或"××有限责任公司董事会"。

(三)审计意见

审计意见部分应当指出审计的内容,具体包括:指出被审计单位的名称;说明财务报表已经审计;指出构成整套财务报表的每一财务报表的名称;提及财务报表附注;指明构成整套财务报表的每一财务报表的日期或涵盖的期间。注册会计师应当在审计意见段明确指出:① 财务报表是否按照适用的会计准则和相关会计制度的规定编制;② 是否在所有重大方面公允地反映了被审计单位的财务状况、经营成果和现金流量。

《中国注册会计师审计准则第 1501 号——对财务报表形成审计意见和出具审计报告》(2016 年 12 月 23 日修订)规定,当出具无保留意见的审计报告时,注册会计师应当以"我们认为"作为意见段的开头,并使用"在所有重大方面""公允反映"等术语。

(四)形成审计意见的基础

该部分应当紧接在审计意见部分之后,并明确指出注册会计师独立于被审计单位,遵守职业道德守则,已按照中国注册会计师审计准则的规定执行了审计工作,获取的审计证据是充分、适当的,为发表审计意见提供了基础。

(五)关键审计事项

为了提高已执行审计工作的透明度、增加审计报告的沟通价值,《中国注册会计师审计准则第 1504 号——在审计报告中沟通关键审计事项》(2016 年 12 月 23 日发布)

要求注册会计师应当在审计报告中沟通关键审计事项。关键审计事项是注册会计师根据职业判断认为对本期财务报表审计最为重要的事项。

值得注意的是,导致非无保留意见的事项,或者可能导致对被审计单位持续经营能力产生重大疑虑的事项或情况存在重大不确定性,就其性质而言都属于关键审计事项。然而,这些事项不得在审计报告的关键审计事项部分进行描述。

(六) 管理层对财务报表的责任

在审计报告中应包括以"管理层对财务报表的责任"为标题的段落,指明管理层的责任,有利于区分管理层和注册会计师的责任,降低财务报表使用者误解注册会计师责任的可能性。因此,在管理层对财务报表的责任段,应当声明按照适用的会计准则和相关会计制度的规定编制财务报表是管理层的责任。这种责任包括:① 按照适用的会计准则和相关会计制度的规定编制财务报表,并对财务报表作出公允反映;② 设计、实施和维护必要的内部控制,以使财务报表不存在由于舞弊或错误而导致的重大错报。审计报告对管理层责任的描述提及上述两项责任有助于向使用者解释执行审计工作的前提。

(七) 注册会计师对财务报表审计的责任

注册会计师的责任段应当说明下列内容:① 注册会计师的责任是在实施审计工作的基础上对财务报表发表审计意见;② 注册会计师按照中国注册会计师审计准则的规定执行了审计工作。中国注册会计师审计准则要求注册会计师遵守职业道德规范,计划和实施审计工作以对财务报表是否不存在重大错报获取合理保证;③ 审计工作涉及实施审计程序,以获取有关财务报表金额和披露的审计证据。选择的审计程序取决于注册会计师的判断,包括对由于舞弊或错误导致的财务报表重大错报风险的评估。在进行风险评估时,注册会计师考虑与财务报表编制和公允反映相关的内部控制,以设计恰当的审计程序,但目的并非对内部控制的有效性发表意见。审计工作还包括评价管理层选用会计政策的恰当性和作出会计估计的合理性,以及评价财务报表的总体列报;④ 注册会计师相信已获取的审计证据是充分、适当的,为其发表审计意见提供了基础。

如果接受委托,结合财务报表审计对内部控制有效性发表意见,注册会计师应当省略③中"但目的并非对内部控制的有效性发表意见"的措辞。

(八) 注册会计师的签名和盖章

审计报告应当由注册会计师签名并盖章。注册会计师在审计报告上签名并盖章,有利于明确法律责任。《财政部关于注册会计师在审计报告上签名盖章有关问题的通知》(财会〔2001〕1035号)明确规定:① 会计师事务所应当建立健全全面质量控制政策与程序以及各审计项目的质量控制程序,严格按照有关规定和本通知的要求在审计报告上签名盖章。② 审计报告应当由两名具备相关业务资格的注册会计师签名盖章并经会计师事务所盖章方为有效。需要注意的是,合伙制会计师事务所出具的审计报告,应当由一名对审计项目负最终复核责任的合伙人和一名负责该项目的注册会计师签名盖章;有限责任会计师事务所出具的审计报告,应当由会计师事务所主任会计师或其授权的副主任会计师和一名负责该项目的注册会计师签名盖章。

(九) 会计师事务所的名称、地址和盖章

审计报告应当载明会计师事务所的名称和地址,并加盖会计师事务所公章。根据

《注册会计师法》的规定,注册会计师承办的业务,由其所在的会计师事务所统一受理并与委托人签订委托合同。因此,审计报告除了应由注册会计师签名并盖章外,还应载明会计师事务所的名称和地址,并加盖会计师事务所公章。

(十)报告日期

审计报告应当注明报告日期。审计报告的日期不应早于注册会计师获取充分、适当的审计证据并在此基础上对财务报表形成审计意见的日期。审计报告的日期直接关系到注册会计师所负的责任。注册会计师对不同时段的资产负债表日后事项有着不同的责任,而审计报告的日期是划分时段的关键时点。在实务中,注册会计师在正式签署审计报告前,通常把审计报告草稿和已审财务报表草稿一同提交给管理层。如果管理层批准并签署了已审财务报表,注册会计师即可签署审计报告。注册会计师签署审计报告的日期通常与管理层签署已审财务报表的日期为同一天,或晚于管理层签署已审财务报表的日期。在审计报告日期晚于管理层签署已审财务报表日期时,注册会计师应当获取自管理层声明书日至审计报告日期之间的进一步审计证据,如补充的管理层声明书。

案例公司审计情况

上海电气股份有限公司2016年审计报告

上海电气股份有限公司2016年年报由大华会计师事务所出具了标准无保留意见审计报告,内容如下。

审 计 报 告
大华审字〔2017〕第10053号

上海电气股份有限公司全体股东:

一、审计意见

(一)我们审计的内容

我们审计了上海电气股份有限公司(以下简称"上海电气")的财务报表,包括2016年12月31日的合并及公司资产负债表,2016年度的合并及公司利润表、合并及公司现金流量表、合并及公司股东权益变动表以及财务报表附注。

(二)我们的意见

我们认为,后附的财务报表在所有重大方面按照企业会计准则的规定编制,公允反映了上海电气2016年12月31日的合并及公司财务状况以及2016年度的合并及公司经营成果和现金流量。

二、形成审计意见的基础

我们按照中国注册会计师审计准则的规定执行了审计工作。审计报告的"注册会计师对财务报表审计的责任"部分进一步阐述了我们在这些准则下的责任。我们相信,我们获取的审计证据是充分、适当的,为发表审计意见提供了基础。

按照中国注册会计师职业道德守则,我们独立于上海电气,并履行了职业道德方面的其他责任。

三、关键审计事项

关键审计事项是我们根据职业判断,认为对本期财务报表审计最为重要的事项。这些事项的应对以对财务报表整体进行审计并形成审计意见为背景,我们不对这些事项单独发表意见。我们在审计中识别出的关键审计事项汇总如下:

关键审计事项	我们在审计中如何应对关键审计事项
(一)收入确认 参见财务报表附注二(32)及附注四(62) 上海电气股份有限公司在与交易相关的经济利益很可能流入集团,相关收入能够可靠计量且满足各项经营活动的特定收入确认标准时,确认相关收入。于2016年度,上海电气股份有限公司营业收入为人民币79 078 361千元,其中产品销售收入约占集团总收入的79%,建造合同收入约占公司总收入的12%。 我们关注产品销售收入及建造合同收入的确认。 对产品销售收入确认的关注主要由于其销售量巨大,其收入确认是否在恰当的财务报表期间入账,可能存在潜在错报。 对建造合同收入确认的关注由于相关核算涉及重大会计估计和判断。上海电气股份有限公司采用完工百分比法确认相关建造合同收入,以累计实际发生的工程成本占合同预估总成本的比例确定合同完工进度。计算合同预估总成本涉及重大的会计估计和判断,其中包括存在或可能在完工交接前发生的不可预见费用。	对于产品销售收入,我们了解、评估了管理层对上海电气股份有限公司自销售订单审批至销售收入入账的销售流程中的内部控制的设计,并测试了关键控制执行的有效性。 我们通过抽样检查销售合同及与管理层的访谈,对与产品销售收入确认有关的重大风险及报酬转移时点进行了分析评估,进而评估上海电气股份有限公司产品销售收入的确认政策。 此外,我们采用抽样方式对产品销售收入执行了以下程序: ● 检查与收入确认相关的支持性文件,包括销售合同、订单、销售发票、产品运输单、客户签收单等; ● 针对资产负债表日前后确认的销售收入核对至客户签收单等支持性文件,以评估销售收入是否在恰当的期间确认。 对于建造合同收入,我们了解、评估了管理层对建造合同收入及成本入账相关内部控制的设计,并测试了关键控制执行的有效性,其中包括与实际发生工程成本及合同预估总成本相关的内部控制。 我们采用抽样方式,将已完工项目实际发生的总成本与项目完工前管理层估计的合同总成本进行对比分析,评估管理层作出此项会计估计的经验和能力。 我们获取了管理层准备的建造合同收入成本计算表,将总金额核对至收入成本明细账,并检查了计算表算术计算的准确性。 针对实际发生的工程成本,我们采用抽样方式,执行了以下程序: ● 检查实际发生工程成本的合同、发票、设备签收单、进度确认单等支持性文件; ● 针对资产负债表日前后确认的实际发生的工程成本核对至设备签收单、进度确认单等支持性文件,以评估实际成本是否在恰当的期间确认。 此外,我们采用抽样方式,对项目预估总成本执行了以下程序: ● 将预估总成本的组成项目核对至采购合同等支持性文件,以识别预估总成本是否存在遗漏的组成项目; ● 通过与项目工程师讨论及审阅相关支持性文件,评估预估成本的合理性。 根据已执行的程序,我们认为上海电气股份有限公司产品销售收入及建造合同收入符合其收入确认的会计政策

(续表)

关键审计事项	我们在审计中如何应对关键审计事项
（二）亏损合同损失计提 参见财务报表附注二(29)及财务报表附注四(45)(b)。 商品价格、行业竞争等宏观经济因素对相关合同毛利具有重大影响。于资产负债表日，公司管理层就履行合同义务不可避免发生的成本是否超出预计收回的经济利益进行评估，并对退出相关合同预计不可避免发生的最小净损失部分计提亏损合同损失。于2016年度，相关亏损合同对损益的影响金额为人民币957 794千元。 我们对亏损合同的关注主要因为不可避免发生的合同成本的预估涉及重大的会计判断和估计	我们了解、评估了管理层对预计不可避免会发生的合同成本相关的内部控制的设计，并测试了关键控制执行的有效性。 我们获取了管理层编制的亏损合同清单，并测试其算术计算的准确性。 我们运用抽样方式，对不可避免发生的合同成本执行了以下程序： ● 将合同成本的组成项目核对至采购合同等支持性文件，以识别成本是否存在遗漏的组成项目； ● 通过与公司项目工程师讨论及审阅相关支持性文件，以评估合同成本的合理性； ● 将合同成本与同类已完成项目的实际成本进行对比，以评估成本预估的合理性。 根据已执行的程序，我们认为上海电气股份有限公司已基于可获取的信息计提了亏损合同损失

四、其他信息

管理层对其他信息负责。其他信息包括上海电气股份有限公司2016年年度报告中涵盖的信息，但不包括财务报表和我们的审计报告。

我们对财务报表发表的审计意见并不涵盖其他信息，我们也不对其他信息发表任何形式的鉴证结论。

结合我们对财务报表的审计，我们的责任是阅读其他信息，在此过程中，考虑其他信息是否与财务报表或我们在审计过程中了解到的情况存在重大不一致或者似乎存在重大错报。基于我们已经执行的工作，如果我们确定其他信息存在重大错报，我们应当报告该事实。在这方面，我们无任何事项需要报告。

五、管理层和治理层对财务报表的责任

管理层负责按照企业会计准则的规定编制财务报表，使其实现公允反映，并设计、执行和维护必要的内部控制，以使财务报表不存在由于舞弊或错误导致的重大错报。

在编制财务报表时，管理层负责评估上海电气股份有限公司的持续经营能力，披露与持续经营相关的事项（如适用），并运用持续经营假设，除非管理层计划清算上海电气股份有限公司、终止运营或别无其他现实的选择。

治理层负责监督上海电气股份有限公司的财务报告过程。

六、注册会计师对财务报表审计的责任

我们的目标是对财务报表整体是否不存在由于舞弊或错误导致的重大错报获取合理保证，并出具包含审计意见的审计报告。合理保证是高水平的保证，但按照审计准则执行的审计并不能保证一定会发现存在的重大错报。错报可能由于舞弊或错误

导致,如果合理预期错报单独或汇总起来可能影响财务报表使用者依据财务报表作出的经济决策,则通常认为错报是重大的。

在按照审计准则执行审计工作的过程中,我们运用职业判断,并保持职业怀疑。同时,我们也执行以下工作:

(一)识别和评估由于舞弊或错误导致的财务报表重大错报风险;设计和实施审计程序以应对这些风险,并获取充分、适当的审计证据,作为发表审计意见的基础。由于舞弊可能涉及串通、伪造、故意遗漏、虚假陈述或凌驾于内部控制之上,未能发现由于舞弊导致的重大错报的风险高于未能发现由于错误导致的重大错报的风险。

(二)了解与审计相关的内部控制,以设计恰当的审计程序。

(三)评价管理层选用会计政策的恰当性和作出会计估计及相关披露的合理性。

(四)对管理层使用持续经营假设的恰当性得出结论。同时,根据获取的审计证据,就可能导致对上海电气股份有限公司持续经营能力产生重大疑虑的事项或情况是否存在重大不确定性得出结论。如果我们得出结论认为存在重大不确定性,审计准则要求我们在审计报告中提醒报表使用者注意财务报表中的相关披露;如果披露不充分,我们应当发表非无保留意见。我们的结论基于截至审计报告日可获得的信息。然而,未来的事项或情况可能导致上海电气股份有限公司不能持续经营。

(五)评价财务报表的总体列报、结构和内容(包括披露),并评价财务报表是否公允反映相关交易和事项。

(六)就上海电气股份有限公司中实体或业务活动的财务信息获取充分、适当的审计证据,以对合并财务报表发表审计意见。我们负责指导、监督和执行集团审计,并对审计意见承担全部责任。

我们与治理层就计划的审计范围、时间安排和重大审计发现等事项进行沟通,包括沟通我们在审计中识别出的值得关注的内部控制缺陷。

我们还就已遵守与独立性相关的职业道德要求向治理层提供声明,并与治理层沟通可能被合理认为影响我们独立性的所有关系和其他事项,以及相关的防范措施(如适用)。

从与治理层沟通过的事项中,我们确定哪些事项对本期财务报表审计最为重要,因而构成关键审计事项。我们在审计报告中描述这些事项,除非法律法规禁止公开披露这些事项,或在极少数情形下,如果合理预期在审计报告中沟通某事项造成的负面后果超过在公众利益方面产生的益处,我们确定不应在审计报告中沟通该事项。

大华会计师事务所(特殊普通合伙)   注册会计师:×××
        中国·上海市   (签名并盖章)
                                                        (项目合伙人)
                                                        注册会计师:×××
                                                        (签名并盖章)
                                                     二〇一七年三月十七日

第三节 非无保留意见审计报告

《中国注册会计师审计准则第 1502 号——在审计报告中发表非无保留意见》(2016 年 12 月 23 日修订)规定,在注册会计师遵循中国注册会计师审计准则的规定形成审计意见时,如果存在下列情形之一,注册会计师就应当发表非无保留意见:① 根据获取的审计证据,注册会计师形成财务报表整体存在重大错报的结论;② 注册会计师无法获取充分、适当的审计证据,以形成财务报表整体不存在重大错报的结论。

注册会计师确定恰当的非无保留意见类型,取决于下列事项:① 导致非无保留意见的事项的性质,是财务报表存在重大错报,还是在无法获取充分、适当的审计证据;② 注册会计师就导致非无保留意见的事项对财务报表产生或可能产生影响的广泛性作出的判断。

表 16-2 列示了注册会计师对导致发表非无保留意见的事项的性质和这些事项对财务报表产生或可能产生影响的广泛性作出的判断,以及注册会计师的判断对审计意见类型的影响。

表 16-2 非无保留意见类型的判断

导致发表非无保留意见的事项的性质	对财务报表产生或可能产生影响的广泛性	
	重大但不具有广泛性	重大且具有广泛性
财务报表存在重大错报	保留意见	否定意见
无法获取充分、适当的审计证据	保留意见	无法表示意见

广泛性是描述错报的一个术语,用于说明发现的错报对财务报表产生的影响;或者说明因无法获取充分、适当的审计证据而未能发现的错报可能对财务报表产生的影响。根据注册会计师的判断,对财务报表产生广泛影响的情形是:① 不只对财务报表的特定要素、账户或项目产生影响;② 虽然仅对财务报表的特定要素、账户或项目产生影响,但这些要素、账户或项目是或可能是财务报表的主要部分;③ 与披露相关,而该披露对财务报表使用者理解财务报表至关重要。

注册会计师出具非无保留意见审计报告的判断流程如图 16-2 所示。

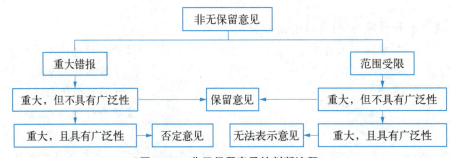

图 16-2 非无保留意见的判断流程

一、保留意见审计报告

保留意见说明注册会计师对财务报表某些表达的公允性持怀疑态度。这种意见表明除财务报表个别方面存在错报或审计范围局部受到限制外,报表在整体上是公允的。如果注册会计师认为这些错报或限制对财务报表的影响极为严重,则应出具否定意见的审计报告或无法表示意见的审计报告。因此,保留意见的审计报告通常被认为是注册会计师在不能出具无保留意见审计报告情况下最不严厉的审计报告。

(一) 出具保留意见审计报告的条件

根据准则规定,如果认为财务报表整体是公允的,但还存在下列情形之一,注册会计师应当出具保留意见的审计报告:① 在获取充分、适当的审计证据后,注册会计师认为错报单独或累计起来对财务报表影响重大,但不具有广泛性;② 注册会计师虽无法获取充分、适当的审计证据以作为形成审计意见的基础,但认为未发现的错报可能对财务报表产生的影响虽重大,但不具有广泛性。

(二) 保留意见审计报告的格式与措辞

如果出具保留意见的审计报告,除《中国注册会计师审计准则第1501号——对财务报表形成审计意见和出具审计报告》要求的要素外,注册会计师还应当在审计意见段之前增加"导致保留意见的事项"段,说明导致发表保留意见的原因。如果重大错报与财务报表中的具体金额(包括定量披露)相关,注册会计师应当在导致保留意见的事项段中说明并量化该错报的财务影响。如果无法量化财务影响,注册会计师应当在导致发表保留意见的事项段中说明这一情况。如果重大错报与叙述性披露相关,注册会计师应当在导致发表保留意见的事项段中说明该披露是如何被错报的。

如果重大错报与应披露而未披露信息相关,除了要与治理层讨论未披露信息的情况外,注册会计师应当在导致发表保留意见的事项段中描述遗漏信息的性质;如果已针对遗漏信息获取充分、适当的审计证据,注册会计师还应在可行的情况下,在导致发表保留意见的事项段中包含对遗漏信息的披露(除非法律法规另有规定)。如果无法获取充分、适当的审计证据而导致发表保留意见,注册会计师应当在导致发表保留意见的事项段中说明无法获取证据的原因。

当由于财务报表存在重大错报而发表保留意见时,注册会计师应当在意见段中说明:注册会计师认为,除了在导致发表保留意见的事项段所述事项产生的影响外,财务报表已经按照企业会计准则和相关会计制度的规定编制,在所有重大方面公允反映了被审计单位的财务状况、经营成果和现金流量。

当无法获取充分、适当的审计证据而导致发表保留意见时,注册会计师应当在审计意见段中使用"除……的影响外"等措辞。

因审计范围受限而出具保留意见审计报告的范例如下。

现代审计学

审 计 报 告
亚会 A 审字〔2014〕012 号

河南莲花味精股份有限公司全体股东：

我们审计了后附的河南莲花味精股份有限公司（以下简称贵公司）合并财务报表，包括2013年12月31日的合并资产负债表，2013年度的合并利润表、合并现金流量表和合并所有者权益变动表以及财务报表附注。

一、管理层对财务报表的责任

编制和公允列报财务报表是贵公司管理层的责任。这种责任包括：（1）按照中华人民共和国财政部颁布的企业会计准则的规定编制财务报表，并使其实现公允反映；（2）设计、执行和维护必要的内部控制，以使财务报表不存在由于舞弊或错误导致的重大错报。

二、注册会计师的责任

我们的责任是在实施审计工作的基础上对财务报表发表审计意见。我们按照中国注册会计师审计准则的规定执行了审计工作。中国注册会计师审计准则要求我们遵守职业道德规范，计划和实施审计工作以对财务报表是否不存在重大错报获取合理保证。

审计工作涉及实施审计程序，以获取有关财务报表金额和披露的审计证据。选择的审计程序取决于注册会计师的判断，包括对因舞弊或错误导致的财务报表重大错报风险的评估。在进行风险评估时，我们考虑与财务报表编制和公允反映相关的内部控制，以设计恰当的审计程序，但目的并非对内部控制的有效性发表意见。审计工作还包括评价管理层选用会计政策的恰当性和作出会计估计的合理性，以及评价财务报表的总体列报。

我们相信，我们获取的审计证据是充分、适当的，为发表审计意见提供了基础。

三、导致保留意见的事项

如财务报表附注十、4所述，2010年4月25日，贵公司接到中国证监会调查通知书：贵公司因涉嫌虚增会计利润、重大诉讼事项未披露等原因，根据《中华人民共和国证券法》的有关规定，中国证监会决定对贵公司进行正式立案调查。2010年6月30日前，贵公司对已发现的2007年度、2008年度、2009年度涉及的重大会计差错事项分别进行了更正，内容详见贵公司2009年度更正后的财务报表。截止审计报告签发日，我们尚未取得证监会对贵公司的调查结论，无法判断贵公司上述会计差错更正的结果及范围与证监会的调查结论是否一致；同时我们也无法实施其他满意的替代审计程序，获取充分、适当的审计证据，以判断证监会立案调查的贵公司虚增会计利润、重大诉讼未披露等事项对贵公司2012年度财务报表可能产生的重大影响。

四、保留意见

我们认为，除"三、导致保留意见的事项"段所述事项可能产生的影响外，贵公司合并财务报表在所有重大方面按照企业会计准则的规定编制，公允反映了贵公司

2013 年 12 月 31 日的合并财务状况以及 2013 年度的合并经营成果和合并现金流量。

亚太(集团)会计师事务所(特殊普通合伙)　　　中国注册会计师：×××
　　　　　　(盖章)　　　　　　　　　　　　　　　(签名并盖章)
　　　　中国·北京　　　　　　　　　　　　　　中国注册会计师：×××
　　　二〇一四年四月二十七日　　　　　　　　　　　(签名并盖章)

二、无法表示意见的审计报告

无法表示意见是注册会计师在审计过程中因未搜集到足够的审计证据，而无法对财务报表发表确切审计意见的审计报告。无法表示意见不能替代和等同于否定意见，它通常适用于注册会计师不能获取充分、适当的审计证据。如果注册会计师发表否定意见，则必须获取充分、适当的审计证据，来表明财务报表整体不合法或不公允。

(一) 出具无法表示意见审计报告的条件

如果注册会计师无法就被审计的财务报表获取充分、适当的审计证据，但又认为未发现的错报可能对财务报表产生的影响重大且具有广泛性，以致发表保留意见不足以反映情况的严重性，那么他们应当解除审计业务约定(除非法律法规另有规定)；如果不能在出具审计报告之前解除该业务约定，那么他们就应当出具无法表示意见的审计报告。

在某些极端数情况下，被审计单位财务报表可能存在多个不确定事项，尽管对每个不确定事项分别获取了充分、适当的审计证据，但由于不确定事项之间可能存在相互影响，以及可能对财务报表产生累积影响，注册会计师认为不能形成审计意见。注册会计师也应当出具无法表示意见的审计报告。

(二) 无法表示意见审计报告的格式与措辞

如果无法获取充分、适当的审计证据而导致注册会计师无法就被审计财务报表发表审计意见，注册会计师应当在导致无法表示意见的事项段中说明无法获取证据的原因。即使注册会计师出具无法表示意见的审计报告，注册会计师还是应当在导致无法表示意见的事项段中，说明已经知悉的、将导致无法表示意见的所有其他事项及其影响。

在注册会计师就被审计财务报表出具无法表示意见的审计报告时，注册会计师应当在审计报告的意见段中说明，由于导致无法表示意见的事项段中所述事项的影响非常重大和广泛，注册会计师无法获取充分、适当的审计证据以为发表审计意见提供基础，因此，注册会计师无法对财务报表发表审计意见。

同时，还要对审计报告的其他段落作相应的修改。① 在引言段中说明注册会计师接受委托审计财务报表，而不能说"我们审计了后附的财务报表"；② 修改注册会计师责任和审计范围的描述,并仅能作出如下说明:"我们的责任是在按照中国注册会计师审计准则的规定执行审计工作的基础上对财务报表发表审计意见。但由于导致无法表示意见的事项段中所述的事项,我们无法获取充分、适当的审计证据以为发表审计意见提供基础"。

因范围受限影响重大且具有广泛性而出具无法表示意见审计报告的范例如下。

审 计 报 告

勤信审字〔2010〕1036 号

广夏(银川)实业股份有限公司全体股东:

我们接受委托,审计了后附的广夏(银川)实业股份有限公司(以下简称广夏实业公司)财务报表,包括 2009 年 12 月 31 日的资产负债表及合并资产负债表,2009 年度的利润表及合并利润表、现金流量表及合并现金流量表、所有者权益变动表、合并所有者权益变动表以及财务报表附注。

一、管理层对财务报表的责任

编制财务报表是广夏实业公司管理层的责任,这种责任包括:(1)按照企业会计准则和《企业会计制度》的规定编制财务报表,并对财务报表作出公允反映;(2)设计、实施和维护必要的内部控制,以使财务报表不存在由于舞弊或错误导致的重大错报。

二、导致无法表示意见的事项

(一)如财务报表附注十、1 所述,广夏实业公司经债务重组后仍资不抵债,主要经营性资产已被法院拍卖。我们尚未获取管理层针对广夏实业公司持续经营能力具体可行的改善措施,且截止审计报告日,广夏实业公司已被最大债权人申请破产重整,法院是否受理存在重大不确定性。因此,我们无法判断广夏实业公司继续按照持续经营假设编制的 2009 年度财务报表是否适当。

(二)我们无法实施必要的审计程序,以对广夏实业公司财务报表所反映的应收广夏(银川)贺兰山葡萄酿酒有限公司的款项人民币 1.61 亿元(详见财务报表附注十、2)存在及可收回金额获取充分、适当的审计证据。

(三)广夏实业公司未对 2009 年 12 月 31 日的价值为 450.61 万元存货进行盘点。我们无法实施存货监盘,也无法实施替代审计程序,以对期末存货的数量和状况获取充分、适当的审计证据。

三、审计意见

由于上述事项可能产生的影响非常重大和广泛,我们无法对广夏实业公司财务报表发表意见。

中勤万信会计师事务所有限公司	中国注册会计师:王永新
(盖章)	(签名并盖章)
中国·北京	中国注册会计师:刘汉军
二〇一〇年四月十八日	(签名并盖章)

三、否定意见的审计报告

否定意见是注册会计师对财务报告发表的最为严厉的审计意见。在资本市场上,注册会计师针对财务报告出具否定意见审计报告极为少见,而针对内部控制审计出具否定意见时有发生。

(一) 出具否定意见审计报告的条件

根据《中国注册会计师审计准则第1502号——在审计报告中发表非无保留意见》的规定,在获取充分、适当的审计证据后,如果认为错报单独或累计起来对财务报表的影响重大且具有广泛性,并且被审计单位不同意调整会计报表,注册会计师就应当发表否定意见的审计报告。

(二) 否定意见审计报告的格式与措辞

如果注册会计师就被审计财务报表出具的是否定意见的审计报告,那么注册会计师应当在意见段中说明:注册会计师认为,由于受到导致发表否定意见的事项段中所述事项的重大影响,财务报表没有按照企业会计准则和相关会计制度的规定编制,未能在所有重大方面公允反映被审计单位的财务状况、经营成果和现金流量,同时还要适当修改对注册会计师责任的描述,以说明:注册会计师相信,注册会计师获取的审计证据是充分、适当的,为发表否定意见提供了基础。

中国资本市场中第一份否定意见审计报告内容如下。

审 计 报 告

重会所审字(98)第178号

重庆渝港钛白粉股份有限公司全体股东:

我们接受委托,审计了贵公司1997年12月31日资产负债表和1997年度利润及利润分配表、财务状况变动表。这些会计报表由贵公司负责,我们的责任是对这些会计报表发表审计意见。我们的审计是依据中国注册会计师独立审计准则进行的。在审计过程中,我们结合贵公司的实际情况,实施了包括抽查会计记录等我们认为必要的审计程序。

1997年度应计入财务费用的借款及应付债券利息8 064万元,贵公司将其资本化计入了钛白粉工程成本;欠付中国银行重庆分行的美元借款利息89.8万美元(折人民币743万元),贵公司未计提入账。两项共影响利润8 807万元。

我们认为,由于本报告第二段所述事项的重大影响,贵公司1997年12月31日资产负债表、1997年度利润及利润分配表、财务状况变动表未能公允地反映贵公司1997年12月31日财务状况和1997年度成果及资金变动情况。

此外,我们在审计过程中注意到:贵公司目前正面临沉重的债务负担和巨额的固定资产折旧压力,除非贵公司能尽快达到正常生产经营状态并能与有关负责人就债务重整达成协议,且市场形势在短期内发生有利于贵公司的重大变化,否则贵公司的财务状况和生产经营将陷入极其严峻的困境。

如果贵公司出现不能持续经营的情形,则应对其资产和负债重新加以评价、分类、并据以重新编制 1997 年度会计报表。

  重庆会计师事务所   中国注册会计师:×××
    （盖章）   （签名并盖章）
    中国·重庆   中国注册会计师:×××
  一九九八年三月八日   （签名并盖章）

第四节　带强调事项段和其他事项段的审计报告

《中国注册会计师审计准则第 1503 号——在审计报告中增加强调事项段和其他事项段》(2016 年 12 月 23 日修订)规定,在形成财务报表的审计意见之后,如果注册会计师根据其判断认为有必要通过在审计报告中进行明确的额外沟通以提醒报表使用者关注以下事项:① 已在财务报表适当列报或披露,但对报表使用者理解财务报表至关重要的事项;② 与报表使用者理解财务报表审计、注册会计师的责任或审计报告相关的其他事项,那么注册会计师就应当在其审计报告中增加强调事项段或其他事项段。

一、带强调事项段的审计报告

强调事项段,是指审计报告中提及已在财务报表适当列报和披露事项的段落。根据注册会计师的判断,该事项对财务报表使用者理解财务报表至关重要。其他事项段,是指审计报告中提及未在财务报表中列报或披露事项的段落。根据注册会计师的判断,该事项与财务报表使用者理解财务报表审计、注册会计师的责任以及审计报告相关。

（一）增加强调事项段的情形

如果认为有必要提醒财务报表使用者关注已在财务报表中列报或披露,且根据职业判断认为对财务报表使用者理解财务报表至关重要的事项,注册会计师就应该在审计报告中包括强调事项段。这样的段落应当仅提及已在财务报表中列报或披露的信息。只有在注册会计师已经获得充分、适当的审计证据,表明该事项在财务报表中不存在重大错报的情况下,注册会计师才能在其审计报告中增加强调事项段。

存在下列情形之一时,注册会计师需要在审计报告中增加强调事项段。

(1) 存在与异常诉讼或监管行动的未来结果相关的不确定性。

(2) 提前应用对财务报表有广泛影响的一项新会计准则(在允许的情况下)。

(3) 已经或者持续对被审计单位财务状况产生重大影响的特大灾难。

(二) 带强调事项段审计报告的格式与措辞

注册会计师应该根据具体情况确定是否需要在其审计报告中增加强调事项段或(和)其他事项段,并注意此类事项段在审计报告中的位置。强调事项段的格式与措辞应该满足下列要求:① 在审计报告中直接将其放在意见段之后;② 用"强调事项段"作为标题,或者采用其他恰当的标题;③ 应当明确提及被强调的事项以及在财务报表中充分描述该事项的位置;④ 指出审计意见没有因该强调事项而被修正。

因异常诉讼的不确定性而出具带强调事项段的审计报告的范例如下。

审 计 报 告

京都天华审字〔2012〕第 0678 号

汉王科技股份有限公司全体股东:

我们审计了后附的汉王科技股份有限公司(以下简称汉王科技公司)财务报表,包括2011年12月31日的合并及公司资产负债表,2011年度的合并及公司利润表、合并及公司现金流量表、合并及公司股东权益变动表以及财务报表附注。

一、管理层对财务报表的责任

编制财务报表是汉王科技公司管理层的责任,这种责任包括:(1)按照企业会计准则和《企业会计制度》的规定编制财务报表,并对财务报表作出公允反映;(2)设计、实施和维护必要的内部控制,以使财务报表不存在由于舞弊或错误导致的重大错报。

二、注册会计师的责任

我们的责任是在实施审计工作的基础上对财务报表发表审计意见。我们按照中国注册会计师审计准则的规定执行了审计工作。中国注册会计师审计准则要求我们遵守职业道德规范,计划和实施审计工作以对财务报表是否不存在重大错报获取合理保证。

审计工作涉及实施审计程序,以获取有关财务报表金额和披露的审计证据。选择的审计程序取决于注册会计师的判断,包括对因舞弊或错误导致的财务报表重大错报风险的评估。在进行风险评估时,我们考虑与被审计单位财务报表编制和公允反映相关的内部控制,以设计恰当的审计程序,但目的并非对被审计单位报告主体内部控制的有效性发表意见。审计工作还包括评价管理层选用会计政策的恰当性和作出会计估计的合理性,以及评价财务报表的总体列报。

我们相信,我们获取的审计证据是充分、恰当的,为发表保留意见提供了基础。

三、审计意见

我们认为,汉王科技公司财务报表在所有重大方面按照企业会计准则的规定编制,公允反映了汉王科技公司2011年12月31日的合并及公司财务状况以及2011年度的合并及公司经营成果和合并及公司现金流量。

四、强调事项

我们提醒财务报表使用者关注,如财务报表附注"十、其他重要事项"中所述,

2011年12月22日汉王科技公司收到中国证券监督管理委员会《调查通知书》(稽查总队调查通字11380号),因公司涉嫌信息披露违法违规,中国证券监督管理委员会决定对汉王科技公司立案稽查。截至财务报表批准日,中国证券监督管理委员会对汉王科技公司的稽查仍在进行中,其未来结果具有不确定性。本段内容不影响已发表的审计意见。

京都天华会计师事务所有限公司	中国注册会计师:×××
(盖章)	(签名并盖章)
中国·北京	中国注册会计师:×××
二〇一二年三月二十二日	(签名并盖章)

因持续经营能力的不确定性而出具带强调事项段的审计报告的范例如下。

审 计 报 告
大华审字〔2014〕第 007 号

江西昌九生物化工股份有限公司全体股东:

我们审计了后附的江西昌九生物化工股份有限公司(以下简称昌九生化公司)财务报表,包括2014年12月31日的合并及母公司资产负债表,2014年度的合并及母公司利润表、合并及母公司现金流量表、合并及母公司股东权益变动表,以及财务报表附注。

一、管理层对财务报表的责任

编制财务报表是昌九生化公司管理层的责任,这种责任包括:(1)按照企业会计准则和《企业会计制度》的规定编制财务报表,并对财务报表作出公允反映;(2)设计、实施和维护必要的内部控制,以使财务报表不存在由于舞弊或错误导致的重大错报。

二、注册会计师的责任

我们的责任是在实施审计工作的基础上对财务报表发表审计意见。我们按照中国注册会计师审计准则的规定执行了审计工作。中国注册会计师审计准则要求我们遵守职业道德规范,计划和实施审计工作以对财务报表是否不存在重大错报获取合理保证。

审计工作涉及实施审计程序,以获取有关财务报表金额和披露的审计证据。选择的审计程序取决于注册会计师的判断,包括对因舞弊或错误导致的财务报表重大错报风险的评估。在进行风险评估时,我们考虑与被审计单位财务报表编制和公允反映相关的内部控制,以设计恰当的审计程序,但目的并非对被审计单位报告主体内部控制的有效性发表意见。审计工作还包括评价管理层选用会计政策的恰当性和作出会计估计的合理性,以及评价财务报表的总体列报。

我们相信,我们获取的审计证据是充分、恰当的,为发表保留意见提供了基础。

三、审计意见

我们认为,昌九生化公司的财务报表在所有重大方面按照企业会计准则的规定编制,公允反映了昌九生化公司2014年12月31日的合并及母公司财务状况以及2014年度的合并及母公司经营成果和现金流量。

四、强调事项

我们提醒财务报表使用者关注,如财务报表附注"三(二)"所述:① 鉴于江氨分公司及部分子公司停产多年,生产装置设备老化,投入大量资金进行技术改造才能恢复生产,而公司已经多年亏损,无法大量投入;同时近年来国家安全生产的规范标准越来越高,周边距离不足等因素,已严重影响到已停产的分、子公司恢复生产所需的安全生产许可的取得;因此已停产的分、子公司无法在原地恢复生产;② 昌九生化公司截至2014年12月31日累计未弥补亏损人民币52 118万元,且流动负债超过流动资产人民币17 247万元。

昌九生化已在财务报表附注"三(二)"中披露上述财务报表仍然以持续经营假设为基础编制的理由及企业具体的应对计划,但其持续经营能力尚存在不确定性。本段内容不影响已发表的审计意见。

大华会计师事务所(特殊普通合伙)	中国注册会计师:×××
（盖章）	（签名并盖章）
中国•北京	中国注册会计师:×××
二〇一五年三月九日	（签名并盖章）

二、带其他事项段的审计报告

(一) 增加其他事项段的情形

强调事项段只限于财务报表已列报或披露的事项,未在财务报表列报或披露的事项无须在强调事项说明。但是,如果注册会计师认为未在财务报表列报或披露的事项,与财务报表使用者理解财务报表审计、注册会计师的责任或审计报告相关,同时根据其职业判断认为有必要与财务报表使用者就此类事项进行沟通,而且这种沟通未被法律或法规禁止,那么,注册会计师就应当在审计报告说明这类的事项。

其他事项段的内容明确反映了未被要求在财务报表中列报或披露的其他事项。其他事项段不包括法律、法规或其他职业准则所禁止提供的信息,例如,与机密信息相关的道德准则。其他事项段也不包括管理层要求提供的信息。需要增加其他事项段的情形主要有以下四种。

1. 与财务报表使用者理解审计相关的情形

在某些极少数情况下,因管理层对审计范围施加限制,导致注册会计师无法获取充分、适当的审计证据,且这种限制可能产生的影响又具有广泛性,同时注册会计师又不能在出具审计报告之前退出该审计业务,则注册会计师可以考虑在审计报告中增加其他事项段,以解释不能退出该审计业务的原因。

2. 与财务报表使用者理解注册会计师的责任或审计报告相关的情形

如果法律或法规要求(或者允许)注册会计师详细说明一些事项,以便进一步解释注册会计师在财务报表审计中的责任或审计报告,注册会计师可以使用一个或多个带有适当子标题的其他事项段来说明这类事项。但是,注册会计师被要求执行并报告额外指定程序或对特定事项发表意见的情形不适用这种说明。

3. 对多套财务报表出具报告的情形

被审计单位可能根据通用目的框架(如中国企业会计准则)编制一套财务报表,且根据另一个通用目的框架(如其他国家或地区会计准则)编制另一套财务报表,并聘请注册会计师同时对两套财务报表出具报告。如果已确定财务报告框架在各自情形下是可接受的,注册会计师就可以在审计报告中增加其他事项段,说明该被审计单位根据另一个通用目的的框架编制了另一套财务报表以及注册会计师对这些财务报表出具了审计报告。

4. 限制审计报告分发和使用的情形

如果被审计单位为特定目的编制的财务报表是根据通用目的框架编制的,且注册会计师对此种财务报表的审计报告只为特定财务报表使用者而准备,那么,在这种情形下,注册会计师可以考虑增加其他事项段,以声明审计报告仅为特定财务报表使用者而准备,不应当被分发给其他各方或被其他各方所使用。

(二) 带其他事项段审计报告的格式与措辞

注册会计师在其审计报告中说明该事项的段落应以"其他事项"为标题或采用其他恰当的标题,审计报告中如果没有强调事项段,则该段落直接放在意见段之后,如果含有强调事项段,则该段落应该放在所有强调事项段之后。但是,如果此类事项与注册会计师的所有责任或财务报表使用者理解审计报告相关,其他事项段也可以作为一个独立部分紧随在"关于财务报表的报告"之后。

带其他事项段的审计报告的范例如下。

审 计 报 告

国浩审字〔2012〕第 705A2145 号

咸阳偏转股份有限公司全体股东:

我们审计了后附的咸阳偏转股份有限公司(以下简称咸阳偏转公司)财务报表,包括2011年12月31日的合并及母公司资产负债表、2011年度的合并及母公司利润表、合并及母公司现金流量表、合并及母公司股东权益变动表以及财务报表附注。

一、管理层对财务报表的责任

编制财务报表是 ABC 公司管理层的责任,这种责任包括:(1) 按照企业会计准则和《企业会计制度》的规定编制财务报表,并对财务报表作出公允反映;(2) 设计、实施和维护必要的内部控制,以使财务报表不存在由于舞弊或错误导致的重大错报。

二、注册会计师的责任

我们的责任是在实施审计工作的基础上对财务报表发表审计意见。我们按照中国注册会计师审计准则的规定执行了审计工作。中国注册会计师审计准则要求我们遵守职业道德规范，计划和实施审计工作以对财务报表是否不存在重大错报获取合理保证。

审计工作涉及实施审计程序，以获取有关财务报表金额和披露的审计证据。选择的审计程序取决于注册会计师的判断，包括对因舞弊或错误导致的财务报表重大错报风险的评估。在进行风险评估时，我们考虑与被审计单位财务报表编制和公允反映相关的内部控制，以设计恰当的审计程序，但目的并非对被审计单位报告主体内部控制的有效性发表意见。审计工作还包括评价管理层选用会计政策的恰当性和作出会计估计的合理性，以及评价财务报表的总体列报。

我们相信，我们获取的审计证据是充分、恰当的，为发表保留意见提供了基础。

三、审计意见

我们认为，咸阳偏转公司的财务报表在所有重大方面按照企业会计准则的规定编制，公允反映了咸阳偏转公司 2011 年 12 月 31 日的合并及母公司财务状况以及 2011 年度的合并及母公司经营成果和现金流量。

四、其他事项

我们提醒财务报表使用者关注，如财务报表"附注十"所述，咸阳偏转公司与陕西炼石矿业有限公司全体股东签署的《关于咸阳偏转股份有限公司重大资产置换及非公开发行股份购买资产的协议》，截至财务报告批准报出日除部分置出资产的过户手续尚在办理之中外，重组工作已基本实施完成。咸阳偏转公司按照相关规定编制了模拟合并财务报表，并且本所已经出具了审计报告。

国富浩华会计师事务所（特殊普通合伙）	中国注册会计师：×××
（盖章）	（签名并盖章）
中国·北京	中国注册会计师：×××
二〇一二年四月十一日	（签名并盖章）

国际视野

美国微软公司 2017 年审计报告

REPORT OF INDEPENDENT REGISTERED PUBLIC ACCOUNTING FIRM

To the Stockholders and the Board of Directors of Microsoft Corporation

Opinion on Internal Control over Financial Reporting

We have audited the internal control over financial reporting of Microsoft

Corporation and subsidiaries (the "Company") as of June 30, 2018, based on criteria established in *Internal Control — Integrated Framework* (2013) issued by the Committee of Sponsoring Organizations of the Treadway Commission (COSO). In our opinion, the Company maintained, in all material respects, effective internal control over financial reporting as of June 30, 2018, based on the criteria established in *Internal Control — Integrated Framework* (2013) issued by COSO.

We have also audited, in accordance with the standards of the Public Company Accounting Oversight Board (United States) (PCAOB), the consolidated financial statements and the related notes (collectively referred to as the "financial statements") as of and for the year ended June 30, 2018, of the Company and our report dated August 3, 2018, expressed an unqualified opinion on those financial statements and included an explanatory paragraph related to the Company's change in method of accounting for revenue from contracts with customers and for accounting for leases in fiscal year 2018 due to the adoption of the new revenue standard and new lease standard, respectively.

Basis for Opinion

The Company's management is responsible for maintaining effective internal control over financial reporting and for its assessment of the effectiveness of internal control over financial reporting, included in the accompanying Report of Management on Internal Control over Financial Reporting. Our responsibility is to express an opinion on the Company's internal control over financial reporting based on our audit. We are a public accounting firm registered with the PCAOB and are required to be independent with respect to the Company in accordance with the U.S. federal securities laws and the applicable rules and regulations of the Securities and Exchange Commission and the PCAOB.

We conducted our audit in accordance with the standards of the PCAOB. Those standards require that we plan and perform the audit to obtain reasonable assurance about whether effective internal control over financial reporting was maintained in all material respects. Our audit included obtaining an understanding of internal control over financial reporting, assessing the risk that a material weakness exists, testing and evaluating the design and operating effectiveness of internal control based on the assessed risk, and performing such other procedures as we considered necessary in the circumstances. We believe that our audit provides a reasonable basis for our opinion.

Definition and Limitations of Internal Control over Financial Reporting

A company's internal control over financial reporting is a process designed to provide reasonable assurance regarding the reliability of financial reporting and the preparation of financial statements for external purposes in accordance with generally accepted accounting principles. A company's internal control over financial reporting includes those policies and procedures that (1) pertain to the maintenance of records that, in reasonable detail, accurately and fairly reflect the transactions and dispositions of the assets of the company; (2) provide reasonable assurance that transactions are recorded as necessary to permit preparation of financial statements in accordance with generally accepted accounting principles, and that receipts and expenditures of the company are being made only in accordance with authorizations of management and directors of the company; and (3) provide reasonable assurance regarding prevention or timely detection of unauthorized acquisition, use, or disposition of the company's assets that could have a material effect on the financial statements.

Because of its inherent limitations, internal control over financial reporting may not prevent or detect misstatements. Also, projections of any evaluation of effectiveness to future periods are subject to the risk that controls may become inadequate because of changes in conditions, or that the degree of compliance with the policies or procedures may deteriorate.

DELOITTE & TOUCHE LLP

Seattle, Washington

August 3, 2018

英国石油公司 2017 年审计报告

Consolidated financial statements of the BP group

Independent auditor's report on the Annual Report and Accounts to the members of BP p.l.c.

Opinion

In our opinion:

- the financial statements give a true and fair view of the state of the group's and of the parent company's affairs as at 31 December 2017 and of the group's profit for the year then ended;

- the group financial statements have been properly prepared in accordance with IFRS as adopted by the European Union;
- the parent company financial statements have been properly prepared in accordance with United Kingdom generally accepted accounting practice including FRS 101 'Reduced Disclosure Framework'; and
- the financial statements have been prepared in accordance with the requirements of the Companies Act 2006 and, as regards the group financial statements, Article 4 of the IAS Regulation.

Separate opinion in relation to IFRS as issued by the International Accounting Standards Board

As explained in Note 1 to the consolidated financial statements, the group in addition to applying IFRS as adopted by the European Union, has also applied IFRS as issued by the International Accounting Standards Board (IASB). In our opinion the consolidated financial statements comply with IFRS as issued by the IASB.

What we have audited

We have audited the financial statements of BP p.l.c. which comprise:

Group	Parent company
Group balance sheet as at 31 December 2017.	Balance sheet as at 31 December 2017.
Group income statement for the year then ended.	Statement of changes in equity for the year then ended.
Group statement of comprehensive income for the year then ended.	Related Notes 1 to 14 to the financial statements, including a summary of significant accounting policies.
Group statement of changes in equity for the year then ended.	
Group cash flow statement for the year then ended.	

Related Notes 1 to 36 to the financial statements, including a summary of significant accounting policies.

The financial reporting framework that has been applied in the preparation of the group financial statements is applicable law and International Financial Reporting Standards (IFRS) as adopted by the European Union. The financial reporting framework that has been applied in the preparation of the parent company financial statements is applicable law and United Kingdom accounting standards including FRS 101 (United Kingdom generally accepted accounting practice).

Basis for opinion

We conducted our audit in accordance with International Standards on Auditing (UK) (ISAs (UK)) and applicable law. Our responsibilities under those standards are further described in the Auditor's responsibilities for the audit of the financial statements section of our report below. We are independent of the group and parent company in accordance with the ethical requirements that are relevant to our audit of the financial statements in the UK, including the FRC's Ethical Standard as applied to listed public interest entities, and we have fulfilled our other ethical responsibilities in accordance with these requirements.

We believe that the audit evidence we have obtained is sufficient and appropriate to provide a basis for our opinion.

Use of our report

This report is made solely to the company's members, as a body, in accordance with Chapter 3 of Part 16 of the Companies Act 2006. Our audit work has been undertaken so that we might state to the company's members those matters we are required to state to them in an auditor's report and for no other purpose. To the fullest extent permitted by law, we do not accept or assume responsibility to anyone other than the company and the company's members as a body, for our audit work, for this report, or for the opinions we have formed.

Conclusions relating to principal risks, going concern and viability statement

We have nothing to report in respect of the following information in the annual report, in relation to which the ISAs (UK) require us to report to you whether we have anything material to add or draw attention to:

- the disclosures in the annual report set out on page 57 that describe the principal risks and explain how they are being managed or mitigated;
- the directors' confirmation set out on page 113 in the annual report that they have carried out a robust assessment of the principal risks facing the entity, including those that would threaten its business model, future performance, solvency or liquidity;
- the directors' statement set out on page 114 in the annual report about whether they considered it appropriate to adopt the going concern basis of accounting in preparing the financial statements, and their identification of any material uncertainties to the entity's ability to continue to do so over a period of at least twelve months from the date of approval of the financial statements;
- whether the directors' statement in relation to going concern required under the Listing Rules in accordance with Listing Rule 9.8.6R(3) is materially inconsistent with our knowledge obtained in the audit; or

- the directors' explanation set out on page 114 in the annual report as to how they have assessed the prospects of the entity, over what period they have done so and why they consider that period to be appropriate, and their statement as to whether they have a reasonable expectation that the entity will be able to continue in operation and meet its liabilities as they fall due over the period of their assessment, including any related disclosures drawing attention to any necessary qualifications or assumptions.

Key audit matters are those matters that, in our professional judgement, were of most significance in our audit of the financial statements of the current period and include the most significant assessed risks of material misstatement (whether or not due to fraud) that we identified. These matters included those which had the greatest effect on the overall audit strategy, the allocation of resources in the audit and indirecting the efforts of the engagement team. These matters were addressed in the context of our audit of the financial statements as a whole, and in our opinion thereon, and we do not provide a separate opinion on these matters.

Risk	Our response to the risk	Key observations communicated to the Audit Committee
The determination of the liabilities, contingent liabilities and disclosures arising from the Gulf of Mexico oil spill (as described on page 79 of the report of the audit committee and Note 2 of the financial statements).	For the liabilities and contingent liabilities related to the Gulf of Mexico oil spill the primary audit engagement team performed the following audit procedures.	There remains uncertainty around the BEL provision, in particular the unresolved claims and claims under appeal, as the amounts payable may differ from those provided.
There is particular uncertainty around estimating and valuing the remaining outstanding business economic loss claims. The determination of the liability is subject to judgement as to the amount that each remaining claim will be settled at. The total amount recognized as an increase in provisions in relation to the Gulf of Mexico oil spill during the year was $ 2 647 million relating to business economic	• We walked through and tested the controls designed and operated by the group relating to the provisions and payables for the Gulf of Mexico oil spill. • We met with the group's legal team to understand developments across key remaining Gulf of Mexicooil spill matters and their status. • We reviewed audit enquiry response letters from external legal counsel and read determinations	Based on our procedures we are satisfied that the amounts provided in the financial statements, as disclosed in Note 2 of the financial statements, are supported by claims experience.

(续表)

Risk	Our response to the risk	Key observations communicated to the Audit Committee
loss ('BEL') and other claims associated with the Court Supervised Settlement Program ('CSSP'). The increase is predominantly a result of significantly higher average BEL claims determinations issued by the CSSP during the fourth quarter and the continuing effect arising from the Policy 495 ruling. The remaining provision as at 31 December 2017 was $2 580 million.	and judgements made by the courts. • In respect of the provision for the outstanding business economic loss claims. • We compared the key assumptions that have been used in the determination of the year end provision, to historical experience. • We reconciled the number of undetermined claims to third party claims management data. • We performed a detailed review of the status and expected outcome of the significant claims within appeals, which included discussion with the group general counsel. • We performed sensitivity analyses over average cost per claim assumptions and assessed the potential effect on the provision. • We considered events that took place after the balance sheet date and before the issuance of this report and ensured these were reflected appropriately. • We assessed the remaining economic loss and property damage claims from individuals and businesses that either opted out of the Plaintiffs' Steering Committee ('PSC') settlement and/or were excluded from that settlement. We validated a sample of claims to third	

(续表)

Risk	Our response to the risk	Key observations communicated to the Audit Committee
	party data, assessing the year end closing payable was appropriate. ● We considered the accounting treatment of the liabilities, contingent liabilities and disclosures under IFRS criteria, to conclude whether these were appropriate in all circumstances.	
The estimate of oil and gas reserves and resources has a significant impact on the financial statements, particularly impairment testing and depreciation, depletion and amortization ('DD&A') charges (as described on page 80 of the report of the audit committee and Note 1 of the financial statements). The estimation of oil and natural gas reserves and resources is a significant area of judgement due to the technical uncertainty in assessing quantities and complex contractual arrangements dictating the group's share of reportable volumes. Reserves and resources are also a fundamental indicator of the future potential of the group's performance.	Our procedures were performed by team members with significant experience of the process of estimating oil and gas reserves and resources, including the primary audit engagement team and component teams at 9 Upstream components. ● We confirmed our understanding and tested key management controls related to the reserves and resources estimation process. This included management's review and approval of estimated volumes. ● We tested the controls over the group's certification process for internal technical and commercial experts who are responsible for reserves and resources estimation. ● We assessed the competence and objectivity of the group's internal and external experts, to satisfy ourselves that these parties are appropriate in their roles within the	Based on our procedures we consider that the reserves estimations are reasonable for use in the impairment testing and calculation of DD&A.

（续表）

Risk	Our response to the risk	Key observations communicated to the Audit Committee
	estimation process. ● We confirmed that significant changes in reserves and resources were made in the appropriate period, and were in compliance with BP's discovered resources management policy ('DRM') and SECregulations. ● Where reserve and resources volumes have a material impact on the financial statements, we validated these volumes and assumptions against underlying information and documentation as required by the DRM. ● We validated that the updated reserves and resources estimates were included appropriately in the group's consideration of oil and gas asset impairment valuations and in accounting for DD&A.	
US Tax Reform (as described on page 81 of the report of the Audit committee and Note 1 of the financial statements). On 22 December 2017, the US Tax Cuts and Jobs Act ('TCJA') was signed into law, enacting wide spread changes to US fiscal law. The group recognized a one-off taxation charge of $0.9 billion for the year ended 31 December 2017, in respect of	Audit procedures were performed by team members and EY tax experts with significant experience of the US corporate tax system. ● We verified that the internal controls over financial reporting were designed appropriately to enable the accounting implications of US tax reform to be accurately recorded in the financial statements. ● We assessed the tax accounting implications	Based on the audit procedures specifically designed and performed to respond to the impact of US tax reform on the group, we concluded that management's computation of the tax accounting assessments and adjustments is calculated in compliance with IAS 12. The appropriate presentation and disclosures are made in the financial statements at 31 December 2017. Due to the nature

(续表)

Risk	Our response to the risk	Key observations communicated to the Audit Committee
the remeasurement of deferred tax balances as a result of the reduction in the US federal corporate income tax rate from 35% to 21%. We focused on this area due to the complexity and extent of the US tax reform package, the requirement for the group to determine and account for the effects of the change close to its year end and the material impact on the group's profit for the year.	on existing deferred tax assets and liabilities based on the enacted 21% corporate rate. We tested and confirmed that the methodology used by management to calculate the estimated liability was based on an acceptable interpretation of the TCJA legislation. ● We verified the analysis performed by management to determine the appropriate presentation, in accordance with IAS 12, of the impact of tax changes recorded through the income statement and statement of other comprehensive income. ● We performed procedures to evaluate management's assessment of other key US tax reform changes which may affect the group's 2017 income tax position, including the one-time transition tax, anti-base erosion measures and expected realization of foreign tax credits.	and circumstances around US tax reform, the presentation of the ＄0.9 billion charge as a nonoperating item is appropriately disclosed.

Changes from the prior year

Our risk assessment and audit approach evolve as circumstances which impact the group's business or financial statements change. In the prior year, our auditor's report included a key audit matter in relation to the macroeconomic environment at the time which had the potential to materially impact the carrying value of the Group Upstream's non-current assets. This risk has been downgraded in 2017. In our view, the macroeconomic environment no longer represents a significant risk for our audit, given the fact that the impairment indicators identified in 2016 have subsided through 2017, mainly as a result of sustained increases in oil prices. In the current year, our auditor's report includes a key audit matter in relation to US Tax Reform due to the matters set out above.

An overview of the scope of our audit Tailoring the scope

Our assessment of audit risk, our evaluation of materiality and our allocation of performance materiality determine our audit scope for each entity within the group. Taken together, this enables us to form an opinion on the consolidated financial statements. We take into account size, risk profile, the organization of the group and effectiveness of group-wide controls, changes in the business environment and other factors such as recent internal audit results when assessing the level of work to be performed at each component.

In scoping the audit we reflect the group's structure (Upstream, Downstream, Rosneft and Other businesses and corporate), plus the group's functions. In assessing the risk of material misstatement to the group financial statements, and to ensure we had adequate quantitative coverage of significant accounts in the financial statements, we performed full or specific scope audit procedures over 55 components covering the UK, US, Abu Dhabi, Angola, Azerbaijan, Brazil, Egypt, Germany, India, Russia, Singapore, Trinidad and Tobago and the group functions, representing the principal business units within the group.

Of the 55 components selected, we performed an audit of the complete financial information of 9 components ("full scope components") which were selected based on their size or risk characteristics. For the remaining 46 components ("specific scope components"), we performed audit procedures on specific accounts within that component that we considered had the potential for the greatest impact on the significant accounts in the financial statements either because of the size of these accounts or their risk profile.

For the current year, the full scope components contributed 30% of the group's profit before tax (2016 29%), 42% of the group's revenue (2016 41%) and 10% of the group's property, plant and equipment (2016 10%). The specific scope components contributed 32% of the group's profit before tax (2016 32%), 30% of the group's revenue (2016 26%) and 52% of the group's property, plant and equipment (2016 54%). The audit scope of the specific scope components may not have included testing of all significant accounts of the component but will have contributed to the coverage of significant accounts tested for the group. Of the 46 specific scope components, we instructed 14 of these locations to perform specified procedures over goodwill, intangible assets, the carrying value of certain investments held by the group, gain on sale of businesses and fixed assets, interest and other income, exploration expenses, sales and other operating revenues and production taxes.

The remaining components not subject to full or specific group scoping are not significant individually or in the aggregate. They include many small, low risk components and balances; each remaining component represents an average of 0.13% of the total group profit before tax and 0.13% of total group revenue. For these components, we performed other procedures, including evaluating and testing management's groupwide controls across a range of geographies and segments, specifically testing the oversight and review controls that management has inplace to ensure there are no material misstatements in these locations. We performed analytical and enquiry procedures to address the risk of residual misstatement on a segment-wide and component basis. We tested consolidation journals to identify the existence of any further risks of misstatement that could have been material to the group financial statements.

Involvement with component teams

In establishing our overall approach to the group audit, we determined the type of work that needed to be undertaken at each of the components by us, as the primary audit engagement team, or by component auditors from other EY global network firms operating under our instruction. Of the 9 full scope components, audit procedures were performed on 5 of these directly by the primary audit engagement team.

For the 46 specific scope components, audit procedures were performed on 24 of these directly by the primary audit engagement team.

Testing of management's group wide controls was performed by component auditors. Where work was performed by component auditors, we determined the appropriate level of involvement to enable us to determine that sufficient audit evidence had been obtained as a basis for our opinion on the group as a whole.

The group audit team continued to follow a programme of planned visits designed to ensure that the Senior Statutory Auditor or his designate visits significant locations to ensure the audit is executed and delivered in accordance with the planned approach and to confirm the quality of the audit work undertaken. During the current year's audit cycle, visits were undertaken by the primary audit engagement team to the component teams in Abu Dhabi, Azerbaijan, Egypt, Germany, India, Russia, Singapore, the UK and the US. Part of the purpose of these visits is to confirm that appropriate procedures have been performed by the auditors of the components and that the significant audit areas we recovered as communicated in the detailed audit instructions, including the risks of material misstatement as outlined above. The primary audit engagement team review included examining key working papers and conclusions where these related to areas of management and audit or judgement with specific focus on the risks detailed above. The primary audit engagement team also participated in the component teams' planning, during visits made earlier in the audit period. Telephone and video meetings were held with the auditors at locations which the primary audit engagement team did not visit in person. This, together with additional procedures performed at group level, gave us appropriate evidence for our opinion on the group financial statements.

One of the significant locations is Russia, which includes Rosneft, a material associate not controlled by BP. We were provided with appropriate access to Rosneft's auditor in order to ensure they had completed the procedures required by ISA (UK) 600 on the financial statements of Rosneft, used as the basis for BP's equity accounting.

Our application of materiality

We apply the concept of materiality in planning and performing the audit, in evaluating the effect of identified misstatements on the audit and in forming our audit opinion.

Materiality

The magnitude of an omission or misstatement that, individually or in the aggregate, could reasonably be expected to influence the economicdecisions of the users of the financial statements. Materiality provides a basis for determining the nature and extent of our audit procedures.

We determined materiality for the group to be $0.5 billion (2016 $0.5 billion). For the 2017 audit, we deemed it appropriate to determine our materiality based on 5% of the group's underlying replacement cost profit (as defined on page 293) before interest and taxation for 2017. Due to the recovery and stability in oil and gas prices through 2017 we no longer view it as necessary to determine materiality based on normalizing current year expected underlying replacement cost profit before interest and taxation and how those results would look if oil and gas prices forecast by the company for 2018 and 2019 had prevailed in the year.

Underlying replacement cost profit before interest and taxation remains the most appropriate measure upon which to calculate materiality, due to the fact it excludes the impact of changes in crude oil, gas and product prices and items disclosed as non-operating items, which can significantly distort the group's results in a given period. For details of non-operating items please see page 250 of the *Annual Report and Form 20-F 2017*.

We determined materiality for our audit of the standalone parent company financial statements to be $1 300 million (2016 $1 300 million), which is 1% (2016 1%)

of equity. The materiality determined for the standalone parent company financial statements exceeds the group materiality as it is determined on a different basis given the nature of the operations. For the purposes of the audit of the group financial statements, our procedures, including those on balances in the parent company, are undertaken with reference to the group materiality and performance materiality set out in this report.

During the course of our audit, we re-assessed initial materiality in the context of the group's performance and forward expectations and this resulted in no change from our original assessment of materiality.

Performance materiality

The application of materiality at the individual account or balance level. It is set at an amount to reduce to an appropriately low level the probability that the aggregate of uncorrected and undetected misstatements exceeds materiality.

On the basis of our risk assessments, together with our assessment of the group's overall control environment, our judgement was that performance materiality was 75% (2016 75%) of our materiality, namely $ 375 million (2016 $ 375 million). We have set performance materiality at this percentage to reduce to an appropriately low level the probability that the aggregate of uncorrected and undetected misstatements exceeds materiality.

Audit work at component locations for the purpose of obtaining audit coverage over significant financial statement accounts is undertaken based on a percentage of total performance materiality. The performance materiality set for each component is based on the relative scale and risk of the component to the group as a whole and our assessment of the risk of misstatement at that component. In the current year, the range of performance materiality allocated to components was $ 75 million to $ 300 million (2016 $ 75 million to $ 281 million).

Reporting threshold

An amount below which identified misstatements are considered as being clearly trivial.

We agreed with the audit committee that we would report to them all uncorrected audit differences in excess of $ 25 million (2016 $ 25 million), which is set at 5% of materiality, as well as differences below that threshold that, in our view, warranted reporting on qualitative grounds.

We evaluate any uncorrected misstatements against both the quantitative measures of materiality discussed above and in light of other relevant qualitative considerations in forming our opinion.

Other information

The other information comprises the information included in the Annual Report other than the financial statements and our auditor's report thereon. The directors are responsible for the other information.

Our opinion on the financial statements does not cover the other information and, except to the extent otherwise explicitly stated in this report, we do not express any form of assurance conclusion thereon.

In connection with our audit of the financial statements, our responsibility is to read the other information and, in doing so, consider whether the other information is materially inconsistent with the financial statements or our knowledge obtained in the audit, or otherwise appears to be materially misstated. If we identify such material inconsistencies or apparent material misstatements, we are required to determine whether there is a material misstatement in the financial statements or a material misstatement of the other information. If, based on the work we have performed, we conclude that there is a material misstatement of the other information, we are required to report that fact.

We have nothing to report in this regard.

In this context, we also have nothing to report in regard to our responsibility to specifically address the following items in the other information and to report as uncorrected material misstatements of the other information where we conclude that those items meet the following conditions:

- Fair, balanced and understandable set out on page 114 — the statement given by the directors that they consider the annual report and financial statements taken as a whole is fair, balanced and understandable and provides the information necessary for shareholders to assess the group's performance, business model and strategy, is materially inconsistent with our knowledge obtained in the audit; or
- Audit committee reporting set out on pages 77-83 — the section describing the work of the audit committee does not appropriately address matters communicated by us to the audit committee; or
- Directors' statement of compliance with the UK Corporate Governance Code set out on page 113 — the parts of the directors' statement required under the Listing Rules relating to the company's compliance with the UK Corporate Governance Code containing provisions specified for review by the auditor in accordance with Listing Rule 9.8.10R(2) do not properly disclose a departure from a relevant provision of the UK Corporate Governance Code.

Opinions on other matters prescribed by the Companies Act 2006

In our opinion, the part of the Directors' remuneration report to be audited has been properly prepared in accordance with the Companies Act 2006.

In our opinion, based on the work undertaken in the course of the audit:
- the information given in the Strategic report and the Directors' report for the financial year for which the financial statements are prepared is consistent with the financial statements; and
- the Strategic report and the Directors' report have been prepared in accordance with applicable legal requirements.

Matters on which we are required to report by exception

In light of the knowledge and understanding of the group and the parent company and its environment obtained in the course of the audit, we have not identified material misstatements in the Strategic report or the Directors' report. We have nothing to report in respect of the following matters in relation to which the Companies Act 2006 requires us to report to you if, in our opinion:
- adequate accounting records have not been kept by the parent company, or returns adequate for our audit have not been received from branches not visited by us; or
- the parent company financial statements and the part of the Directors' remuneration report to be audited are not in agreement with the accounting records and returns; or
- certain disclosures of directors' remuneration specified by law are not made; or
- we have not received all the information and explanations we require for our audit.

Responsibilities of directors

As explained more fully in the Statement of directors' responsibilities set out on page 113, the directors are responsible for the preparation of the financial statements and for being satisfied that they give a true and fair view, and for such internal control as the directors determine is necessary to enable the preparation of financial statements that are free from material misstatement, whether due to fraud or error.

In preparing the financial statements, the directors are responsible for assessing the group and parent company's ability to continue as a going concern, disclosing, as applicable, matters related to going concern and using the going concern basis of accounting unless the directors either intend to liquidate the group or the parent company or to cease operations, or have no realistic alternative but to do so.

Auditor's responsibilities for the audit of the financial statements

Our objectives are to obtain reasonable assurance about whether the financial statements as a whole are free from material misstatement, whether due to fraud or error, and to issue an auditor's report that includes our opinion. Reasonable assurance is a high level of assurance, but is not a guarantee that an audit conducted in accordance with ISAs (UK) will always detect a material misstatement when it exists. Misstatements can arise from fraud or error and are considered material if, individually or in the aggregate, they could reasonably be expected to influence the economic decisions of users taken on the basis of these financial statements.

Explanation as to what extent the audit was considered capable of detecting irregularities, including fraud

The objectives of our audit, in respect to fraud, are: to identify and assess the risks of material misstatement of the financial statements due to fraud; to obtain sufficient appropriate audit evidence regarding the assessed risks of material misstatement due to fraud, through designing and implementing appropriate responses; and to respond appropriately to fraud or suspected fraud identified during the audit. However, the primary responsibility for the prevention and detection of fraud rests with both those charged with governance of the entity and management.

Our approach was as follows:

- We obtained an understanding of the legal and regulatory frameworks that are applicable to the group and determined that the most significant are those that relate to the reporting framework (IFRS, FRS 101, the Companies Act 2006, UK Corporate Governance Code and US Securities Exchange Act of 1934) and the relevant tax compliance regulations in the jurisdictions in which the group operates. In addition, we concluded that there are certain significant laws and regulations which may have an effect on the determination of the amounts and disclosures in the financial statements being the Listing Rules of the UK Listing Authority, and those laws and regulations as disclosed within Regulation of the group's business on pages 265-270 and International trade sanctions on pages 273-274.

- We understood how the group is complying with those frameworks by making enquiries of management, internal audit, those responsible for legal and compliance procedures and the group general counsel. We corroborated our enquiries through the attendance at meetings held by the audit, disclosure and safety, ethics and environment assurance committees. We designed our audit procedures to identify non-compliance with such laws and regulations identified in the paragraph above. As well as enquiry and attendance at meetings, our procedures involved a review of the reporting to the above committees and a review of board meetings and other committee minutes to identify any non-compliance with laws and regulations.

现代审计学

- We assessed the susceptibility of the group's financial statements to material misstatement, including how fraud might occur by meeting with management to understand where they considered there was susceptibility to fraud. We also considered performance targets and their propensity to influence management to manage earnings and revenue by overriding internal controls. We considered the controls that the group has established to address risks identified, or that otherwise prevent, deter and detect fraud; and how senior management monitors those controls. We performed specific procedures to respond to the fraud risk of unauthorized trading as referred to in the key audit matters section above. Our procedures also included testing a risk-based sample of manual journals that may have been posted with the intention of overriding internal controls to manipulate earnings. These procedures were designed to provide reasonable assurance that the financial statements were free from fraud or error.
- The group operates in the oil and gas industry which is a highly regulated environment. As such the Senior Statutory Auditor reviewed the experience and expertise of the engagement team to ensure that the team had the appropriate competence and capabilities, which included the use of an expert where appropriate.

A further description of our responsibilities for the audit of the financial statements is located on the Financial Reporting Council's website at https://www.frc.org.uk/auditorsresponsibilities. This description forms part of our auditor's report.

Other matters we are required to address

- We were appointed by the company on 17 May 2017 to audit the financial statements for the year ended 31 December 2017.
- The period of total uninterrupted engagement including previous renewals and reappointments is over 100 years, covering the year ended 1909 to the year ended 31 December 2017.
- The non-audit services prohibited by the FRC's Ethical Standard were not provided to the group or the parent company and we remain independent of the group and the parent company in conducting the audit.
- The audit opinion is consistent with the additional report to the audit committee.

John C. Flaherty (Senior Statutory Auditor)
for and on behalf of Ernst & Young LLP, Statutory Auditor
London

29 March 2018

思 考 题

1. 出具保留意见、否定意见和无法表示意见审计报告的条件是什么?

2. 在保留意见和无法表示意见审计报告中,是否可以增加强调事项和其他事项段?

3. 在注册会计师出具无法表示意见时,除了意见表述的差异外,注册会计师还要对标准报告的哪些段落做怎样的修改?

4. 什么情形下注册会计师应该在其审计报告中增加强调事项段,强调事项段应该放在审计报告的什么位置?

5. 在确定具体审计意见类型时,注册会计师往往要考虑"广泛性"这个概念,请问对财务报表产生广泛影响的情形有哪些?

参 考 文 献

1. Alvin A. Arens，Randal J. Elder，Mark S. Beasley：*Auditing and Assurance Services: An Integrated Approach*（12e），Pearson Prentice Hall，2008.
2. 阿立森·萨特克利夫、保罗·埃米尔·罗伊：《审计中的职业判断》，王富利译，经济科学出版社，2005。
3. 阿尔文·A.阿伦斯、兰德尔·J.埃尔德、马克·S.比斯利：《审计学：一种整合方法》（第14版），谢盛纹译，中国人民大学出版社，2013。
4. 陈汉文：《审计》（第2版），中国人民大学出版社，2017。
5. 辜飞南、李若山、徐林倩丽：《现代中国审计学——电子数据下的审计实务》，中国时代经济出版社，2002。
6. 林柄沧：《如何避免审计失败》（第3版），中国时代经济出版社，2003。
7. 刘华：《审计理论与案例》，复旦大学出版社，2005。
8. 雷·惠廷顿、库尔特·帕尼：《审计与其他保证服务》（原书第13版），萧英达等译，机械工业出版社，2003。
9. 拉里·F.康里奇：《审计学：一项风险分析方法》（第5版），耿建新等译，中国人民大学出版社，2004。
10. 刘明辉：《审计与鉴证服务》，高等教育出版社，2007。
11. 李若山、刘大贤：《审计学：案例与教学》，经济科学出版社，2000。
12. 里滕伯格、施维格：《审计学：变化环境中的概念》（第5版），程新生主译，清华大学出版社，2007。
13. 秦荣生、卢春泉：《审计学》（第8版），中国人民大学出版社，2014。
14. 王光远、黄京菁：《审计学》（第3版），东北财经大学出版社，2014。
15. W.罗伯特·克涅科：《审计——增信服务与风险》（第2版），程悦译，中信出版社，2007。
16. 文森特·M.奥赖利、巴里·N.威诺格拉德、詹姆斯·S.格尔森、亨利·R.耶尼克：《蒙哥马利审计学》（第12版），刘霄仑、陈关亭译，中信出版社，2007。
17. 吴琮璠：《审计学》（第3版），中国人民大学出版社，2005。
18. 谢盛纹：《审计学》（第3版），东北财经大学出版社，2014。
19. 杨书怀：《计算机辅助审计：基于鼎信诺审计系统》，复旦大学出版社，2014。
20. 伊恩·格雷、斯图尔特·曼森：《审计流程——原理、实践与案例》，吕兆德等译，中信出版社，2003。

21. 余玉苗:《审计学》(第 2 版),清华大学出版社,2010。
22. 中国注册会计师协会:《审计》,经济科学出版社,2013。
23. 张蕊:《审计学》(第 2 版),科学出版社,2017。
24. 朱锦余:《审计》(第 5 版),东北财经大学出版社,2017。

图书在版编目(CIP)数据

现代审计学/杨书怀主编. —上海:复旦大学出版社,2020.9
信毅教材大系. 会计学系列
ISBN 978-7-309-15086-5

Ⅰ.①现… Ⅱ.①杨… Ⅲ.①审计学-高等学校-教材 Ⅳ.①F239.0

中国版本图书馆 CIP 数据核字(2020)第 096384 号

现代审计学
杨书怀　主编
责任编辑/王雅楠

复旦大学出版社有限公司出版发行
上海市国权路 579 号　邮编:200433
网址:fupnet@fudanpress.com　http://www.fudanpress.com
门市零售:86-21-65102580　团体订购:86-21-65104505
外埠邮购:86-21-65642846　出版部电话:86-21-65642845
上海四维数字图文有限公司

开本 787×1092　1/16　印张 24.75　字数 557 千
2020 年 9 月第 1 版第 1 次印刷

ISBN 978-7-309-15086-5/F·2700
定价:50.00 元

如有印装质量问题,请向复旦大学出版社有限公司出版部调换。
版权所有　侵权必究